올림포스

독서

KB190397

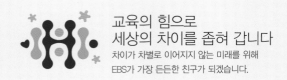

교육의 힘으로
세상의 차이를 좁혀 갑니다
차이가 차별로 이어지지 않는 미래를 위해
EBS가 가장 든든한 친구가 되겠습니다.

기획 및 개발

송해나
이미애
정혜진
이혜진(개발총괄위원)

집필 및 검토

김재환(경기기계공고)
이강빈(부산일과학고)
이승철(목동고)
정　글(정신여고)
최영철(대전만년고)

검토

김수학
노은주
민송기
박기완
신철수
윤치명
이경호
홍근희

편집 검토

김태현
이상수
조희경

본 교재의 강의는 TV와 모바일 APP, EBS*i* 사이트(www.ebs*i*.co.kr)에서 무료로 제공됩니다.

발행일 2019. 2. 25. **19쇄 인쇄일** 2024. 12. 5. **신고번호** 제2017-000193호 **펴낸곳** 한국교육방송공사 경기도 고양시 일산동구 한류월드로 281
표지디자인 디자인싹 **편집디자인** ㈜하이테크컴 **편집** ㈜하이테크컴 **인쇄** 금강인쇄주식회사
인쇄 과정 중 잘못된 교재는 구입하신 곳에서 교환하여 드립니다. **신규 사업 및 교재 광고 문의** pub@ebs.co.kr

올림포스
독서

이 책의 **구성 및 특징**

○ **혼자 공부해도 어렵지 않게!**
독서 기본 개념들을 쉽게 이해하고 다양한 유형의 문제들을 해결해 봄으로써 내신 평가와 수능을 동시에 대비할 수 있도록 준비하였습니다.

○ **나도 모르게 실력이 쑥쑥!**
편하게 읽고 쉽게 풀다 보면 자신도 모르는 사이에 독서에 자신감을 갖게 됩니다.

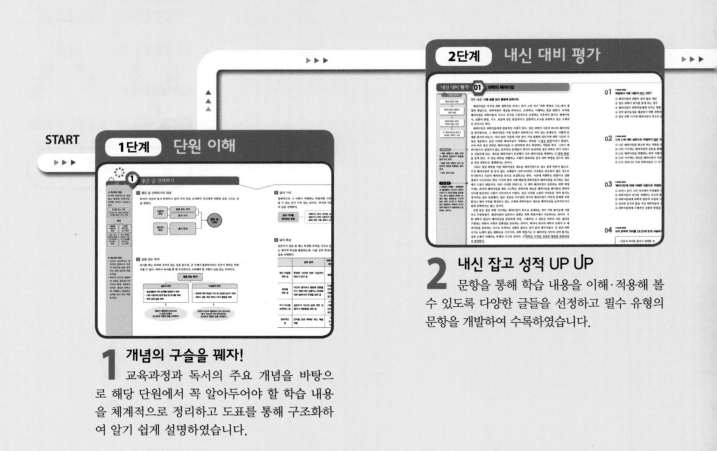

START

1단계 단원 이해

2단계 내신 대비 평가

1 개념의 구슬을 꿰자!
교육과정과 독서의 주요 개념을 바탕으로 해당 단원에서 꼭 알아두어야 할 학습 내용을 체계적으로 정리하고 도표를 통해 구조화하여 알기 쉽게 설명하였습니다.

2 내신 잡고 성적 UP UP
문항을 통해 학습 내용을 이해·적용해 볼 수 있도록 다양한 글들을 선정하고 필수 유형의 문항을 개발하여 수록하였습니다.

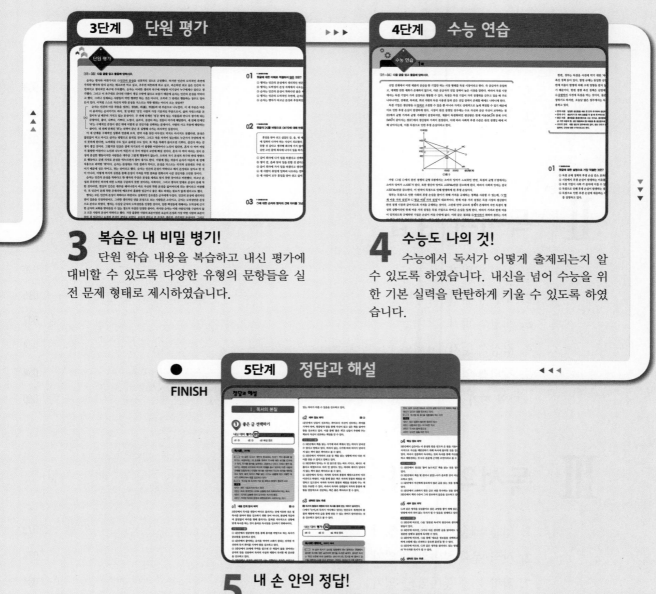

3단계 단원 평가 ▶▶▶ **4단계 수능 연습**

3 **복습은 내 비밀 병기!**
단원 학습 내용을 복습하고 내신 평가에 대비할 수 있도록 다양한 유형의 문항들을 실전 문제 형태로 제시하였습니다.

4 **수능도 나의 것!**
수능에서 독서가 어떻게 출제되는지 알 수 있도록 하였습니다. 내신을 넘어 수능을 위한 기본 실력을 탄탄하게 키울 수 있도록 하였습니다.

FINISH

5단계 정답과 해설 ◀◀◀

5 **내 손 안의 정답!**
문제의 정답과 함께 스스로 학습할 수 있도록 정답에 대해 설명하였으며, 다른 선지가 오답인 이유를 알 수 있도록 정리하였습니다. 또한 지문에 대한 해제와 주제, 구성을 정리하여 지문을 이해하는 데 도움이 되도록 하였습니다.

이 책의 차례

I 독서의 본질

II 독서의 방법

III 독서의 분야

IV 독서의 태도

◆ 수능 연습

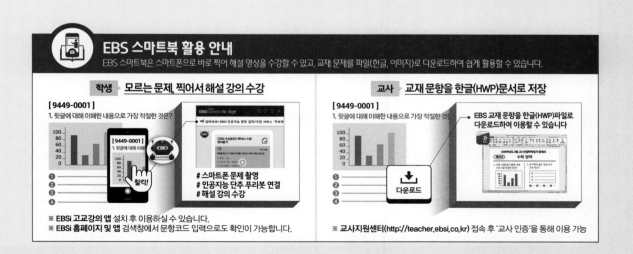

EBS 스마트북 활용 안내
EBS 스마트북은 스마트폰으로 바로 찍어 해설 영상을 수강할 수 있고, 교재 문제를 파일(한글, 이미지)로 다운로드하여 쉽게 활용할 수 있습니다.

학생 모르는 문제, 찍어서 해설 강의 수강

[9449-0001]
1. 윗글에 대해 이해한 내용으로 가장 적절한 것은?

스마트폰 문제 촬영
인공지능 단추 푸리봇 연결
해설 강의 수강

※ EBSi 고교강의 앱 설치 후 이용하실 수 있습니다.
※ EBSi 홈페이지 및 앱 검색창에서 문항코드 입력으로도 확인이 가능합니다.

교사 교재 문항을 한글(HWP)문서로 저장

[9449-0001]
1. 윗글에 대해 이해한 내용으로 가장 적절한 것은?

● EBS 교재 문항을 한글(HWP)파일로 다운로드하여 이용할 수 있습니다

다운로드

※ 교사지원센터(http://teacher.ebsi.co.kr) 접속 후 '교사 인증'을 통해 이용 가능

I

독서의 본질

1 좋은 글 선택하기

◈ **독서의 개념**

독서란 일반적으로 글을 읽는 행위를 뜻하지만, 다양한 의미로 사용되고 있다.

문자를 읽는 과정
문자로 된 기호의 형식에 의미를 대응시키는 과정

독서

매체를 이해하는 행위	기호를 해석하는 사고 행위
그림, 사진, 동영상 등을 시각적으로 인식하는 행위	여러 매체로 표현된 기호의 연속체를 해석하는 사고 행위

◈ **독서의 의의**

• 독서는 능동적이고 창의적인 행위로서 인간이 인간다운 삶을 살아가는 데에 중요한 역할을 한다.
• 하루가 다르게 변화하며 수많은 정보들이 쏟아지는 현대 사회에서 독서는 정보를 올바르게 이해하고 활용하는 능력을 길러 주는 역할을 한다.

1 좋은 글 선택하기의 개념

독자가 자신의 독서 목적이나 글의 가치 등을 고려하여 자신에게 적합한 글을 고르는 것을 말한다.

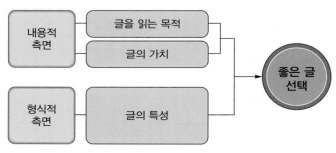

2 글을 읽는 목적

독서를 하는 목적과 거리가 있는 글을 읽으면, 글 자체가 훌륭하더라도 독자가 원하는 바를 이룰 수 없다. 따라서 독서를 할 때 우선적으로 고려해야 할 사항이 글을 읽는 목적이다.

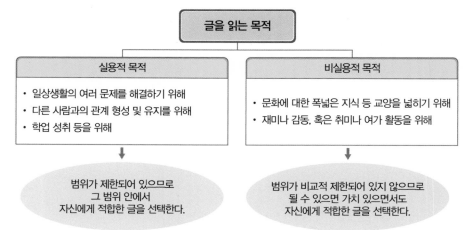

3 글의 가치

일반적으로 그 사회가 지향하는 바람직한 가치를 담고 있으면서 사람들의 생각을 넓혀 줄 수 있는 글이 가치 있는 글이다. 하지만 사람에 따라 달라지기도 하므로 이를 고려하여 글을 선택한다.

글의 가치를 알아보는 방법	• 제목이나 목차, 머리말, 표지나 띠지 등을 살펴보기 • 글쓴이가 어떤 사람인지 알아보기 • 글에 대한 각종 정보나 선행 독자가 남겨 놓은 독후감 등을 활용하기

4 글의 특성

글쓴이가 글을 쓸 때는 특정한 목적을 가지고 쓴다. 이때 이 목적을 가장 잘 드러낼 수 있는 형식적 특성을 활용하는데, 이를 글의 특성이라고 한다. 따라서 이런 특성을 고려하여 글을 선택한다.

	글의 성격	대표적인 분야	좋은 글 선택 기준
정보 전달을 위한 글	특정한 사안에 대한 사실적인 정보가 담긴 글	설명문	• 자신에게 필요한 정보가 있는가. • 정보가 과장 또는 왜곡되지는 않았는가. • 지나치게 오래되어 시의성이 떨어지지 는 않는가.
설득을 위한 글	타인의 생각이나 행동에 영향을 주기 위해 어떤 상황이나 문제에 대한 글쓴이의 주장을 담은 글	논설문 건의문 비평문 광고문	• 주장하는 내용이 명료한가. • 제시한 근거가 사실과 부합하는가. • 제시한 근거와 주장이 논리적으로 연결 되는가.
자기 자신을 표현하는 글	글쓴이가 자신의 삶에 대한 성 찰이나 깨달음을 담은 글	수필 기행문 감상문 회고문	• 글쓴이의 진솔함이 드러나 있는가. • 자신에게 정서적으로 도움을 주는가.
문학적인 글	언어를 표현 매체로 하는 예술 작품	시 소설 극	• 자신에게 감동, 교훈, 재미 등을 주는가.

◆ 글의 설득력을 높이기 위해 사용하는 표현 전략
설의법, 반복법, 비유법, 대조법, 점층법, 이중 부정, 열거법, 인과 등

◆ 수필
일정한 형식을 따르지 않고 인생이나 자연 또는 일상생활에서의 느낌이나 체험을 자유롭게 쓴 산문 형식의 글

◆ 감상문
어떤 사물이나 사건, 현상 등을 보거나 겪고 난 뒤, 이에 대해 느낀 바를 쓴 글

◆ 회고문
대개 자신의 삶에서 의미 있는 체험이나 사건을 회상의 형식으로 표현한 글

내용 연구

개인 기호로서의
독서 취미

독자 개개인의
시기와 상황에 따라
이루어져야 하는 독서

시기와 상황에 따라
달라지는 독서의 풍미

저자와 독자의
통찰과 체험으로부터
이루어지는 독서

어휘 풀이

● **풍미(風味)** 음식의 고상한 맛. 여기서는 독자가 책을 통해 얻는 의미를 비유적으로 가리킴.

● **양서(良書)** 내용이 교훈적이거나 건전한 책.

구절 풀이

● **읽는 데 ~ 시간 낭비이다.** 독서에 흥미가 없는 사람에게 독서를 강요하거나 읽기 싫은 책을 강요할 필요가 없음을 의미한다.

● **독자의 사상과 ~ 남을 뿐이다.** 책의 풍미를 제대로 느끼기 위해서는 독자의 사상과 체험이 뒷받침되어야 함을 의미한다.

[01~03] 다음 글을 읽고 물음에 답하시오.

나는 취미나 풍미라는 것이 독서의 열쇠라고 생각한다. 음식물의 기호와 마찬가지로 독서 취미 역시 개인의 기호이다. 가장 바람직한 식사법은 자기가 좋아하는 음식을 먹는 것이다. 좋아하는 음식을 먹어야 소화도 잘된다. 독서도 이와 마찬가지로 어떤 사람에게 이로운 것이 다른 사람에게는 해로운 독이 될지도 모른다. 그러므로 교사는 자신의 독서 취미를 학생에게 강요해서는 안 되며, 부모도 아이들에게 자기와 같은 취미를 기대해서는 안 된다. 읽는 데 흥미가 없으면 독서는 오로지 시간 낭비이다. 원중랑은 "읽기 싫은 책은 주저 없이 버려라. 그리고 다른 사람이 읽도록 하라."라고 말했다.

우리의 지적 감흥은 나무처럼 성장하고 냇물처럼 흘러간다. 수액이 있는 동안 나무는 성장하고, 샘에 새로운 물이 솟는 한 물은 흐른다. 물은 암초에 부딪히면 우회하여 흐르고, 깊은 웅덩이로 들어가면 잠시 괴었다가 굽이쳐 흐른다. 심산의 늪에 들면 흔연히 거기서 휴식하고, 물살이 센 내를 만나면 세차게 흐른다. 이처럼 물은 노력하지 않고 목적도 없지만, 반드시 바다로 흘러가는 것이다. 마찬가지로 세상에 누구나 읽어야 하는 책이란 없다. 있다면 독자 개개인의 시기에 따라, 각자의 상황에 따라 읽어야 할 책이 있을 뿐이다.

독자의 사상과 체험이 걸작을 읽을 시기가 되지 않았을 때 걸작을 읽으면 나쁜 뒷맛이 남을 뿐이다. 공자는 "50세에 『주역』을 읽으면 큰 허물이 없을 것이다."라고 말했다. 즉 45세에 읽어서는 안 된다는 것이다. 『논어』에 등장하는 공자 일화에는 실로 온화한 품격과 원숙한 지성이 넘치고 있는데, 이를 접하는 독자 자신이 원숙해지기 전에는 그 풍미를 모른다. 마찬가지로 40세에 『주역』을 읽더라도 약간의 풍미는 맛보지만, 50세가 되어 변화무쌍한 세상 형편을 바라본 후 읽으면 또 다른 맛이 있다. 그러므로 양서는 두 번 읽으면 얻는 바도 크거니와 재미 또한 새롭다. 또한 같은 독자, 같은 책이라도 읽는 상황이 다르면 다른 의미를 얻을 수 있다. 이를테면 저자와 직접 이야기를 나눈 후나 혹은 저자를 사진으로 본 뒤 읽으면 책의 풍미는 한층 깊고, 저자와 교분을 끊은 뒤에 읽으면 또 다른 맛이 있다.

독서는 저자와 독자의 통찰과 체험으로부터 이루어진다. 독서를 통해 얻는 것은 독자 자신의 통찰과 체험을 통해 얻는 것과 저자의 통찰과 체험으로부터 주어지는 것 두 가지라고 할 수 있다. 『논어』에 관해 송나라 때의 유가 정이천은 이렇게 말하였다. ㉠"『논어』의 독자는 어디에나 있다. 어떤 자는 다 읽어도 아무 느낌이 없고, 어떤 자는 한두 줄에 환희하고, 또 어떤 자는 저도 모르게 기뻐서 덩실덩실 춤을 추기도 한다."

01 ◎ 9449-0001
윗글에 대한 설명으로 적절하지 <u>않은</u> 것은?

① 공자의 말을 인용하여 독서할 때 독자의 사상과 체험이 중요함을 강조하고 있다.

② 원중랑의 말을 인용하여 흥미가 없는 책을 읽는 것은 시간 낭비임을 강조하고 있다.

③ 좋아하는 음식이 소화가 잘되는 것에 비유하여 좋아하는 책을 읽어야 함을 강조하고 있다.

④ 냇물이 반드시 바다로 흘러가는 것에 비유하여 누구나 반드시 읽어야 하는 책이 있음을 강조하고 있다.

⑤ 독자가 처할 수 있는 여러 상황을 사례로 들어 독서 상황에 따라 독서로부터 얻을 수 있는 의미가 다를 수 있음을 강조하고 있다.

02 ◎ 9449-0002
윗글에 나타난 '좋은 책'의 기준으로 적절한 것은?

① 읽는 시기에 따라 의미가 달라지지 않는 책이 좋은 책이다.

② 읽는 상황이 달라도 의미가 달라지지 않는 책이 좋은 책이다.

③ 남들이 추천해 주는 책보다 자신이 읽고 싶은 책이 좋은 책이다.

④ 여러 번 읽어도 얻는 의미와 재미가 달라지지 않는 책이 좋은 책이다.

⑤ 독자와 상관없이 저자의 통찰과 체험을 일방적으로 전달하는 책이 좋은 책이다.

03 ◎ 9449-0003
㉠에 담긴 '독서의 본질'에 대한 글쓴이의 생각을 〈조건〉에 맞게 서술하시오.

■ 조건 ■

• '통찰과 체험', '의미'를 넣어 서술할 것.

• 한 문장으로 간략하게 서술할 것.

내용 연구

정신 집중이 필요한
행위인 독서

↓

잘못된 독서는
무가치한 독서

↓

독서의 질의 중요성

↓

성숙한 삶을
위한 독서

어휘 풀이

● **집약(集約)** 한데 모아서 요약함.

● **허비(虛費)** 헛되이 씀. 또는 그렇게 쓰는 비용.

● **하등(何等)** '아무런', '아무' 또는 '얼마만큼'의 뜻을 나타내는 말.

구절 풀이

● **정서적으로 건강한 ~ 기울여야 마땅하다.** 온전한 사람이라면 독서뿐 아니라 어떤 상황에서 어떤 일을 하더라도 정신을 집중해야 함을 강조하고 있다.

● **내가 여기서 ~ 독서의 질이다.** 책의 수준이 아니라 독서의 질에 따라 올바른 독서가 이루어진다는 것을 강조하고 있다.

[04~06] 다음 글을 읽고 물음에 답하시오.

독서는 정신 집중을 요하는 일인데, 정신을 '풀어 놓으려고' 책을 읽는다는 것은 잘못되어도 한참 잘못된 것이다. 정서적으로 건강한 사람이라면 정신을 분산할 게 아니라, 오히려 집중해야 한다. 언제 어디서 무슨 일을 하건, 무엇을 생각하고 느끼건 간에 온 힘을 기울여야 마땅하다. 하물며 독서는 더욱 그러하니, 좋은 책이라면 언제나 복잡한 현상들을 단순화하고 함축하여 표현하고 있기 때문이다. 아무리 짧은 시 한 편이라도 복잡한 인간의 감정이 단순화되고 집약된 형태로 담겨 있다. 주의를 집중해 이 감정들에 적극적으로 몸을 맡기고 함께 겪고자 하는 뜻이 없다면, 불량 독자인 것이다. 잘못된 독서는 무엇보다도 자신에게 부당하다. 무가치한 일로 시간을 허비하고, 자신에게 하등 중요하지도 않고 그러니 금방 잊어버릴 게 뻔한 일에 시력과 정신력을 소모하며, 일절 도움도 안 되고 소화해 내지도 못할 온갖 글들로 뇌를 혹사하는 짓 아닌가?

이런 잘못된 독서가 다 ㉠신문 탓이라고 말하는 사람들도 있다. 나는 이 말이 온당하지 않다고 생각한다. 신문이나 다른 온갖 잡다한 글을 매일 읽더라도 온전히 집중된 상태로 즐겁게 독서할 수 있다. 어쩌면 새로운 정보들을 선택하고 신속하게 조합해 내는 건전하고 중요한 훈련으로 삼을 수도 있다. 반면에 괴테의 명작 ㉡『친화력』 같은 글을 읽는다 할지라도 교양 때문에 읽는 사람이건 심심풀이로 읽는 사람이건 그야말로 시간을 허비하며 읽을 수가 있다. 인생은 짧고, 저세상에 갔을 때 책을 몇 권이나 읽고 왔느냐고 묻지도 않을 것이다. 그러니, 무가치한 독서로 시간을 허비한다면 미련하고 안타까운 일 아니겠는가?

내가 여기서 말하고 싶은 것은 책의 수준이 아니라 독서의 질이다. 삶의 한 걸음 한 호흡마다 그러하듯, 우리는 독서에서 무언가 기대하는 바가 있어야 마땅하다. 그리고 더 풍성한 힘을 얻고자 온 힘을 기울이고 의식적으로 자신을 재발견하기 위해 스스로를 버리고 몰두할 줄 알아야 한다. 한 권 한 권 집중하여 책을 읽어 나가면서 기쁨을 얻지 못한다면, 문학사를 줄줄 꿰고 있다 한들 무슨 소용인가? 아무 생각 없이 산만한 정신으로 책을 읽는 건 눈을 감은 채 아름다운 풍경 속을 거니는 것과 다를 바 없다.

또한 우리는 자신과 일상을 잊고자 책을 읽어서도 안 된다. 이와는 반대로 더 의식적으로, 더 성숙하게 우리의 삶을 단단히 부여잡기 위해 책을 읽어야 한다. 우리가 책으로 향할 때는, ⓐ겁에 질린 학생이 호랑이 선생님께 불려 가듯 백수건달이 술병을 잡듯 해서는 안 될 것이며, 마치 알프스를 오르는 산악인의, 또는 전쟁터에 나가는 군인이 병기고 안으로 들어설 때의 마음가짐을 가져야 하리라.

04 ○ 9449-0004

윗글을 읽은 학생이 '올바른 독서'와 관련하여 친구에게 조언해 줄 수 있는 말로 가장 적절한 것은?

① 시험 때문에 긴장된 정신을 풀기 위해 책을 읽을 필요가 있어.

② 자신에 대해 성찰하고 재발견하기 위해 집중하여 책을 읽을 필요가 있어.

③ 책을 통해 다양한 의미를 얻기 위해 되도록 많은 책을 읽어 둘 필요가 있어.

④ 언젠가 도움이 될 수 있으므로 당장 자신에게 중요하지 않은 책도 읽어 둘 필요가 있어.

⑤ 지금은 소화하기 힘들더라도 계속 읽다 보면 이해할 수 있으므로 수준 높은 책을 읽을 필요가 있어.

05 ○ 9449-0005

㉠과 ㉡에 대한 글쓴이의 생각으로 적절하지 <u>않은</u> 것은?

① ㉠이 잘못된 독서의 원인이라고 주장하는 사람들이 있다.

② ㉠이나 다른 잡다한 글을 읽더라도 즐겁게 독서할 수 있다.

③ ㉠을 통해 새로운 정보를 선택하고 조합하는 훈련을 할 수 있다.

④ ㉡은 심심풀이로 읽는 것보다는 교양을 쌓기 위해 읽는 편이 낫다.

⑤ ㉡과 같은 명작을 읽더라도 무가치한 독서로 시간을 허비할 수 있다.

06 ○ 9449-0006

ⓐ에서 글쓴이가 비유를 통해 비판하고 있는 독서 방법이 무엇인지 '삶'과 관련하여 서술하시오.

2 주제 통합적 읽기

◈ 주제 통합적 읽기가 필요한 이유

인간은 각기 다른 문화와 생각을 가진 존재이며, 이런 다양성으로 인해 인류는 많은 위기를 겪으면서도 생존해 올 수 있었다. 우리가 특정 화제나 주제, 문제에 대해 편협한 생각에 빠지지 않고 여러 측면으로 생각하기 위해서는 서로 다른 관점과 형식으로 쓰인 여러 편의 글을 비교하면서 읽어야 한다.

◈ 이데올로기(ideologie)

인간·자연·사회에 대해 품는 현실적이며 이념적인 의식의 제 형태를 의미한다.

1 주제 통합적 읽기의 개념

하나의 화제나 주제, 혹은 문제에 대하여 두 편 이상의 글을 비교·대조하면서 이를 비판적이고 통합적으로 읽고 독자가 나름대로 의미를 재구성하는 읽기를 말한다.

[가]	[나]
많은 드라마에는 재벌 2세가 등장하며, 리얼리티 쇼에는 성형 수술을 받고 사회적 지위 상승을 꾀하는 사람들의 모습을 흥미진진하게 담아낸다. 이러한 경향은 이런 문화를 수용하는 사람들에게 재벌이나 미인이 된 사람이야말로 모든 것을 다 가질 자격이 있는 것처럼 인식하게 한다. 이처럼 문화는 대중에게 쾌락을 제공하면서 한편으로는 부당한 현실을 감내하게 하는 가장 섬세한 이데올로기인 것이다. 즉 사람들에게 부조리나 차별을 부당한 것으로 인식하지 못하고 자연스러운 것으로 받아들이게 한다.	역사 속에서는 물리적으로는 강성하였지만 문화의 힘이 약하여 단명한 나라가 무수히 많다. 반대로 문화의 힘이 강했기 때문에 침략과 약탈에도 꿋꿋이 버티어 생명을 유지한 나라도 있다. 이처럼 '문화의 힘'이란 인간을 더욱 인간답게 해 주며 무수히 주위로 퍼져 나가는 불가사의한 힘이다. 표현하고 싶은 것을 표현하고 창작하며, 그 창작물에 감동받고자 하는 문화적 욕구는 누구에게나 존재한다. 또 이 욕구가 충족되었을 때 우리는 행복감을 맛볼 수 있다. 그런 면에서 문화는 인간을 인간이게 하는 가장 고차원적인 요소이다.

↓

'문화는 부조리와 차별을 자연스러운 것으로 받아들이게 하는 이데올로기이다.'라는 내용	'문화는 인간을 인간이게 하는 가장 고차원적인 요소이다.'라는 내용

↓

[가]와 [나]는 모두 '문화의 기능 및 역할'에 대해 쓴 글이다. 하지만 [가]는 부정적인 관점에서 서술한 글이고, [나]는 긍정적인 관점에게 서술한 글이다. 독자는 [가]와 [나]를 모두 읽고 문화에 대한 다양한 관점을 파악한 후, 그 내용을 비판적으로 통합하여 자신의 관점으로 의미를 재구성할 수 있다.

2 주제 통합적 읽기의 필요성

(1) **올바른 관점 형성과 주체적 독서 능력 향상:** 독자는 어느 하나의 관점을 일방적으로 받아들이지 않고 다양한 관점을 비교하여 읽음으로써 자신의 올바른 관점을 형성하고, 이런 경험들을 통해 주체적으로 독서할 수 있는 능력을 향상시킬 수 있다.

(2) **독서 경험의 균형 유지:** 다양한 분야, 다양한 관점의 글을 통합적으로 읽음으로써 독서 경험이 어느 한 분야나 한 관점으로 편중되지 않고 균형을 이룰 수 있다.

(3) **창의적 문제 해결 능력:** 동일한 화제에 대해 다양한 분야나 다양한 관점의 글을 읽으면서 축적된 지식은 창의성을 길러 주므로, 어떤 문제에 대한 창의적 해결 능력을 향상시켜 준다.

3 주제 통합적 읽기의 절차

화제나 주제 확정하기

↓

생각을 달리하는 글 찾기

↓

관련 내용을 찾아 자신의 언어로 표현하기

↓

쟁점을 분석하여 내용을 명확하게 이해하기

↓

분석한 내용을 자기 나름대로 재구성하기

◈ **주제 통합적 읽기의 절차**
주제 통합적 읽기의 절차는 고정적이고 확정된 과정은 아니고 화제나 주제, 혹은 독자의 상황에 따라 유동적이다.

4 주제 통합적 읽기에서 유의할 점

(1) **해결하고자 하는 문제를 분명히 하기:** 화제나 주제와 관련하여 자신이 해결하고자 하는 문제를 분명히 한다.

(2) **비교할 만한 글 찾기:** 문제에 대한 답이 될 수 있는 글들을 도서 목록, 전문가의 조언, 인터넷, 신문 등을 이용하여 찾는다.

(3) **자신의 언어로 바꾸어 표현하기:** 분야나 관점에 따라 글의 표현 방식이 다를 수 있으므로, 자신의 말로 바꾸어 표현해 보면서 어떤 내용인지 확인한다.

(4) **자신이 찾는 해결 방법으로 재구성하기:** 서로 다른 글의 내용을 통합하여 자신이 찾는 해결 방법으로 재구성한다.

(5) **객관성과 공정성 유지:** 자신의 생각과 다르다고 글쓴이의 생각을 폄하해서는 안 되고 열린 마음으로 글을 읽어야 한다.

(6) **자신의 주체성 확립:** 글쓴이의 생각을 무조건적으로 수용해서는 안 되고 주체적이고 비판적으로 글을 읽어야 한다.

내용 연구

우리나라 경제
체제의 문제

↓

재물을 제대로
사용하지 못하는 현실

↓

우물에 비유할 수 있는
재물

↓

종로의 점포와
중국 시골 점포의 비교

어휘 풀이

• **물산(物産)** 그 지방에서 생산되는 물품.
• **공장(工匠)** 수공업에 종사하던 장인.

구절 풀이

• **지금 우리나라는 ~ 물산이 없다.** 당시 조선의 인구가 많이 늘었으며, 각 지방마다 여러 물품들이 생산되고 있었음을 의미한다.
• **나라 안에 ~ 나라로 흘러간다.** 여러 재물이 유통의 어려움으로 인해 외국으로 유출되고 있음을 의미한다.

[01~03] 다음 글을 읽고 물음에 답하시오.

지금 우리나라는 지방이 수천 리라서 인구가 적지 않고, 갖추어지지 않은 물산이 없다. 그럼에도 불구하고 산과 물에서 얻어지는 이로운 물건을 전부 세상에 내놓지 못하고, 경제를 윤택하게 하는 도를 제대로 갖추지 않았다. 그런데도 날마다 쓰는 물건과 할 일을 팽개쳐 둔 채 대책을 강구하지 않는다. 그리하며 중국의 주택, 수레와 말, 색채와 비단이 화려한 것을 보고서는 대뜸 "사치가 너무 심하다!"라고 말해 버린다. 중국이 사치로 망한다고 할 것 같으면 우리나라는 반드시 검소함 탓에 쇠퇴할 것이다.

왜 그러한가? 물건이 있음에도 불구하고 쓰지 않는 것을 검소함이라고 일컫지 자기에게 물건이 없어 쓰지 못하는 것을 검소함이라고 일컫지는 않는다. 현재 우리나라에는 진주를 캐는 집이 없고 시장에는 산호의 값이 매겨져 있지 않다. 금이나 은을 가지고 점포에 들어가서는 떡과 엿을 사 먹지 못한다. 이런 우리 풍속이 정녕 검소함을 좋아하여 그렇겠는가? 단지 재물을 사용할 방법을 모르는 것에 불과하다. 재물을 사용할 방법을 모르기에 재물을 만들어 낼 방법을 모르고, 재물을 만들어 낼 방법을 모르기에 백성들의 생활은 갈수록 궁핍해진다.

재물은 비유하자면 우물이다. 우물에서 물을 퍼내면 물이 가득 차지만 길어 내지 않으면 물이 말라 버린다. 마찬가지로 비단옷을 입지 않으므로 나라에는 비단을 짜는 사람이 없고, 그 결과로 비단을 짜는 기술이 피폐해졌다. 조잡한 그릇을 트집 잡지 않고 물건을 만드는 기술을 숭상하지 않기에 나라에는 공장과 도공, 풀무장이가 할 일이 사라졌고, 그 결과 기술이 사라졌다. 나아가 농업은 황폐해져 농사짓는 방법이 형편없고, 상업을 박대하므로 상업 자체가 실종되었다. 사농공상 네 부류의 백성이 너나 할 것 없이 다 곤궁하게 살기에 서로를 구제할 길이 없다. 나라 안에 보물이 있어도 강토 안에서는 용납되지 않으므로 다른 나라로 흘러간다. 남들은 날마다 부유해지건만 우리는 날마다 가난해지니 이것은 자연스러운 추세다.

[A] 지금 종각이 있는 종로 네거리는 연달아 있는 시장 점포의 거리가 1리가 채 안 된다. 중국에서는 내가 거쳐 간 시골 마을의 점포가 대개 몇 리에 걸쳐 있었다. 또 거기에 운송되는 물건의 번성함과 품목의 다양함이 모두 우리나라 전체의 물건으로도 미치지 못한다. 중국의 점포 한 개가 우리나라보다 더 부유한 것이 아니라, 여러 물자가 유통되느냐 유통되지 못하느냐에 따른 결과이다.

01 ● 9449-0007

윗글을 통해 당시 사회상을 이해한 내용으로 적절하지 <u>않은</u> 것은?

① 사농공상 사이에 양극화가 심해져 계층 간 갈등이 심해지고 있었다.
② 우리 상황을 검소하다고 치부하여 기술을 숭상하지 않아 상업이 황폐화되었다.
③ 중국의 화려한 문물을 보고 사치가 너무 심하다고 비판하는 사람들이 존재했다.
④ 생산되는 물품들을 바탕으로 경제를 윤택하게 하는 방법을 갖추지 못하고 있었다.
⑤ 나라에서 사용하는 여러 물건들을 자유롭게 교환할 수 있는 경제 체제가 갖추어지지 않았다.

02 ● 9449-0008

윗글의 입장에서 〈보기〉를 비판한 것으로 가장 적절한 것은?

■ 보기 ■

　　나의 할아버지가 성천 부사로 있을 때에 그 도의 감사는 학사 김응조였다. 그가 우리 할아버지에게 편지 한 장을 보내온 것이 지금까지 상자 속에 간수되어 있었는데, 주척으로 재면 세로는 아홉 치, 가로는 한 자 두 치에 지나지 않으며 종이 또한 품질이 얇고 나쁘다. 평안도는 서쪽이 부유한 지방이었고 감사란 존귀한 벼슬인데도 재정을 이처럼 아꼈으니, 그 무렵 풍속도 짐작할 수 있다. 지금 수령들이 친구에게 보내는 편지를 보면 종이 품질이 가장 나쁘다는 것도 크기나 두께가 이와 비교하면 갑절도 더 되니 종이값만 따져도 옛날에 비하면 일고여덟 배가 넘는 셈이다. 또 상관에게 보내는 편지 종이는 이보다 더 좋은 것을 쓰게 되니 값을 따져도 몇 갑절이 될 것이다. 나는 중국 사람이 쓴 편지 종이도 보았으나 이렇게 좋고 큰 것은 일찍이 보지 못하였다. 대개 종이란 것은 사대부가 몸소 만드는 것이 아니니 만들자면 그 재정이 반드시 민간에서 나와야 하는데, 위에서 쓰기만 하는 자는 이를 걱정하지 않으니, 백성을 못살게 한다는 것은 이 종이 한 가지만 봐도 알 수 있다.

① 각자 나라의 사정이 있으므로 중국과 종이 사용을 비교하는 것은 옳지 못하다.
② 경제를 윤택하게 하는 대책을 강구하지 않은 채 좋은 종이를 사용하는 것은 사치이다.
③ 좋은 종이가 있는데도 불구하고 이를 사용하지 못하게 하는 것은 검소함이라 할 수 없다.
④ 좋은 종이 사용을 장려하지 않으면 관련 기술이 쇠퇴할 수 있으므로 비난만 하는 것이 해결책은 아니다.
⑤ 좋은 종이를 사용하는 것은 재물을 제대로 사용하는 것이지만 검소함을 추구하는 우리 풍속에 맞지 않는다.

03 ● 9449-0009

[A]를 바탕으로 〈보기〉의 밑줄 친 부분에 대해 설명하시오.

■ 보기 ■

　　허생은 만 냥을 입수하자, 다시 자기 집에 들르지도 않고 바로 안성(安城)으로 내려갔다. 안성은 경기도, 충청도 사람들이 마주치는 곳이요, 삼남(三南)의 길목이기 때문이다. 거기서 대추·밤·감·배며, 석류·귤·유자 등속의 과일을 모조리 두 배의 값으로 사들였다. 허생이 과일을 몽땅 쓸었기 때문에 온 나라가 잔치나 제사를 못 지낼 형편에 이르렀다. 얼마 안 가서, 허생에게 두 배의 값으로 과일을 팔았던 상인들이 도리어 열 배의 값을 주고 사 가게 되었다. 허생은 길게 한숨을 내쉬었다.

　　"만 냥으로 온갖 과일의 값을 좌우했으니, <u>우리나라의 형편을 알 만하구나.</u>"

　　　　　　　　　　　　　　　　　　　　　　　　　　　　－ 박지원, 「허생전」 중에서

내용 연구

달의 지형적 특징

↓

월석의 분석과
달의 기원에 대한 학설

↓

달의 기원에 대한
새로운 충돌설과
이전 충돌설의 차이

↓

지구에 충돌했던
천체의 조각들

어휘 풀이

● **크레이터(crater)** 행성, 위성 따위의 표면에 보이는, 움푹 파인 큰 구덩이 모양의 지형.

● **조성(組成)** 여러 개의 요소나 성분으로 얽거나 짜서 만듦. 또는 그렇게 만들어진 요소들의 구성.

구절 풀이

● **아폴로 우주인들이 ~ 대립하고 있었다.** 달의 기원에 대한 여러 궁금증이 아폴로 우주인들이 가져온 월석에 의해 해소되었음을 의미한다.

● **예전의 충돌설에서는 ~ 만들어졌다고 주장했다.** 예전 충돌설에서는 지구와 충돌한 천체에서 분리된 물질이 달의 형성에 기여하지 않았을 것이라고 생각했다.

[04~06] 다음 글을 읽고 물음에 답하시오.

달을 망원경으로 처음 관찰한 이는 갈릴레이였다. 갈릴레이가 '달의 바다'라고 불렀던 달에서 크게 보이는 어두운 부분과 밝게 보이는 고지대는 화학적으로나 광물학적으로 다른 암석으로 이루어져 있다. 바다라고 부르는 부분은 실제로는 35억 년 전에 대규모 화산 분출로 형성된 어두운 화산암인 현무암 지대다. 상대적으로 밝으며 크레이터가 다수 분포해 있는 고지대를 테라라고 부른다. 고지대의 크레이터와 분지는 운석의 충돌로 40억 년 전에 형성된 것으로 추정된다. 따라서 크레이터가 많은 고지대가 화산암으로 이루어진 달의 바다보다 더 오래된 지형이라는 것을 알 수 있다.

그렇다면 달은 어떻게 만들어졌을까? 아폴로 우주인들이 월석을 가져오기 전까지 여러 가설이 팽팽히 대립하고 있었다. 하지만 아폴로 우주인들이 여섯 차례에 걸쳐 지구로 가져온 달 암석의 성분을 분석한 과학자들은 두 가지 결론을 내렸다. 먼저 ⊙월석의 화학 성분이 지구 암석의 성분과 매우 비슷하다는 사실을 근거로 달이 지구와 다른 장소에서 형성되었을 것이라는 가설을 제외할 수 있었다. 또한 ⊙달의 조성이 지구의 조성과 똑같지는 않다는 사실을 근거로 지구와 달이 같은 물질에서 동시에 만들어지지도 않았다고 결론지을 수 있었다.

지구와 달이 다른 장소에서 만들어진 것도 아니고, 같은 물질로 이루어진 것도 아니라면 달은 언제, 어떻게 만들어졌을까? 과학자들은 월석의 분석 결과를 종합하여 태양계 형성 초기에 있었던 대규모 충돌에 의해 달이 만들어졌다고 결론지었다. 이러한 새로운 충돌설은 예전의 충돌설과 차이가 있었다. 예전의 충돌설에서는 커다란 충돌로 태평양 지역의 물질이 우주 공간으로 날아 올라갔고 이 물질이 뭉쳐져 달이 만들어졌다고 주장했다. 따라서 달의 성분이 지구 지각의 성분과 같을 것이라고 생각했다. 그러나 월석을 분석한 후 새롭게 등장한 충돌설에서는 화성 크기의 천체가 지구와 충돌하면서 지구에서 방출된 물질에 충돌한 천체가 가지고 있던 물질이 첨가되었다고 주장한다. 충돌할 때의 강력한 힘으로 지구에서 떨어져 나간 물질과 충돌한 천체의 물질 중 많은 부분이 우주 공간으로 날아가 버렸고, 지구 주변에 남아 있던 물질이 모여 달을 형성했다는 것이다. 과학자들은 이 충돌이 지구가 형성된 후 1억 년 이내인 약 44억 5,000만 년 전에 일어난 것으로 추정하고 있다.

화성 크기의 천체가 지구와 충돌했다면 충돌한 천체의 조각들은 지금까지 남아 있을까? 새로운 충돌설에서는 천체가 지구와 충돌하면서 부서져 생긴 커다란 조각들은 태양계를 떠돌다가 또 다른 행성과 충돌했을 것으로 보고 있다. 따라서 지구에 충돌했던 천체의 조각들은 다른 행성이나 달의 일부가 되었다. 지구를 비롯한 행성들 간의 충돌이 빈번하던 태양계 초기에 화성 크기의 천체가 지구에 충돌한 사건은 수없이 일어났던 충돌 가운데 조금 큰 규모의 충돌일 뿐이었다.

04 ◎ 9449-0010

윗글의 내용과 일치하지 <u>않는</u> 것은?

① 예전의 충돌설은 달의 성분이 지구의 지각을 이루는 물질과 같을 것이라고 전제한다.

② 새로운 충돌설에서는 달의 조성이 지구에 충돌했던 천체의 조성과 일치할 것으로 추정한다.

③ 달의 기원과 관련된, 지구와 천체의 충돌은 태양계 초기 여러 충돌 중에서 조금 큰 규모였다.

④ 지구와 충돌한 천체의 흔적을 찾기 어려운 이유는 태양계 초기에 충돌이 빈번했던 환경과 관련이 있다.

⑤ 아폴로 우주인들이 가져온 월석의 분석은 달의 기원에 대해 대립하던 가설들을 정리하는 데 도움이 되었다.

05 ◎ 9449-0011

〈보기〉는 학생이 작성한 독서 일기이다. ⓐ~ⓔ 중 윗글에서 얻을 수 있는 정보가 <u>아닌</u> 것은?

━━ ■ 보기 ■ ━━

◎ 지구 과학 시간에 달에 대해 배우다가 몇 가지 궁금한 점이 생겼다. 도서관에서 달에 대한 정보를 찾아보기 전에 궁금한 점들을 정리해 보았다.

• 달의 고지대를 이루고 있는 암석의 성분은 무엇인가? ……………………………………………… ⓐ

• 달의 밝은 부분과 어두운 부분이 형성된 시기는 대략 언제인가? ……………………………………… ⓑ

• 갈릴레이가 '달의 바다'라고 불렀던 지형은 밝게 보이는가, 어둡게 보이는가? ……………………… ⓒ

• 지구와 충돌하여 달의 형성에 기여했을 것으로 추정되는 천체의 크기는 어떠했을까? ………………… ⓓ

• 충돌설을 주장하고 있는 학자들은 천체와 지구의 충돌이 언제 일어난 것으로 추정하고 있는가? ………… ⓔ

① ⓐ   ② ⓑ   ③ ⓒ   ④ ⓓ   ⑤ ⓔ

06 ◎ 9449-0012

㉠, ㉡이 〈보기〉의 ㉮, ㉯의 검증에 어떤 영향을 끼쳤는지 설명하시오.

━━ ■ 보기 ■ ━━

직접 달에 가서 월석을 가져와 분석하기 전까지는 달의 기원을 설명하는 세 가지 이론이 팽팽하게 대립하고 있었다. ㉮첫 번째 이론은 지구가 형성될 때 같은 공간에서 같은 물질로부터 달이 형성되었다는 것이었고, 두 번째 이론은 커다란 운석이 충돌할 때 지구에서 떨어져 나간 물질이 모여 달을 형성했다는 것이었으며, ㉯세 번째 이론은 외계에서 만들어진 천체가 지구 부근을 지나다가 지구 중력에 붙잡혀 지구를 도는 달이 되었다는 이론이었다.

[01~03] 다음 글을 읽고 물음에 답하시오.

가 1차 산업 혁명은 물과 증기의 힘을 이용해서 생산을 기계화했다. 2차 산업 혁명은 전기의 힘을 이용해서 생산을 기계화함으로써 대량 생산의 길을 열었다. 3차 산업 혁명은 전기 및 정보 기술을 통해 생산을 자동화했다. 이제 ㉠4차 산업 혁명이 20세기 중반부터 시작된 디지털 혁명, 곧 3차 산업 혁명을 토대로 일어나고 있다. 4차 산업 혁명은 다양한 분야의 경계를 허무는 기술적 융합이 특징이다.

오늘날 벌어지고 있는 이 혁명은 3차 산업 혁명의 단순한 연장이 아니라 그것과 구별되는 4차 산업 혁명의 도래라고 보아야 한다. 이전의 산업 혁명들과 비교하면, 4차 산업 혁명은 산술급수적이 아니라 기하급수적인 속도로 전개되고 있다. 게다가 모든 나라에서, 거의 모든 산업을 충격에 빠뜨리고 있다. 모바일 기기를 통해 연결된 수십억 인구는 전례 없이 빠른 처리 속도와 엄청난 저장 용량, 그리고 편리한 정보 접근성을 갖춤으로써 할 수 있는 일이 무한해질 것이다. 사물 인터넷 기술을 이용하여 미세 먼지가 심한 날 자동으로 공기 청정기가 작동한다거나 나노 기술을 활용한 나노 로봇을 통해 여러 질병을 치료하는 것 모두 4차 산업 혁명과 연관되어 있다. 이 밖에도 생명 공학, 양자 컴퓨터 등의 영역에서 기술들이 새로 생겨나고 그러한 기술 간의 융합을 통해 새로운 분야가 생겨날 가능성이 커질 것이다.

4차 산업 혁명 시대에는 효율성과 생산성이 장기간에 걸쳐 향상되면서 공급 측면에서도 기술의 혁신이 일어날 것이다. 수송 기술의 혁신으로 공급자의 수송 비용이 절감되고, 통신 기술의 발전으로 세계적인 물류 공급망이 더 효율적으로 운영되어 물류의 거래 비용이 줄어들 것이다. 이 모든 일로 새로운 시장이 열리고 경제 성장이 촉발될 것이다.

나 과거의 산업 혁명과 다르게 4차 산업 혁명의 중요한 특징은 사회 변화의 주도권이 완전히 기술로 넘어간다는 것이다. 즉 최신 기술이 정치, 경제, 사회 시스템의 변화를 이끈다는 말이다. 우리가 4차 산업 혁명에 관심을 가져야 하는 이유는 사물 지능화의 결과물인 인공 지능과 로봇이 우리의 일자리를 위협하고 있기 때문이다.

이미 우리가 의식하지 못하는 사이에 기계가 사람들의 일을 대체하고 있다. 공항에서 항공권을 발권할 때도 항공사 직원을 통하지 않고 키오스크를 이용한 무인 발권기를 통해 발권할 수 있다. 스마트미터링이란 기술의 보급도 급속화되고 있다. 스마트미터링으로 가스나 전기 사용량을 원격으로 측정할 수 있는데 이런 기술이 새로 짓는 아파트에 적용되고 있다. 스마트미터링이 확산되면 검침을 오는 이들의 일자리는 사라지게 된다. 핀테크를 활용한 IT 기업이 인터넷 은행을 만들어 기존 은행과 경쟁하듯이, 오래전부터 경쟁 우위를 점유하고 있는 전통 기업은 4차 산업 혁명을 발판으로 새롭게 등장하는 기업과 경쟁을 해야 하는 처지가 되었다. 또한 4차 산업 혁명 시대에는 영역을 파괴하는 사업 분야가 대세가 될 것이다. 인터넷 은행의 출현으로 일반 은행도 모바일 기반으로 창구 업무를 전환할 것이다. 인터넷 서비스 기반의 사이버 창구가 많아지면 자연스럽게 대면 창구는 줄어들게 되고 은행원도 함께 줄어들 것이다. 사람을 대신해서 인공 지능이 주식 매매를 하면 고용이 축소되듯 사회 전 영역에서 기술 실업이 대량 발생할 것이다.

01 ○ 9449-0013
(가), (나)의 내용과 일치하지 <u>않는</u> 것은?

① 1차 산업 혁명과 2차 산업 혁명은 생산을 기계화했다는 측면에서 유사하다.

② 3차 산업 혁명은 생산을 자동화했다는 점에서 이전의 산업 혁명과 차이가 있다.

③ 4차 산업 혁명은 3차 산업 혁명에 비해 영향을 끼치는 변화의 범위가 매우 넓다.

④ 4차 산업 혁명과 이전의 산업 혁명의 차이점은 최신 기술이 사회 변화를 주도한다는 점이다.

⑤ 4차 산업 혁명은 기하급수적인 속도로 전개된다는 점에서 3차 산업 혁명의 연장으로 볼 수 있다.

02 ○ 9449-0014
㉠에 대한 (가), (나)의 견해를 정리한 것으로 적절하지 <u>않은</u> 것은?

① (가)에서는 ㉠에 의한 기술 간의 융합을 통해 새로운 분야가 탄생할 것으로 예측하고 있다.

② (가)에서는 ㉠을 통해 정보 접근성이 높아지고 업무 처리 속도가 빨라진다는 점을 긍정하고 있다.

③ (가)에서는 ㉠으로 인해 효율성과 생산성이 높아지면서 경제 성장이 촉발될 것으로 전망하고 있다.

④ (나)에서는 ㉠의 영향으로 인간의 일자리가 위협받아 대량 실업이 발생할 것으로 전망하고 있다.

⑤ (나)에서는 ㉠을 발판으로 새롭게 등장하는 기업들이 기존의 전통 기업을 도와줄 것으로 전망하고 있다.

03 ○ 9449-0015
〈보기〉는 윗글을 읽은 학생이 찾은 정보이다. 이를 바탕으로 윗글을 이해한 내용으로 적절하지 <u>않은</u> 것은?

■ 보기 ■

사물 인터넷	가전제품 등 각종 사물에 센서와 통신 기능을 내장하여 인터넷에 연결하는 기술을 가리킨다.
나노 기술	10억분의 1 수준의 정밀도를 요구하는 극미세 가공 과학 기술을 가리킨다.
키오스크	터치스크린과 통신 카드 등 첨단 정보 통신 기기를 활용하여 음성 서비스, 동영상 구현 등 이용자에게 효율적인 정보를 제공하는 무인 종합 정보 안내 시스템을 가리킨다.
스마트미터링	계량기에 지능 정보 기술을 융합하여 에너지 계량 정보를 에너지 공급자−수요자 간 쌍방향에서 원격으로 실시간으로 활용이 가능하도록 하는 디지털 플랫폼을 가리킨다.
핀테크	금융(Financial)과 정보 기술(Technology)의 합성어로, 인터넷, 모바일 공간에서 인터넷 전문 은행 등 각종 금융 서비스를 제공하는 산업을 가리킨다.

① 미세 먼지가 심한 날 자동으로 공기 청정기가 작동하는 것은, 미세 먼지를 측정하는 센서와 이를 공기 청정기에 전달하는 사물 인터넷 기술을 바탕으로 하고 있군.

② 나노 로봇을 통해 질병을 치료하는 것은, 극미세 가공 나노 기술과 의료 기술을 융합하여 새로운 기술 영역을 구축한 것이군.

③ 무인 발권기에서 항공권을 발권하는 것은, 첨단 정보 통신 기술을 활용한 키오스크를 통해 사람의 일을 대체한 것이군.

④ 전기 사용량을 원격으로 측정하는 것은, 지능 정보 기술을 바탕으로 에너지 공급자가 일방향으로 계량 정보를 확인할 수 있도록 한 스마트미터링 기술이군.

⑤ 인터넷 은행이 생겨난 것은, 금융 분야와 정보 기술 분야의 기술이 연결되어 핀테크라는 새로운 산업 분야가 개척된 것으로 볼 수 있군.

[04~06] 다음 글을 읽고 물음에 답하시오.

밀이 생각하는 ㉠행복의 본질은 무엇일까? 그가 생각하는 행복의 조건은 무엇일까? 그는 사람이 자기 존재에 긍지를 가질 때, 자기 자신에 대한 존경심을 가질 때 행복해진다고 생각한다. 이처럼 자신에 대한 긍지와 존경심은 각자의 내면세계가 성장하면서 사람마다 다르게 느껴지기는 하지만 행복의 가장 중요한 요소이다. 또한 밀은 자기 스스로 삶을 꾸려 나가는 자립적인 능력, 이성적 자세, 관용적인 태도, 다양한 방면에 대한 관심, 타인에 대한 자발적인 관심과 동정심을 갖는 것이 행복의 조건이라고 생각한다.

이러한 모든 조건을 관통하고 있는 밀의 행복 개념은 무엇일까? 밀에게 행복이란 인간의 타고난 능력을 최대한 발휘할 수 있는 상태를 의미한다. 계속해서 자기 발전을 이루어 나갈 때 인간은 행복해진다. 그렇다면 자기 발전이란 무엇일까? 그것은 각자의 능력을 높이 발전시키고 적극적으로 활용하는 것이다. 이는 독일의 휴머니즘 철학자 훔볼트가 "이성이 명령하는 것, 즉 인간의 삶 속에서 가장 중요한 목적은 각자가 타고난 능력을 가능한 끝까지 최대한 발전시키는 것이다."라고 말한 것과 유사하다. 밀과 훔볼트는 여기서 두 가지를 가정하고 있다. 첫 번째는 인간의 발전이 삶의 목표이면서 동시에 행복 그 자체라는 점이다. 행복은 결과가 아니라 삶의 과정 그 자체이다. 행복이라는 파랑새가 따로 존재하는 것이 아니라 삶 자체가 파랑새인 것이다. 두 번째는 인간의 발전은 각자가 타고난 개성대로 자유롭게 추구될 때 비로소 달성될 수 있다는 점이다.

밀에 따르면 행복을 위해 어떤 요소들이 발전되어야 할까? 밀은 우선 지성을 제시한다. 그는 진보하는 존재로서 인간의 능력 중에서 가장 중요한 것이 바로 지적인 능력, 곧 지성이라고 생각한다. 지성을 발휘하는 것은 그 자체로 내재적인 가치를 가지고 있기 때문에 다른 모든 감각적인 기쁨을 능가하는 즐거움을 얻게 된다. 때문에 밀은 지적인 소양의 계발을 강조한다. 그가 논의하고 있는 이상 사회의 첫 번째 조건이 바로 교양인이다. 사람은 일정 수준의 교양을 갖출 때 비로소 여러 가지 현실적인 제약을 극복하는 힘을 얻게 된다. 밀은 지식의 중요성과 만능성을 강조한다는 점에서 주지주의자라고 할 수 있다. 하지만 밀은 지식뿐만 아니라 감성의 발전도 중시한다. 사람 속에 들어 있는 감성과 본능적 요소를 자연스럽게 발전시키는 것은 각자의 개체성을 발전시키는 데 필수적인 요소라고 주장한다. 밀은 지성뿐만 아니라 감성의 계발 역시 행복한 삶을 위한 필요조건이라고 생각한다. 물론 감성은 지성에 의해 적절하게 제어되어야만 한다. 또한 밀은 인간의 도덕성을 발전의 한 요소로 제안한다. 지성과 감성의 발전과 더불어 인간의 도덕적 의식이 발전할 때 진정한 자기 발전이 완성된다. 밀은 도덕적 발전의 지표로 이기심을 억제하고 타인의 복지에 관심을 기울일 것을 요청한다. 이는 그가 사회성을 강조하고 있음을 보여 주는 것이다. 이처럼 밀은 지성, 감성, 도덕성이 종합적으로 발전된 상태가 행복이라고 규정한다.

04 ● 9449-0016

윗글의 서술상 특징으로 적절한 것만을 〈보기〉에서 있는 대로 고른 것은?

■ 보기 ■

ㄱ. 대상이 실현되기 위해 필요한 여러 요소를 분석하고 있다.
ㄴ. 구체적인 사례를 들어 중심이 되는 개념의 이해를 돕고 있다.
ㄷ. 통계 자료를 제시하여 자신의 주장에 대한 근거로 삼고 있다.
ㄹ. 질문을 통해 독자의 호기심을 자극하고, 답변을 통해 이를 해소하며 내용을 전개하고 있다.
ㅁ. 동일한 개념에 대한 상반되는 견해를 소개하여 대상에 대한 독자의 판단을 유도하고 있다.

① ㄱ, ㄴ ② ㄱ, ㄹ ③ ㄴ, ㅁ ④ ㄱ, ㄹ, ㅁ ⑤ ㄴ, ㄷ, ㅁ

05 ● 9449-0017

㉠에 대한 설명으로 적절하지 않은 것은?

① 밀은 타고난 능력을 최대한 발휘할 수 있는 상태를 ㉠으로 본다.
② 밀은 ㉠의 조건 중 하나로 다른 이에 대한 너그러운 마음을 들고 있다.
③ 밀은 자신에 대한 긍지와 존경심을 가질 때 ㉠이 이루어진다고 생각한다.
④ 밀과 훔볼트는 인간의 발전이 삶의 목표이며 그 자체가 ㉠임을 강조했다.
⑤ 밀은 훔볼트와 달리 ㉠을 위해 자기 발전이 자유롭게 추구되어야 함을 제시했다.

06 ● 9449-0018

밀의 견해를 바탕으로 〈보기〉의 ⓐ~ⓔ를 이해한 것으로 적절하지 않은 것은?

■ 보기 ■

지난 몇 년간의 조사에서 덴마크 사람들은 세계에서 가장 행복한 국민으로 나타났다. 덴마크인들의 ⓐ행복 지수가 높은 이유는 무엇일까? 이는 지성, 감성, 도덕성의 조화를 추구한 덴마크 정부의 정책적 성과라 할 수 있다. 덴마크의 교육 시스템은 ⓑ학생들이 스스로 좋은 결정을 내릴 수 있도록 유도하는 것을 교육 목표로 강조하고 있다. ⓒ시험을 통해 성적을 끌어올리는 것보다는 학생들의 관심사를 이용한 수업을 통해 인지적 사고의 폭을 넓히고 있다. 또한 지적 능력뿐만 아니라 학생들의 정서 함양과 창의력 계발을 위한 ⓓ여러 예술 교육을 제공하여 학교 교육에 대한 학생들의 만족도를 높이고 있다. 이 밖에도 높은 수준의 ⓔ복지 정책도 구성원들의 행복에 기여하고 있다. 예를 들어 부모 모두에게 1년 이상의 육아 휴직을 보장하는데, 부모의 직장 동료들은 사회 구성원 모두가 복지 혜택의 대상이라는 도덕적 인식을 바탕으로 서로를 배려한다. 이처럼 지성, 감성, 도덕성의 조화를 추구한 덴마크의 여러 정책은 덴마크 사람들의 삶의 만족도를 높여 주는 데 기여하고 있다.

① ⓐ는 지성, 감성, 도덕성의 조화를 추구한 정책이 성공한 결과로 볼 수 있다.
② ⓑ는 학생들의 타고난 개성을 존중하며 학생들의 발전을 유도하는 것으로 볼 수 있다.
③ ⓒ는 지성을 바탕으로 감성을 적절하게 제어할 수 있는 능력을 길러 주는 것과 관련이 있다.
④ ⓓ는 지식뿐만 아니라 학생들의 감성 계발을 통해 삶의 만족도를 높이려는 것과 관련이 있다.
⑤ ⓔ는 타인에 대한 배려를 바탕으로 타인의 복지에 관심을 기울임으로써 행복을 추구하는 것과 관련이 있다.

[07~09] 다음 글을 읽고 물음에 답하시오.

　우리 몸을 구성하는 세포들은 끊임없이 변한다. 피부는 끊임없이 벗겨지고, 4주마다 완전히 새 피부로 바뀐다. 이는 마치 완전 방수의 천연 가죽옷을 한 달에 한 번 갈아입는 것과 같다. 또 뼈의 조직은 끊임없이 죽고 다른 조직으로 바뀌는데, 몸 전체의 모든 뼈가 새로 바뀌는 데는 7년이 걸린다. 그렇다면 7년 전의 나와 지금의 내가 다른 존재인 걸까? 그렇지 않다면 내가 변하는데도 불구하고 그때의 나와 같은 사람이라고 말할 수 있는 근거는 무엇일까? 이에 대한 답변을 해 줄 수 있는 것이 바로 개인 동일성 문제이다.

　개인 동일성 문제를 다루기 위해서는 먼저 '같다' 또는 '다르다'라는 말을 분명히 해 둘 필요가 있다. 우리는 "저 시계는 내 시계와 같은 시계다."라고 말할 때의 '같다'와 "개밥바라기는 샛별과 같은 행성이다."라고 말할 때의 '같다'가 서로 다른 뜻임을 알고 있다. 앞의 동일성은 같은 종류라거나 특징이 비슷하다는 뜻이고, 뒤의 동일성은 완전히 똑같은 개체라는 것을 의미한다. 철학자들은 앞의 동일성을 ㉠질적 동일성이라고 부르고 뒤의 동일성은 ㉡수적 동일성이라고 부른다. 두 개체가 비슷하다는 것은 질적으로 비슷한 점이 많다는 것이고, 두 개체가 완전히 똑같다는 것은 수적으로 하나라는 것이다. 그러면 개인 동일성 문제에서 문제가 되는 동일성은 바로 수적 동일성이다. 돌 무렵의 나, 7년 전의 내가 지금의 나와 '같은' 사람이 아니라고 해도 완전히 틀린 말은 아니다. 그러나 그것은 질적 동일성이 같지 않다는 뜻일 뿐이고 수적 동일성은 여전히 성립한다.

　그러나 철학자들에게는 돌 때의 나와 지금의 내가 왜 수적으로 동일한가를 설명해야 하는 문제가 남아 있다. 우선 돌 때의 나와 지금의 나에 대한 개인 동일성의 근거로 신체를 제시하는 신체 이론이 있다. 물론 돌 때의 나와 지금의 내 신체는 많이 변화되었지만, 돌 때의 나로부터 현재의 나까지 시간과 공간이 연속되어 왔으므로 이 연속성을 근거로 동일성을 주장하는 것이다. 그러나 신체 이론은 두 사람의 영혼이 뒤바뀐 경우에는 수적 동일성을 설명하기가 어렵다. 왕자와 거지의 영혼이 바뀌었다고 가정할 때 신체 이론에 따르면 시간과 공간의 단절이 없었으므로, 왕자의 몸에 거지의 영혼이 들어갔어도 여전히 왕자의 몸을 가진 사람이 왕자가 된다. 이러한 문제를 해결하기 위해 개인 동일성의 근거를 영혼으로 보는 이론이 바로 영혼 이론이다. 그러나 영혼 이론은 영혼의 존재에 대해 확인할 방법이 없다는 문제가 있다. 반면에 영혼의 존재는 확인할 수 없지만 인간의 사고를 담당하는 뇌의 존재는 분명하다. 이처럼 뇌에 들어 있는 기억, 버릇, 느낌 등 각종 정보를 개인 동일성의 근거로 삼는 이론이 심리 이론이다. 심리 이론에서는 돌 때의 나와 현재의 나에 대한 나의 기억들은 나에게만 존재하므로, 그 기억을 근거로 동일성을 보장해 준다고 본다. 이는 나의 기억은 드문드문 사라지지만, 기억들 간의 '연속성'을 통해 과거의 나와 현재의 나 사이에 연결 고리를 마련해 준다고 본 점에서 신체 이론과 유사하다.

● **개밥바라기**　해 진 뒤에 서쪽 하늘에 반짝이는 금성. 금성이 새벽 하늘에 보일 때에는 '샛별'로 부른다.

07 ◐ 9449-0019
윗글의 내용과 일치하지 <u>않는</u> 것은?

① 개인 동일성 문제에서 철학자들이 논의하는 것은 수적 동일성이다.
② 영혼 이론의 한계는 영혼이라는 것의 실체를 확인하기 어렵다는 데 있다.
③ 뇌에 들어 있는 불연속적인 각종 정보들을 근거로 동일성을 주장하는 이론이 심리 이론이다.
④ 영혼이 뒤바뀐 문제에 대해 신체 이론에서는 설명이 어렵지만 영혼 이론에서는 이 문제를 해결하려고 한다.
⑤ 신체 이론에서는 신체가 성장하며 변화하더라도 시간·공간의 연속을 바탕으로 하고 있다면 동일한 존재로 본다.

08 ◐ 9449-0020
다음 밑줄 친 부분이 ㉠, ㉡의 예시로 적절하지 <u>않은</u> 것은?

① ㉠: 아버지께서 사 오신 책이 서점에서 내가 산 책과 <u>동일한</u> 책이었다.
② ㉠: 동물 병원에서 본 두 강아지는 외모가 <u>동일했는데</u> 아마도 쌍둥이였던 것 같다.
③ ㉠: 오랜만에 친구를 만났는데, 얼굴이 너무 변해서 <u>동일한</u> 사람인지 의심스러울 정도였다.
④ ㉡: 개골산, 봉래산, 풍악산 등의 이름은 모두 <u>동일한</u> 대상인 금강산을 가리키는 이름이다.
⑤ ㉡: 처음에 녹색이었던 바나나와 다시 시간이 지나 노란색으로 변한 바나나는 <u>동일한</u> 바나나이다.

09 ◐ 9449-0021
윗글과 〈보기〉의 [자료]를 바탕으로 [질문]에 대한 답변을 작성하시오.

■ 보기 ■

[자료]
　갑작스러운 사고로 연인 '몰리'의 곁을 떠나게 된 '샘'은 천국으로 향하지 못하고 영혼의 상태로 그녀의 곁을 맴돌게 된다. 하지만 육체가 없는 '샘'의 존재를 그녀는 알아차리지 못하고, '샘'은 다른 인물의 도움을 받아 그 인물의 몸을 빌리는 등 자신만의 방식으로 그녀에게 자신의 사랑을 전하고자 노력한다.

[질문]
　사고 전의 '샘'과 사고 후 다른 인물의 몸을 빌린 '샘'이 동일한 존재인지에 대해, 영혼 이론을 바탕으로 어떻게 설명할 수 있을까?

[10~12] 다음 글을 읽고 물음에 답하시오.

고대 이집트인들의 벽화에 그려진 파라오나 귀족처럼 신분이 높은 존재는 해부학적으로 불가능한 구성 혹은 자세를 한 경우가 많다. 얼굴과 다리는 측면에서 본 모습을, 가슴과 눈은 정면에서 본 모습을 그린 것이다. 시각적으로 보이는 대로 표현하는 시각적 사실성을 추구한 것이 아니라, 정면과 측면을 신체 부위에 따라 편의적으로 봉합하여 시각적으로 모순되게 표현한 이유는 무엇일까? 그 이유는 이집트인들의 지배층을 묘사한 벽화 그림은 기본적으로 시각 상이 아니라 개념 상에 바탕을 둔 것이었기 때문이다. 시각 상이란 시각적 경험이 가져다주는 이미지다. 같은 사물이라도 보는 위치에 따라 실제보다 더 크거나 작아 보이듯 주체가 본 그대로 상을 나타낸 것이다. 반면 개념 상은 시각적으로는 모순되더라도 알고 있는 사실을 명확하게 전달하는 데 중점을 둔 이미지다. 그런 까닭에 시각적 사실성보다 실제 그 형태나 모양이 어떤가에 더 관심을 둔 이집트 벽화는 시각 상보다 개념 상을 더 중시한 그림이라고 할 수 있다.

원근법에 익숙한 오늘의 시각에서 보면 이처럼 개념 상을 중시하여 그린 이집트인들의 표현이 어색하게 느껴질 수 있다. 하지만 원근법으로 표현하는 훈련을 따로 받지 않은 일반적인 사람들은 이미지를 표현할 때 개념 상을 중시하여 표현하는 경우가 많다. 일례로 우리나라 민화의 책거리 그림을 보면 책장이나 탁자의 앞부분과 뒷부분의 길이가 같아 시각적으로 모순되는 것이 많다. 건물을 그린 그림도 마찬가지다. 보이는 대로 그린다면 뒷부분의 길이가 짧게 그려져야 한다. 하지만 그렇게 그리지 않은 것이 더 많다. 이처럼 보이는 대로 그리는 것이 아니라 아는 것을 전달하려는 그림은 사람이 사는 곳이면 어디든 쉽게 볼 수 있다. 그러나 고대 그리스와 르네상스 시대의 유럽에서 철저히 시각적 경험에만 의존해 대상을 묘사하는 특수한 현상이 나타났다. 그리고 이런 시각적 사실성이 서양 미술의 고유한 표현 특성이 되었다.

이로부터 우리는 보이는 것을 재현하는 것 이전에 아는 것을 전달하는 데 미술의 일차적인 기능이 있음을 알 수 있다. 말이나 글처럼 말이다. 이는 왜 완벽한 시각적 사실성의 표현이 오직 유럽에서, 그것도 특정한 시기에만 발달했으며, 나아가 현대에 들어서는 추상화 등이 나타나 그 전통마저 무너져 내렸는가에 대한 답이 된다. 미술의 보편적인 기능은 무엇보다도 시각적 사실의 재현이 아니라 세계에 대한 앎과 이해를 전달하는 데 있다.

10 ⊙ 9449-0022
윗글의 내용과 일치하지 <u>않는</u> 것은?

① 미술의 보편적 기능은 세계에 대한 앎과 이해를 전달하는 데 있다.

② 민화의 책거리 그림은 원근법에 따르면 시각적으로 모순된 그림이다.

③ 시각적 사실성에 의지해 표현하는 것은 보이는 것을 재현하기 위한 방법이다.

④ 미술에서 시각적 사실성을 추구한 것은 여러 문화권에서 오랜 시간에 걸쳐 발달한 현상이다.

⑤ 현대 미술에서 추상화가 등장한 것은 시각적 사실성을 추구한 전통이 무너진 것과 관련이 있다.

11 ○ 9449-0023
윗글을 바탕으로 〈보기〉의 ㉠, ㉡을 이해한 내용으로 가장 적절한 것은?

■ 보기 ■

　　사람들은 서양 기법을 적용한 입체적인 표현에 열광한다. 고구려 벽화를 비롯하여 고려와 조선 불화는 모두 평면적이어서 우리나라 사람들은 원근을 살린 입체적 작품을 갈망해 왔는데, 그것은 세속화의 징조이다. 불화를 실제 눈에 보이는 것처럼 입체적으로 그리면 ㉠수원 용주사 대웅전의 후불탱화처럼 세속화된 그림으로 변하여 경배의 대상이 되기 어렵다. 가장 영적인 그림은 모두 평면적이다. 가장 영적인 존재는 눈에 보이지 않으므로 음영이 없으며 그림자가 없다. 가장 성스러운 것은 평면적으로 표현해야 한다. ㉡민화가 사람들의 마음을 끄는 이유 가운데 하나는 민화 속 세계가 우리가 마주하는 현실과 달리 평면적이기 때문이다.

① ㉠은 시각 상보다 개념 상을 더 중시한 그림이다.
② ㉡은 개념 상보다 시각 상을 더 중시한 그림이다.
③ ㉡은 ㉠에 비해 주체가 본 그대로 상을 나타낸 것이다.
④ ㉠과 ㉡ 모두 눈에 보이는 것을 그대로 재현한 것이다.
⑤ ㉡은 ㉠과 달리 아는 것을 전달하는 데 중점을 두고 있다.

12 ○ 9449-0024
〈보기〉의 ⓐ, ⓑ에 들어갈 말을 윗글에서 찾아 쓰시오.

■ 보기 ■

　　고대 이집트 벽화에는 사람을 그린 것임에도 정면과 측면의 봉합이 아니라 정면이나 측면 어느 한쪽에서 본, 사실적인 묘사를 한 그림들이 있다. 농부나 무희를 그린 그림들이 그것이다. 이처럼 신분이 낮은 존재를 그릴 때는 (　　ⓐ　　)에 가깝게 그리고, 파라오나 귀족처럼 신분이 높은 존재를 그릴 때는 (　　ⓑ　　)에 가깝게 그리는 형식에서 우리는 이 벽화에 '세계의 질서'에 대한 이집트인들의 고유한 인식이 담겨 있음을 확인할 수 있다. 곧 보이는 대로 그려진다는 것은 찰나의 대상이 된다는 것이요, 그것은 필멸의 운명을 드러내는 것이다. 하지만 아는 대로 그려진다는 것은 영원한 질서의 대변자가 되는 것이요, 영생을 약속받는 것이다.

II

독서의 방법

사실적 읽기

◆ 글의 중심 내용 파악
글을 읽는 궁극적인 목적은 글의 중심 내용을 파악하는 것이다. 중심 내용을 파악할 때는 글의 구조나 요약한 내용 등의 글에 나타난 정보를 활용하는데, 이에 더하여 독자의 배경지식과 경험, 글을 읽는 상황 맥락 등도 적극적으로 고려해야 한다.

1 사실적 읽기의 개념

사실적 읽기란 글에 대해 사실적으로 확인하는 차원에서 이루어지는 읽기 방법이다. 사실적 읽기는 내용에 관한 것과 구조에 관한 것으로 나눌 수 있다. 내용에 관한 것은 글에 제시된 정보와 중심 내용을 정확하게 파악하는 것이고, 구조에 관한 것은 글 전체의 구조, 문단 간의 관계, 문단을 구성하는 문장들 간의 관계를 파악하는 것이다.

2 사실적 읽기의 방법

(1) 각 단위의 내용 및 관계 파악하기

글은 단어, 문장 그리고 문단이 모여 이루어진다. 따라서 각 단어와 문장의 의미를 파악하고 이들이 어떤 의미 관계로 이어져 문단을 구성하는지 살펴야 한다. 그리고 문단과 문단이 모여 어떻게 한 편의 글을 구성하는지 그 관계를 살펴야 한다.

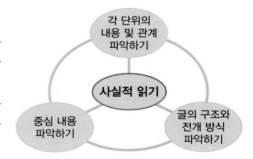

(2) 중심 내용 파악하기

글을 구성하는 각 단위의 부분적인 의미를 파악하더라도 글 전체의 중심 내용을 파악하지 못하면 글을 제대로 이해하기 어렵기 때문에 글 전체의 중심 내용을 파악해야 한다. 글의 중심 내용을 파악할 때에는 글에 드러나 있는 정보뿐 아니라 글을 읽는 독자의 배경지식, 글을 읽는 상황 맥락, 글이 작성된 시대와 배경 맥락 등도 고려해야 한다.

◆ 단위별로 글을 이해하는 과정

핵심어를 통해 화제 파악
↓
화제와 관련하여 중심 내용 파악
↓
중심 문장과 뒷받침 문장 구별, 문장의 중요도 판단
↓
문단의 구조 파악
↓
문단 간의 관계 파악

> **예** ① 인간 역시 처음에는 귀찮은 방해자로 여겼던 미생물과 적절히 균형을 맞추면서 살아가는 방법을 익힌다. ② 인간의 장내에는 약 500여 종의 세균이 공존하고 있는데, 아주 작은 미생물인 이들 장내 세균은 분명히 한때는 외부 침입자였지만 지금은 인간과 더없이 좋은 동반자적 관계를 유지하고 있다. ③ 장은 몸속에 있는 기관이지만, 입과 항문을 통해 열려 있는 구조로 되어 있고 외부에서 끊임없이 음식물이 들어오기 때문에 항상 미생물의 침입에 노출되어 있다. ④ 하지만 장내 정상 세균이 장 점막을 코팅하고 있기 때문에 외부에서 들어온 세균이 점막을 통해 혈액으로 침입하지 못한다. ⑤ 또 장내 세균은 장의 면역력을 증가시키는 데 도움을 준다. ⑥ 장내 세균들 덕에 면역 세포는 항상 실전 연습을 하고 있어 간혹 해로운 미생물이 나타나더라도 금방 물리칠 수 있게 된다.

➔ ①은 이 문단 전체의 중심 문장이며, 뒤에 이어지는 ②~⑥은 이를 뒷받침하는 문장이다. 뒷받침 문장 중에서 구체적 사례로 제시된 ③~④와 ⑤~⑥의 내용에 대한 포괄적 서술이 ②에서 이루어지고 있으므로 ②는 큰 뒷받침 문장이라 할 수 있다.

(3) 글의 구조와 전개 방식 파악하기

한편의 글은 여러 요소가 긴밀하게 결합된 구조체이므로 글 전체의 짜임을 이해하기 위해서는 글의 구조와 전개 방식을 파악해야 한다. 글의 구조를 파악한다는 것은 전체 글을 구성하는 각 문단 간 또는 각 문장 간의 유기적 관계를 파악한다는 것이다. 글의 전개 방식은 글쓴이가 자신의 생각을 효과적 표현하고 전개하기 위해 사용하는 서술상의 특징인데, 이것을 파악함으로써 글쓴이의 의도가 어떻게 전개되는지 이해할 수 있다.

예 ① 지난해 여름 장마가 갠 어느 날, 봉선사로 운허 노사를 뵈러 간 일이 있었다. 한낮이 되니 장마에 갇혔던 햇볕이 눈부시게 쏟아져 내리고 앞개울 물소리에 어울려 숲속에서는 매미들이 있는 대로 목청을 돋우었다.

② 아차! 이때야 문득 생각이 난 것이다. 난초를 뜰에 내놓은 채 온 것이다. 모처럼 보인 찬란한 햇볕이 돌연 원망스러워졌다. 뜨거운 햇볕에 늘어져 있을 난초 잎이 눈에 아른거려 더 지체할 수 없었다. 허둥지둥 그 길로 돌아왔다. 아니나 다를까. 잎은 축 늘어져 있었다. 안타까워하며 샘물을 길어다 축여 주고 했더니 겨우 고개를 들었다. 하지만 어딘지 생생한 기운이 빠져 버린 것 같았다.

③ 나는 이때 온몸으로. 그리고 마음속으로 절절히 느끼게 되었다. 집착이 괴로움인 것을. 그렇다. 나는 난초에게 너무 집착해 버린 것이다. 이 집착에서 벗어나야겠다고 결심했다. 난을 가꾸면서는 산철에도 나그넷길을 떠나지 못한 채 꼼짝도 못하고 말았다. 밖에 볼일이 있어 잠시 방을 비울 때면 환기가 되도록 들창문을 조금 열어 놓아야 했고, 분(盆)을 내놓은 채 나가다가 뒤미처 생각하고는 되돌아 들여놓고 나간 적도 한두 번이 아니었다. 그것은 정말 지독한 집착이었다.

④ 며칠 후, 난초처럼 말이 없는 친구가 놀러 왔기에 선뜻 그의 품에 분을 안겨 주었다. 비로소 나는 얽매임에서 벗어난 것이다. 날 듯 홀가분한 해방감. 삼 년 가까이 함께 지낸 '유정(有情)'을 떠나보냈는데도 서운하고 허전함보다는 홀가분한 마음이 앞섰다. 이때부터 나는 하루 한 가지씩 버려야겠다고 스스로 다짐을 했다. 난을 통해 무소유의 의미 같은 걸 터득하게 됐다고나 할까.

➡ 이 글의 내용을 정리해 보면, '구체적 경험 → 성찰 → 깨달음'의 순서로 내용이 진행되고 있음을 알 수 있다. 먼저 ①, ② 문단에서 난초를 뜨거운 햇볕에 내어 놓아 죽일 뻔했던 경험을 제시하고, 이를 바탕으로 ③ 문단에서 난초에 집착했던 자신에 대한 성찰을 하고 있다. 결론적으로 ④ 문단에서는 앞의 사건을 통해 무소유에 대해 깨닫게 되었음을 밝히고 있다. 이와 같이 문단 간의 의미 관계를 파악하는 것은 글 전체의 내용을 쉽게 파악하는 데 도움이 된다.

◈ 글의 구조와 전개 방식
· 설명적인 글은 비교, 대조, 예시, 열거, 인과 등의 구조로, 서사적인 글은 인물이 특정 배경에서 어떤 사건을 경험하는 구조로 구성되는 경우가 많다.
· 글의 전개 방식은 글의 갈래에 따라 달라진다. 예를 들어 논설문은 '서론 – 본론 – 결론'의 형태로, 소설은 '발단 – 전개 – 위기 – 절정 – 결말'의 형태로 내용이 전개되는 경우가 많다. 따라서 어떤 종류의 글인지 그 갈래를 미리 파악하고 이에 맞추어 전개 방식을 점검해 보는 것이 좋다.

◈ 법정, 「무소유」
· 갈래: 경수필
· 제재: 난초에 대한 집착과 해방감의 경험
· 주제: 무소유의 의미에 대한 깨달음

내용 연구

- 패러다임의 개념
- 패러다임의 정립과 대체 과정
- 패러다임이 쉽게 바뀌지 않는 이유
- 두 패러다임의 공유가 어려운 과학자 사회

어휘 풀이

● **지침** 생활이나 행동 따위의 올바른 방법이나 방향을 알려 주는 준칙.

● **포섭** 어떤 개념이 보다 일반적인 개념에 포괄되는 종속 관계.

● **고수** 굳게 지킴.

구절 풀이

● **과학은 이처럼 ~ 반복하면서 발전한다.** 하나의 과학자 사회가 두 패러다임을 공유할 수는 없기 때문에 과학은 논쟁이 없는 평화로운 시기인 정상 과학 시기와 두 패러다임이 경쟁하는 투쟁의 시기인 과학 혁명기가 반복하면서 발전하는 것이다.

[01~04] 다음 글을 읽고 물음에 답하시오.

패러다임은 미국의 과학 철학자인 토머스 쿤이 그의 저서 『과학 혁명의 구조』에서 제창한 개념으로, 과학자들이 세상을 바라보고, 조직하고, 이해하는 틀을 말한다. 이처럼 패러다임은 과학자들의 사고나 인식을 근본적으로 규정하는 이론적인 틀이나 체계이면서, 실험의 방법, 기구, 표준과 같은 물질적이고 실험적인 요소를 포함하고 있는 구체적인 것이기도 하다.

패러다임은 과학자들에게 절대적인 지침이 된다. 일단 과학자 사회가 하나의 패러다임을 받아들이면, 그 패러다임은 어떤 문제가 과학적으로 의미 있는 문제인지, 어떻게 문제를 풀어야 하는지, 여러 답안 가운데 어떤 답이 가장 훌륭한 답인지에 대한 기준과 지침을 제공한다. 쿤은 이러한 패러다임이 지배하는 과학을 ㉠'정상 과학'이라고 불렀다. 이에 따라 정상 과학은 패러다임을 더 완벽하게 하고 확장하는 역할을 한다. 그러나 패러다임으로 설명되지 않는 변칙적인 문제들이 연이어 등장하면 정상 과학도 위기 국면으로 진입하게 되고, 새로운 패러다임이 등장해서 기존 패러다임을 대체하는 ㉡'과학 혁명'을 맞게 된다. 즉 정상 과학을 위협하는 사례가 반복되면 결국 과학 혁명을 겪으며 새로운 정상 과학으로 대체된다는 것이다.

그러나 정상 과학을 이룬 패러다임은 새로운 패러다임으로 결코 쉽게 바뀌지 않는다. 우선 패러다임과 잘 맞지 않는 사례들이 나타나더라도 이것들은 중요하지 않은 것으로 무시되거나 기존의 패러다임 안으로 포섭되고는 한다. 이론에 역행하는 관찰이나 실험 결과가 나오더라도 한두 가지의 변칙 사례 때문에 과학자들이 패러다임을 포기하는 일은 매우 드물기 때문이다. 바로 이러한 까닭으로, 두 개의 패러다임이 공존하는 과학 혁명기에는 과거의 패러다임을 계속 고수하는 과학자와 새로운 패러다임을 받아들인 과학자 사이에 합리적인 소통이 이루어지기 어렵다. 쿤은 이러한 소통의 어려움을 '공약 불가능성'이라는 말로 압축했다. 많은 성공을 거두었던 과거의 패러다임이 약간의 문제에 직면한다고 해서 주류를 형성하고 있는 구세대 과학자들이 새로운 패러다임을 눈여겨보거나 쉽게 선택하지는 않는 것이다.

또한 쿤은 정상 과학 시기에는 패러다임이 복수로 존재하는 것이 거의 불가능에 가깝다고 주장하였다. 패러다임의 공존이나 경쟁은 과학 혁명기에나 가능하다는 것이다. 어떤 과학자 집단이 패러다임을 공유하게 되면, 그때부터 그 집단은 외부의 다른 집단과 구별되는 과학자 사회의 정체성을 공유하는 것이다. 따라서 하나의 과학자 사회가 두 패러다임을 공유하는 식으로 쪼개지는 상황은 없다는 것이 쿤의 생각이었다. 즉 정상 과학 시기는 논쟁이 없는 평화로운 시기이며, 과학 혁명기는 두 패러다임 사이의 공약 불가능성과 논쟁이 지배하는 투쟁의 시기인 것이다. ⓐ과학은 이처럼 전쟁과 평화를 반복하면서 발전한다.

01 ○ 9449-0025
윗글에서 다룬 내용이 아닌 것은?

① 패러다임의 전환이 쉽지 않은 까닭
② 정상 과학이 위기를 맞게 되는 경우
③ 패러다임이 과학자들에게 미치는 영향
④ 공약 불가능성을 해결하기 위한 과학자들의 노력
⑤ 정상 과학 시기에 패러다임이 복수로 존재하기 어려운 이유

02 ○ 9449-0026
㉠과 ㉡에 대한 설명으로 적절하지 않은 것은?

① ㉠은 패러다임을 확고히 하는 역할을 한다.
② ㉠의 시기에는 패러다임의 공존을 통해 평화가 유지된다.
③ ㉡은 패러다임을 위협하는 변칙 사례가 반복되어 이루어진다.
④ ㉡의 시기에는 새로운 패러다임이 기존의 패러다임과 경합한다.
⑤ ㉡이 일어나도 주류 과학자들은 ㉠ 시기의 패러다임을 쉽게 포기하지 않는다.

03 ○ 9449-0027
'패러다임'에 대해 이해한 내용으로 적절하지 않은 것은?

① 토머스 쿤이 그의 저서에서 주장했던 개념이다.
② 과학자들의 인식을 지배하는 사고의 틀로 작용한다.
③ 과학자들에게 과학적 판단의 지침과 기준을 제공한다.
④ 상이한 인식의 틀을 가진 과학자들의 소통을 매개한다.
⑤ 과학자들에게 구체적인 실험의 방법을 제시하기도 한다.

04 ○ 9449-0028
ⓐ의 문맥적 의미를 〈조건〉에 맞게 서술하시오.

■ 조건 ■

- 비유적 의미를 풀어서 설명할 것.
- 한 문장으로 간략하게 설명할 것.

내용 연구

미세 먼지의 개념 정의

↓

미세 먼지의 종류

↓

미세 먼지 생성 원인
및 영향

어휘 풀이

● **입자** 물질을 이루는 매우 작은 낱낱의 알갱이.

● **유기** 생활 기능을 갖추고 생활력을 가지고 있음. ↔ 무기

● **에어로졸** 대기 중에 떠도는 고체 또는 액체의 미세한 입자.

● **성층권** 대류권과 중간권 사이에 있는, 거의 안정된 대기층(높이 약 10~50km).

구절 풀이

● **이처럼 미세 먼지는 ~ 끼칠 수 있다.** 성층권에 올라간 미세 먼지는 태양 복사 에너지를 많이 반사하여 대기 온도가 떨어지는 결과를 낳게 한다.

[05~08] 다음 글을 읽고 물음에 답하시오.

대기 중에 존재하는 입자상 물질들은 대개 분산 물질로 구성되어 있는데, 개개의 입자 지름이 0.005㎛밖에 안 되는 미세한 입자에서부터 100㎛ 정도에 이르는 비교적 큰 입자들까지 다양하다. 이들의 화학적 조성, 생성 메커니즘, 입자의 모양 등은 매우 다양하고 복잡하다. 이러한 입자상 물질 중 입자의 크기가 10㎛ 이하인 것을 미세 먼지라 하고, 그 중에서도 2.5㎛ 이하인 것은 초미세 먼지라고 한다.

우선 미세 먼지의 발생 원인은 크게 자연적 요인과 인위적 요인으로 나눌 수 있다. 자연적 요인으로 생성되어 대기로 유입되는 미세 먼지에는 토양 입자, 해염(소금) 입자, 꽃가루, 화산재 등이 있다. 미세 먼지의 대부분은 인위적 요인에서 발생하는데, 보일러나 발전 시설 등에서 화석 연료를 태울 때 생기는 매연, 자동차 배기가스, 공사장 비산 먼지 등이 여기에 해당한다.

초미세 먼지를 생성하는 대표적인 물질은 이산화 황, 질소 화합물, 암모니아, 유기 기체 등이다. 우선 이산화 황은 화력 발전소에서 주로 발생한다. 이산화 황 여러 개가 달라붙으면 '황산'이나 '황산염'이라는 초미세 먼지가 발생한다. 또한 자동차에서 배출되는 질소 화합물은 대기 중에서 서로 달라붙어 '질산염'이라는 초미세 먼지를 만들어 낸다. 그리고 소, 돼지 등의 가축과 인간에게서 배출되는 암모니아는 공기 중의 수소와 결합해 '암모늄'을 만드는데, 이것도 초미세 먼지의 일종이다. 화학적 용매를 쓸 때나 나무에서 자연적으로 발생하는 유기 기체도 대기 중에서 산화 과정을 거쳐 서로 달라붙으면 '유기 탄소'라는 초미세 먼지를 만들어 낸다. 이처럼 초미세 먼지를 이루는 요소들은 다양하다.

그렇다면, 미세 먼지 농도에 영향을 주는 요인에는 어떤 것들이 있을까? 우선 풍속, 기압과 같은 기상 요인을 들 수 있다. 풍속이 빠르면 대기의 순환이 활발해져 오염 물질이 대기에 잘 섞이기 때문에 미세 먼지나 오염 물질의 농도는 낮아진다. 평균 풍속이 컸던 2012년에 미세 먼지 농도가 가장 낮았던 것이 이를 뒷받침한다. 기압도 미세 먼지 농도에 영향을 주는 요인이다. 대부분 고기압일 때 미세 먼지의 농도가 높게 나타난다. 고기압의 영향권에 있을 때에는 상대적으로 공기의 정체 현상이 심해져 미세 먼지의 농도가 높아지는 것이다. 지구 온난화 또한 미세 먼지 농도에 직접적인 영향을 미친다. 여름철에 날씨가 더워지면 사람들이 체온을 일정하게 유지하기 위해 땀을 흘리는 것처럼 온도가 높아지면 나무도 자신을 보호하기 위해 유기 기체를 뿜어낸다. 따라서 지구의 온도가 올라가면 나무에서 유기 기체가 더 많이 나오는데, 이를 재료로 쓰는 유기 탄소로 이루어진 에어로졸이 더 많이 만들어져 대기 중에는 미세 먼지 농도가 더 높아지게 되는 것이다.

반대로 미세 먼지가 기후에 영향을 미치기도 한다. 1991년 필리핀의 피나투보산에서 일어난 화산 폭발을 예로 들 수 있다. 화산이 폭발하자 거기서 나온 화산재와 가스들이 성층권까지 올라가 대략 5년 동안 머물러 있었다. 많은 양의 미세 먼지가 성층권에 올라간 결과, 태양 복사 에너지가 많이 반사되어 대기 온도가 떨어지는 결과를 낳았는데 원래

의 온도로 회복되는 데 5년이나 걸렸다. 이처럼 미세 먼지는 햇빛 등에 작용하여 기후 변화에 큰 영향을 끼칠 수 있다.

05 ◎ 9449-0029

윗글을 읽고 알 수 있는 내용이 아닌 것은?

① 자연적으로 발생하는 미세 먼지의 종류
② 초미세 먼지를 생성하는 화학 물질의 종류
③ 미세 먼지 농도에 영향을 주는 기상적 요인
④ 미세 먼지 중에서 초미세 먼지를 나누는 기준
⑤ 미세 먼지 농도를 줄이기 위한 효과적인 정책

06 ◎ 9449-0030

윗글의 내용과 일치하지 않는 것은?

① 미세 먼지가 지구의 기후 변화에 영향을 주는 경우도 있다.
② 대기 중에 존재하는 입자상 물질들은 다양한 양상으로 존재한다.
③ 온도가 높아지면 나무도 자신을 보호하기 위해 유기 기체를 뿜어낸다.
④ 자연 미세 먼지는 인공 미세 먼지와 달리 건조한 지역에서 주로 발생한다.
⑤ 화력 발전소에서 주로 배출되는 이산화 황은 화학 결합을 통해 초미세 먼지가 된다.

07 ◎ 9449-0031

윗글의 전개 방식으로 가장 적절한 것은?

① 현상의 원인을 다양한 측면에서 심층적으로 분석하여 그와 관련된 예방책을 제안하고 있다.
② 대상을 구성하는 핵심 요소를 분석한 후 유사한 대상과 비교하여 공통적인 특성을 밝히고 있다.
③ 일정한 기준을 통해 대상을 나누어 제시한 후 각각의 특성을 중심으로 장단점을 분석하고 있다.
④ 구체적 현상 속에서 대상의 일반적 특징을 추출하여 대상이 주변에 미치는 영향을 분석하고 있다.
⑤ 대상을 구분하여 각각의 종류를 제시한 후 대상과 영향을 주고받는 요소들을 인과적으로 설명하고 있다.

08 ◎ 9449-0032

윗글을 참고하여, 〈보기〉의 ⓐ와 ⓑ에 들어갈 적절한 내용을 쓰시오.

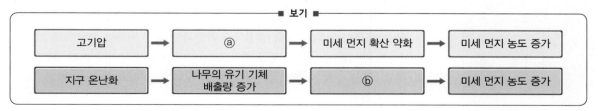

■ 보기 ■

고기압 → ⓐ → 미세 먼지 확산 약화 → 미세 먼지 농도 증가

지구 온난화 → 나무의 유기 기체 배출량 증가 → ⓑ → 미세 먼지 농도 증가

2 추론적 읽기

◆ **담화 표지의 개념**
담화 표지는 담화 상황에서 화자의 발화 의도나 심리적 태도를 효과적으로 전달하기 위해 쓰인 연결어, 어미, 접속어 등을 의미한다.
• 예고: '앞으로 ~할 것이다. 다음과 같다.' 등
• 강조: '강조하자면, 부연하자면' 등
• 정리: '요컨대, 결론적으로, 요약하자면' 등
• 예시: '예컨대, 예를 들어' 등
• 열거: '첫째, 둘째, 끝으로' 등
• 비교·대조: '한편 ~ 다른 한편, 반면' 등

1 추론적 읽기의 개념

추론적 읽기는 글에 드러난 내용 이외의 것들을 추측하며 읽는 것이다. 추론적 읽기는 사실적 읽기를 토대로 글쓴이가 생략한 내용, 글 속에 함축된 내용 등을 추론하여 글의 의미를 보다 깊이 이해하는 것이다.

2 추론적 읽기의 방법

(1) 생략된 내용 추론하기

독자가 글의 의미를 온전하게 이해하려면 글쓴이가 생략한 정보, 또는 암시한 정보를 추론하여 파악할 수 있어야 한다. 생략되었거나 암시된 정보를 추론할 때에는 독자의 배경지식과 함께 글 속에 사용된 담화 표지와 글의 문맥 등의 단서를 종합적으로 활용해야 한다.

> **예** 다윈이 획일성보다는 다양성에 더욱 주목했음은 갈라파고스 핀치에 대한 연구에서 뚜렷이 드러난다. 갈라파고스 군도에는 모두 13종의 핀치가 서식하는데, 이들은 크기나 습성 등은 비슷하지만 부리의 모양은 천차만별이었다. 그 모양은 그들이 주로 먹는 먹이와 관련이 있었는데, **예를 들어** 나무껍질 안쪽에 숨어 있는 벌레를 잡아먹는 핀치는 안쪽으로 부리를 밀어 넣고 벌레를 찍어 올리기에 유리한 긴 주삿바늘처럼 생긴 부리를 가지고 있고, 견과류나 씨앗을 주식으로 삼는 핀치는 단단한 껍질을 부술 수 있는 튼튼하고 강한 지렛대 모양의 부리를 가지고 있었다.
>
> 여기서 흥미로운 것은 시간의 흐름에 따라 핀치들이 하나의 우수한 종으로 통합되는 쪽이 아니라, 여러 개의 다양한 종으로 쪼개졌다는 것이다. **또한**, 이들의 먹잇감 역시 구하기 쉬운 한 종류로 모아지지 않고 다양하게 세분화되었다는 점 역시 주목할 만하다. 13종의 핀치는 각자 처한 환경에 따라 작은 곤충, 나무껍질 안쪽에 숨어 있는 곤충, 딱딱한 씨앗과 부드러운 열매 등 다양한 먹잇감을 택하는 전략을 취해, 같은 먹이 사슬 안에서 종끼리 경쟁하지 않아도 되었고, 결과적으로 제한된 서식지 안에 더 많은 수의 핀치가 살아갈 수 있었다. **요컨대** 진화에 있어 가장 큰 무기는 다양성의 증가다.

➔ 이 글에서는 '또한'이라는 접속어와 '요컨대'라는 표지를 통해 글쓴이의 의도를 효과적으로 파악할 수 있고, '예를 들어'라는 표지를 통해 내용의 사례를 확인할 수 있다. 이와 같이 담화 표지를 활용하면 글쓴이의 관점이나 주제를 쉽게 파악할 수 있게 된다.

(2) 글쓴이의 의도, 목적, 숨겨진 주제 추론하기

글쓴이의 의도는 글의 주제와 밀접하게 관련되어 있기 때문에 글쓴이의 의도를 추론하는 것은 글의 주제를 추론하는 것과 연결된다. 글의 종류나 목적에 따라 글쓴이는 자신의 의도, 목적, 글의 주제를 숨겨 놓기도 하는데, 독자는 글 전체의 내용, 맥락, 자신의 배경지식 등을 복합적으로 고려하여 글쓴이의 의도, 목적, 숨겨진 주제 등을 추론할 수 있다.

예 테러 용의자를 심문하는 과정에서 고문을 정당화할 수 있을까? 시한폭탄 이야기를 생각해 보자. 당신은 미국 중앙 정보국 지역 국장이고, 어느 날 테러 용의자를 붙잡았다. 당신은 이 사람이 언젠가는 맨해튼을 폭파할 핵무기 정보를 갖고 있다고 생각한다. 사실은 그가 이미 폭탄을 설치했다고 의심할 근거도 있다. 시계는 째깍거리는데 용의자는 자신은 테러리스트가 아니라며 폭탄의 위치를 실토하지 않는다. 그렇다면 그가 폭탄이 설치된 장소를 말하고 그것을 제거할 방법을 자백할 때까지 고문을 해야 옳은가?

그래야 한다는 주장은 공리주의 계산에서 시작된다. 고문은 용의자에게 고통을 주고, 그의 행복 또는 공리 수준을 급격히 떨어뜨린다. 그러나 폭탄이 터지면 죄 없는 수천 명의 목숨이 날아갈 판이다. 따라서 당신은 공리주의 논리를 내세워, 엄청난 인명 피해와 고통을 막을 수만 있다면 한 사람에게 극심한 고통을 주는 행위가 도덕적으로 정당하다고 주장할 것이다.

➔ '최대 다수의 최대 행복'을 중시하는 공리주의의 관점을 이해하고 있는 독자라면 용의자에게 고문을 하는 것이 정당하다고 주장할 것이라는 글쓴이의 설명을 쉽게 이해할 수 있으며, 이를 통해 공리주의는 타당한가에 대한 질문을 던지고자 하는 글쓴이의 의도를 추론할 수 있다.

(3) 적용하기

적용하기는 다른 상황에 적용하기와 구체적 사례에 적용하기로 나눌 수 있는데, 두 가지 모두 추론적 읽기를 통해 이루어진다. 다른 상황에 적용하기는 글에 제시된 원리나 정보를 그와 유사한 다른 상황에 적용해 보는 것을 말한다. 구체적 상황에 적용하기는 주어진 글에 제시된 일반적인 원리나 개념의 구체적인 사례를 찾는 것을 말한다.

예 2차 대전 이후의 유럽 지성사는 '문명의 수치'에 대한 반성과 성찰로 점철되어 있다. 유럽 문명이 야만의 반대 명제가 아니라 오히려 그 자체 야만의 체제였다는 사실을 알게 된 것은 20세기 유럽인들에게 들이닥친 충격이다. 그들을 부끄럽게 한 것은 '문명의 야만'이다. 세상 모든 것에는 그 반대의 것이 들어 있다는 통찰을 요약하는 유명한 문학 용어가 '아이러니'라는 것이다. '문명의 야만'도 그런 아이러니를 보여 준다. 그러나 유럽 문명의 야만성에 대한 반성은 도통한 사람처럼 "그래, 세상만사가 다 그렇지."라고 말하는 것으로 끝나지 않는다. 아이러니 인식보다 더 중요한 것은 유럽 문명이 어째서 수치일 수 있었는가에 대한 성찰, 그리고 야만의 재발 가능성을 어떻게 차단할 것인가에 대한 연구와 궁리다.

➔ 우리가 더위를 이기기 위해 만든 에어컨이 도심의 기온을 더 높이고 인체의 면역력을 떨어뜨려 더위에 더 취약하게 만드는 일 따위가 이 글에서 제시한 '아이러니'의 구체적 사례가 될 것이다.

◇ **추론의 방식**

• **연역 추론:** 일반적인 사실이나 원리를 전제로 하여 개별적인 특수한 사실이나 원리를 결론으로 이끌어 내는 추론 방법이다. 경험에 의하지 않고 논리상 필연적인 결론을 내게 하는 것으로, 삼단 논법이 그 대표적인 형식이다.

• **귀납 추론:** 개별적인 특수한 사실이나 원리를 전제로 하여 일반적인 사실이나 원리로서의 결론을 이끌어 내는 추론 방법이다.

• **유비 추론:** 주어진 대상들이 여러 면에서 유사하다는 것을 근거로 다른 속성도 유사할 것이라고 생각하는 추론 방법이다. 즉 개별적인 사례들 사이의 유사성을 바탕으로 결론을 이끌어 내는 것이다.

• **변증법:** '정-반-합'의 단계를 거쳐 결론을 이끌어 내는 추론 방법이다. 어떤 명제와 그것과 반대되거나 모순되는 명제가 있고, 이 둘을 절충하고 종합하여 새로운 명제를 도출해 내는 것이다.

내용 연구

속도가 미덕이 된
현대 사회
↓
속도와 자본주의
↓
자신만의 속도를
가져야 할 필요성

어휘 풀이

● **통용** 일반에 두루 쓰임. 또
는 두루 씀.

● **사활** 죽느냐 사느냐의 갈
림이 될 만한 중대한 문제를
이르는 말.

구절 풀이

● **결정적인 것은 ~ 능력일
것이다.** 세상의 속도에 그저
따라가고 끌려가는 것이 아니
라, 자신의 의지에 따라 속도
를 줄이거나 멈추어 설 수 있
어야 한다는 것이다.

[01~03] 다음 글을 읽고 물음에 답하시오.

'빨리빨리'나 '좀 더 빨리'가 일상어가 된 지금 우리의 사회는 '미친 가속의 체제'라고 할 수 있다. 즉 빠름이 미덕이 되고 빠름이 능력이 된 사회이다. 그래서 우리는 어느새 그 속도에 중독되고 경쟁적인 가속의 흐름에 말려들어 자신의 속도를 잃은 채 무서운 속도로 무작정 달리고 있다. '속도의 자연학'과 '능력의 윤리학'이 손잡은 이 사회에서 이제 속도는 미덕과 능력을 넘어 의무와 강박이 되고 있다. 살아남기 위해서는 세상이 요구하는 속도로 반응할 수 있어야 하기 때문이다.

사실 우리가 진리처럼 받아들이고 있는 '시간은 돈'이라는 말도 어느 세상에서나 통용되는 절대적인 윤리적 명제일 수는 없다. 가령 인디언들에게는 '시간'이라는 단어조차 없다. 그렇다면 우리가 이와 같은 속도의 강박증에 사로잡히게 된 까닭은 어디에 있을까? 그것은 자본과 밀접하게 관련되어 있다. 속도의 미덕을 강박으로 바꾸고 속도에 사활을 걸어야만 하는 것처럼 만든 것은 바로 자본이었다. 시간이 돈이 될 수 있는 것은 고용한 시간에 따라 돈을 지급하는 관계에서 비롯한다. 자본가는 노동자에게 자신이 고용한 시간만큼 돈을 지급하게 된다. 여덟 시간 고용해 놓고 한 시간을 놀린다면, 한 시간 치의 임금을 그냥 버리는 셈이다. 말 그대로 시간 그 자체가 돈인 셈이다.

시간이 돈이기에 같은 시간이면 최대한 일을 빨리 처리하는 것이 필요해진다. 따라서 자본주의 체제에서는 생산의 속도가 점점 더 빨라져 왔다. ㉠영화「모던 타임즈」는 이 점을 잘 보여 준다. 한편 이제는 소비에서도 엄청난 속도를 요구받게 되었다. 엄청난 속도로 생산되는 상품들은 엄청난 속도로 팔려 나가야만 자본주의 체제가 유지될 수 있기 때문이다. 그래서 우리는 화려한 광고의 유혹 속에서 2~3년에 한 번씩 휴대폰을 바꾸고, 10년도 안 된 자동차를 새로운 자동차로 바꾸고 싶어 한다. 상품의 생존 기간을 생각하지 않는 맹목적인 속도가 우리의 소비를 촉진한다. 이렇게 우리는 자본의 속도를 따라가며, 그 속도감 속에서 세상을 보도록 길들여지고 있는 것이다.

㉡한 철학자가 지금 우리가 사는 시대를 가리켜 '속도의 파시즘적 사회'라고 한 것은 이런 맥락에서 충분히 이해할 수 있는 일이다. 빠른 속도 그 자체는 미덕도 악덕도 아니지만, 그것이 누구나 따라가야 할 억압과 강박이 되어 한결같이 빠름을 추구하는 자본주의 사회는 전체주의적인 사회라고 해야 한다. 그러나 이런 속도의 경쟁을 단지 세상이 내게 강요하는 것이라고만 생각한다면 가장 중요한 것을 잊게 될지도 모른다. 무엇에 의해 시작되었든 간에 지금 속도란 우리 스스로 얻고자 하는 것이고, 우리 스스로가 추구하는 것이라는 점에서 속도의 강박은 바로 우리 자신의 문제이다. 세상만이 아니라 우리의 신체, 우리의 영혼도 미친 속도를 향해 치달리고 있는 것이다.

그런데 세상의 실에 매달려 그 세상이 움직이는 속도로 춤추는 인형에게 그 춤은 자신의 춤이 아닐 것이다. 자기 속도를 가질 때, 우리의 삶은 춤이 된다. 중력이 작용하는 허공에서 빠르게 낙하하는 것은 자신의 속도를 가졌다고 할 수 없다. 그것은 그저 중력에 끌려 추락하는 것에 불과하다. 반대로 그 허공에서 정지한 듯 멈추어 선 매야말로 (ⓐ)고 해야 할 것이다. 세상의 속도에 그저 따라가고 끌려가는 것이 아니라, 때로는 그 속도에 따라가기도 하고 때로는 정지해서 그렇게 달려가는 세상이나 자신에게 눈을 돌릴 줄 알 때, 우리는 자신의 속도로 춤출 수 있다. 결정적인 것은 관성적인 속도에서 벗어나는 아주 작은 이탈의 성분, 강요되는 속도에서 벗어나는 데 필요한 최소치의 변속 능력일 것이다.

01 ◎ 9449-0033
〈보기〉를 참고하여 ㉠에 대해 추론한 내용으로 가장 적절한 것은?

■ 보기 ■

찰리 채플린은 영화 「모던 타임즈」에서 부품을 조립하는 인간과 공장 기계의 경계가 모호해진 상황을 풍자적으로 표현했다. 그는 영화 속에서 종일 볼트를 조이는 일만 하는 노동자를 연기한다. 쉴 새 없이 반복적으로 돌아가는 생산 라인에서 컨베이어 벨트의 속도를 이기지 못한 그는 결국 정신이 돌아 버리고 마침내 공장의 기계 속으로 빨려 들어가게 된다. 이러한 그의 모습은 인간이 오히려 기계에 지배당하는 모습을 보여 준다.

① 속도 경쟁을 이기지 못한 인간이 기계 문명에 의해 소외당하는 모습을 잘 보여 준 영화라고 할 수 있겠군.
② 기계와 인간의 대결을 통해 기계 문명 속에 선 인간이 나아가야 할 방향을 제시한 영화라고 할 수 있겠군.
③ 자본주의 시스템에서 생산이 소비의 속도를 쫓기 위해 인간을 소외시키고 있음을 잘 보여 준 영화라고 할 수 있겠군.
④ 기계 문명에 의해 소외당한 인간이 자기 고유의 인간성을 회복하기 위해 노력하는 과정이 잘 그려진 영화라고 할 수 있겠군.
⑤ 자본주의 사회에서 인간이 기계에 종속되지 않도록 속도의 경쟁력을 갖추는 것이 중요함을 깨우쳐 준 영화라고 할 수 있겠군.

02 ◎ 9449-0034
㉡의 이유로 가장 적절한 것은?

① 속도 경쟁의 우월성이 증명된 사회이기 때문에
② 누구나 속도 경쟁의 강압 속에서 살고 있기 때문에
③ 속도 경쟁으로만 사회적 지위를 결정하기는 어렵기 때문에
④ 어디에서나 속도 경쟁을 마음껏 펼칠 수 있는 사회이기 때문에
⑤ 속도 경쟁의 승자가 되어서도 모든 것을 차지할 수 없는 사회이기 때문에

03 ◎ 9449-0035
문맥을 통해 추리할 때, ⓐ에 들어갈 말로 가장 적절한 것은?

① 자신의 속도를 갖고 있다
② 속도에는 전혀 관심이 없다
③ 속도를 내고 싶은 의지가 약하다
④ 세상의 속도에 결코 뒤처지지 않는다
⑤ 속도를 낼 수 있는 조건을 스스로 거부한다

내용 연구

처음

산골에서 오랜만에 듣게 된 계명성

↓

중간

물과 함께 달을 길어 담는 정취

↓

끝

산골에서의 소박한 삶에 대한 다짐

어휘 풀이

● **다로** 차를 달이는 데 쓰는 화로.

● **차관** 찻물을 끓이는 그릇. 다관.

● **귀틀집** 큰 통나무를 '井' 자 모양으로 귀를 맞추고 틈을 흙으로 메워 지은 집.

구절 풀이

● **새로 지은 ~ 놓여 있다.** 새로 지은 귀틀집의 방에 놓인 물건들을 언급하고 있다. 무척 소박하고 간결한 물건들이지만, 글쓴이는 이것조차도 디오게네스의 통에 견주어 '궁궐'인 셈이라고 한다. 글쓴이의 소박하고 욕심 없는 마음을 엿볼 수 있다.

[04~06] 다음 글을 읽고 물음에 답하시오.

표고 8백에서 살다가 6백으로 내려오니 닭 우는 소리가 들린다. 아, ⊙얼마 만에 듣는 계명성(鷄鳴聲)인가. 홰를 치며 새벽을 알려 주는 수탉의 울음소리가 가히 우렁차다. 새벽 3시면 어김없이 첫닭이 운다. 어떤 때는 5시에 울기도 하는데 무슨 까닭인지 알 수 없다. 어쩌면 고단한 사람들을 위해서 두 시간 늦게 깨우는지도 모르겠다.

이와 같이 새벽마다 잠에서 깨어나라고 알려 주는 이 장닭 우는 소리를 듣고 몇 사람이나 깊은 잠에서 깨어날까? 닭 우는 소리는 자명종 시계 소리에 비해서 신경을 거스르게 하지 않고 훨씬 여유가 있어 좋다. ⓒ사람의 손으로 만들어 낸 소리와 자연의 소리는 이렇듯 다르다.

나는 요즘 옹달샘으로 물 길으러 가는 일에 재미를 누리고 있다. 개울물을 뜨러 가는 일보다 더 정감이 있다. 가는 길에는 솔가리가 수북이 쌓여 있어 푹신푹신한 그 감촉이 마치 카펫 위를 걷는 것 같다.

예전 시골에서는 이 솔가리를 갈퀴로 긁어 불쏘시개나 땔감으로 썼다. 장날이면 솔가리를 지게에 한 짐씩 지고 나와 팔기도 했었다. 나는 땔감보다도 눈으로 보고 발로 밟는 그 맛이 더 좋아 그대로 둔다. 나무들이 떨군 그 잎은 그 나무 아래서 삭아 거름이 되어 다시 뿌리로 돌아간다. ⓒ이것이 자연의 순환 법칙이다. 생과 사의 소식도 바로 이런 데에 있을 것이다.

이 샘에서 물을 길을 때마다 문득 고려 시대 이규보의 시가 연상된다.

[A]
⌐ 산중에 사는 스님 달빛이 너무 좋아
물병 속에 함께 길어 담았네
방에 들어와 뒤미처 생각하고
└ 병을 기울이니 달은 어디로 사라져 버렸네

ⓔ물을 길으러 갔다가 때마침 우물에 달이 떠 있는 것을 보고 그 달을 함께 길어 담는다. 아마 청명한 가을밤이었을 것이다.

밤이 이슥하도록 글을 읽다가 출출한 김에 ⓜ차라도 한잔 마실까 해서 우물로 물을 길으러 간다. 길어 놓은 물보다 새로 길은 물이라야 차 맛이 새롭다. 차 맛은 곧 물맛에 이어지기 때문이다.

때마침 둥근달이 우물에 들어와 있는 것을 보고 바가지로 물과 함께 달을 길어 담는다. 하던 일을 마저 하다가 뒤늦게 생각이 나서 길어 온 샘물을 끓이려고 다로의 차관에 물병을 기울이니 함께 길어 온 달은 그새 어디로 새어 나가고 없다.

샘물과 달과 차가 어울린 가을밤 산중의 그윽한 풍류이다. 내가 이 옹달샘의 이름을 급월정(汲月井)이라고 한 것도 이런 정취가 떠올랐기 때문이다.

새로 지은 귀틀집의 방이 얼마나 크냐고 누가 묻기에 두 평짜리 단칸방이라고 했다. 그 방으로 드나드는 문지방 위에 폭 한 자 너비의 선반이 내가 서서 손을 뻗칠 수 있는 높이로 걸려 있다. 그 위에 몇 권의 책과 옷을 담은 광주리가 놓여 있다. ⓐ옛 그리스의 철인 디오게네스의 통에 견준다면 궁궐인 셈이다.

　나는 이 새로운 거처에서 더욱 단순해지고, 더욱 진실해지고, 더욱 순수해지고, 더욱 온화해지고, 더욱 친절해지고, 더욱 인정이 깊어지고자 노력할 것이다.

04　○ 9449-0036
글쓴이가 윗글의 [A]를 활용하여 얻게 된 효과를 〈보기〉에서 찾아 바르게 묶은 것은?

■ 보기 ■

ㄱ. 산문 위주의 진술 방식에 변화를 주어 상황을 다양한 방식으로 표현하고 있다.
ㄴ. 글쓴이가 산골 생활을 하면서 얻은 지식을 독자에게 사실적으로 전달하고 있다.
ㄷ. 세상 사람들이 잘 모르는 작품을 소개하여 글쓴이의 현학적 태도를 드러내고 있다.
ㄹ. 작중 상황에 어울리는 옛 시를 통해 글쓴이가 느낀 정서를 효과적으로 드러내고 있다.

① ㄱ, ㄴ　　　　　　② ㄱ, ㄷ　　　　　　③ ㄱ, ㄹ
④ ㄴ, ㄷ　　　　　　⑤ ㄴ, ㄹ

05　○ 9449-0037
㉠～㉤을 통해 글쓴이에 대해 이해한 내용으로 적절하지 <u>않은</u> 것은?

① ㉠: 새벽 일찍 일어난 것이 오랜만의 일임을 짐작할 수 있다.
② ㉡: 신경을 거스르지 않는 자연의 소리를 긍정적으로 받아들이고 있음을 알 수 있다.
③ ㉢: 뒷세대를 위해 앞선 세대가 희생하는 자연의 법칙을 깨닫고 있음을 알 수 있다.
④ ㉣: 우물에 비친 달을 바라보며 낭만적 정서를 느끼고 있음을 알 수 있다.
⑤ ㉤: 산속의 소박한 삶을 즐기며 여유롭게 살아가는 모습을 엿볼 수 있다.

06　○ 9449-0038
ⓐ를 통해 알 수 있는 글쓴이의 성품과 그렇게 판단한 이유가 무엇인지 쓰시오.

3 비판적 읽기

◈ 비판적 읽기의 전제
글을 읽고 글쓴이의 의견
에 반론을 제기하기 위해
서는 먼저 글쓴이의 주장
과 근거, 의도가 무엇인
지 꼼꼼히 살펴야 한다.
즉 사실적 읽기와 추론적
읽기가 올바로 이루어져
야 비판적 읽기도 제대로
이루어질 수 있다.

1 비판적 읽기의 개념

비판적 읽기는 독자가 글의 내용, 형식, 표현, 글쓴이의 생각 등에 대하여 논리적이고 합리적인 사고를 바탕으로 판단과 평가를 내리며 읽는 것이다. 비판적 읽기는 글의 내용과 글쓴이의 생각에 대하여 공감하거나 반박하며 비판적으로 검토하는 데 초점을 맞춘다.

2 비판적 읽기의 평가 기준

(1) **내용의 타당성**
글에서 제시하고 있는 주장이나 의견이 분명하고, 그 근거가 합리적이고 일관성을 갖추고 있는지 판단한다.

(2) **내용의 공정성**
글쓴이가 글의 내용과 관련하여 어느 한쪽에 치우치지 않고 균형을 유지하며 접근하고 있는지 판단한다.

(3) **자료의 적절성**
글쓴이가 사용한 자료가 글의 주장이나 설명한 내용에 적합하며, 필요한 정보 수준으로 구조화하여 제시되어 있는지 판단한다.

(4) **자료의 신뢰성**
글쓴이가 사용한 자료가 잘못된 정보는 아닌지, 객관적 사실에 입각하고 출처가 정확하며 믿을 만한 정보인지 판단한다.

◈ 비판적 읽기에 도움
이 되는 방법
대개 글쓴이는 전문가이
고 독자는 비전문가인 경
우가 많다. 이런 상황에
서 글의 내용이나 형식을
비판하면서 읽기란 쉽지
않다. 따라서 주제나 화
제, 글쓴이, 시대적 배경
등에서 해당 글과 관련이
있는 다른 글과 비교하면
서 읽는 것이 좋다. 이를
통해 비판적인 생각을 펼
칠 수 있기 때문이다.

3 비판적 읽기의 방법

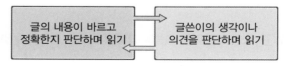

(1) **글의 내용이 바르고 정확한지 판단하며 읽기**
비판적인 시각으로 글을 읽을 때에는 내용의 타당성과 공정성, 자료의 적절성과 신뢰성을 고려하여 글의 내용에 대해 판단하면서 읽어야 한다.

예 "우리 고장에서는 / 오빠를 / 오라베라고 했다. / 그 무뚝뚝하고 왁살스러운 악센트로 / 오오라베 부르면 / 나는 / 앞이 콱 막히도록 좋았다." 박목월 시인의 시 「사투리」는 이렇게 시작한다. 사투리 혹은 방언이라는 이름의 고향 말. 그것은 정말 그렇게 앞이 콱 막힐 만큼 좋은 것일까? 한국인의 문화 유전자에는 특별한 사투리 감성이 녹아 있나 보다. 지역 방언을 가꿔 가야 하는 이유는 자명하다. 우리 문화와 전통, 구체적 일상이 담긴 소중한 민족 유산이기 때문이다. 세계 언어의 주도권을 쥐고 있는 미국도 한국처럼 지역 특유의 방언 문화를 꽃피우진 못했다. 다양한 방언이 있다는 건 축복이다. 풍성한 말글살이를 가능하게 해 주는 방언이야말로 언어 경쟁력의 핵심 요소다.

➜ 이 글은 우리 문화와 전통이 담긴 지역 방언이야말로 언어 경쟁력의 핵심 요소이므로, 방언을 더욱 가꿔 나가야 한다고 주장하고 있다. 하지만 언어가 가지는 가장 기본적인 기능인 의사소통에서 지역 방언이 장애물로 작용하는 경우가 있지는 않은지, 미국이 지역 특유의 방언 문화를 꽃피우지 못했다는 내용의 근거는 무엇인지 등을 비판적으로 판단하며 읽어야 한다.

(2) 글쓴이의 생각이나 의견을 판단하며 읽기

글쓴이의 생각이나 의견에 공감할 수 있는 점과 공감할 수 없는 점이 있는지, 있다면 그 까닭은 무엇인지 판단할 수 있어야 한다. 또한 글에 담겨 있는 글쓴이의 가치관이나 사회적 이념이 정당한지, 그것이 우리에게 어떤 의미를 가지는지 따져 보면서 글을 읽어야 한다.

예 텔레비전은 대화 상대가 필요한 현대인에게 좋은 친구가 될 수 있다. 전통적인 의미에서의 참다운 친구를 잃은 현대인의 공허함을 메워 주는 역할을 할 수 있다는 말이다. 진정한 친구는 외로울 때 동반자가 되어 주고, 슬플 때에 위로해 줄 수 있어야 하는데, 텔레비전은 이를 대신해 줄 수 있기 때문이다. 그래서 좋은 텔레비전 프로그램은 진정한 친구가 없는 현대 사회의 많은 청소년에게 따뜻한 친구 역할을 한다. 좋은 음악 프로그램을 들으면서 아름다운 꿈을 키우기도 하고, 감동적인 드라마나 다큐멘터리 프로그램을 통해 깊은 내면의 교감을 나누기도 한다. 텔레비전은 다른 어떤 현실 속의 친구보다도 좋은 친구 역할을 하는 셈이다. 또 실제 친구들과 나눌 이야깃거리를 제공해 주고, 공통된 화제로 대화를 끌고 가도록 만드는 역할을 하기도 한다.

➜ 이 글은 텔레비전을 통해 꿈을 키울 수 있고, 내면의 교감을 나눌 수 있으므로 텔레비전은 따뜻한 친구가 될 수 있다는 주장을 펴고 있다. 하지만 친구가 되려면 서로 감정을 주고받는 소통이 필요하다고 생각하는 입장에서는 이 글의 생각에 동의하지 못할 수도 있다. 독자는 글에 담긴 생각에 자신이 동의하는지, 그렇지 않은지를 판단하면서 글을 읽어야 한다.

내용 연구

동물 복지에 대한
사회적 합의

↓

동물 복지의 기준

↓

동물 복지에 대한 책임감

어휘 풀이

● **복지** 행복한 삶. 행복하게
살 수 있는 사회 환경.

● **욕구** 무엇을 얻거나 무슨
일을 바라고 원함.

● **인도적** 사람으로서 마땅히
지켜야 할 도리에 바탕을 둔
(것).

구절 풀이

● **물론 동물도 ~ 인도적인
행위이다.** 인간이 동물의 고
통을 모두 이해할 수 있는 것
은 아니지만 동물이 피하려는
고통을 최소화하려고 노력하
는 것이 동물 복지의 출발이
면서 인간다운 일이라고 할
수 있다.

[01~03] 다음 글을 읽고 물음에 답하시오.

서구에서는 오랜 기간 동물을 이성적 영혼이 없는 존재로 여기는 철학적 관념이 우세했
다. 따라서 근세에 이르기까지 동물 복지와 같은 개념은 사실상 존재하지 않았다. 17세기
철학자인 데카르트는 동물을 마치 '시계'와 같이 어떤 것도 느끼지 못하는 기계적 특성을
지닌 존재로 여겼다. 그 시대에는 ㉠완전히 의식이 있는 상태의 동물들을 마취나 진통제
의 처치도 하지 않고 생체 해부를 하는 일도 흔한 일이었다. 그러한 경향은 오늘날까지 이
어져 공장식 농장의 출현을 가능하게 했다.

사실 현재의 우리도 동물이 쾌락이나 고통을 느낀다는 것을 명확히 입증하지는 못한
다. 그런데 따지고 보면 이것은 인간 사이에서도 마찬가지이다. 그러나 우리는 최소한 어
떤 일은 해야 하고 어떤 일은 하지 말아야 한다는 것을 사회적 약속으로 정해 놓고 있다.
따라서 우리는 이러한 원칙을 동물에게도 마찬가지로 적용할 수 있다. 우리는 동물의 쾌
락과 고통을 정확하게 입증하거나 이해할 수는 없지만, 동물에 관해서도 어떤 일은 해야
하고 어떤 일은 하지 말아야 한다는 사회적 합의를 이끌어 낼 수 있다. 이것이 바로 '동물
복지'의 출발점이라고 할 수 있다.

'복지'란 기본적인 욕구가 충족되고 고통이 최소화되는 행복한 상태라고 할 수 있다. 그
러나 더 구체적으로 들어가 보면 여기에는 복잡한 문제가 있다. 누구의 입장에서 행복한
상태인가를 생각해 보아야 하기 때문이다. 이를테면 고양이의 건강을 생각해 채식 위주
의 식단을 제공한다면 이것이 과연 동물에게 복지를 제공하는 것이라고 할 수 있는지 많
은 논란이 있을 수 있다. 이러한 점에서 동물 복지의 기준을 세우는 것은 결코 쉽지 않은
일이 될 것이다. 그러나 동물 복지에 대한 객관적인 기준을 세우는 것이 완전히 불가능한
일은 아니며 인간의 책임 있는 행동을 위해서 꼭 필요한 일이기도 하다.

앞에서 살펴본 것처럼 복지란 기본적인 욕구가 충족되는 것이므로 동물의 기본적인 욕
구가 무엇인지부터 알아야 한다. 동물의 욕구는 크게 두 가지로 나눌 수 있다. 적합한 먹
이나 청결한 환경과 같이 긍정적인 것을 추구하는 적극적인 욕구와, 육체적으로 받을 수
있는 공격이나 위협과 같은 부정적인 것을 피하려는 소극적인 욕구가 그것이다. 특히 후
자의 욕구는 고통을 최소화하는 것이 행복이라는 복지의 개념과 다시 연결된다. 가령 '죽
음'의 경우 어떤 동물도 영원히 살 수 없으며 죽음을 거부할 수 없지만, 사람이 관리하는
동물이라면 생명의 종말이 마땅히 배려되어야 한다. 물론 야생 동물의 자연적인 죽음에
도 고통은 따를 수 있다. 여기서 중요한 것은 동물을 죽일 수 없다는 것이 아니라, 어쩔
수 없이 동물을 죽일 수밖에 없다면 고통을 최소화하는 것이 복지라는 것이다.

물론 동물도 모든 고통을 피할 수는 없고 동물이 겪는 고통이 어떠한 것인지 입증하는
것은 어려운 일이다. 그러나 동물들이 적극적으로 피하려고 한다면 그것은 고통임에 확
실하다. 그러므로 동물의 불필요한 고통은 배제하고 최소화하려고 노력하는 것이 동물에
게 복지를 제공하는 행위이며 인도적인 행위이다. 이는 사람과 일정한 관계를 유지하고
살아가는 동물과 건전하고 바람직한 관계를 정립하는 측면에서도 인간이 마땅히 지켜야

할 자세이다. 결국 인간은 동물의 복지를 책임져야 하며, 이는 인간을 보다 인간답게 하는 일이 될 것이다.

○ 9449-0039
01 윗글을 읽은 독자의 반응으로 가장 적절한 것은?

① 동물 복지에서는 동물의 소극적 욕구보다 적극적 욕구의 충족이 우선되어야 하겠군.
② 동물도 이성적 영혼이 있는 존재라는 사실을 바탕으로 동물 복지의 개념을 세워야겠군.
③ 동물 복지의 필요성을 널리 알리기 위해서는 동물이 겪는 고통을 입증하기 위한 노력을 해야겠군.
④ 동물이 불필요한 고통을 겪지 않도록 하는 것은 인간으로서 당연히 가져야 할 자세라고 할 수 있겠군.
⑤ 동물의 복지를 위해 객관적인 기준을 세워야 한다고 했으므로 모든 동물에게 일률적으로 적용할 수 있는 동물 복지가 필요하겠군.

○ 9449-0040
02 〈보기〉를 바탕으로 윗글에 대해 판단한 내용으로 적절한 것은?

■ 보기 ■

인간은 자신의 고통과는 달리 동물의 고통을 직접 느낄 수 없지만, 누군가에게 맞았을 때 신음 소리를 내거나 몸을 움츠리는 동물의 행동이 인간과 기능적으로 유사하다는 것을 보고 유비 논증으로 동물이 고통을 느낀다는 것을 알 수 있다.

① 데카르트가 동물을 기계적 특성을 지닌 존재로 여긴 것은 유비 논증의 결론과는 다른 생각을 했기 때문이다.
② 동물의 쾌락이나 고통을 명확히 입증하지 못하는 것은 인간과 동물 사이의 기능적 유사성이 적기 때문이다.
③ 동물에게 해야 할 일과 하지 말아야 할 일의 사회적 합의가 필요한 것은 유비 논증의 개연성을 높일 수 있기 때문이다.
④ 동물에게 기본적인 욕구가 충족되도록 하고 고통이 최소화되는 복지를 제공해야 하는 것은 동물이 인간에 비해 약한 존재이기 때문이다.
⑤ 동물들이 적극적으로 피하려고 하는 것을 고통이라고 확신할 수 있는 것은 감각의 수용에서 동물과 인간의 차이가 존재함을 인정했기 때문이다.

○ 9449-0041
03 〈보기〉의 관점에서 ㉠에 대한 비판적 의견을 한 문장으로 서술하시오.

■ 보기 ■

실천 윤리학자인 싱어는 고전적 공리주의의 원리를 계승하고 확장함으로써 새로운 윤리 사상을 전개한 대표적인 인물이었다. 그는 '이익 평등 고려의 원칙'을 제시함으로써 인간뿐만 아니라 감각을 지닌 모든 동물에게까지 공리의 원리를 확장할 것을 주장하였다. 쾌락과 고통에 대한 감각을 가진 모든 개체가 쾌락을 늘리고 고통을 줄이는 방향으로 행동하는 것, 즉 이익을 추구하는 것은 개체의 기본적인 권리라는 것이다. 따라서 그는 인간뿐만 아니라 감각을 가진 동물까지도 도덕적 배려의 대상이 되어야 한다고 주장하였다.

내용 연구

인간의 경쟁 본능

↓

경쟁 논리를 바탕으로
발전한 자본주의

↓

공정한 경쟁의 중요성

어휘 풀이

● **적자생존** 환경에 적응하는
생물만이 살아남고, 그렇지
못한 것은 도태되어 사라지는
현상.

● **동서고금** 동양과 서양, 옛
날과 지금을 통틀어 이르는
말로, '어디서나, 언제나'의
뜻.

● **승복** 납득하여 따름.

구절 풀이

● **이러한 점을 ~ 토대를 만
들었다.** 애덤 스미스는 경쟁
심이 인간의 본능에 해당하는
것으로 보고, 이것을 자본주
의 경제 원리의 토대로 삼아
자신의 이론을 발전시켰다.

[04~06] 다음 글을 읽고 물음에 답하시오.

우리가 즐거워하는 일에는 항상 경쟁이라는 요소가 들어 있다. 놀이와 오락도 경쟁을 할 때 더욱 재미있어진다. 경쟁은 인간의 본능이기 때문이다. 역사학자 요한 하위징아는 이러한 인간의 경쟁 본능을 '호모 루덴스'라는 말로 설명했다. 그는 놀이하는 것이 인간의 가장 큰 특징이며, 이러한 특성은 경쟁 본능과 밀접하게 연결되어 있다고 말한다. 즉 인간은 자신의 경쟁 본능을 충족하기 위해 놀이하는 존재가 되었다는 것이다.

인간을 공격적이고 이기적인 존재로 보았던 영국의 철학자 토머스 홉스 역시 경쟁심은 인간의 본능이라고 말한다. 인간의 본성 중에는 싸움을 불러일으키는 세 가지 요소인 경쟁심, 소심함, 명예욕이 있는데, 특히 경쟁심은 다른 사람과 투쟁하도록 만든다는 것이다. 이런 점들로 보아, 경쟁은 우리 삶에서 떼어 낼 수 없는 불가피한 것이라고 할 수 있다.

이러한 점을 이용해 경제학자 애덤 스미스는 자본주의 경제 원리의 토대를 만들었다. ㉠그는 인간의 이기심이 사회를 발전시킨다는 신념을 바탕으로 자유 경쟁의 원리를 주장하였다. 그는 인간이 타인에 대한 동정심보다 자신에 대해 애정이 앞서는 존재이며, 이러한 인간의 타고난 이기심을 인정하고 경쟁심을 효과적으로 활용하면 개인과 사회 모두를 발전시킬 수 있다고 믿었다. 즉, 인간의 이기심을 통제하기보다 오히려 경쟁을 통해 인간의 이기심을 잘 활용하여야 개인의 행복과 사회 전체의 이익을 동시에 달성할 수 있다는 것이다. 자본주의 경제는 이러한 경쟁 논리를 바탕으로 발전해 왔다. 점점 더 좋은 물건을 원하는 사람들의 욕망, 그리고 이를 만족시키려는 기업들 간의 자유 경쟁은 기술을 발전시키고 생산성을 향상하는 데 크게 기여했다. 이러한 경험을 통해 오늘날 자유 경쟁의 원리는 일반화되었고, 자유 경쟁의 원리를 따르는 자본주의 경제도 그 가치를 인정받고 있다.

그럼에도 불구하고 경쟁 그 자체를 부정하거나 반대하는 사람들도 있다. 이들은 경쟁이 서로를 적대시하여 인간관계를 해친다고 비판한다. 효율성과 적자생존의 법칙을 앞세운 경쟁 논리는 경쟁에서 탈락한 사람들을 도외시한 채, 결국 강자의 이익만을 대변한다는 것이다. 그러나 이는 경쟁에 대한 오해이다. 경쟁에는 이미 협력의 뜻이 담겨 있다. 경쟁은 경쟁자를 부정하고 배제하는 것이 아니라, 서로를 인정하고 그 바탕 위에서 각자의 의욕과 노력을 한층 더 이끌어 내는 긍정적 상호 작용이라고 할 수 있다.

동서고금을 막론하고 인간 사회가 경쟁 사회가 아니었던 적은 찾아보기 어렵다. 인류는 처음부터 지금까지 각자의 이익을 위해 항상 경쟁해 왔다. 그 과정에서 운동 경기에서처럼 공정한 경쟁 조건과 규칙을 함께 발전시켜 왔다. 경쟁 상대가 승복할 수 없거나 부정하고 불공정한 경쟁으로는 지속적인 경쟁이 불가능함을 잘 알고 있기 때문이다. 우리 사회에서 경쟁은 앞으로도 계속될 것이다. 따라서 앞으로의 과제는 경쟁할 것인가 말 것인가를 선택하는 것이 아니라, 공정한 경쟁을 추구하기 위한 방식에 대한 고민을 함께하는 것이다.

04 ● 9449-0042
윗글에 담긴 글쓴이의 생각으로 적절하지 않은 것은?

① 경쟁심은 인간의 본성에 해당하는 특성이다.
② 인류는 자신의 이익을 위해서 경쟁해 온 존재이다.
③ 공정한 경쟁을 위해서 협력은 배제해야 할 가치이다.
④ 경쟁은 우리의 삶에서 떼어 내기 어려운 불가피한 것이다.
⑤ 경쟁을 통해 경쟁자들이 서로 의욕을 높이는 상호 작용이 가능하다.

05 ● 9449-0043
〈보기〉의 사례를 참고할 때, ㉠에 대한 반박으로 가장 적절한 것은?

■ 보기 ■

　해마다 국제 학업 성취도 평가에서 최상위권을 차지하는 핀란드의 교육 방식은 경쟁이 아니라 협동이다. 우열반을 폐지하고, 등수를 없애고, 뒤처지는 학생을 끌어올리는 데 집중한 결과, 학업 성취도 편차는 가장 낮으면서 학업 성취도 수준은 가장 높은 나라가 되었다.

① 등수를 나누는 경쟁은 경쟁의 가치를 약화시킨다.
② 진정한 경쟁은 뒤처지는 사람을 방치하지 않는 것이다.
③ 경쟁을 통해서만 개인과 사회가 발전하는 것은 아니다.
④ 협동심을 길러 주는 것만이 인간다움을 유지하는 최선의 교육이다.
⑤ 우열을 가르는 것보다 뒤처지는 학생을 끌어올리는 것이 경제적이다.

06 ● 9449-0044
〈보기 1〉을 참고하여 윗글을 평가한다고 할 때, 〈보기 2〉의 ⓐ∼ⓒ에 들어갈 적절한 말을 쓰시오.

■ 보기 1 ■

　비판적 독해를 하기 위해서는 다음과 같은 평가 기준에 의해 판단해야 한다.
• 내용의 타당성: 글에서 제시하고 있는 주장을 뒷받침하는 근거가 논리적으로 합당한가를 판단한다.
• 내용의 공정성: 글쓴이가 주장하고 있는 내용이 어느 한쪽에 치우쳐 균형을 잃고 있지는 않은지 판단한다.
• 자료의 신뢰성: 글쓴이가 사용한 자료의 출처가 정확하고 믿을 만한 것인지를 판단한다.

■ 보기 2 ■

○ 경쟁하지 않고도 즐거운 놀이와 오락이 얼마든지 있는데, 즐거움 속에는 항상 경쟁의 요소가 들어 있다고 한 것은 너무 한쪽에 치우쳐 (　ⓐ　)에 위배되는 판단이라고 할 수 있다.
○ 경쟁심은 다른 사람과 투쟁하도록 만들기 때문에 경쟁이 불가피한 것이라고 했는데, 논리적 근거가 부족한 이러한 주장은 (　ⓑ　) 있는 근거에서 도출된 결론이라고 보기 어렵다.
○ 애덤 스미스의 견해를 논거로 들고 있는데, 그 출처를 명확히 밝히지 않아서 (　ⓒ　)이/가 떨어진다.

4 감상적 읽기

◈ **읽기의 두 가지 작용**
· 인지적 작용: 등장인물의 성격이 어떠한지, 어떤 사건이 어떻게 전개되었는지 등을 파악하는 것
· 정의적 작용: 특정 인물을 자신과 동일시하여 그 사람의 처지를 실감하거나 인물들이 벌이는 행동이나 사건에 공감하는 것, 아름다운 표현에 감탄하고 중심 내용이나 주제에 동의하는 것, 글을 통해 얻은 생각을 내면화하려고 노력하는 것

1 감상적 읽기의 개념

감상적 읽기란 독자가 글과 글쓴이에 대해 정의적으로 반응하며 읽는 것이다. 즉 글에서 아름다움과 감동을 느끼고 글에 나타난 생각과 가치에 공감하며 수용적 태도로 읽는 것이다. 감상적 읽기는 글에 대한 주관적인 반응을 형성하는 것이라고 할 수 있다.

2 감상적 읽기의 방법

(1) 공감하거나 동일시하기

· 인물이나 사건에 대한 공감은 타인의 삶에 대한 이해이자 독자 자신의 정서적 경험이다. 따라서 감상적 읽기란 글 속에 나오는 인물이나 사건에 대해 공감하거나 동일시되는 부분을 찾아 글의 인물과 정서적 교감을 나누는 것이다.

· 공감하거나 동일시할 수 있는 부분을 찾아 읽는 과정에서 독자는 자신의 생각과 타인의 생각을 비교하고, 이를 통해 해석의 다양성, 느낌의 다양성, 가치 부여의 다양성 등을 경험할 수 있다.

◈ **내면화**
글에 나타난 가치, 규범, 태도, 사고, 지식 등을 자신의 것으로 수용하는 것

(2) 감동을 내면화하기

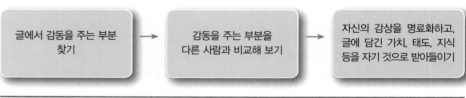

글이 주는 감동	설명문	글 내용의 정확성, 풍부성
	논설문	주장의 논리적 전개, 상대 주장에 대한 명쾌한 반박
	문학 작품	진솔한 내용과 언어 표현

(3) 글쓴이의 상황과 관련짓기

글은 글쓴이의 사고의 결과물이고, 글쓴이의 사고는 그가 살고 있는 시대에서 얻어진 경험과 지식을 토대로 만들어지므로, 독자는 글을 감상할 때 글쓴이의 개인적 배경, 시대적 배경, 집필 상황 등을 고려해야 한다.

글쓴이의 개인적 배경	글쓴이의 가족 관계, 교육, 직업, 특별한 경험 등
시대적 배경	글쓴이가 살았던 당시의 사회적 · 역사적 · 문화적 배경
집필 상황	글을 쓸 당시의 글쓴이의 상황

(4) 정서의 변화 인식하기

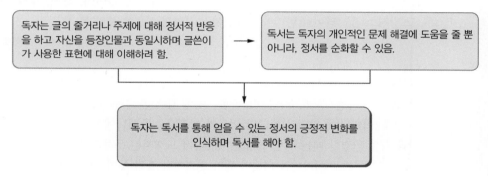

독자는 글의 줄거리나 주제에 대해 정서적 반응을 하고 자신을 등장인물과 동일시하며 글쓴이가 사용한 표현에 대해 이해하려 함.

독서는 독자의 개인적인 문제 해결에 도움을 줄 뿐 아니라, 정서를 순화할 수 있음.

독자는 독서를 통해 얻을 수 있는 정서의 긍정적 변화를 인식하며 독서를 해야 함.

(5) 감동적인 부분을 다른 독자와 비교하기

• 글을 더욱 깊이 수용하려면 자신이 글에서 좋은 인상을 받은 부분을 찾아 그 이유를 살펴보고, 이를 다른 독자들과 비교해 보는 것이 좋다. 글은 독자의 상황에 따라 다르게 수용될 수 있으므로 같은 글을 읽어도 감동을 받는 부분과 그 정도는 독자마다 다르기 때문이다.

• 글에서 누구의 어떤 생각과 행동에 공감했는지, 어떤 부분에 비판적인 생각이 들었는지, 글을 다 읽고 난 후의 느낌은 어떠했는지 등에 대해 서로 이야기를 나눠 봄으로써 자신의 감상을 명료하게 가다듬을 수 있고, 글을 더 풍부하고 깊이 있게 이해할 수 있다.

• 다른 독자와의 소통을 통해 느낌이나 해석의 다양성, 가치 부여의 다양성 등을 경험하게 되고, 이를 통해 자신을 성찰해 보는 계기가 될 수도 있다.

◈ 감상적 읽기
감상적 읽기는 글 자체에 대한 감상과 글의 외적 요인과 관련짓는 감상으로 나눌 수 있다. 글쓴이의 개인적 배경, 시대적 배경, 집필 상황 등은 글의 외적 요인과 관련짓는 감상에 해당한다.

내용 연구

처음
윤동주의 「별 헤는 밤」

↓

중간
'어머니'를 중심으로 한 시상의 변화

↓

끝
시의 구절에 담긴 의미

어휘 풀이

● **연상** 어떤 사물을 보거나 듣거나 생각할 때 그와 관련된 다른 사물이 머리에 떠오르는 일.

● **추상** 여러 가지 사물이나 개념에서 공통되는 특성이나 속성 따위를 추출해서 파악하는 작용.

● **구체** 사람이 감각으로 알 수 있는 형체와 내용을 갖추고 있는 일. 구상(具象).

● **관념** 현실과 동떨어진 추상적이고 공상적인 생각.

구절 풀이

● **이제 더는 ~ 나오기 때문이다.** 앞에서는 별을 보면서 현실과는 동떨어진 추상적인 것들을 연상하였지만, '어머니'를 호명한 이후부터는 자신과 관계를 맺어 왔던 구체적인 사람들의 이름이 쏟아져 나오게 되었다.

[01~03] 다음 글을 읽고 물음에 답하시오.

[A]
별 하나에 추억과
별 하나에 사랑과
별 하나에 쓸쓸함과
별 하나에 동경(憧憬)과
별 하나에 시와
별 하나에 어머니, 어머니

어머님, 나는 별 하나에 아름다운 말 한마디씩 불러 봅니다. 소학교 때 책상을 같이 했던 아이들의 이름과 패, 경, 옥 이런 이국 소녀들의 이름과 벌써 아기 어머니 된 계집애들의 이름과, 가난한 이웃 사람들의 이름과, 비둘기, 강아지, 토끼, 노새, 노루, '프랑시스 잠', '라이너 마리아 릴케', 이런 시인의 이름을 불러 봅니다.

– 윤동주, 「별 헤는 밤」 중에서

윤동주야말로 별 하나하나를 또박또박 헤아리고 있다. 이름까지 붙여 가면서 말이다. 그런데 잘 보라. 처음엔 '추억', '사랑', '쓸쓸함', '동경'과 같은 추상적인 어휘가 연결되더니, '시'를 거쳐 '어머니'에 다다르면 그만 어조가 바뀐다. 별 하나에 추억과 사랑과 쓸쓸함과 동경과 시를 연결할 때는 어딘가 멋과 여유마저 느껴지는 듯하더니, 어머니를 떠올리는 순간 시인은 연거푸 어머니를 되뇌며 뭔가 걸리거나 홀린 듯이, 아니 갑자기 정신을 차린 듯이 수다를 떨기 시작하는 것이다. 말하자면 처음에는 그저 별 하나에 낭만적이고 관념적인 이름과 개념을 부여하다가, 어찌어찌하다 그 연상의 과정이 '시'로 이어지고, '시'는 급기야 '어머니'를 호출해 내기에 이르렀다. 그렇게 덜컥 '어머니'를 불러 놓고 보니, 느낌이 달라지고 시가 달라지는 게다. '어머니'처럼 강력한 실감을 주는 육체가 어디 있는가.

㉠그렇다. 별에 대한 연상이 추상에서 구체로, 관념에서 육체로 이행해 가면서, 시인은 어머니를 떠올린 순간부터 그리움에 몸서리를 치게 된다. 그렇게 한번 그리움의 물꼬가 터지자 그다음부터의 연상은 차라리 폭포수에 가깝다. 이제 더는 관념이 아니라 인격적인 존재들이 기억 저편에서 마치 저 하늘의 별처럼 쏟아져 나오기 때문이다.

이젠 거꾸로 별이 모자랄 지경이다. 아까까지는 시행 하나에 이름 하나 붙이더니, '어머니'를 떠올린 이후 호흡이 빨라지고 시행이 길어진다. 그는 마치 토해 내듯이 어머니에게 그 그리운 이름들을 하나하나 전하고자 한다. 소학교 때 친구부터 비둘기, 노루 따위를 거쳐 릴케에 이르기까지 한결같이 여리고 순수하고 선한 존재다. 잊고 있던 수많은 고맙고 그리운 이름들 하나라도 놓칠세라, 시상대에 선 수상자라도 된 듯이 윤동주는 하나하나 호명한다.

그리운 사람이 많다는 것은 얼마나 행복한가. 하지만 만날 수 없으니 또 얼마나 고통인

가. 그러기에 윤동주는 그 잠시의 행복한 추억이 끝나는 순간 고통스럽게 인정한다. "이네들은 너무나 멀리 있습니다. / 별이 아스라이 멀 듯이."라고 말하지 않았던가. 별은 그런 거라고. 밝게 빛나 기쁘고 멀리 있어 슬프다고. ⓒ어찌할꼬. 그리움 덕택에 살고 그리움 때문에 못 살겠다는 것을.

01 ◎ 9449-0045
글쓴이가 [A]를 분석한 방법으로 적절하지 않은 것은?

① 작품에 사용된 시어의 변화 양상을 살피고 있다.
② 시행의 형태에 따른 호흡의 변화를 살피고 있다.
③ 시상의 전개에 따른 어조의 변화에 주목하고 있다.
④ 시의 느낌에 변화를 준 특정 시어에 주목하고 있다.
⑤ 시어의 의미를 당시의 시대적 상황과 연결하고 있다.

02 ◎ 9449-0046
〈보기〉의 ⓐ～ⓔ 중 ㉠, ㉡과 가장 밀접한 관련이 있는 것은?

■ 보기 ■

⊙ 문학 작품을 감상적으로 읽을 때 다음과 같은 것들을 고려할 수 있다.

ⓐ 작품 속 인물의 처지를 이해하고 정서적 교감을 나누어 본다.
ⓑ 작품이 주는 교훈을 내면화하여 자신의 삶 속에 적용해 본다.
ⓒ 작품 속에 반영되어 있는 작가의 가치관을 비판적으로 검토해 본다.
ⓓ 작품 속 인물이 살았던 당시의 사회적, 역사적 배경을 이해해 본다.
ⓔ 작품에 대한 다른 사람들의 생각을 듣고 자신의 생각과 비교해 본다.

① ⓐ　　　　② ⓑ　　　　③ ⓒ　　　　④ ⓓ　　　　⑤ ⓔ

03 ◎ 9449-0047
윗글을 읽고 〈보기〉와 같이 도식화하였다. 이를 이해한 내용으로 적절하지 않은 것은?

■ 보기 ■

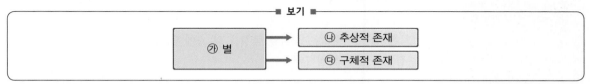

① ㉮에서 ㉯와 ㉰를 향하고 있는 화살표는 연상의 과정을 의미하는 것이겠군.
② ㉯와 ㉰는 모두 별의 함축적 의미와 관련이 있다고 시인이 여기는 것들이겠군.
③ ㉮에서 ㉯를 향하던 화살표가 ㉰를 향하게 된 것은 '어머니'에서 비롯된 것이겠군.
④ ㉰는 이제 만날 수 없는 존재라는 점에서 그리움의 정서를 환기하겠군.
⑤ 시인은 ㉯보다 ㉰를 천천히 음미하면서 그 의미를 소중하게 되새기고 있군.

내용 연구

처음

온달 이야기를 둘러싼 세상 사람들의 다양한 시선

↓

중간

민중의 소망이 담긴 온달 장군과 평강 공주의 이야기

↓

끝

어리석은 사람들의 우직함으로 조금씩 변해 가는 세상에 대한 믿음

어휘 풀이

● **사료** 역사 연구의 소재가 되는 문헌이나 유물 따위의 자료.

● **완고(頑固)하다** 융통성이 없이 올곧고 고집이 세다.

구절 풀이

● **나는 평강 공주의 ~ '삶의 메시지'라고 생각합니다.** 평강 공주의 이야기는 세속적인 성공의 관점에서 보았을 때는 여러 가지 아쉬움에 대해 말할 수 있지만, '살림(生)'과 관련하여 그가 보여 준 삶은 진정한 삶의 메시지라고 할 수 있다.

[04~06] 다음 글을 읽고 물음에 답하시오.

㉠온달과 평강 공주의 이야기는 당시의 사회 경제적 변화의 과정에서 부(富)를 축적한 평민 계층이 정치적·경제적 상승을 할 수 있었던 사회 변동기였다는 사료(史料)로 거론되기도 합니다. 그리고 '바보 온달'이란 별명도 사실은 온달의 미천한 출신에 대한 지배 계층의 경멸과 경계심이 만들어 낸 이름이라고 분석되기도 합니다.

그러나 나는 수많은 사람이 함께 창작하고 그 후 더 많은 사람이 오랜 세월에 걸쳐서 승낙한 온달 장군과 평강 공주의 이야기를 믿습니다. 다른 어떠한 실증적 사실(史實)보다도 당시의 정서를 더 정확히 담아내고 있다고 생각하기 때문입니다. 완고한 신분의 벽을 뛰어넘어 미천한 출신의 바보 온달을 선택한 평강 공주의 결단과 드디어 용맹한 장수로 일어서게 한 평강 공주의 주체적 삶에는 민중의 소망과 언어가 담겨 있기 때문입니다.

이것이 바로 온달 설화가 당대 사회의 이데올로기에 매몰된 한 농촌 청년의 우직한 충절의 이야기로 끝나지 않는 까닭이라고 생각됩니다. 인간의 가장 위대한 가능성은 이처럼 과거를 뛰어넘고 사회의 벽을 뛰어넘고 드디어 자기를 뛰어넘는 비약에 있는 것이라고 할 수 있기 때문입니다.

나는 평강 공주와 함께 온달 산성을 걷는 동안 내내 '능력 있고 편하게 해 줄 사람'을 찾는 당신이 생각났습니다. '신데렐라의 꿈'을 버리지 못하고 있는 당신이 안타까웠습니다. 현대 사회에서 평가되는 능력이란 인간적 품성이 도외시된 '경쟁적 능력'입니다. 그것은 다른 사람들의 낙오와 좌절 이후에 얻을 수 있는 것으로, 한마디로 숨겨진 칼처럼 매우 비정한 것입니다. 그러한 능력의 품속에 안주하려는 우리의 소망이 과연 어떤 실상을 갖는 것인지 고민해야 할 것입니다.

당신은 기억할 것입니다. 세상 사람들을 현명한 사람과 어리석은 사람으로 분류할 수 있다고 당신이 먼저 말했습니다. 현명한 사람은 자기를 세상에 잘 맞추는 사람인 반면에 어리석은 사람은 그야말로 어리석게도 세상을 자기에게 맞추려고 하는 사람이라고 했습니다.

그러나 역설적이게도 세상은 이런 어리석은 사람들의 우직함으로 인하여 조금씩 나은 것으로 변화해 간다는 사실을 잊지 말아야 한다고 생각합니다. 우직한 어리석음, 그것이 곧 지혜와 현명함의 바탕이고 내용입니다. '편안함' 그것도 경계해야 할 대상이기는 마찬가지입니다. 편안함은 흐르지 않는 강물이기 때문입니다. '불편함'은 흐르는 강물입니다. 흐르는 강물은 수많은 소리와 풍경을 그 속에 담고 있는 추억의 물이며 어딘가를 희망하는 잠들지 않는 물입니다.

당신은 평강 공주의 삶이 남편의 입신(立身)이라는 가부장적 한계를 뛰어넘지 못한 것이라고 하였습니다만 산다는 것은 살리는 것입니다. 살림(生)입니다. 그리고 당신은 자신이 공주가 아니기 때문에 평강 공주가 될 수 없다고 하지만 살림이란 '뜻의 살림'입니다. 세속적 성취와는 상관없는 것이기도 합니다. 그런 점에서 나는 평강 공주의 이야기는 한 여인의 사랑의 메시지가 아니라 그것을 뛰어넘은 '삶의 메시지'라고 생각합니다. 나는 당신이 언젠가 이 산성에 오기를 바랍니다.

04 ◎ 9449-0048
윗글을 읽고 ㉠에 대해 이해한 내용으로 적절하지 <u>않은</u> 것은?

① 당대 민중의 정서와 소망을 담고 있다.
② 오랜 시간에 걸쳐 여러 사람의 입을 통해 전승되었다.
③ 미천한 출신의 바보 온달을 선택한 평강 공주의 주체적인 삶을 그리고 있다.
④ '바보 온달'이란 말에는 하층민에 대한 지배 계층의 경계심이 반영되어 있다.
⑤ 지배 체제의 붕괴로 신분 이동이 자유로워졌음을 보여 주는 사료적 가치가 있다.

05 ◎ 9449-0049
〈보기〉는 윗글의 글쓴이와 나눈 인터뷰 내용이다. 윗글의 내용에 비추어 볼 때, ㉮~㉺의 답변 중 적절하지 <u>않은</u> 것은?

■ 보기 ■

기자: '온달 설화'가 우리에게 주는 교훈은 어디에 있다고 보십니까?
글쓴이: 자신의 신분에 구애받지 않고 충절을 지켜 나간 온달의 모습에서 배울 것이 많다고 봅니다. ········ ㉮

기자: '경쟁적 능력'에 대해 부정적으로 평가하셨는데, 그 이유가 무엇입니까?
글쓴이: 그것은 다른 사람들의 낙오와 좌절 이후에 얻을 수 있는 비정한 것이기 때문입니다. ·············· ㉯

기자: '어리석은 사람'을 높이 평가한 이유는 무엇입니까?
글쓴이: 어리석은 사람이 지닌 우직함이 세상을 조금씩 나은 방향으로 변화시킬 수 있기 때문입니다. ······· ㉰

기자: '편안함'보다 '불편함'을 선택해야 한다고 한 이유는 무엇입니까?
글쓴이: 편안함은 흐르지 않는 강물처럼 정체된 것이지만, 불편함은 흐르는 강물처럼 그 속에 많은 추억과 희망을 담을 수 있기 때문입니다. ·················· ㉱

기자: '평강 공주'는 남편의 입신이라는 가부장적 한계에 매몰된 인물로 볼 수 있지 않을까요?
글쓴이: 비록 세속적 성취와는 상관이 없는 것이지만 그녀는 '살림'을 통해 남편을 살리고 자신이 지녔던 뜻도 살릴 수 있었다고 생각합니다. ·················· ㉲

① ㉮ ② ㉯ ③ ㉰ ④ ㉱ ⑤ ㉲

06 ◎ 9449-0050
윗글을 읽은 독자의 반응으로 적절하지 <u>않은</u> 것은?

① 사회적 장벽을 뛰어넘는 주체적인 삶의 소중함에 대해 알게 되었다.
② 말을 건네는 방식을 사용하고 있어서 더욱 친근감을 느낄 수 있었다.
③ 다른 사람을 이겨야만 한다고 생각해 온 우리의 삶을 성찰해 보게 되었다.
④ 세상을 바꾸어 나가기 위해 우직하게 노력하는 삶의 가치를 깨닫게 되었다.
⑤ 역사 속 인물에 대한 평가는 역사적 사실을 기반으로 해야 한다는 것을 알게 되었다.

5 창의적 읽기

◈ 창의적 읽기의 필요성
아무리 유능한 글쓴이라
도 지식이나 생각에는 한
계가 있으므로, 독자는
자기 나름의 생각을 펼쳐
글쓴이의 부족한 부분을
보완하면서 글을 읽어야
한다. 글쓴이의 생각이
담긴 글을 읽고 독자가
자기 나름의 생각을 덧붙
이는 행위를 통해 인류의
지식과 지혜가 발전해 나
가는 것이다.

◈ 독창적 생각
독창적 생각이란 전혀 엉
뚱하고 기발한 내용을 의
미하는 것이 아니라, 기
존의 생각을 바탕으로 그
것을 비판하고 넘어서는
과정에서 생겨나는 창의
적 발상을 이른다.

1 창의적 읽기의 개념

창의적 읽기란 글에 제시된 글쓴이의 생각과 독자 자신의 생각을 종합하여 새로운 의미를 창의적으로 만들어 내는 것이다. 이것은 글의 내용을 바탕으로 독자 자신의 배경지식과 경험을 더하여 창조적인 생각과 관점을 새롭게 구성하는 것을 뜻한다. 창의적 읽기 방법을 통해 현실적인 문제의 해결 방법을 모색해 볼 수도 있고, 글에서 미흡한 부분의 보완 방안도 생각해 볼 수 있다.

2 창의적 읽기의 방법

(1) 자신의 생각을 독창적으로 재구성하기

> 글의 화제, 주제, 관점 등을 면밀하게 살핌으로써 글의 내용을 깊이 있게 이해해야 함.

→

> 유연한 사고를 통한 발상의 전환을 통해 독창적 생각들을 발견하고, 이를 논리적으로 재구성하여 하나의 완결된 새로운 생각으로 발전시켜야 함.

• 갈래: 비평문
• 제재: 소설 「흥부전」
• 주제: 조선 후기 사회
의 희생자인 흥부

예 흥부는 한때 자신에게 닥친 고난을 형의 도움에만 의지하려 하거나 탄식으로 세월을 허송하는 의타적이고 게으른 인물이라는 비판을 받고는 했다. 아닌 게 아니라 처자식 먹여 살릴 방도 하나 세우지 못한 처지에, 착한 심성만으로 한 세상을 헤쳐 나갈 수 있다고 굳게 믿었던 흥부의 모습이 무기력하게 보일 법도 하다. 그렇지만 실제로 작품에서 흥부는 무기력하고 게으른 존재에 머물러 있지 않다. 놀부에게 쫓겨난 뒤, 자신이 직면한 궁핍한 현실 속에서 차츰 새로운 인물로 변화되어 갔던 것이다. 그는 가족을 먹여 살릴 수만 있다면 목숨을 거는 일까지도 마다하지 않았다. 작품에서는 그 같은 흥부의 비장한 각오를 매품팔이를 통해 그려 내고 있다. 〈중략〉 그러기에 "어떤 사람은 팔자 좋아 고대광실 높은 집에 부귀공명 누리며 호의호식하건만, 세상에 난 연후에 불의 행사(不義行事) 아니하고 밤낮으로 벌어도 삼순구식(三旬九食)할 수 없고 일 년 사철 헌 옷뿐."이라는 흥부 부부의 탄식은 실로 비감하게 읽힌다. 이처럼 공평치 못한 삶이 그들이 처했던 조선 후기의 엄연한 현실이었다. 이런 흥부를 두고 누가, 가난은 제 못났기 때문이라며 게으름뱅이라 비난할 수 있겠는가? 오히려 흥부는 남보다 열심히 일해 행복하게 살아 보려고 해도 이를 결코 용납하지 않았던 조선 후기 현실이 만들어 낸 사회 모순의 희생자였던 것이다.

➜ 흥부는 착한 성품으로 인해 성공을 한 인물로 평가되는 소설 속 주인공이다. 그러나 글쓴이가 글의 앞부분에 밝혔듯 흥부는 의타적이며 게으른 인물로 비판을 받기도 했다. 이런 견해에 대해 글쓴이는 다른 방식으로 접근하며 반론을 편다. 흥부는 가족을 먹여 살리기 위해 목숨을 걸 정도로 적극적 성품을 지닌 인물이지 결코 무기력한 존재가 아니라는 것이다. 글쓴이는 흥부의 가난은 그의 성품 때문이 아니라 열심히 일해도 공평한 대가를 받을 수 없었던 조선 후기의 사회 현실 때문이라는 독창적 생각을 제시하고 있다.

(2) 문제 해결의 방법 찾기

현대는 사회가 복잡해짐에 따라 예기치 않은 문제가 생겨나고, 그 해결 방법도 복잡해졌다. 따라서 독자 자신과 자신이 속한 사회의 문제점을 해결하기 위해서는 독서를 활용해야 한다.

독자나 독자 자신이 속한 사회의 문제 상황을 정의함.	→	문제 상황과 같은 사례를 다룬 글을 읽음으로써 문제의 해결 방안을 찾을 수 있음.

예

속상해하지 말기

어떤 것에 대해 미운 마음을 품거나 자기가 억울한 일을 당했다고 해서 꼬치꼬치 캐고 들거나 속상해하면서 세월을 보내기에는 우리 인생이 너무 짧은 거란다.

– 샬럿 브론테, 「제인 에어」 중에서

마음 상한 일을 너무 오래 남겨 두지 마세요. 다 읽은 책을 덮듯이 그렇게 덮어 두세요. 속상해할 시간을 더 가치 있는 일에 써야 하니까요.

• 갈래: 감상문
• 제재: 소설 「제인 에어」
• 주제: 마음 상한 일은 빨리 덮어 두기

➔ 글쓴이는 먼저 「제인 에어」라는 소설에 나오는 구절을 소개하고, 이를 해석하여 마음 상한 일은 '다 읽은 책을 덮듯이' 덮어 두라고 자신의 말로 바꾸어 표현하고 있다. 그리고 여기에 '더 가치 있는 일'에 시간을 써야 한다는 내용을 덧붙이고 있다. 글쓴이가 「제인 에어」의 글을 인용하여 이 글을 쓴 목적은 자신과 자신이 속한 사회에 어려움을 극복할 지혜를 전달하기 위한 것이다. 독자는 이 글을 읽음으로써 자신이 겪고 있는 어려움을 돌이켜 보며 위안을 얻고 그 어려움을 헤쳐 나가기 위한 용기를 낼 수 있을 것이다. 이렇듯 창의적 읽기는 문제의 해결에 도움을 준다.

(3) 글쓴이의 생각을 보완·대체하는 방안 찾기

창의적 읽기를 하는 독자가 되기 위해서는 글에 나타난 글쓴이의 생각을 일방적으로 수용하기보다는 글쓴이의 생각에 자신의 생각을 덧붙이거나 다른 내용으로 바꾸면서 글을 읽을 수 있어야 한다.

◈ 글쓴이의 생각을 보완·대체하는 방안을 찾으며 글을 읽어야 하는 이유
글쓴이의 상황과 능력이 이를 수용하는 독자의 상황 및 능력과 서로 다르기 때문이다.

내용 연구

기능적 놀이 단계에서 사회적 놀이 단계로 나아가며 흥미를 느끼는 아이들

↓

현재 놀이터의 문제점

기능적 단계에 머물러 있어 재미없고 지루한 놀이터

↓

바람직한 놀이터

진취적인 행동과 긍정적인 사고를 키워 줄 수 있는 놀이터

어휘 풀이

● **반달리즘** 기존의 예술·문화를 파괴하려는 경향. 또는 그 행위. 여기에서는 기존의 관습과 문화에 얽매이지 않고 새로운 것을 추구하려는 경향의 뜻으로 사용됨.

● **진취적** 적극적으로 나아가 일을 이룩하려는 기상이 있는 것.

구절 풀이

● **어떠한 것이든 ~ 놀이이기 때문이다.** 아이들은 기존의 질서와 규범을 그대로 따르는 것보다 그것을 어기고 훼손하는 것을 더 선호하는데, 이것은 아이들이 그러한 행위에서 더 큰 즐거움을 느끼기 때문이다.

[01~03] 다음 글을 읽고 물음에 답하시오.

한 일본의 건축가는 놀이 기구가 기능적 놀이 단계, 기술적 놀이 단계, 사회적 놀이 단계의 순서로 발전해 간다고 밝혔다. 기능적 놀이 단계란 놀이 기구에 갖추어진 놀이의 기능을 아이들이 초보적으로 체험하는 것을 말하고, 기술적 놀이 단계란 고도의 기술을 이용하여 노는 것으로 놀이 기구를 활용하는 기술을 향상하는 것 자체가 놀이인 단계를 말한다. 마지막으로 사회적 놀이 단계란 놀이 기구를 활용하여 아이들끼리 새로운 규칙을 정하여 놀이를 하는 단계를 의미한다. 아이들은 기능적 놀이 단계에서 사회적 놀이 단계로 나아가며 더 큰 재미와 흥미를 느끼게 된다.

그러나 우리 주변 놀이터의 놀이 기구들은 아직 기능적 단계에 머물러 있는 경우가 대부분이다. 규정의 준수만을 강조하여 대부분의 아이들에게 재미없고 지루한 놀이터가 된 것이다. 어떠한 것이든 아이들은 다르게 표현하거나 사용하고 싶어 하는 반달리즘의 경향을 보이는데, 그들에게는 그게 놀이이기 때문이다. 놀이터에서 발생하는 이러한 반달리즘 경향의 원인은 다양성과 창의성이 부족한 놀이 기구에서 찾을 수 있다.

또한 안전과 규정만을 내세워 재미없고 지루한 놀이터는 오히려 사고의 위험을 상대적으로 높이는 결과를 초래할 수도 있다. 왜냐하면 놀이터의 놀이 기구가 단순하고 수준이 낮다고 느낄 때, 아이들은 본래 용도와 기능에 맞지 않는 방법으로 놀고 싶은 유혹에 쉽게 빠지기 때문이다. 그리고 이러한 유혹은 사고로 이어질 수 있다. 예를 들어, 미끄럼틀에 붙여 놓은 '거꾸로 올라가지 마시오.'라는 경고 문구가 오히려 아이들에게 거꾸로 올라가고 싶은 욕구를 불러일으키는 것이다. 사실 이러한 경고 문구는 미끄럼틀이 올라갔다가 미끄러져 내려오는 것 말고는 다르게 응용할 수 없는 놀이 기구임을 드러내는 것이다. 그리고 더 큰 문제는 놀이터에 이러한 미끄럼틀밖에 없다는 것이다.

어른들은 아이들이 사회적 놀이 단계로 넘어가려고 하면 위험하다고 생각하며 이를 말리기에 급급하다. 그러나 이보다 중요한 것은 아이들이 안전을 스스로 확보할 수 있는 능력, 즉 위험한 상황에서 스스로 안전하게 대처하는 능력을 키우는 것이다. 안전은 아이들을 조심스럽게 키워야 보장되는 것이 아니라, 아이들이 위험을 스스로 다룰 수 있어야 보장되는 것이라는 것을 다시 한 번 생각해 볼 필요가 있다.

놀이는 도전을 의미한다. 다시 말해서 하지 않던 것을 해 보거나 할 수 없었던 것을 날마다 조금씩 도전해 가는 과정 자체가 놀이인 것이다. 물론 놀이터에서 자주 다쳐서는 결코 안 된다. 하지만 도전하는 과정에서 아이들이 겪는 회복 가능한 수준의 작은 부상은 무엇이 위험한 것이고, 그러한 일을 겪지 않으려면 어떻게 조심해야 하는지 아이들 스스로 깨닫게 하는 데에 도움이 된다. 초등학생들을 대상으로 하는 놀이터를 유아 수준의 놀이터로 만들어 놓고, 안전한 놀이터를 만들었다고 자만하는 것은 오히려 아이들에게 스스로 안전한 방법을 찾을 기회를 주지 않는 것이다. 이제 놀이터는 아이들이 진취적인 행동과 긍정적인 사고를 키워 갈 수 있도록 (㉠) 공간이 되어야 한다.

01 **○ 9449-0051**

윗글을 참고하여 놀이터를 설계하려고 할 때, 고려할 내용으로 적절하지 않은 것은?

① 아이들이 지닌 반달리즘의 성향을 고려하여, 창의성을 발휘할 수 있는 다양한 놀이 기구를 배치한다.

② 안전한 놀이 시설을 만들되 놀이터에서 할 수 있는 놀이가 기능적 놀이 단계에 머물지 않도록 유의한다.

③ 아이들이 진취적으로 행동할 수 있도록 기존의 방식에 머물러 있지 않는 즐거운 놀이터를 만들도록 노력한다.

④ 규정에서 벗어난 방법으로 놀이 기구를 이용하고 싶은 욕구를 자제시킬 수 있는 경고 문구의 개발에 관심을 가진다.

⑤ 위험을 원천적으로 봉쇄하려고만 하지 말고 아이들이 스스로 위험한 상황을 관리할 수 있는 능력을 기르는 데 역점을 둔다.

02 **○ 9449-0052**

문맥상 ㉠에 들어갈 말로 가장 적절한 것은?

① 도전과 모험을 즐길 수 있는

② 위험도 마음껏 즐길 수 있는

③ 안전하고 편안하게 놀 수 있는

④ 누구의 간섭도 받지 않을 수 있는

⑤ 자기의 수준보다 높은 수준의 놀이 기구가 많은

03 **○ 9449-0053**

〈보기 1〉을 활용하여 윗글의 내용을 보충하려고 할 때, 〈보기 2〉의 ⓐ, ⓑ에 들어갈 적절한 말을 쓰시오.

■ 보기 1 ■

　　아이들이 길을 걷는 방식과 어른들이 길을 걷는 방식은 다르다. 한 실험에서 일부러 길 가운데에 장애물을 놓아두었더니 아이들은 어른들처럼 그 장애물을 피해 돌아가지 않고 그 장애물을 넘어가려고 한다는 것을 알게 되었다. 그뿐만 아니라 아이들은 그 장애물을 넘어가면서 일종의 흥미와 재미를 느끼는 것으로 관찰되었다.

■ 보기 2 ■

• 어른들과 다르게 행동하는 아이들의 (　ⓐ　) 속성을 보여 주는 사례이므로, (　ⓑ　) 문단에서 활용한다.

내용 연구

우리에게 주어진 과제

초고속 불균형 발전으로
파탄이 난 삶의 질 회복

↓

삶의 위기를 모면하게 해
줄 관계의 필요성 → 이웃
간 느슨한 유대의 필요성

↓

작고 소소한 관계들 안에
서 시작되는 삶의 회복에
대한 소망

어휘 풀이

● **파탄** 일이나 계획 따위가
원만히 해결되지 않고 중도에
서 그릇됨.

● **성찰** 자기의 마음을 반성
하여 살핌.

● **고착** 상태나 현상이 굳어
져 변하지 않음.

구절 풀이

● **지역 자체가 ～ 과제가 되
었다.** 지역 자체가 계급화된
상황에서 마을 공동체를 회복
하자는 논의가 자칫 계급을
고착화시키는 결과로 이어질
것이라는 우려가 있다. 그러
나 삶의 가장 근본이 되는 사
회를 실종하고 살아가는 인간
에게 마을 공동체의 회복은
매우 중요하고 시급한 과제가
되었다.

[04~06] 다음 글을 읽고 물음에 답하시오.

초고속 근대화 과정을 거친 우리는 세계적인 자본주의 체제가 만들어 낸 기후 변화와
같은 지구촌 위험의 문제를 풀어야 함과 동시에 초고속 불균형 발전으로 파탄이 난 삶의
질을 회복해야 하는 상황에 직면했다. 시민들이 서로 신뢰하면서 돕고, 재난 시에는 자발
적으로 협력하면서 문제 해결을 하는 시민적 훈련이 필요한 때가 된 것이다. 그간 수동적
으로 살아왔고 돈만 있으면 모든 것을 해결할 수 있다고 믿게 된 사람들에게 그간의 삶을
근원적으로 성찰해 보자는 말은 매우 낯선 말일 수 있다. 그러나 이제 자신의 소외된 삶,
그리고 이에 따라 더는 성숙을 기대할 수 없는 사회에 대한 고민을 해야 하는 시점에 도
달했다.

마을살이와 관련해 내가 동네에 사는 주민이 맞는지, 동네를 다니면서 마주치면 인사
하는 동네 사람이 몇이나 되는지, 단골 가게가 몇 개나 있는지, 급할 때 에스오에스를 칠
이웃이 몇이나 되는지 생각해 본다. 아이가 있다면 아이를 안전하게 키우고 있는지, 동네
어둑한 곳을 한 평짜리 공원으로라도 만들어 보자고 제안을 하고 싶어지는지, 마을버스
를 좀 더 작은 소형 버스로 대체하면 마을이 좀 더 아늑하고 안전해질 것 같다는 생각을
하는지, 마을 방송국을 차려 볼 생각을 해 봤는지, 돈 없이도 며칠은 마을에서 그런대로
먹고살 만한 관계를 맺고 있는지 가늠해 본다. 이런 관계적인 삶은 갑자기 정전이나 수해
와 같은 재난 사고나 폭력 사태가 일어나도 극심한 공포에 빠지지 않고 문제를 해결할 수
있는, 비빌 언덕이라고 할 수 있다. 일상에서 ㉠관계가 살아 있는 삶을 살아 냄으로써 현
대의 파편화되고 적대적인 삶의 위기를 모면할 수 있게 되는 것이다.

그래서 우리는 동네에서 느린 시간을 보내고, 단골 장소에 머무르며, 느슨하나 지속적
인 환대의 관계를 맺어 행복해지기를 바란다. 지역 자체가 계급으로 나뉘어 버린 시점에
무슨 계급을 고착시킬 논의냐고 비판하는 이들이 있겠지만 인간적인 삶의 가장 근본은
사회를 형성하는 것이고, 지금은 바로 그 사회가 실종되고 있는 위기이기에 관계의 회복
은 더욱 중요한 과제가 되었다. 이웃과 인사하는 것, 그리고 동네를 걸어 다니면서 정을
붙이는 것은 다시 우리 안에 사회를 회복하고 사회적 감각을 회복하는 시작점이다. 아이
를 낳고 키우며 나이 들어 병들고 죽어 가는 인간의 삶은 가족을 이루고 이웃과 더불어
상부상조하는 삶에서 시작하고, 이런 이웃 간 느슨한 유대가 바로 시민적 공공성을 형성
해 내는 바탕이다.

앞으로 올 난세를 잘 살아 내고 싶다면 슬슬 동네를 산책하러 나가 보기를 권한다. 세
상을 지혜롭게 살아 내는 것은 그리 거창한 것이 아니다. 그것은 작고 소소한 관계들 안
에서 시작되는 것이고, 많은 고민은 익숙한 길을 걸어 다니는 가운데서 풀리는 것이다.
(㉡   ) 대한민국을 상상해 본다.

04 ● 9449-0054
윗글의 ㉠과 가장 관련이 없는 것은?

① 동네 주민들끼리 반갑게 인사를 나눌 수 있는 마을
② 마을 방송에서 이웃들의 소식을 들을 수 있는 마을
③ 위급한 상황에 처했을 때 도움을 요청할 이웃이 있는 동네
④ 대형 슈퍼마켓을 유치하여 편리한 생활을 누릴 수 있는 동네
⑤ 이웃들끼리 서로 아이들을 보살펴 주고 관심을 가져 주는 사회

05 ● 9449-0055
글쓴이의 관점을 고려할 때, ㉡에 들어갈 수 있는 말로 적절하지 않은 것은?

① 힘들 때 비빌 언덕이 있는
② 시민적 공공성이 살아 있는
③ 잃어버린 이웃과의 관계가 회복되는
④ 느슨한 유대를 극복하고 긴밀한 관계로 바뀌는
⑤ 자신이 사는 마을의 골목길을 걷는 것이 즐거운

06 ● 9449-0056
글쓴이의 입장에서 〈보기〉의 '구자명 씨'가 겪고 있는 문제를 해결할 수 있는 방안을 〈조건〉에 맞게 서술하시오.

■ 보기 ■

맞벌이 부부 우리 동네 구자명 씨
일곱 달 된 아기 엄마 구자명 씨는
출근 버스에 오르기가 무섭게
아침 햇살 속에서 졸기 시작한다.
경기도 안산에서 서울 여의도까지
경적 소리에도 아랑곳없이
옆으로 앞으로 꾸벅꾸벅 존다.

차창 밖으론 사계절이 흐르고
진달래 피고 밤꽃 흐드러져도 꼭

부처님처럼 졸고 있는 구자명 씨.
그래 저 십 분은
간밤 아기에게 젖 물린 시간이고
또 저 십 분은
간밤 시어머니 약 시중든 시간이고
그래 그래 저 십 분은
새벽녘 만취해서 돌아온 남편을 위하여 버린 시간
일 거야.

– 고정희, 「우리 동네 구자명 씨」 중에서

■ 조건 ■

• 본문에 있는 '이웃과 더불어 상부상조하는 삶'의 가치가 반영되도록 할 것.
• 한 문장으로 표현할 것.

[01~03] 다음 글을 읽고 물음에 답하시오.

한옥은 바람과 친해지고 바람을 활용하는 여러 과학적 방식을 창안해서 집 안 가득 바람을 맞아들인다. 이를 한마디로 '통(通)'의 원리라 부를 수 있다. '통'은 어려운 개념이 아니다. 통풍, 환기, 순환 등과 같은 말이다. 사람을 비롯한 자연 생명체에게는 생존의 첫째 조건이다. 피가 돌고 숨이 돌아야 생명이 유지되고 건강할 수 있다. 따라서 '통'의 원리는 곧 자연의 원리다. 생명체의 몸만이 아니다. 집도 마찬가지다. 집에도 건강한 집과 건강하지 못한 집이 있다. 관건은 '통'의 원리다. 이것을 잘 지키면 건강한 집이 되고 그렇지 못하면 집도 병든다. 건강한 집에 살면 사람도 건강해지고 병든 집에 살면 사람도 병든다.

한옥은 '통'의 원리를 잘 지키는 건강한 집이다. 한옥에서 '통'의 원리를 지키며 좇는 방식은 크게 두 가지다. 첫 번째는 거시 기후에 맞춰 집 안에 바람이 드나드는 '바람길'을 내는 것이다. 거시 기후는 계절 같은 큰 시간 단위를 기준으로 한반도 전체에 걸쳐서 나타나는 기후 현상을 말한다. 한옥에서는 바람이 절실히 필요한 여름에 바람이 부는 방위에 맞춰 바람길을 냈다. 바람길은 시원하고 통 크게 나 있다. 방위를 기준으로 하면 거시 기후에서는 남동풍이 부는 남동향이 된다. 한옥이 남향인 또 다른 중요한 이유다. 남향은 일차적으로는 햇빛을 잘 받기 위한 것이지만 한반도의 거시 기후에서는 여름에 시원한 바람을 불러들이는 데에도 유리하다.

두 번째는 미시 기후를 활용해서 마당에 찬 공기 주머니를 만드는 것이다. 미시 기후란 숲과 산세, 지세와 물길 등 각 집의 주변을 둘러싼 개별적 상황에 따라 나타나는 구체적인 기후 현상이다. 도시에서는 도로나 빌딩 같은 것도 미시 기후를 결정하는 중요한 요소다. 농촌에서는 풍수지리에서 이야기하는 배산임수가 대표적인 예다. 한옥은 거시 기후에 순응해서 낸 바람길만으로도 충분히 과학적이며 지혜로넘쳐난다. 하지만 여기서 끝나지 않는다. 한옥은 통풍 효과를 몇 배 배가시켜 주는 기막힌 지혜를 추가로 갖는다. 미시 기후를 활용하는 것인데, 구체적인 방법은 마당을 비워서 복사와 대류의 원리를 작동하게 만들어 안마당에 찬 공기주머니를 만드는 것이다. 마당의 공기가 열을 받아 더워지면 위로 올라가서 [A] 그 자리에 진공 상태가 만들어진다. 복사열의 원리다. 그러면 진공을 채우기 위해서 바람이 불어온다. 대류의 원리다. 이때 바람은 소나무 숲에서 나오는 찬바람이 대청 뒤에서 불어오는 것이다. 한옥을 숲 앞에 짓는 이유인데 보통 소나무 숲을 선호한다. 배산임수의 원리이기도 하다. 한옥의 안채 안마당은 폭에 비해 지붕 처마가 많이 돌출했기 때문에 공기가 위로 올라가는 것을 막아서 대청 뒤에서 부는 찬바람을 오래 머물게 하는 작용을 하여 찬 공기주머니가 마당에 만들어지게 한다. 이러한 작용이 원활하게 이루어지게 하기 위해서 한옥의 마당은 흙바닥으로 그냥 놔둔다. 잔디를 심으면 잔디가 열과 습기를 머금고 있어서 복사와 대류를 방해하고 습해지기까지 하고, 꽃나무는 더워진 바람이 위로 올라가는 것을 방해하고 바람길에도 방해가 되기 때문이다.

한옥은 집 자체가 거대한 순환 덩어리다. 창을 다 열면 구멍 숭숭 뚫린 치즈 덩어리처럼 온통 구멍 천지가 된다. 이 구멍은 모두 바람길이 된다. 바람이 다닐 수 있는 곳에는 모두 길을 낸 셈이다. 바람은 단 한 군데 막힘 없이 온 집을 헤집고 다닌다. 집 안에는 온통 바람뿐이다. 방 안 가득, 집 안 가득 시원한 바람이 차 있고 그것을 피부 전체로 느낄 때의 쾌감은 한옥에서 느낄 수 있는 가장 큰 즐거움이다. 이처럼 우리 조상들은 자연의 원리를 최대한 활용하여 한옥을 지음으로써 진정한 친자연을 실천하였다.

01
○ 9449-0057

윗글의 내용과 일치하지 <u>않는</u> 것은?

① 한옥을 숲 앞에 짓는 것은 풍수지리의 배산임수 원리에 따른 것이다.

② 한옥이 남향인 이유는 여름에 바람이 부는 방위를 고려했기 때문이다.

③ 도시의 도로나 빌딩 등은 미시 기후를 결정하는 중요한 요소는 아니다.

④ 계절 같은 큰 시간 단위를 기준으로 나타나는 기후 현상을 거시 기후라고 한다.

⑤ 한옥은 통의 원리에 따라 집 자체에서 거대한 바람의 순환이 이루어지도록 지었다.

02
○ 9449-0058

[A]를 바탕으로 〈보기〉를 이해한 내용으로 적절하지 <u>않은</u> 것은?

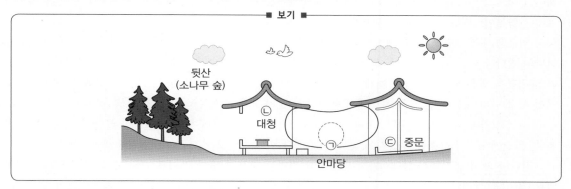

① 돌출된 지붕 처마는 ㉠에 형성된 찬바람을 오래 머물게 한다.

② 여름에 ㉠의 공기는 복사열의 원리로 열을 받아 위로 올라간다.

③ 공기가 위로 올라간 ㉠으로 진공을 채우기 위한 바람이 불어온다.

④ ㉡과 ㉢을 통해 들어온 바람이 모여 ㉠에 찬 공기주머니를 만든다.

⑤ ㉢보다 ㉡을 통해 불어오는 바람이 차가운 것은 소나무 숲 때문이다.

03
○ 9449-0059

윗글에서 한옥의 마당이 흙바닥인 이유를 찾아 서술하시오.

[04~06] 다음 글을 읽고 물음에 답하시오.

　도로나 공원처럼 여러 사람이 공동으로 소비하는 것을 공공재라고 부른다. 그런데 이 공공재는 어떤 사람이 비용을 들여 공공재를 생산하면 아무 비용을 지불하지 않은 사람도 그 혜택을 누릴 수 있게 된다는 독특한 성격이 있어 이익을 추구하는 주체들이 모인 시장은 공공재를 생산해 공급하는 일을 제대로 감당하지 못한다. 국방 서비스를 생산, 공급하는 민간 부문의 기업이 존재할 수 없다는 것이 그 좋은 예이다. 그렇기 때문에 일부 공공재는 민간 부문에서 운영하기도 하지만 대부분의 경우에는 정부가 그것을 생산, 공급하는 일을 맡고 있다. 이기적인 사람은 어떤 공공재가 실제로 필요하다고 느끼면서도 "난 필요 없어."라고 말한다. 그렇게 함으로써 공공재 생산에 드는 비용 부담에서 벗어날 수 있기 때문이다. 그런 다음 다른 사람들이 비용을 들여 공공재를 생산하면 여기에 편승해 그 혜택을 누린다. 공공재가 가진 성격으로 인해 그렇게 해도 된다는 것을 알기 때문이다.

　그렇다면 공공재와 관련된 일에서 사람들은 언제나 무임승차를 하려고 드는 것일까? 무임승차를 한다는 것은 자기가 속한 공동체의 이익을 무시하고 개인적 이익만 취하려는 행동을 한다는 뜻이다. 완벽하게 합리적이고 이기적인 사람이라면 당연히 이런 이기적 행동을 하게 된다. 그러나 무임승차를 할 수 있는 상황이라 해서 사람들이 정말로 그렇게 할 것이라고 단정하기는 힘들다.

　이 의문에 대한 답을 얻기 위해 다음과 같은 ㉠게임을 통해 실험해 볼 수 있다. 우선 일정한 수의 사람들로 하나의 집단을 만든다. 그런 다음 그 집단의 각 사람에게 일정한 수의 표를 배분한다. 예를 들어 10명으로 하나의 집단을 만든 다음, 각 사람에게 50장의 표를 배정한다고 하자. 각자 이 표를 어떻게 사용하는지 보는 것이 이 실험의 내용이다. 각각 자신에게 배정된 50장의 표를 '개인'이라고 쓰인 흰색 상자와 '공공'이라고 쓰인 푸른색 상자에 나눠 넣게 된다. 어떤 사람이 표 1장을 흰색 상자에 넣으면 실험이 끝난 후 1,000원을 받게 된다. 반면에 표 1장을 푸른색 상자에 넣으면 그 집단에 속하는 모든 사람이 500원씩 받게 된다.

　㉡집단 전체의 관점에서 볼 때 가장 바람직한 결과는 모든 사람이 자기가 가진 표를 전부 푸른색 상자에 넣는 것이다. 그러나 개인적 관점에서 볼 때 그것은 결코 바람직한 일이 아니다. 푸른색 상자에 넣은 1표는 자신에게 500원의 이득을 가져다주지만, 흰색 상자에 넣은 표는 그 두 배인 1,000원의 이득을 가져다주기 때문이다. 그렇기 때문에 개인적 관점에서 보면 흰색 상자에 넣는 것이 바람직한 일이 된다. 이기적인 사람이 이 상황에서 어떤 행동을 할 것인지는 의문의 여지가 없다. 자기가 가진 표는 전부 흰색 상자에 넣고 다른 사람이 푸른색 상자에 표를 넣기를 기대하는 태도를 보일 것이 분명하다. 이것은 다른 사람이 비용을 부담해 공공재를 생산하면 이에 무임승차를 하려고 드는 태도와 다를 바 없다.

　그런데 실험의 결과는 무임승차를 하려는 경향이 의외로 약한 것으로 드러났다. 조건을 조금씩 달리해 여러 번의 실험을 거듭해 보았지만, 사람들이 가진 표를 전부 흰색 상자에 넣는 경우는 거의 눈에 띄지 않았다. 평균적으로 자신이 갖고 있는 표의 40%에서 60%에 이르는 부분을 푸른색 상자에 넣는 것으로 드러났다. 무임승차를 할 수 있는 상황임을 알면서도 갖고 있는 표의 거의 절반을 공공재 생산 비용에 자발적으로 기여한 셈이다. 이러한 실험을 통해 확인할 수 있는 사실은 사람들이 언제나 이기적으로 행동하지는 않는다는 점이다. 현실의 인간은 경제학 교과서에 등장하는 호모 이코노미쿠스와 전혀 다르다. 이는 경제 이론이 현실을 설명하는 능력에 한계가 있을 수밖에 없음을 뜻한다. 또한 경제 이론에 기초를 두고 있는 경제 정책이 기대한 효과를 내지 못할 가능성이 있다는 뜻도 된다. 이제는 경제 이론과 경제 정책을 새로운 시각에서 다시 검토해 볼 필요가 있다.

04 ◎ 9449-0060
윗글에서 설명한 '공공재'에 대한 이해로 적절하지 <u>않은</u> 것은?

① 공공재는 여러 사람이 공동으로 소비하는 것이다.
② 도로, 공원, 국방 서비스 등이 공공재에 해당한다.
③ 공공재를 생산하고 공급하는 민간 기업은 존재할 수 없다.
④ 비용을 지불하지 않은 사람도 공공재의 혜택을 누릴 수 있다.
⑤ 공공재를 생산하고 공급하는 일은 정부가 맡는 것이 일반적이다.

05 ◎ 9449-0061
㉠의 내용을 다음과 같이 정리한다고 할 때, 적절하지 <u>않은</u> 것은?

게임 의도	• 사람들이 공공재와 관련된 일에서 자기가 속한 공동체의 이익은 무시하고 개인적인 이익만을 취하려 하는지 알고자 함. ⋯⋯⋯⋯⋯⋯⋯⋯⋯⋯⋯⋯⋯⋯⋯⋯⋯⋯⋯⋯⋯⋯⋯⋯⋯⋯⋯⋯⋯⋯ ⓐ
게임 과정	• 10명으로 하나의 집단을 만든 후 각 사람에게 50장의 표를 배정함. • 1장의 표를 흰색 상자에 넣으면 본인만 1,000원을, 푸른색 상자에 넣으면 집단의 모든 사람이 500원씩 받게 됨. ⋯⋯⋯⋯⋯⋯⋯⋯⋯⋯⋯⋯⋯⋯⋯⋯⋯⋯⋯⋯⋯ ⓑ • 각각 자신에게 배정된 50장씩의 표를 흰색 상자와 푸른색 상자에 나눠 넣도록 함.
게임 결과	• 사람들이 자기가 가진 표를 전부 흰색 상자에 넣는 경우는 거의 없었음. • 50장의 표 중에서 20~30장 정도의 표는 푸른색 상자에 넣었음. ⋯⋯⋯⋯⋯⋯⋯⋯ ⓒ
결과 분석	• 사람들이 언제나 이기적으로 행동하지는 않음. • 사람들은 무임승차를 할 수 있는 상황임을 알면서도 공공재 생산 비용에 자발적으로 기여함. ⋯⋯⋯⋯ ⓓ
결론	• 사람들은 완벽하게 이기적이지는 않지만 완벽하게 합리적인 판단을 한다고 볼 수 있으므로 이를 바탕으로 경제 이론을 다시 검토해야 함. ⋯⋯⋯⋯⋯⋯⋯⋯⋯⋯⋯⋯⋯⋯⋯⋯⋯⋯⋯⋯ ⓔ

① ⓐ ② ⓑ ③ ⓒ ④ ⓓ ⑤ ⓔ

06 ◎ 9449-0062
㉡의 이유를 실험의 내용을 근거로 제시하여 서술하시오.

[07~09] 다음 글을 읽고 물음에 답하시오.

윤리적 소비란 공정한 대우를 받는 노동자들이 생산한 상품을 웃돈을 지불하고 구입함으로써 구매력을 무기 삼아 세상을 바꾸려는 운동이다. 하지만 윤리적 소비는 세간의 인식과 달리 그리 바람직한 방법은 아니다. **효율적 이타주의**라는 관점에서 윤리적 소비가 과연 효율적인지 노동 착취 공장, 공정 무역의 실효성 측면에서 살펴보자.

저임금 노동 착취 공장은 섬유, 장난감, 전자 기기 등 선진국 소비자를 위한 제품을 생산하는 열악한 작업장이다. 노동자들이 하루 16시간씩 일주일에 6~7일 일하는 곳도 흔하고, 식사를 하거나 화장실에 갈 시간조차 허용되지 않는 경우도 있다. 안전 보건 수칙은 무시될 뿐만 아니라 고용주의 학대 행위도 종종 발생한다. 이처럼 열악한 노동 환경을 그냥 두고 볼 수 없어 이곳에서 생산된 제품의 불매 운동을 전개하는 단체들이 제법 있지만 노동 착취 공장 제품을 사지 않는 건 해결책이 되지 않는다. 노동 착취 공장이 경제적 압력에 굴복해 문을 닫으면 기존 노동자들은 더 나은 일자리를 얻는 것이 아니라 더 형편없는 일자리로 옮기거나 심지어 실직자가 되는 경우도 부지기수이기 때문이다. 가난한 사람들에게 더 나은 노동 조건을 제공하려는 노력의 일환으로 가장 널리 확산된 운동인 '공정 무역'을 통해 이 문제를 좀 더 들여다보자.

공정 무역 인증은 가난한 나라의 노동자에게 더 높은 임금을 보장해 주는 것을 목적으로 하며, 주로 바나나, 초콜릿, 커피, 설탕, 차 등 개발 도상국 생산 작물에 적용된다. 공정 무역 인증서는 최저 임금 지급, 구체적인 안전 요건 준수 등 일정한 기준을 충족시킨 생산자에게만 부여된다. 공정 무역 인증 상표가 처음 등장한 1988년 이후로 공정 무역 상품 수요는 급격히 증가하고 있지만, 객관적 증거에 따르면 가난한 나라 사람들에게 큰 도움이 되지는 못한다. 첫째, 공정 무역 제품을 구입한다고 해서 무조건 가난한 나라의 빈곤층에게 수익이 돌아가는 건 아니다. 공정 무역 인증 기준은 상당히 까다롭기 때문에 가난한 나라의 농부들은 이 기준을 충족시키기 어렵다. 그래서 공정 무역 커피 산지 대부분은 상대적으로 부유한 나라들이기 때문에 상대적으로 부유한 나라의 공정 무역 제품을 구입하는 것보다 최빈국의 비공정 무역 상품을 사는 게 더 효율적일 수 있다. 둘째, 공정 무역 제품이라는 이유로 소비자가 추가로 지불한 돈 중 실제로 농부들의 수중에 떨어지는 건 극히 일부다. 나머지는 중개인이 갖는다. 한 연구에 의하면 미국에서 공정 무역 커피가 일반 커피보다 파운드당 5달러 더 비싸게 팔리고 있지만 커피 생산자가 추가로 받는 돈은 파운드당 40센트라는 것이다. 일반적으로 기부 단체에 1달러를 기부하면 90센트가 수혜자의 수중으로 들어가는 것과는 큰 차이다. 셋째, 생산자에게 돌아가는 그 적은 몫마저 더 많은 임금으로 바뀐다는 보장이 없다. 실제로 에티오피아와 우간다의 공정 무역 노동자 임금을 조사한 결과, 공정 무역 노동자들은 비공정 무역 노동자들에 비해 임금이 더 낮고 노동 조건도 열악한 것으로 나타났다. 이러한 연구 결과는 차라리 더 저렴한 상품을 사고 그렇게 절약한 돈을 비용 효율성이 높은 자선 단체에 기부하는 게 낫다는 점을 보여 준다.

이처럼 소비 습관을 바꾸는 것보다 가난한 나라의 절대 빈곤층을 지원하는 단체에 얼마를 기부하는 것이 더 큰 영향을 끼칠 수도 있다. 이외에도 윤리적 소비 물결이 오히려 해로울 수도 있다고 생각할 만한 이유는 바로 심리학자들이 말하는 '도덕적 허가' 효과 때문이다. 이는 착한 일을 한 번 하고 나면 이후에 선행을 덜 실천하는 것으로 보상받으려는 경향을 말한다. 비효율적인 이타적 행동이 문제가 되는 건 이 때문이다. 착한 일을 했다는 생각에 취하면 이후에 효율적인 이타적 행동을 할 여지가 줄어들 수 있다. 가령 다른 사람에게 공정 무역 제품을 구입하라고 권했더니 그보다 효율적인 선행에는 정작 시간과 돈을 덜 쓰게 만드는 결과로 이어진다면 공정 무역 제품 구매를 장려하는 일 자체가 해로울 수 있는 것이다.

07 ◐ 9449-0063
윗글에 대한 이해로 적절하지 <u>않은</u> 것은?

① 공정 무역 제품을 생산하는 나라들은 주로 최빈국에 해당하는 국가들이다.
② '도덕적 허가' 효과로 인해 윤리적 소비가 비효율적인 결과로 이어질 수도 있다.
③ 소비자가 공정 무역 제품에 추가로 지급한 돈의 대부분을 중개인이 갖기도 한다.
④ 공정 무역 인증 상표가 등장한 이후 공정 무역 상품에 대한 수요가 크게 증가하고 있다.
⑤ 저임금 노동 착취 공장 제품을 불매하는 방법으로는 노동 착취 문제를 해결하기 어렵다.

08 ◐ 9449-0064
윗글과 〈보기〉를 비교한 내용으로 적절하지 <u>않은</u> 것은?

■ 보기 ■

'공정 무역 도시'로 인증받은 ○○시는 시민들이 생활 속에서 공정 무역 제품을 쉽게 접하게 하고, 시민들의 윤리적 소비에 대한 인식을 높이기 위해 공정 무역 자판기를 ○○도서관과 ◇◇구청 등에 설치해 운영하고 있다. 자판기에 1,000원을 넣으면 남미 페루의 농부들이 아마존 정글에서 재배한 카카오로 만든 코코아와 우간다의 한 마을 주민들이 농사지은 원두로 만든 커피를 맛볼 수 있다. 그 외에도 베트남, 인도네시아 등 10개국에서 생산된 초콜릿, 커피, 코코아, 건체리 등을 1,000원~3,000원에 구입할 수 있다. 공정 무역 자판기에서 판매되는 제품에는 제품 원료의 생산지와 생산자에게 돌아가는 혜택이 함께 소개되어 있고, 아동 노예 노동 금지를 비롯해 생산자와 여성 인권 보호를 지향하는 공정 무역의 기본 개념과 제품 종류, 공정 무역 마을도 확인할 수 있다. ○○시 사회적 경제 담당관은 "○○시민이 노력해 세계 최대 인구 규모의 공정 무역 도시로 인정받은 것을 계기로 공정 무역의 의미와 제품을 더 많이 알릴 수 있도록 노력하겠다."라고 말했다.

– □□일보, 20○○. ○. ○. 중에서

① 윗글과 〈보기〉는 모두 공정 무역 제품을 구매하는 것과 윤리적 소비 문제가 관련이 있다고 보고 있군.
② 윗글에서는 〈보기〉와 달리 공정 무역 제품을 생산한 사람들에게 실질적인 혜택이 돌아가지 않는다고 보고 있군.
③ 윗글에서는 〈보기〉와 달리 공정 무역 인증을 통해 생산한 제품이 비싼 이유를 품질이 우수하기 때문이라고 보고 있군.
④ 윗글과 달리 〈보기〉에서는 공정 무역 제품 구매를 장려하는 일이 긍정적인 효과를 가져올 것이라고 보고 있군.
⑤ 윗글과 달리 〈보기〉에서는 공정 무역 제품 구입이 아동 노예 노동 금지나 여성 인권 보호의 측면에서도 의미가 있다고 보고 있군.

09 ◐ 9449-0065
윗글에서 '효율적 이타주의'의 구체적인 실천 방안을 찾아 서술하시오.

[10~12] 다음 글을 읽고 물음에 답하시오.

　봄, 하면 나에게 먼저 생각나는 것이 노란 봄 병아리다. 물론 봄철엔 장닭도 눈에 띄게 아름다워진다. 봄볕에 벼슬과 깃털의 붉은색이 더욱 짙어지는데, 발로 흙을 헤집어 벌레를 잡아 놓고 암탉과 병아리들을 부르는 그 자랑스러운 모습이라니! '가장 노릇은 이렇게 하렴다.'라고 인간에게 가르치는 것 같다. 아직 꽁지가 덜 자란 풋닭도 꺼벙해 보이지만, 하는 짓이 예쁘다. 남한테 빼앗기지 않으려고 지렁이를 물고 내달리는 걸 보면 꼭 갓 입학한 중학생 꼴이어서 절로 웃음이 나온다. 그러나 아무리 그렇더라도 신생의 봄과 가장 어울리기는 역시 노랑 병아리일 것이다.

　나의 어린 시절을 생각해 보면, 서리병아리라고 해서 가을에도 병아리가 있긴 했지만, 모습이 추레하고 병에 잘 걸렸던 것 같다. 콧병 들어 비슬비슬 졸고 있는 병아리처럼 애처로운 모습도 없으리라. 그런 것들을 어떻게든 살려 보려고 꽁무니에다 입김을 불어넣던 어머니의 낭패스러운 모습이 눈에 선하다. 서리병아리와 달리, 새봄과 더불어 탄생하는 봄 병아리는 아름답고 튼튼하다. 병아리들을 거느리고, 앞에서 실한 궁뎅이를 내두르며 아그작 아그작 걷는 어미 닭의 당찬 모습도, 봄빛이 무르녹은 푸른 하늘에 병아리를 노리는 솔개가 소용돌이 물에 뜬 낙엽처럼 큰 원을 그리며 천천히 감도는 모습도 눈에 선하다. 어미 닭은 매나 솔개가 하늘에 뜨거나 매운바람이 몰아치거나 하면 얼른 날개를 펴 제 새끼들을 거두어 안았는데, 그 따뜻하고 넉넉한 모성애는 궁핍한 시절에 자식 넷을 먹여 살려야 했던 어머니의 모습이기도 했다. 어리기가 병아리만 했을 때 나는 어머니의 치마꼬리를 잡고 나들이에 따라나서곤 했는데, 도중에 갑자기 비가 오거나 흙바람이 불거나 하면 어미 닭이 그러하듯이 어머니는 넉넉한 치마폭을 펼쳐 나를 감싸 주곤 했던 것이다. 오일장에 곡식과 달걀을 팔러 가는 어머니를 따라가곤 했는데, 어머니의 등에 짊어진 바구니에는 좁쌀이 가득 담기고 그 위에 달걀이 열 개쯤 심어져 있었다.

　아무튼 노란 봄빛 속 노란 병아리 떼의 모습은 나에게 여전히 변하지 않는 신생의 이미지다. 〈중략〉

　언 대지를 녹이는 봄기운이 초목의 싹을 틔우고, 얼었던 강이 풀리기 시작하면, 돌 맞은 유리창처럼, 두꺼운 얼음판 위에 방사선 모양의 길고 날카로운 빗금의 균열들이 여기저기 생기고, 강가에는 빙열(氷裂) 현상이 일어난다. 얼음장들이 자글자글 낮은 소리를 내며 그물처럼 수많은 균열을 만들어 내는데, 그 자글거리는 소리가 어미 닭의 오랜 포란(抱卵)의 인고가 끝나고 십여 개의 달걀들이 부화할 때, 알 속의 병아리가 세상 밖으로 나오려고 여린 부리로 껍데기를 깨면서 어미를 부르는 낮은 울음소리와 흡사하다. 알 속에서 그 소리를 들으면 어미 닭은 즉시 병아리를 위해서 밖에서 껍질을 쪼아 준다. 이렇게 병아리와 어미 닭이 안에서 밖에서 동시에 쪼아 껍데기를 깨뜨리는 일을 **줄탁동시**라고 했다.

　헤르만 헤세는 그의 아름다운 소설 「데미안」에서 이렇게 말했다. "새는 알을 깨고 나온다. 알은 세계다. 태어나려는 자는 하나의 세계를 파괴하지 않으면 안 된다." 자신이 안주해 왔던 한 세계를 깨는 두려움을 극복한 자만이 더 넓은 세계를 획득할 수 있다는 뜻이다. 딱딱한 알껍데기를 연약한 부리로 깨뜨리는 그 힘이 놀랍다. 병아리뿐만 아니라 모든 태어나는 것들의 생명력이 그렇다. 여린 새싹이 어떻게 저 딱딱하게 굳은 땅을 뚫고 솟아오르는지 정말 불가사의하다. 무력해 보이는 것 속에 상상하기 어려운 강인한 생명력이 있는 것이다. 그리고 병아리뿐만 아니라, 무릇 신생의 첫 빛깔이 가녀린 노란색인 것도 흥미롭다. 봄의 햇살도 그렇고, 초목의 새싹·햇순·속잎도 처음에는 노란색에 가까운 연두색이다.

　이렇게 언 땅 위에 겨우내 시르죽어 있던 햇빛이 노란색으로 되살아나기 시작하면 나는 으레 골목 안에서 어린이들이 뛰노는 시끌짝한 소리와 함께 노란 털북숭이 봄 병아리가 생각나곤 하는데, 그것은 바로 그 아름다운 신생의 이미지 때문이다.

10

○ 9449-0066

윗글에 대한 설명으로 적절하지 <u>않은</u> 것은?

① 병아리와 여린 새싹의 공통점을 강조하고 있다.
② 서리병아리와 봄 병아리의 차이점을 묘사하고 있다.
③ 문학 작품의 내용을 인용하여 주제를 부각하고 있다.
④ 어머니의 모습을 통해 어미 닭의 행동을 떠올리고 있다.
⑤ 신생에 어울리는 이미지를 색깔에 빗대어 표현하고 있다.

11

○ 9449-0067

윗글과 〈보기〉를 비교하여 감상한 내용으로 적절하지 <u>않은</u> 것은?

■ 보기 ■

봄이 오면 무겁고 두꺼운 옷을 벗어 버리는 것만 해도 몸과 마음이 가벼워진다. 주름살 잡힌 얼굴이 따스한 햇볕 속에 미소를 띠우고 하늘을 바라다보면 날아갈 수 있을 것만 같다. 봄이 올 때면 젊음이 다시 오는 것 같다.

나는 음악을 들을 때, 그림이나 조각을 들여다볼 때, 잃어버린 젊음을 안개 속에 잠깐 만나는 일이 있다. 문학을 업(業)으로 하는 나의 기쁨의 하나는, 글을 통하여 먼 발자취라도 젊음을 바라볼 수 있다는 것이다. 그러나 무엇보다 젊음을 다시 가져 보게 하는 것은 봄이다. 〈중략〉

민들레와 바이올렛이 피고, 진달래·개나리가 피고, 복숭아꽃·살구꽃, 그리고 라일락·사향 장미가 연달아 피는 봄, 이러한 봄을 40번이나 누린다는 것은 적은 축복은 아니다. 더구나 봄이 40이 넘은 사람에게도 온다는 것은 참으로 다행한 것이다.

녹슬은 심장도 피가 용솟음치는 것을 느끼게 된다. 물건을 못 사는 사람에게도 찬란한 쇼윈도는 기쁨을 주나니, 나는 비록 청춘을 잃어버렸다 하여도 비잔틴 왕궁에 유폐(幽閉)되어 있는 금으로 만든 새를 부러워하지는 않는다. 아아, 봄이 오고 있다. 순간마다 가까워 오는 봄!

– 피천득, 「봄」 중에서

① 윗글에서는 봄을 새로운 생명의 탄생에, 〈보기〉에서는 인생의 젊은 시절에 비유하고 있군.
② 윗글에서는 봄의 이미지를 병아리의 모습을 통해, 〈보기〉에서는 다양한 꽃을 통해 드러내고 있군.
③ 윗글에서는 〈보기〉와 달리 봄과 관련된 어린 시절의 추억을 떠올리고 있군.
④ 윗글에서는 〈보기〉와 달리 봄을 맞이할 수 있는 것에 대한 감사함을 드러내고 있군.
⑤ 윗글에서는 〈보기〉와 달리 봄의 시작을 시각적 이미지와 청각적 이미지를 통해 구체화하고 있군.

12

○ 9449-0068

'줄탁동시'를 통해 전달하고자 하는 글쓴이의 중심 생각을 서술하시오.

[13~15] 다음 글을 읽고 물음에 답하시오.

'리비히의 법칙'이란 게 있다. 식물이 성장하는 데 필요한 필수 영양소 가운데 성장을 좌우하는 것은 넘치는 요소가 아니라 가장 부족한 요소라는 이론이다. 독일의 식물학자 유스투스 리비히가 1840년에 주장했고, 다른 말로 '최소량의 법칙'이라 부른다. 식물이 잘 자라려면 질소, 인산, 칼륨, 석회 등 여러 요소가 필요한데, 이 가운데 어느 하나가 부족하면 다른 것들이 아무리 많아도 소용없다는 얘기다. 즉 많은 게 아니라 부족한 게 성장을 결정한다는 것이다. 사회나 국가의 역량도 최소량의 법칙에서 자유로울 수 없다. 생태계의 삶과 지속 가능성에도 리비히의 법칙은 그대로 적용된다. 우리가 살아가는 생태계의 지속 가능성은 최하위 존재에 달려 있다. 마찬가지로 도시도 생태계다. 도시가 건강하게 지속 가능하려면 상위 포식자들만 먹고살아서는 안 된다. 도시 생태계의 바탕을 이루고 있는 하위 존재들도 먹고살아야 한다.

도시에 비싼 집, 새 집, 큰 집만 있다면 살아가기 힘들 것이다. 싼 집, 헌 집 그리고 작은 집이 함께 있어야 이제 막 사회에 첫발을 내딛는 젊은이들도 결혼해서 들어가 살 집이 있고, 젊은 사업가들이 창업을 위한 공간도 마련할 수 있다. 파리 리옹역 동북쪽 바스티유 광장에서 동쪽으로 이어지는 도메닐 거리에 '예술의 다리'라 불리는 ㉠비아뒤크 데자르가 있다. 고급 상가들이 들어선 멋진 예술의 거리로 유명한 이곳도 원래는 고가 철도의 폐선 부지였다. 1970년대에 철도 운행이 중단되어 폐허처럼 남겨진 이곳에 개발 논의가 시작된 것은 1980년대부터였다. 파리시와 지역 주민들이 개발 방향에 대해 오랫동안 논의를 거듭한 끝에 1990년 파리 시의회는 비아뒤크 재개발에 관한 결정을 내리게 된다. 중세 시대 때부터 다양한 공예품을 제조하던 이 지역의 역사성을 살려 기존 구조물을 최대한 보존한 채 예술의 거리로 탈바꿈하자고 의견이 모아졌다. 그 결과 1995년에 공사를 시작해 약 1년 만에 비아뒤크 데자르의 재탄생이 이루어졌다.

미국의 도시학자 제인 제이콥스가 강조한 도시의 생명력과 다양성은, 이른바 우리가 살고 있는 도시도 생태계와 같으니 물건 다루듯 하지 말고, 도시 생태계를 좀 더 깊이 이해해야 한다는 의미일 것이다. 바꿔 말하면 낡은 집이나 오래된 건물을 무조건 철거하지 말고 잘 살려서 오래 쓰라는 얘기이기도 할 것이다. 미국의 도시도, 유럽의 도시도 요즘 공통적인 트렌드는 '되살리기'다. 오래된 건물, 오래된 장소, 또 산업 시대 유산을 지혜롭게 고치고, 새로운 기능을 담아 되살려 내고 있다. 미국의 도시학자 도노반 립케마는 『역사 보존의 경제학』이란 책에서 역사 보존이 매우 경제적 활동임을 실증적으로 증명해 보였다. 오래된 건물을 고쳐 쓰는 활동이 새로운 건물을 짓거나 컴퓨터 또는 자동차를 생산하는 일보다 훨씬 더 경제적이라는 것을 데이터로 입증하면서 생각의 전환을 촉구하였다.

도시의 낡고 오래된 것을 기막히게 되살린 최고의 반전 사례로 슬로베니아의 수도인 류블랴나에 있는 ㉡호스텔 첼리치를 꼽을 수 있다. 이곳은 과거 감옥이었던 건물을 호텔로 개조한 아주 흥미로운 건물이다. 1991년 슬로베니아가 독립을 선언한 뒤 군인들이 물러난 이곳에 가난한 예술가들이 하나둘 모여들었는데, 그 때문에 군부대 시설을 철거하려는 류블랴나시 당국과 갈등을 겪어야 했다. 수도와 전기를 끊는 상황에서도 예술가들은 끝까지 버텼고, '메텔코바 네트워크'라는 이름으로 똘똘 뭉친 이들 예술가와 시민 운동가 그리고 류블랴나 대학 학생들까지 나서서 결국 철거 계획이 철회됐다. 그 덕분에 감옥과 군부대 시설은 청년들을 위한 문화 공간과 호텔로 바뀌는 기적 같은 일이 이뤄졌고, 지금은 전 세계인들에게 사랑받는 명소가 됐다.

오래된 건물과 장소를 없애고 새로 짓는 것은 어렵지 않다. 누구나 할 수 있는 일이다. 아무나 할 수 없는, 진짜 어려운 일은 오래된 것을 되살리는 일이다. 그것이 진정한 건축이고 참한 도시 설계다. 지혜와 사랑하는 마음 그리고 섬세한 손길이 있어야 가능한 일이다.

13 ● 9449-0069
윗글의 서술 방식에 대한 설명으로 적절하지 <u>않은</u> 것은?

① 구체적 사례를 들어 독자의 이해를 돕고 있다.
② 유추의 방식으로 중심 화제를 이끌어 내고 있다.
③ 특정 이론을 제시한 후 그 개념을 설명하고 있다.
④ 대조적인 상황을 제시하여 그 차이점을 밝히고 있다.
⑤ 전문가의 견해를 인용하여 글의 신뢰도를 높이고 있다.

14 ● 9449-0070
윗글을 참고하여 〈보기〉의 '마을 살리기 대책'을 세우려고 한다. 이에 대한 의견으로 적절하지 <u>않은</u> 것은?

■ 보기 ■

　　○○마을에서는 젊은 사람들이 도시로 빠져나가면서 빈집이 늘어나고 있다. 오랜 전통을 자랑하던 한옥촌의 한옥들도 사람이 살지 않으면서 황량해졌고, 특히 초창기에 마을을 형성하면서 마을 중앙에 지어진 집들은 이제 너무 낡아서 낮에도 가기 꺼려 할 정도로 을씨년스럽다고 한다. 그러다 보니 마을을 지나가던 기차도 몇 년 전부터 운행을 하지 않고 있고, 기차역만 빈 기찻길을 지키고 있다. 이를 개선하기 위해 마을 사람들과 도시 재생 전문가들이 모여 '**마을 살리기 대책**'을 마련하기로 했다.

① 쓸 만한 빈집들은 수리해서 창업을 원하는 사람들에게 저렴하게 임대하도록 한다.
② 낡은 집들을 없애고 마을 중앙에 누구나 이용할 수 있는 공동 체육관을 만들도록 한다.
③ 기차역의 대합실은 마을의 역사를 기록해 놓은 박물관으로 만들어서 보존하도록 한다.
④ 더 이상 기차가 다니지 않는 기찻길을 따라 산책로를 만들어 공원으로 조성하도록 한다.
⑤ 한옥은 그 형태를 유지하되 내구성을 강화하고 실내를 고쳐서 마을 카페로 운영하도록 한다.

15 ● 9449-0071
㉠과 ㉡이 만들어진 과정을 요약하고, 여기에 담긴 공통적인 의의를 서술하시오.

독서의 분야

1 인문·예술 분야의 글 읽기

◆ 인문 분야의 글
주로 인간 존재에 대해 탐구하고, 궁극적인 본질이나 보편적인 원리를 추구하는 글

◆ 예술 분야의 글
예술을 이해하는 데 도움이 되는 지식이나 예술 장르와 관련된 여러 가지 정보와 새로운 조류를 소개하고, 예술 작품을 감상하고 비평하는 글

◆ 글 읽기의 가치
• 인문 분야의 글: 세상을 바라보는 특정한 관점을 접할 수 있고, 대상을 비판적이고 종합적으로 바라볼 수 있는 안목을 기를 수 있다.
• 예술 분야의 글: 예술적 소양을 기를 수 있고, 예술을 생활화함으로써 삶을 질적으로 고양시키는 데 많은 도움을 얻을 수 있다.

◆ 예술 조류(사조)
특정 시대를 관통하는 예술적 흐름의 경향. 시대적 배경에 따라 작품에 미치는 영향이 달라지고, 그것이 표현상의 특징으로 나타나기도 한다.

1 인문·예술 분야의 글의 개념

(1) **인문 분야의 글**: 학문적으로 인간의 다양한 사유, 경험, 사건 등을 탐구 대상으로 하여 그 정신적 가치나 의미를 밝히는 인문학과 관련된 글을 말한다.

(2) **예술 분야의 글**: 음악·미술·연극·영화·무용·건축처럼 상상력에 의해 새로운 심미적 세계를 창조하는 활동과 관련된 글을 말한다.

2 인문·예술 분야의 글의 특성과 종류

(1) 인문 분야의 글

• 가치관이나 사상에 관한 내용, 학문의 성격, 역사를 바라보는 관점 등을 즐겨 다루고 있기 때문에 특정한 관점을 강조하는 경우가 많다.

• 대상의 성격이나 대상을 바라보는 관점에 관한 글이 많고, 인간의 정신 활동을 중시하기 때문에 필자의 관점에 따라 용어의 개념이 주관적으로 구사되는 경우가 많다.

문학	인간의 사상이나 감정을 언어로 표현한 예술(시, 소설, 희곡, 수필 등)
철학	인간과 세계에 대한 근본 원리와 삶의 본질 등을 연구하는 학문
윤리학	인간 행위의 규범에 관하여 연구하는 학문
역사학	인류 사회의 변천과 흥망의 과정, 또는 그 기록 등을 연구하는 학문
언어학	인간의 언어와 관련한 여러 현상과 그 법칙성을 연구하는 학문
심리학	생물체의 의식 현상과 행동을 연구하는 학문
종교학	여러 종교 현상을 비교·연구하고, 종교의 본질을 객관적·보편적으로 연구하는 학문

(2) 예술 분야의 글

각각의 예술 장르에 대해 설명하거나 새로운 조류를 소개하고, 예술 작품을 이해하고 감상하는 데 도움을 주거나 예술 작품에 대해 비평하는 내용이 많다.

미술	공간 및 시각의 미를 표현하는 예술(회화·조각·공예·서예 등)
음악	박자, 가락, 음성 따위를 갖가지 형식으로 조화하고 결합하여, 목소리나 악기를 통하여 사상 또는 감정을 나타내는 예술
연극	배우가 각본에 따라 어떤 사건이나 인물을 말과 동작으로 관객에게 보여 주는 무대 예술
영화	일정한 의미를 갖고 움직이는 대상을 촬영하여 영사기로 영사막에 재현하는 종합 예술
무용	음악에 맞추어 동작으로 감정과 의지를 표현하는 예술
건축	건축물의 역사, 구조, 가치, 아름다움 등에 관한 내용
예술 일반	다양한 예술을 관통하는 본질이나 그것을 탐구하는 내용

3 인문·예술 분야 글 읽기의 필요성

(1) **인문 분야의 글:** 한 개인의 삶을 질적으로 고양시키는 데 중요한 역할을 하고, 다른 분야의 학문을 하는 데 바탕이 된다.

(2) **예술 분야의 글:** 예술 작품의 이해와 감상을 통해 예술적 소양을 기르게 하고, 이를 바탕으로 인간과 사회의 다양성을 이해하게 한다.

4 인문·예술 분야의 글을 읽는 방법

(1) **인문 분야의 글**
- 필자의 주관과 통찰력이 지닌 타당성이나 독창성에 주목하면서 필자의 가치관이나 관점 등을 파악하면서 읽도록 한다.
- 글을 읽으면서 사상가의 이름이나 주요 개념이 등장하면 그에 대한 배경지식을 동원하여 글의 전체적인 내용이나 중심 내용을 파악하면서 글의 의미를 다양하고 풍부한 관점에서 이해하도록 한다.
- 독자의 배경지식, 경험과 세계관 등에 따라 상대적으로 글을 다르게 읽을 수도 있다는 점을 고려하도록 한다.

(2) **예술 분야의 글**
- 예술의 개념과 사조, 또는 작가나 작품에 대한 관점의 타당성과 참신성, 해석의 정확성 등에 주목하여 읽도록 한다.
- 스스로의 힘으로 작품을 감상하고 이해한 후, 그 작품과 관련된 글을 읽으면 좀 더 능동적이고 적극적인 독서가 이루어질 수 있다.
- 작품론을 읽을 때는 작품의 창작 배경, 작품의 형식적 특징, 작품의 내용, 작품의 시대사적 또는 예술적 가치 등을 파악하며 읽도록 하고, 작가론을 읽을 때는 작가가 살던 시대적 배경, 작가의 생활 환경, 작가의 인품과 개성, 가치관 등을 판단하며 읽도록 한다.

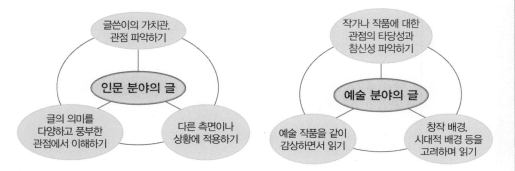

◈ **글쓴이의 관점이 중요한 이유**
글쓴이의 사유 과정을 담아내는 인문 분야의 글은 글쓴이의 관점에 따라 서술 대상의 성격과 용어의 개념이 주관적으로 구사되는 경우가 많다. 따라서 글의 정확한 이해를 위해서는 글쓴이의 관점 파악이 선행되어야 한다.

◈ **인문 분야의 글을 읽을 때의 유의점**
- 어떠한 관점을 갖고 글을 읽느냐에 따라 글이 다르게 읽히는 경우가 많다.
- 글을 읽고 난 후에 글에 제시된 관점을 다른 측면이나 상황에 적용해 보면 글의 내용을 더욱 잘 이해할 수 있다.

◈ **예술 분야의 글을 읽을 때의 유의점**
- 다양한 예술 장르에 대한 배경지식이 있어야 하고 작품 감상이나 표현 원리 등에 대한 이해가 바탕이 되어야 한다.
- 글에서 다루고 있는 예술 작품을 같이 감상해 보는 것도 중요하다.

어휘 풀이

● 탕건 벼슬아치가 갓 아래
받쳐 쓰던 관의 하나.

● 점착력 끈끈하게 착 달라
붙는 힘.

● 생경하다 익숙하지 않아
어색하다.

구절 풀이

● 앞서 설명한 ~ 이 때문이
었다. 조선 시대 사대부의 윤
리 도덕에 따르면 신체를 생
략한 그림은 그릴 수 없으므
로 〈자화상〉은 미완성작임을
추측할 수 있다.

● 지금껏 조선 ~ 미완성작임
이 확인되었다. 현재의 〈자화
상〉의 모습과 과거 사진 속의
〈자화상〉의 모습을 비교해 볼
때 〈자화상〉이 미완성작임을
확인할 수 있다.

[01~03] 다음 글을 읽고 물음에 답하시오.

여기 마흔을 넘긴 한 남자의 ⊙초상화가 있다. 이분의 눈매는 상당히 매서워 첫인상만
으로도 보는 이를 압도한다. 또 활활 타오르는 듯한 수염은 내면 깊은 곳으로부터 기를
발산하는 듯하다. 그렇게 작품을 계속 바라보노라면 점차 으스스한 느낌이 들고 결국은
어느 순간 섬찟한 공포감에 사로잡히기까지 한다.

이 그림을 찬찬히 살펴보기로 하자. 극사실로 그려진 이 작품 속의 인물은 놀랍게도 귀
가 없다. 목과 상체도 없다. 마치 두 줄기 긴 수염만이 기둥인 양 양쪽에서 머리를 떠받들
고 있는 것처럼 보인다. 어쩌면 옥에 갇혀 칼을 쓴 인물처럼 머리만 따로 허공에 들려 있
는 듯하다. 머리는 화면의 상반부로 치켜 올라갔다. 덩달아 탕건의 윗부분이 잘려져 나갔
다. 조선 시대 사대부들이 추구하는 윤리 도덕에 근거하면 귀를 떼어 내고 신체를 생략한
그림을 그린다는 것은 도저히 사대부가 할 수 있는 일이 아니다. 앞서 설명한 그림의 모
습이 작가가 의도한 결과물이 아니라 우연히 작업이 중단되었기 때문이라고 추측할 수
있는 것은 바로 이 때문이었다.

1937년에 발행된 『조선사료집진속』이라는 책에는 윤두서의 〈자화상〉 옛 사진이 들어
있다. 옛 사진 속의 윤두서의 모습은 지금 작품과는 크게 달랐다. 현재와 마찬가지로 귀
는 없었지만, 그의 몸 부분이 선명하게 그려져 있었던 것이다. 그 결과 현 상태에서 몸 없
이 얼굴만 따로 떠 있는, 거의 충격적이라 부를 만큼 지나치게 강하기만 하고 날카롭기만
했던 〈자화상〉 속 윤두서의 인상이 원래는 훨씬 어질어 보이는 얼굴에 침착하고 단아한
분위기를 띠었다는 사실을 알게 되었다.

원래 있었던 윤두서 〈자화상〉 사진 속의 상반신 윤곽선이 그 후 어떻게 해서 감쪽같이
없어졌을까? 비밀은 몸 부분이 유탄으로 그려진 데에 있었다. 유탄이란 요즘의 스케치
연필에 해당하는 것으로 버드나무 가지로 만든 가는 숯이다. 이것은 화면에 달라붙는 점
착력이 약해서 쉽게 지워진다. 그래서 수정하기에 편하므로 통상 밑그림을 잡을 때 사용
한다. 그런데 〈자화상〉의 경우, 중요 부분인 얼굴부터 먹선을 그려 정착시키고 몸체는 우
선 유탄으로만 형태를 잡는 과정에서 그 몸에 미처 먹선을 그리지 않은 상태, 즉 미완성
상태로 전해 오다가 언젠가 그 부분이 지워져 버린 것이다.

지금껏 조선 초상화의 최고 걸작이며 파격적인 구도를 가진 완성작이라고 생각되어 온
〈자화상〉은 미완성작임이 확인되었다. 그래서 귀가 없었던 것이다. 또 완벽하게 마무리
된 수염에 반하여 눈동자 선이 너무 진하고 약간 생경해 보이는 것도 그 때문이었다. 하
지만 미완성작임이 드러났다고 해서 실망할 것은 없다. 작품의 예술성도 미완성이라고는
절대 말할 수 없기 때문이다. 윤두서는 미완성작 속에서 더 이상 손댈 수 없는 완전성을
감지하고서 그 이상의 작업을 스스로 포기했던 것인지도 모른다.

01
● 9449-0072
윗글을 읽고 관련 내용을 심화해서 탐구하기 위한 질문으로 적절하지 <u>않은</u> 것은?

① 유탄으로 그렸던 상반신의 모습이 현재는 지워져 있는 이유는 무엇일까?

② 윤두서의 〈자화상〉 이외에도 미완성작이면서 예술성을 지닌 다른 작품이 있을까?

③ 사대부들이 신체를 생략한 그림을 그리는 것이 왜 당시의 윤리 도덕에 어긋난 것일까?

④ 윤두서가 미완성작인 자신의 작품에서 완전성을 감지했다면 그 구체적인 내용은 무엇일까?

⑤ 옛 사진보다 더 이전의 자료를 찾아보면 현재의 모습과 또 다른 점을 찾을 수 있지 않을까?

02
● 9449-0073
〈보기〉는 〈자화상〉의 현재 모습과 옛 사진 속의 모습이다. 두 그림을 비교하여 이해한 내용으로 적절하지 <u>않은</u> 것은?

■ 보기 ■

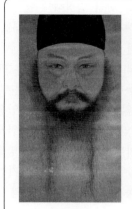

현재 모습　　　옛 사진 속의 모습

조선 선비라면 어디까지나 원만하게 중용의 미감을 지켜 나가야 그 학문인 성리학의 정신과 걸맞다. 옛 사진 속의 윤두서의 〈자화상〉은 도포를 입고 있었다. 단정하게 여민 옷깃과 정돈된 옷주름 선은 완만한 굴곡을 갖는 기품 있는 선으로 이루어졌다. 동정과 깃의 턱이 진 이중 구조는 인물을 포근하게 감싸 안듯이 얼굴을 받쳐 주고 있다. 두 모습의 가장 두드러진 차이는 안면에서 배어나는 인자함이다. 옛 사진 속의 〈자화상〉은 너무나도 따뜻해 보이는 감성적 얼굴과 총명하기 이를 데 없는 눈빛을 보이고 있는 것이다.

① 유탄으로 그린 부분이 지워졌기 때문에 그림이 주는 인상이 달라졌다고 볼 수 있겠군.

② 옷 부분을 그린 부분이 지워지지 않았다면 머리만 허공에 들려 있는 듯한 느낌을 받지 않았겠군.

③ 〈자화상〉의 현재 모습만 본다면 조선 시대 사대부들이 추구하는 사상과 어긋난 것처럼 보이겠군.

④ 옛 사진 속의 〈자화상〉에도 귀가 없는 것을 볼 때, 귀가 없는 〈자화상〉은 의도적인 결과물이겠군.

⑤ 옛 사진 속의 모습에서 확인할 수 있는 기품 있는 선은 아직 밑그림이 지워지지 않은 상태였음을 보여 주는군.

03
● 9449-0074
㉠에 대한 글쓴이의 태도로 가장 적절한 것은?

① 작품 속 인물의 인상을 보고 편안함을 느끼고 있다.

② 작품 속에 드러난 특징에 대해 의문을 가지고 이를 탐구하고 있다.

③ 작품을 위해 사용한 재료의 장단점을 분석하고 이를 비판하고 있다.

④ 작품 속 인물이 시대적 특성에 맞게 묘사되어 있다고 생각하고 있다.

⑤ 작품 속 인물의 묘사가 부족하여 예술성이 떨어진다고 생각하고 있다.

내용 연구

피노키오 이야기

인공 지능과 로봇 공학의 미래를 은유하고 있음.

↓

로봇 공학과 인간학은 뗄 수 없는 관계임.

↓

로봇에게 인간적 위상과 권리를 부여하는 문제

↓

로봇 공학 3원칙: 해석의 문제가 있음.

↓

로봇을 받아들일 준비가 필요함.

어휘 풀이

● **피조물** 조물주에 의하여 만들어진 모든 것.

● **로봇 공학** 로봇 제작을 연구하는 학문. 컴퓨터에 의한 정보 처리와 실제의 기계적 움직임을 결부시킴.

구절 풀이

● **피노키오 이야기는 ~ 연관이 있다.** 피노키오를 창조성의 관점에서 읽어 보면 로봇 공학의 미래를 담고 있다고 볼 수 있다.

● **이것은 로봇에게 ~ 문제를 야기한다.** 로봇의 진화 목표가 '인간되기'이기 때문에 인간과 비교했을 때 로봇에게 어느 정도의 권리를 인정해야 할지 정할 필요가 있다.

● **인간이라는 창조자가 ~ 희망일 것이다.** 인간이 자신의 창조물인 로봇을 완벽히 통제하는 것은 불가능하다.

[04~06] 다음 글을 읽고 물음에 답하시오.

피노키오 이야기는 도덕적 교훈을 담고 있는 동화로 알려져 있지만 창조성의 관점에서 읽어 보면 창조자와 피조물의 관계, 인간이라는 창조자의 한계, 피조물이 발휘하는 능력의 역설 등을 포착할 수 있다. 더 구체적으로는 인공 지능과 로봇 공학의 미래를 은유하고 있다고도 볼 수 있다. 그러므로 피노키오 이야기는 21세기의 매우 중요한 철학적 과제와 깊은 연관이 있다.

MIT 인공 지능 연구소 소장 로드니 브룩스는 로봇 공학의 가장 본질적 특징으로 로봇이 빠르게 인간을 닮아 간다는 점을 강조한다. 다시 말해, 로봇의 진화가 목표로 삼는 것이 '인간되기'라는 것이다. 이는 로봇 공학과 뗄 수 없는 것이 곧 인간학이라는 것을 뜻한다. 그리고 이것은 로봇에게 인간적 위상과 권리를 어느 만큼 인정해야 할 것인가 하는 문제를 야기한다. 이 모든 것은 철학적 과제에서 시작해서 법적·사회적 과제로 번질 것이다. 인공 생명의 철학은 이 문제를 풀지 않고 21세기를 넘어갈 수 없다.

피노키오 이야기는 매우 행복한 결말에 이르지만 우리의 미래 현실에서도 그럴까? 미래 세대와 동등한 권리로 살아갈지도 모를 인공 생명들이 모두 '착한 로봇'일까? 아이작 애시모브의 ⊙'로봇 공학 3원칙'은 로봇을 이기적이지 않게 만들 수 있다는 입장을 전제하고 있다. "제1 원칙, 로봇은 인간에게 해를 끼쳐서는 안 되며 인간이 해를 입게 방관해서도 안 된다. 제2 원칙, 제1 원칙에 위배되는 경우가 아니면 반드시 인간의 명령에 복종해야 한다. 제3 원칙, 앞의 두 원칙에 위배되지 않는 범위에서 로봇은 자기 자신을 보호해야 한다." 이는 우선적으로 인간을 보호하고 로봇을 통제하기 위해서 로봇의 근본적 존재 조건을 설정하고 있다.

이 원칙들은 서로 철저하게 연계된 내재적 논리 구조를 갖고 있어서 그럴듯하게 보이지만, 해석의 문제를 안고 있어서 인간에게 위험할 수도 있다. 문제는 제1 원칙에서부터 존재한다. '해를 끼친다'는 것을 어떻게 해석할 것인가? 어떤 행동이 겉보기에 해로울지라도 궁극적으로는 인간에게 이로운 것이라면, 로봇은 어떻게 판단하고 행동할까? 이처럼 인간과 로봇 사이에서 제기될 수 있는 문제는 항상 근원적인 차원을 건드린다. 모든 창조 행위에는 조물주 통제를 벗어나는 묘한 자유의 영역이 있다. 이는 종교에서도 확인할 수 있다. 그렇다면 인간이라는 창조자가 자신의 피조물을 완벽히 통제할 수 있다는 것은 공허한 희망일 것이다.

그렇다면 미래에는 인공 생명과의 관계를 통제가 아니라 자율과 평등의 원칙으로 해결해 나가야 하지 않을까? '로봇에게 인권을!' 같은 구호가 일상의 현실이 될 시대가 머지않아 올지 모른다. 이제 우리는 로봇들이 우리에게 제대로 봉사할 준비가 되어 있는지 묻는 것 이상으로, 우리가 로봇들을 받아들일 준비가 되어 있는지 물어야 할 수도 있다.

04 ◎ 9449-0075
윗글에 대한 설명으로 적절하지 않은 것은?

① 널리 알려진 이야기를 글의 주제와 관련하여 재해석하고 있다.
② 전문가의 견해를 활용하여 대상을 바라보는 관점을 제시하고 있다.
③ 미래의 상황을 예측하며 이에 대한 대비가 필요함을 이야기하고 있다.
④ 유사한 사례를 바탕으로 문제 상황에 대한 글쓴이의 견해를 제시하고 있다.
⑤ 현 상황에 대한 문제를 제기하고 상반된 두 관점을 절충하여 해결책을 제시하고 있다.

05 ◎ 9449-0076
윗글의 내용을 바탕으로 〈보기〉를 이해한 것으로 적절하지 않은 것은?

■ 보기 ■

　영화 「A.I.」는 감정을 가진 로봇을 다루고 있다. 영화에 등장하는 로봇 데이비드는 외형적으로 인간과 똑같은 모습을 하고 있고, 인간의 감정을 그대로 느낀다. 데이비드는 불치병에 걸린 아들을 간병하느라 상심해 있는 한 부부에게 입양된다. 아내는 남편이 자신을 위로하기 위해 데려온 로봇 데이비드를 처음에는 거부하지만 지속적으로 감정을 표현하는 데이비드에게 마음을 열게 된다. 그러던 중, 불치병에 걸렸던 아들 마틴이 기적적으로 회복하고 마틴과 데이비드는 집에서 함께 살게 된다. 마틴은 데이비드를 장난감처럼 대하며 데이비드가 심한 장난을 하도록 해서 다른 가족들에게 피해를 주도록 한다. 데이비드는 자신을 괴롭히는 아이들을 피하기 위해 마틴에게 매달리다가 실수로 그를 익사시킬 뻔하기도 한다. 마틴이 돌아온 이후 데이비드에 대한 마음이 점차 멀어지던 부부는 결국 데이비드를 버리기로 결심한다. 데이비드는 엄마에 대한 사랑이 각인되어 있어서 계속 엄마에게 매달리지만 엄마는 안타까움을 느끼면서도 숲속에 데이비드를 두고 간다. 데이비드는 자신이 버려진 이유가 사람이 아니기 때문이라고 생각해서 진짜 사람이 되기 위해 길을 떠난다.

① 데이비드는 로봇의 진화의 목표인 '인간되기'에 매우 근접한 사례라고 볼 수 있군.
② 부부와 아들 마틴은 로봇을 받아들일 준비가 제대로 되어 있지 않았다고 볼 수 있군.
③ 데이비드가 만들어진 이유는 인간에게 실제적인 도움을 주기 위해서라고 볼 수 있군.
④ 마틴이 데이비드를 장난감처럼 대한 것은 로봇이 해를 끼칠 수도 있다는 두려움 때문이군.
⑤ 데이비드가 마틴을 익사시킬 뻔했던 일은 결과적으로 로봇 공학 제1 원칙에 어긋난 일이라고 볼 수 있군.

06 ◎ 9449-0077
㉠에 대한 글쓴이의 견해로 가장 적절한 것은?

① 로봇이 인간에게 해를 끼치지 않도록 완벽히 통제하는 것은 가능하다.
② 인간학에 따라 로봇의 인간적 위상과 권리를 인간 수준으로 만든 것이다.
③ 로봇과 인간의 관계를 자율과 평등의 원칙으로 해결하려는 방안 중 하나이다.
④ 로봇에 대한 법적인 규제이지만 이를 활용해서 사회적 문제를 예방하기는 어렵다.
⑤ 해석에 따라 인간에게 취하는 로봇의 행동에 대한 유해성을 판단하기 어렵다는 문제가 있다.

2 사회·문화 분야의 글 읽기

◆ 사회·문화 분야의 글
사회 현상이나 사회적 행동, 문화적 특징 등을 다룬다는 점에서 인간의 사상이나 존재의 본질, 심미적 가치에 대해 다루는 인문·예술 분야의 글과 구별되고, 인간 사회를 다룬다는 점에서 자연 현상이나 원리, 이를 응용한 기술 등을 다루는 과학·기술 분야의 글과 구별된다.

◆ 사회 문제
사회 제도의 결함이나 모순으로 발생하는 모든 문제. 실업 문제, 교통 문제, 주택 문제, 공해 문제, 청소년 문제 따위가 있다.

◆ 문화 인류학
문화의 측면에서 인류 공통의 법칙성을 파악하려는 학문. 인류학의 한 분야이다. 생활 방식이나 사회의 관습 및 제도, 그 밖에 언어, 학문, 예술, 종교 따위와 같은 문화의 전통과 발달 과정을 비교 연구하여 인류의 본질과 역사를 종합적으로 밝히는 것을 목표로 한다.

1 사회·문화 분야의 글의 개념

인간 사회에서 일어나는 여러 현상이나 다양한 문화에 대한 글로, 인간의 사회적 행위나 문화적 현상에 대한 분석이나 주장을 담고 있다.

2 사회·문화 분야의 글의 특성과 종류

(1) 사회·문화 분야의 글의 특성

- 사회적 존재로서 인간의 삶을 정치, 경제, 문화 등의 관점에서 설명하고자 하며, 그를 통해 사회에서 일어날 수 있는 다양한 현상을 이해·분석하고, 사회의 여러 문제에 대한 해결 방안을 찾아보고자 한다.
- 사회·문화 현상을 바라보는 다양한 관점이 존재하므로 사회·문화 현상의 성격과 원인을 어떻게 바라보고 해석하느냐에 따라 글의 입장이 대립되기도 한다.
- 국가 체제와 이념, 도시의 발달과 인구 증가, 부의 분배와 경제적 불평등, 계급적 갈등과 차별의 심화, 인간 소외, 환경 오염으로 인한 생태계 파괴 등 인간 사회의 복잡한 여러 현상의 원인과 영향 관계 등을 과학적·체계적으로 다룬다.

(2) 사회·문화 분야의 글의 종류

정치학	정치 현상을 연구 대상으로 하는 학문
경제학	경제 현상을 분석하고 연구하는 학문
사회학	사회의 근본 원리를 탐구하고 여러 가지 사회 현상의 통일적인 관계를 밝히는 학문
인류학	인류와 그 문화의 기원, 특질 따위를 연구하는 학문
지리학	지표상에서 일어나는 자연 및 인문 현상을 지역적 관점에서 연구하는 학문
여성학	기성의 학문을 여성의 입장에서 재평가하고 그 성적(性的) 편견을 지양하려는 학문
언론학	매체를 통한 보도나, 현안에 대한 여론 형성 등에 대한 내용을 다루는 학문
법률학	법질서와 법 현상 따위를 연구하는 학문
문화학	사회 구성원에 의하여 습득, 공유, 전달되는 행동 양식이나 생활 양식의 과정 및 그 과정에서 이룩하여 낸 물질적·정신적 총체를 연구하는 학문
국제 관계학	국가와 국가 간에 발생하는 다양한 국제 문제를 분석하고 연구하는 학문
교육학	교육의 본질, 목적, 내용, 방법, 제도, 행정 따위에 관한 이론을 연구하는 학문

3 사회·문화 분야 글 읽기의 필요성

(1) 사회적 인식의 폭 확대

- 사회·문화 분야의 글은 사회의 여러 현상이나 다양한 문화에 대해 다루고 있으므로 이와 관련된 글을 읽음으로써 현대 사회를 살아가는 우리는 인간의 삶을 더 넓은 시각에서 바라볼 수 있다.
- 사회적 존재로서 인간의 바람직한 삶의 방식을 진지하게 모색하는 기회를 가질 수 있게 된다.

(2) 편견 없는 시각 제공

다양한 사회 현상들을 정확하게 통찰하고 타 문화를 편견 없이 바라볼 수 있게 해 준다.

4 사회·문화 분야의 글을 읽는 방법

(1) 비판적으로 읽기

글이 논리적이고 타당한지 비판적으로 따지면서 읽을 수 있어야 한다.

(2) 주제 통합적으로 읽기

어떤 주제든 권위 있는 책이라고 할 만한 것이 단 한 권만 있는 것은 아니기 때문에 동일한 사회·문화 현상에 대해 다른 글에서는 어떻게 접근하는지 파악하면서 주제 통합적으로 읽도록 한다.

(3) 사회·문화 현실에 적용하며 읽기

글에서 규명한 사회 현상의 법칙을 현실에 적용해 보고, 사회·문화 분야에 관련되는 배경지식을 적절하게 활성화하여 개념이나 현상을 이해하는 것이 효과적이다.

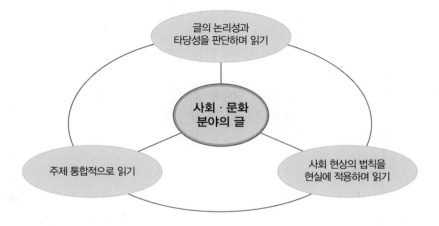

내용 연구

우산

18세기 중반 선교사들을 통해 우리나라에 들어옴.

↓

우산을 기피하는 풍습

농경 사회 문화와 관련이 있음.

↓

우산의 정착 및 새로운 금기 사항 등장

어휘 풀이 ·········

● **우여곡절** 뒤얽혀 복잡하여진 사정.

● **금기** 마음에 꺼려서 하지 않거나 피함.

● **봉건적** 봉건 제도(천자가 여러 제후에게 토지를 나누어 주고, 제후는 각자의 영유 지역에 대하여 전권을 가지는 국가 조직) 특유의 성격을 가지고 있는. 또한 그런 것.

구절 풀이 ·········

● **외국인 선교사들도 ~ 있는 대목이다.** 선교사들이 우산을 쓰고 다니는 것은 하늘의 뜻을 중시하는 우리나라 사람들의 풍습을 따르지 않는 것으로 여겨져 선교에 지장을 받을 수 있었다.

● **의미와 용도에 ~ 지니게 된다.** 우산은 서구에서 들어왔지만 그 의미와 용도는 우리나라의 실정과 풍습에 맞게 새롭게 만들어졌다.

[01~03] 다음 글을 읽고 물음에 답하시오.

현재 우리가 쓰는 우산은 근대 서구에서 비롯되었다. 우리나라에 우산이 들어온 시기는 18세기 중반으로 선교사들을 통해서였다. 당시 우산은 박쥐 모양에 비닐이나 기름종이 또는 방수 처리한 헝겊을 나무나 쇠로 만든 우산살에 덮어 씌워 만들었다. 그러나 우산이 도입된 후에도 민가에서는 비를 가리는 행위를 금하는 풍습이 여전했기 때문에 일반인들이 비를 가리는 용도로 우산을 사용하기까지는 적지 않은 우여곡절이 있었다.

민가에는 의도적으로 비를 가리는 행동을 금하는 풍습이 있었는데 이는 농경 사회 문화와 밀접한 관련이 있다. 근대 이전의 농경 사회에서 기후는 농사에 결정적 영향을 미쳤다. 과학 기술이 발달하지 못한 당시 사회에서 농민들은 하늘에 의존하여 살 수밖에 없었기 때문에 하늘의 뜻에 순종하고 거스르지 않으려고 늘 조심했다. 당시 사람들은 비가 내릴 때 도구를 써서 의도적으로 비를 가리는 행위는 하늘의 뜻을 거역하는 부도덕한 행위로 반드시 재앙이 따른다고 믿었다.

기록에 따르면 우산이 도입된 초기에는 우리나라 사람들은 물론 외국인들도 우산 사용을 꺼려 했다. 당시 〈독립신문〉에 오랜 가뭄 끝에 비가 내렸을 때 외국인이 우산을 쓰고 거리에 나갔다가 집단 폭행을 당했다는 기사가 실려 있다. 외국인 선교사들도 선교 활동에 지장을 받을까 봐 우산 쓰고 다니는 것을 자제했다고 하니 우산에 대한 사회적 거부 반응이 어느 정도였는지 짐작할 수 있는 대목이다. 하지만 시간이 흐르면서 우산의 사용은 점차 확산된다.

우산이 사회에 정착되면서 또 다른 금기 사항이 등장하기도 했다. 예를 들면 민가에서는 방 안에서 우산을 펴는 행위를 금했다. 방 안에서 우산을 펴면 죄를 지어 감옥에 간다는 속설 때문이었다. 방에서 우산을 펴는 것은 스스로 빛을 가리는 행위로, 햇빛을 보기 힘든 감옥에 들어가는 것과 같았다. 우산을 거꾸로 들면 벼락을 맞는다는 속설도 있었는데, 거꾸로 든 우산은 하늘에 대한 거역으로, 하늘을 노하게 해 벼락을 맞는다고 생각했다. 한편 서구에서는 우산이 권력이나 힘 있는 남성의 상징이었는데, 이러한 정서가 우산이 우리나라에 들어오면서 남녀 차별이라는 봉건적 정서와 결합하여 사회 활동을 하는 남성들의 상징물이 되기도 했다.

이와 같이 우산은 근대 서구에서 들어왔지만, 의미와 용도에 대한 해석은 근대성과 전근대성을 모두 지니게 된다. 그리고 우산이 단순히 비를 막는 본연의 용도를 찾기까지 때때로 사회적 논란을 일으키며 다양한 일화를 만들어 냈다. ㉠서양에서 들어온 우산이 우리 사회에 정착하는 과정은 우리 고유의 풍속과 서양 문물이 혼합되어 대중문화로 자리 잡는 과정을 잘 보여 주는 사례이다.

01 ○ 9449-0078

윗글에서 답을 확인할 수 있는 질문으로 적절하지 <u>않은</u> 것은?

① 우리나라에 우산이 들어온 시기는 언제일까?
② 우산에 대한 금기가 해제된 이유는 무엇일까?
③ 우리나라에 들어온 우산의 초기 형태는 어떠했을까?
④ 우산이 우리 사회에 정착하는 과정에 담긴 사회적 의미는 무엇일까?
⑤ 우산 도입 초기에 외국인 선교사들이 우산 사용을 자제한 이유는 무엇일까?

02 ○ 9449-0079

윗글과 〈보기〉를 비교하여 읽을 때 추론할 수 있는 내용으로 가장 적절한 것은?

■ 보기 ■

우리나라에서 일반인들이 우산을 쓰기 시작한 역사는 그리 오래되지 않았다. 역사 자료를 살펴보면 우산과 비슷한 것이 발견되지만 이는 햇볕을 가리는 것이 주목적인 일산(日傘)으로 보는 것이 타당하다. 당시 일산은 왕의 권위와 위엄의 상징이었다. 왕을 비롯한 소수의 상류층은 주로 볕을 가리거나 비를 피하기 위해 이를 사용하였다.

민가에서는 몇 가지 도구를 이용하여 최소한으로 비를 피했다. 조선 후기까지 일반인들은 짚으로 만든 도롱이를 어깨에 걸치기도 했고, 삿갓을 쓰거나 갈모를 만들어 갓 위에 쓰기도 했다. 이러한 도구는 모양과 크기에 따라서 비를 가리는 정도에 차이가 있었다.

● **갈모** 기름 먹인 종이로 만든 삿갓 모양의 원추형 주름 모자.

① 서양식 우산이 정착된 이후에는 도롱이나 삿갓에 대한 금기가 새롭게 생겼겠군.
② 서양식 우산이 들어오기 전에는 왕이나 상류층만 비를 피하려는 시도를 했었겠군.
③ 도롱이나 삿갓을 사용해서 비를 가리는 것도 서양식 우산이 도입된 이후에 허용되었겠군.
④ 비를 가리는 행동을 금하는 풍습이 있었지만 예외 없이 모든 경우에 적용되었던 것은 아니군.
⑤ 비를 피하기 위해 민가에서 만든 도구와 18세기 중반 서구에서 들어온 우산의 형태는 매우 비슷했겠군.

03 ○ 9449-0080

㉠을 바탕으로 〈보기〉의 상황을 분석하여 우산이 우리 사회에 미친 영향을 서술하시오.

■ 보기 ■

개화기에 들어서면서 여성도 신학문을 배울 수 있는 여학교가 설립되었다. 다만 얼굴을 드러내 놓고 외출하는 것을 꺼리는 사회 분위기 때문에 학생들은 쓰개치마를 쓰고 등하교를 했다. 그런데 여학교에서 쓰개치마를 교칙으로 금하였고, 대안으로 검정 우산을 나누어 주었다. 이후 우산은 여학생들은 물론 일반 여인들 사이에서도 널리 유행했으며, 얼굴을 가리는 용도와 더불어 햇빛을 가리는 양산으로까지 확대되어 멋을 내는 도구가 되었다. 외출을 꺼리던 여인들이 집을 나와 거리를 자유롭게 활보할 수 있도록 도움을 준 셈이다.

내용 연구

경제 논리

효율성을 중시한 논리

↓

정치·경제와 관련된 문제의
대책 및 해결 방안

↑

정치 논리

공평성을 중시한 논리

어휘 풀이

● **효율성** 들인 노력과 얻은 결과의 비율이 높은 특성.

● **부실기업** 경영이 부실하고 자금 사정이 좋지 아니한 기업.

구절 풀이

● **어떤 논리가 ~ 합의는 없다.** 효율성과 공평성은 각각 장단점이 있으므로 상황을 잘 판단하여 해결 방안을 마련해야 한다.

● **현실적으로 정치 ~ 경우가 허다하다.** 시장 경제 체제에서는 경제 논리가 앞서는 것이 당연하지만 실제로는 권력이 뒷받침된 정치 논리가 앞서는 경우가 많다.

● **언젠가는 모든 ~ 안게 된다.** 정치 논리가 경제 논리에 앞서게 되면 비효율이 쌓여서 나중에 더 심각한 위기가 생길 수 있다.

[04~06] 다음 글을 읽고 물음에 답하시오.

한 사회의 정치·경제와 관련된 문제는 입장에 따라 보는 시각이 서로 다른 경우가 많다. 이 시각의 차이는 대책과 해결 방안에 그대로 반영되어 사회 정책을 둘러싼 논란이 치열하게 전개되기도 한다. 각 주장의 논리적 근거는 대부분 효율성과 공평성으로 수렴되는데, 효율성을 중시하면 ㉠경제 논리가 동원되고, 공평성을 중시하면 ㉡정치 논리가 동원된다. 그리고 두 기준 중 어느 것을 더 중시하느냐에 따라 문제 인식과 해법이 크게 달라진다.

경제 논리는 효율성, 즉 '최소의 비용으로 최대의 효과'를 얻고자 하는 경제 원칙에 입각한 자원 배분의 논리이다. 반면에 정치 논리는 '누구에게 얼마를'이라는 식의 자원 배분의 논리로서 주로 분배 측면을 중시한다. 가령 기업 부실의 원인이 부실 경영에 있을 경우에 이에 대한 대응 방안으로 경영의 정상화나 부실기업의 퇴출을 고민한다면 이는 경제 논리에 입각한 해결 방안이라고 할 수 있다. 그러나 그 부실기업이 도산할 경우 고용과 지역 경제에 미치는 영향 등을 감안하여 보조와 지원을 통하여 부실기업을 존속하도록 한다면 이는 정치 논리에 입각한 해결 방안이라고 할 수 있다.

어떤 논리가 더 중요한가 혹은 어떤 논리에 입각한 자원 배분이 더 바람직한가에 대한 사회적 합의는 없다. 효율성에 입각한 자원 배분을 하면 약자에 대한 배려를 할 수 없다는 한계가 있다. 사회적 약자에게 경제 논리를 적용한다면 적자생존의 법칙이 지배하는 시장에서 살아남을 수 없기 때문이다. 그러나 공평성 기준에 입각한 자원 배분은 정치적 배려를 통해 사회적 약자에게도 최소한의 인간다운 생활을 할 수 있는 지원을 한다. 그러므로 정치 논리와 경제 논리는 사안에 따라 적절히 활용되어야 한다.

자원 배분을 시장 기능에 맡기는 것이 가장 효율적이라고 믿는 것이 시장 경제 체제이므로 이를 채택한 사회에서는 경제 논리가 정치 논리에 앞서는 것이 당연하다. 그러나 현실적으로 정치 논리는 권력이 뒷받침된 것으로서 경제 논리에 앞서는 경우가 허다하다. 예컨대 선거를 앞두고, 혹은 정치권의 압력에 의하여 자원이 배분되는 경우가 비일비재하다. 이처럼 경제가 정치에 떠밀려 다니면 정책의 신뢰성이 없어지고 경쟁력이 손상된다. 더구나 이러한 관행이 만연될 경우 심각한 사회적 비효율도 함께 누적되며, 언젠가는 모든 사회 구성원이 그 대가를 치러야 하는 시한폭탄을 안게 된다.

04 ● 9449-0081

윗글의 중심 내용으로 가장 적절한 것은?

① 사회 정책을 만들어 가는 과정
② 적자생존의 법칙이 지배하는 시장
③ 경제 논리와 정치 논리의 적절한 활용
④ 정치 논리에 입각한 효율적 사회 정책
⑤ 경제 논리로 정치 논리를 극복하는 방안

05 ● 9449-0082

윗글을 바탕으로 〈보기〉의 (가)와 (나)를 이해한 내용으로 적절하지 않은 것은?

▬ 보기 ▬

(가) 미국 금리가 인상되면서 한국과의 금리 격차가 점점 벌어지고 있다. 국내에 유입된 자본이 빠져나가는 것을 막기 위해서는 금리를 올려야 하지만 이는 서민들의 대출 금리 인상으로 이어져 사회적 혼란을 일으킬 수도 있다. 한국은행은 금리를 인상하려고 했지만, 사회적 안정을 추구한다는 정부의 방침에 따라 금리 인상을 유보하였다.

(나) 정부는 수출입 증진을 위해서 여러 국가와 FTA(자유 무역 협정)를 시도하고 있다. FTA를 통해 관세가 면제되면 우리나라 제품의 수출 실적이 높아질 수 있고, 외국의 다양한 물품을 저렴한 가격에 구입할 수 있다. 한편 이 소식을 들은 농민들은 FTA로 인해 국내 농업이 말살된다고 주장하며 농산물을 FTA 항목에서 제외할 것을 요구하고 있다.

① (가)에서 정부의 압력에 따라 금리가 오르고 내리는 것이 반복된다면 사회적 비효율이 점점 누적되겠군.
② (가)에서 한국은행이 금리 인상을 유보한 것은 시장 경제 체제에 따라 경제 논리를 적용한 것이라고 볼 수 있군.
③ (가)에서 대출 금리 인상으로 서민들의 삶에 혼란이 생긴다면 정부는 공평성에 입각하여 금리 조정을 유도할 수도 있겠군.
④ (나)에서 정부가 FTA를 추진하는 것은 경제적 효율성에 입각한 자원 배분 시도라고 볼 수 있군.
⑤ (나)에서 농업이 주요 산업인 지역의 국회 의원이나 지방 자치 단체장은 선거를 앞둔 시점에서는 정치 논리를 추구하겠군.

06 ● 9449-0083

㉠과 ㉡에 대해 이해한 내용으로 적절하지 않은 것은?

① ㉠은 최소의 비용으로 최대의 효과를 얻으려는 원칙에 입각한 논리이다.
② ㉡은 사회적 문제가 발생할 때 이를 해결하기 위해 분배 측면을 중시한다.
③ ㉠은 ㉡과 달리 부실기업이 생겼을 경우 고용이나 지역 경제에 미치는 영향에 중점을 둔다.
④ ㉡은 ㉠과 달리 공평성 기준에 입각하여 사회적 약자도 인간다운 생활을 할 수 있도록 한다.
⑤ ㉠과 ㉡은 모두 사회적 문제를 해결하기 위한 논리적 근거이다.

3 과학·기술 분야의 글 읽기

◆ 과학·기술 분야의 글의 중요성
• 과학·기술은 인류가 현대 문명을 이룩하는 데 지대한 역할을 하였다.
• 과학·기술로 인한 다양한 문제가 발생하여 해결책이 요구된다.
• 4차 산업 혁명 시대에는 과학·기술이 필수적인 소양이면서 인류의 생존을 위한 경계의 대상이기도 한다.

◆ 과학적 원리나 이론
• 과학 분야의 글에서는 과학적 원리나 이론을 설명하는 글이 많다. 원리나 이론을 이해한 후 이를 구체적 상황에 적용해 볼 수 있어야 한다.
• 이론의 출현 배경이나 원리의 도출 과정, 원리나 이론에 대한 구체적인 설명 등에 대해서 분석적으로 이해하는 연습이 필요하다.

◆ 과학·기술 분야 글이 다루는 내용
기술 분야는 우리 생활에서 찾아볼 수 있는 모든 기술을 망라하므로, 여기에는 실생활과 밀접한 기술부터 최첨단 기술까지 두루 포함된다.

1 과학·기술 분야의 글의 개념

(1) **과학 분야의 글:** 자연 현상이나 물리적 현상의 원리를 객관적·논리적으로 탐구하여 그 현상의 원인이나 변화의 원리를 보편적 인과 법칙에 의해 서술하는 글을 말한다.

(2) **기술 분야의 글:** 과학의 연구 성과를 실생활에 응용하여 인간에게 유용한 삶의 수단을 제공해 주는 특정 기술의 원리나 특성에 대해 설명하는 글을 말한다.

2 과학·기술 분야의 글의 특성과 종류

(1) **과학 분야의 글**
   • 과학 분야의 글은 자연 현상이나 물리적 세계를 대상으로 하기 때문에 객관적인 진리 추구를 목적으로 삼는다.
   • 과학 분야의 글은 대부분 설명적인 글로서 그 구성이 체계적이고 내용은 분석적인 경우가 많다.
   • 과학 분야의 글에서는 객관적인 자료에 근거하여 과학적 사실이나 과학적 법칙을 설명적으로 제시하는 경우가 많고, 도덕적·주관적 가치 판단은 최소화된다.

(2) **기술 분야의 글**
   • 기술 분야의 글은 과학적 이론을 응용한 원리나 방법을 설명하는 것이 중심을 이루므로, 기본적으로 과학 분야의 글과 성격이 유사하다.
   • 기술 분야의 글은 다양한 기술의 작동 원리를 설명하므로 과정이나 절차 중심의 성격이 좀 더 강하게 드러난다.

(3) **과학·기술 분야의 글의 종류**

수학	수량 및 공간의 성질에 관하여 연구하는 학문
물리학	물질의 물리적 성질과 그것이 나타내는 모든 현상, 그리고 그들 사이의 관계나 법칙을 연구하는 학문
화학	물질의 조성과 구조, 성질 및 변화, 제법, 응용 따위를 연구하는 학문
생물학	생물의 구조와 기능을 과학적으로 연구하는 학문
천문학	우주의 구조, 천체의 생성과 진화, 천체의 역학적 운동, 거리·광도·표면 온도·질량·나이 등 천체의 기본 물리량 따위를 전문적으로 연구하는 학문
지구 과학	지구와 그 주위의 천체를 연구하는 학문
컴퓨터 공학	컴퓨터 시스템과 컴퓨터와 관련된 여러 기술을 개발하여 익히고 이를 각 분야에 응용함을 목적으로 하는 학문
유전 공학	유전자의 합성, 변형 따위를 연구하는 학문

3 과학·기술 분야 글 읽기의 필요성

(1) 과학·기술이 인간의 삶에 끼친 영향 이해

과학과 기술의 발전은 인간이 더 편리한 삶을 영위할 수 있게 하고 더 나은 미래의 삶을 꿈꿀 수도 있게 하는 등 인류에게 긍정적인 영향을 미쳤지만, 그로 인해 인간 소외나 환경 파괴를 일으키는 등의 부정적인 측면의 문제도 야기했다.

(2) 과학·기술이 나아가야 할 방향에 대한 통찰적 시각 제공

과학·기술 분야의 글 읽기는 과학과 기술이 지닌 양면성에 대한 지식과 이해를 제공해 줄 뿐만 아니라, 과학과 기술에 관한 깊이 있는 성찰을 바탕으로 앞으로 나아가야 할 방향에 대한 통찰을 키워 준다.

4 과학·기술 분야의 글을 읽는 방법

(1) 보조 자료의 활용: 과학·기술 분야의 글을 읽을 때에는 과학적 개념과 원리를 정확하게 파악하고, 그림이나 사진 등의 보조 자료를 글의 내용과 관련지어 이해할 수 있어야 한다.

(2) 비판적으로 읽기: 과학·기술 분야의 글은 실험 과정이나 결과, 그리고 과학적 추론을 포함하고 있기 때문에 이런 글을 잘 읽으려면 현상 간의 인과 관계를 논리적으로 이해하는 능력, 추론의 타당성을 비판적으로 검증하는 능력 등을 갖추도록 해야 한다.

(3) 과학적 타당성 고려하기: 설명하는 대상이나 논제가 무엇인지 파악하고, 대상에 대한 설명 방법이나 주장의 근거가 과학적으로 타당한지 고려하며 읽도록 한다.

(4) 글의 효용성 고려하기: 글을 읽고 난 후에는 우리 삶에 실질적인 효용성을 지니는지 등의 글의 가치를 평가하고, 이를 바탕으로 글의 내용을 수용할지의 여부를 판단하며 읽도록 한다.

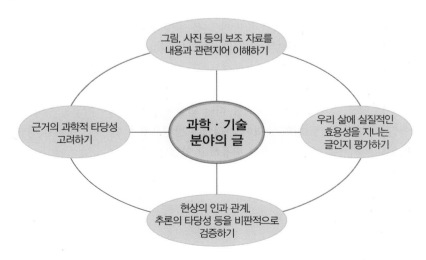

◆ 과학·기술 분야 글을 읽을 때의 유의점
• 과학 분야의 글이 객관성만을 중요시하는 것은 아니다. 자연 현상을 설명하는 데에도 관점의 차이가 드러나고, 이를 인간 사회에 적용하는 과정에서도 필자의 관점의 차이가 개입되기 때문에 필자의 주관이 강하게 드러나는 경우도 있다.
• 과학과 기술은 현대인의 필수적인 기본 소양으로 요구되면서도 인류를 생존의 위험에 빠뜨리게 할지 모른다는 점에서 경계의 대상이 되기도 한다.
• 글의 중심 내용을 파악하면서 글에 제시된 과학적 원리를 우리 생활에 적용하며 읽도록 한다.

◆ 용어나 개념 파악의 중요성
과학 분야의 글을 읽을 때에는 무엇보다 용어나 개념을 정확하게 파악하는 것이 중요하다. 용어나 개념을 제대로 이해하지 못하면 과학적 원리나 이론을 파악할 수 없고, 이를 일상생활에 적용하는 것도 어려워지기 때문이다.

내용 연구

양궁

단순해 보이지만 섬세하고 복잡한 기술을 필요로 하는 종목임.

↓

포물선 운동

↑영향

발사 속도, 발사 각도

↓

오조준

공기의 저항과 바람의 영향을 극복하기 위한 방법. 물리적 원리인 합력을 이용함.

어휘 풀이

● **포물선** 물체가 반원 모양을 그리며 날아가는 선.
● **저항** 물체의 운동 방향과 반대 방향으로 작용하는 힘.

구절 풀이

● 양궁 선수는 ~ 힘을 조절한다. 날아가는 화살이 받는 중력을 고려하여 화살의 발사 속도를 조절한다.

● 선수들은 바람에 ~ 연습을 한다. 기술적인 방법으로 바람의 영향을 해결하기 어렵기 때문에 오조준을 활용하여 이를 극복하려고 한다.

[01~03] 다음 글을 읽고 물음에 답하시오.

양궁은 일정한 거리에 있는 과녁을 향해 화살을 쏘아 맞춘 결과로 승패를 나누는 운동이다. 양궁은 매우 단순한 운동인 것처럼 보이지만 매우 섬세하고 복잡한 기술을 필요로 하는 종목이다. 양궁 선수들이 화살을 쏠 때의 모습을 자세히 보면 화살의 끝이 약간 위로 향해 있는 것을 확인할 수 있다. 이것은 활시위를 떠난 화살이 포물선˚ 운동을 하는 것을 염두에 둔 행동이다.

포물선 운동에 영향을 끼치는 것에는 첫째로 초기 발사 속도가 있다. 초기 발사 속도란 양궁 선수가 활시위를 얼마나 세게 당기는가에 따라 달라지는데, 큰 힘을 쓸수록 화살의 발사 속도가 빨라진다. 화살의 속도가 빠를수록 과녁에 빨리 도착하는데, 이때 화살은 속도가 느린 화살보다는 중력의 영향을 적게 받으므로 밑으로 낙하할 수 있는 시간이 줄어든다. ˚양궁 선수는 이를 고려하여 힘을 조절한다.

두 번째로는 발사 각도가 있다. 양궁 선수들은 오랜 훈련으로 다져진 감각에 의해 적당한 힘으로 초기 발사 속도를 정하고 과녁이 떨어진 거리를 감안하여 발사 각도를 정해서 화살을 쏘아야 정확하게 과녁을 맞출 수 있다. 양궁은 거리에 따라 종목이 달라지기 때문에 각 종목마다 정확하게 계산된 초기 발사 속도와 발사 각도를 정해 화살을 쏘아야 한다.

양궁은 실외에서 하는 경기이므로 공기의 저항과 바람의 영향을 크게 받는다. 공기의 저항은 화살의 뒷부분에 화살 깃을 달아 흔들림을 방지함으로써 해결할 수 있다. 화살 깃은 화살이 날아갈 때 흔들림을 방지하는 역할을 하는 동시에 화살을 회전시키면서 비행의 안정성을 높인다. 기술적인 방법으로 공기의 저항은 어느 정도 해결이 가능하지만 선수들에게 가장 큰 부담을 주는 것은 경기장에서 변화무쌍하게 부는 바람이다. 바람의 세기나 방향이 화살이 날아가는 속도나 방향에 영향을 미치기 때문이다. 그래서 ˚선수들은 바람에 대비하여 '오조준' 연습을 한다. 오조준이란 바람의 방향과 세기에 따라 과녁에서 원래 목표 지점이 아닌 곳을 임시로 정해 그곳에 화살을 쏘는 것이다.

양궁 선수들의 오조준은 화살과 바람의 힘을 합성하는 물리적인 원리에 따른 것이다. 힘은 더하거나 뺄 수 있는데 이를 힘의 합성이라고 하고 이때 더해진 힘을 합력이라고 한다. 합력은 힘이 작용하는 방향에 따라 작용하는 방향이 같은 두 힘의 합력, 작용하는 방향이 서로 반대인 두 힘의 합력, 방향이 나란하지 않은 두 힘의 합력으로 나눌 수 있다. 바람이 부는 양궁 경기장에서는 시위를 떠난 화살이 앞으로 나아가려는 힘과 바람의 힘이 합쳐질 때, 화살은 두 힘의 합력이 가리키는 방향으로 날아간다. 이처럼 양궁 선수들은 물리학적 지식들을 몸으로 배우고 활용하고 있었던 것이다.

01 ● 9449-0084
윗글의 내용과 일치하는 것은?

① 화살은 속도가 느릴수록 중력의 영향을 적게 받는다.
② 활시위를 당기는 힘의 크기가 클수록 화살의 초기 발사 속도가 빨라진다.
③ 양궁은 단순한 기술을 활용해 화살을 과녁에 맞추어 승패를 가리는 운동이다.
④ 표적과의 거리에 따라 화살의 발사 속도는 달라지지만 발사 각도는 일정하다.
⑤ 양궁 선수들은 포물선 운동을 고려하여 화살을 표적과 직선인 방향으로 발사한다.

02 ● 9449-0085
윗글의 내용을 바탕으로 할 때 〈보기〉의 ㉠～㉤ 중 적절하지 <u>않은</u> 것은?

■ 보기 ■

앵커: 이번 올림픽에서도 우리나라 선수들은 금빛 소식을 전해 주었습니다. 금메달을 목에 걸 수 있었던 특별한 비결이 있다고 하는데요. ○○○ 기자가 자세히 전달하겠습니다.
기자: 네. 양궁장에 나와 있는 ○○○ 기자입니다. 양궁 강국답게 우리나라 궁사들은 전혀 흔들림이 없었습니다. 경기 내내 매서운 바람이 불었지만 계속해서 과녁 중앙에 화살을 명중시켰습니다. 여기에는 과학적 원리가 숨어 있다고 합니다. 바람을 뚫고 금메달을 가능하게 한 비결은 '오조준'입니다. ㉠오조준은 화살의 힘과 바람의 힘을 합쳐 화살이 과녁의 중앙으로 갈 수 있도록 원래 목표 지점이 아닌 곳을 조준하는 것입니다. 만약 ㉡바람이 오른쪽에서 왼쪽으로 강하게 분다면 화살도 바람의 영향을 받아 왼쪽으로 날아가게 됩니다. 보통은 과녁의 중앙을 조준하지만 ㉢이 경우에는 중앙이 아니라 C를 조준해야 화살이 중앙에 맞게 됩니다. ㉣바람의 좌우 방향이 반대가 되고 아래에서 위로 향하는 바람이 추가된다면 A를 조준해서 화살을 가운데로 향하게 하죠. ㉤이는 물리적 원리인 '합력'을 이용하는 것으로, 우리 선수들은 바람의 방향이 바뀔 때마다 조준점을 다르게 해서 과녁 중앙에 금빛 화살을 명중시킬 수 있었습니다.

① ㉠   ② ㉡   ③ ㉢   ④ ㉣   ⑤ ㉤

03 ● 9449-0086
윗글의 내용을 참고할 때 〈보기〉의 ⓐ, ⓑ에 들어갈 말을 각각 쓰시오.

■ 보기 ■

글쓴이가 양궁 선수들이 물리학적 지식을 몸으로 배우고 활용한다고 말한 이유는 선수들이 화살을 발사할 때 (ⓐ)을/를 고려하여 초기 발사 속도와 발사 각도를 조절하고, (ⓑ)을/를 활용하여 바람을 효과적으로 이용하기 때문이다.

내용 연구

파마의 정의

↓

파마의 과정

↓

파마의 화학적 원리

어휘 풀이

● **로드** 파마를 할 때 사용하는 막대 모양의 도구.

● **중화제** 중화 반응에 쓰는 약제. 또는 중화시키는 약제.

● **케라틴** 동물체의 표피, 모발, 손톱, 발톱, 뿔, 발굽, 깃털 따위의 주성분인 경질(硬質) 단백질을 통틀어 이르는 말.

구절 풀이

● **파마는 두세 시간의 ~ 찾을 수 있다.** 파마의 기본 원리는 과학의 산화-환원 반응이다.

● **이 경우는 ~ 상태로 돌아온다.** 화학적 변화를 주지 않더라도 웨이브는 만들 수 있지만, 오래 유지되지 않는다.

● **이때 수분과 ~ 따라 다르다.** 사람의 머리카락은 모두 다르므로 화학 반응의 진행 정도가 달라서 그에 따라 수분과 열을 가하는 시간이 달라진다.

[04~06] 다음 글을 읽고 물음에 답하시오.

　파마는 퍼머넌트, 펌으로도 불리며 열 또는 화학 약품의 작용으로 모발 조직에 변화를 주어 오래 유지할 수 있는 웨이브를 만드는 과정이다. 먼저 머리카락에 파마 약을 바른 뒤에 원하는 형태의 로드(rod)를 이용하여 모양을 변형시킨 뒤 열처리를 하고 시간을 보낸다. 그 후 중화제를 뿌리고 한참 기다린 뒤에 로드를 풀고서 머리를 헹구면 완성된다. 이처럼 파마는 두세 시간의 지루함과 이상한 약품 냄새를 견뎌야 하는, 뭔가 복잡한 것처럼 느껴지는 힘든 과정이지만, 그 기본 원리는 과학의 산화-환원 반응에서 찾을 수 있다.

　일반적으로 어떤 물질이 산소와 결합하거나 전자를 잃는 과정을 산화, 산소를 잃거나 전자를 얻는 과정을 환원이라고 한다. 반드시 산소가 관여하지 않더라도 산화수의 변화가 일어나는 모든 반응을 산화-환원 반응이라고 하는데, 산화-환원 반응은 항상 동시에 일어난다. 산화가 되는 물질은 반응하는 짝꿍 물질에게 전자를 주어 환원시키므로 환원제, 환원이 되는 물질은 짝꿍이 되는 물질이 전자를 잃게 만들어 산화시키므로 산화제라고 한다.

　머리카락의 주성분은 케라틴이라 불리는 섬유 같은 단백질로, 이 단백질에는 시스틴이라는 아미노산 성분이 함유되어 있다. 머리카락은 이 시스틴 안에 황 원자(S)와 황 원자(S)가 단단히 연결되어 있기 때문에 가늘어도 잘 끊어지지 않으며 탄력을 가지고 있어 구부렸다가 펴도 다시 제 모양으로 돌아온다. 젖은 머리에 드라이어를 사용해서 열을 가하면 원하는 형태의 웨이브를 만들 수 있지만, 이 경우는 머리카락의 일시적인 물리적 변화이기 때문에 머리를 감으면 다시 원래의 상태로 돌아온다.

　웨이브가 몇 달씩 유지되기 위해서는 머리카락에 화학적 변화를 주어야 하는데, ㉠이 과정이 파마인 셈이다. 미용사들은 머리카락의 단백질인 케라틴의 시스틴 결합을 끊었다 다시 붙여 주는 화학 반응을 진행시킨다. 먼저, 알칼리성 환원제를 머리카락에 발라 케라틴 단백질에 수소(H)를 공급하여 아미노산의 시스틴 결합을 깨뜨린다. 결합이 깨져 단백질 구조가 느슨해지면 머리카락이 유연해지는데, 이때 로드나 기계를 이용하여 원하는 형태로 머리카락을 구부리고 고정시킨다. 그 후 산화제를 사용하여 공급했던 수소를 빼앗아 처음의 시스틴 결합을 연결해 주면 파마가 완성되는 것이다. 이때 수분과 열을 가하는 시간은 컬의 모양과 머리숱의 정도에 따라 다르다. 반응하는 물질의 농도나 온도에 따라 화학 반응의 진행 정도가 다르기 때문이다.

　이처럼 파마의 과정에는 과학적 원리가 깊게 스며들어 있다. 미용사들은 이러한 화학 반응을 하루에도 몇 번씩 진행하는 사람들이다. 미용사야말로 과학과 기술, 디자인이 결합된 융합적 분야를 담당하는 선두 주자인 셈이다.

04
◐ 9449-0087
윗글의 내용과 일치하지 <u>않는</u> 것은?

① 물질이 산소와 결합하거나 전자를 잃는 과정을 산화라고 한다.

② 머리카락을 구성하는 아미노산 안에는 황 원자들이 연결되어 있다.

③ 환원이 되는 물질은 짝꿍이 되는 물질을 산화시키므로 산화제라고 한다.

④ 파마는 화학적 원리를 이용하여 오래 유지할 수 있는 웨이브를 만드는 과정이다.

⑤ 파마를 하기 위해서는 머리카락에 열처리를 한 후 로드를 이용하여 모양을 변형시켜야 한다.

05
◐ 9449-0088
〈보기〉는 ㉠을 그림으로 나타낸 것이다. 윗글을 바탕으로 〈보기〉의 ⓐ~ⓔ를 이해한 내용으로 적절하지 <u>않은</u> 것은?

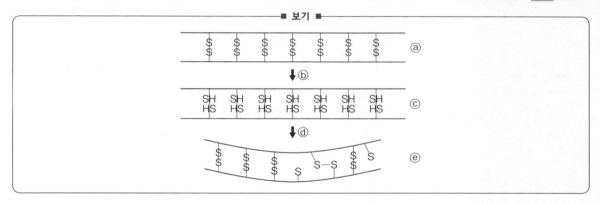

① ⓐ의 상태는 시스틴 결합이 단단해서 머리카락이 잘 끊어질 수 있겠군.

② ⓑ의 과정에서 알칼리성 환원제를 머리카락에 바르면 케라틴 단백질에 수소(H)가 공급되겠군.

③ ⓒ의 상태는 단백질 구조가 느슨해져 있으므로 이때 로드나 기계를 이용해서 머리카락을 구부리겠군.

④ ⓓ의 과정에서 산화제를 사용하면 이전에 공급했던 수소(H)가 다시 빠져나가겠군.

⑤ ⓔ의 상태는 시스틴 결합이 다시 이루어져 있지만 처음의 결합과는 다른 모양이군.

06
◐ 9449-0089
윗글의 내용을 참고할 때 〈보기〉의 밑줄 친 내용의 이유가 무엇인지 서술하시오.

■ 보기 ■

파마를 하는 과정에서 산화 작용은 2~3일 정도 지속되는데, 우리가 사용하는 샴푸는 알칼리성인 경우가 많다. 따라서 <u>파마를 한 직후에는 머리를 감지 않아야 파마를 유지하기 좋다.</u>

4 시대의 특성을 고려한 글 읽기

◈ 시대의 특성을 고려
해야 하는 이유

• 시대에 따라 글쓰기의
관습이 달라지고, 글
읽기의 방법도 변화한
다.
• 우리 옛 선비들의 독서
방법에는 정전을 중시
했던 그 시대의 가치가
반영되어 있고, 정전의
권위에 기대어 그 내용
을 인용하거나 빌려서
글을 쓰던 글쓰기 관습
이 일반적이었다.
• 옛것을 모방하던 글쓰
기 관습이 개성이나 창
의성을 중시하는 경향
으로 변화하였다.
• 인터넷이 발달하면서
독자와 필자의 경계가
사라지는 쌍방향 글 읽
기 및 글쓰기 문화가
확산되고 있다.

1 시대에 따른 글쓰기와 글 읽기 문화의 특성

(1) 과거의 글 읽기

인쇄술이 발달하지 못했던 과거에는 소수의 사람만이 지식을 독점하고 있었기 때문에 이들이 쓴 글은 '정전(正典)' 또는 '고전(古典)'이 되었고, 그 시대에는 한정된 읽을거리였던 정전이나 고전을 반복적으로 읽으면서 글의 의미를 되새기고 깊이 사고하는 방식이 강조되었다.

(2) 인쇄술의 발달에 따른 현대 사회의 글 읽기

• 인쇄술의 발달로 책이 대량 생산되면서 글 읽기 방법에도 많은 변화가 일어났다. 다양한 책이 간행되면서 소수의 지식인뿐만 아니라 일반 대중에게도 글을 읽을 기회가 늘어나 개인적 독서가 활성화되고, '음독(音讀)'보다는 '묵독(默讀)'이 일상화되었다.
• 다양한 종류의 많은 책을 접할 수 있게 됨에 따라 독서 방법도 꼼꼼히 깊이 있게 읽는 '정독(精讀)'보다는 '속독(速讀)'과 '다독(多讀)'의 방법을 선호하게 되면서, 자신에게 필요한 책을 골라서 읽고 내용을 비판적으로 수용하는 독서 방식이 중요해졌다.

(3) 정보 사회의 글 읽기

독서 방법은 인터넷 정보 사회에 이르러 더욱 큰 변화를 겪고 있다. 하이퍼텍스트의 등장과 더불어 글의 흐름에 따라 처음부터 끝까지 읽던 선조적(線條的)인 독서 방식에서 벗어나 다양한 연결망을 통해 자신이 읽을 글을 선택함으로써 독서의 흐름을 수시로 변경하고 자유롭게 영역을 이동하는 새로운 검색형 독서 방식이 등장했다.

◈ 글 읽기의 중요성

• 책은 인류의 과거가 그
대로 담겨 있는 지식의
저장고이며, 인류가 축
적해 온 지식과 사유의
방식을 전달하고 받아
들이게 해 주는 통로라
고 할 수 있다.
• 개인의 성장, 사회의 통
합, 문화의 발전이 원
활하게 이루어지는 건
강한 사회가 되려면 구
성원들이 적극적으로
다양한 시대의 글을 읽
으려는 독서 문화가 확
산되어야 한다.

2 시대에 따른 글 읽기의 필요성

(1) 인류의 정신적 유산 계승

• 인간의 문명은 오랜 시간에 걸쳐 수많은 이들의 다양한 지혜와 노력이 집적된 결과라고 할 수 있고, 이처럼 오랜 시간 동안 문명을 발전시켜 올 수 있었던 것은 선조들의 지혜를 글로 써서 기록하고, 그 글을 읽는 행위를 통해서 지혜를 습득할 수 있었기 때문이다.
• 선인들의 지혜가 담긴 다양한 시대의 책을 읽음으로써 인류의 정신적 유산을 계승하고 오늘날을 살아가는 지혜를 배울 수 있고, 나아가 책에 담긴 각 시대의 사상과 체험을 자신의 관점에서 새롭게 재해석함으로써 창의적 사유의 무한한 원천을 얻을 수 있다.

(2) 개인의 성장과 문화의 다양성 이해

- 인간은 독서를 함으로써 개인적으로 성장하는 동시에 사회를 살아가는 데 필요한 지식과 사고방식을 배우게 되고, 과거의 문화를 바탕으로 새로운 문화를 창조하는 힘을 얻게 된다.
- 현대를 살아가는 독자는 독서를 통해 시대적 배경이 서로 다른 사람들과 소통하며 그 과정에서 새로운 것을 창조하고, 다양한 분야의 지식을 축적하고, 세계에 대한 인식의 폭을 넓힐 수 있게 된다.
- 인간의 삶과 문화의 다양성을 깊이 있게 이해하게 되고, 정서가 풍부해지며, 사회와 소통하여 새로운 문화를 창조할 수 있게 된다.

3 시대의 특성을 고려한 글 읽기 방법

(1) 당대의 사회·문화적 맥락 이해하기

- 한 편의 글이 창작되고 향유되는 데는 여러 가지 사회적·문화적 맥락이 작용한다.
- 글을 읽을 때는 그 글이 지어진 당시의 사회적·문화적 배경, 글쓰기 관습, 독서 문화 등을 종합적으로 고려하여 최대한 그 시대의 사회적·문화적 맥락을 재구성하거나 상상하며 읽어야 한다.
- 자신이 모르는 것이 있다면 관련 자료를 탐색하여 공부함으로써 옛글에 담긴 사회적·문화적 맥락을 잘못 판단하지 않도록 해야 한다.

(2) 의미 재구성하기

현재 자신의 필요나 상황에 맞는 깨달음으로 새롭게 의미를 재구성함으로써 옛글을 통해 얻을 수 있는 진정한 가치와 의미를 찾도록 해야 한다.

(3) 선인들의 언어 표현 이해하기

선인들의 언어 표현에 담긴 삶과 정신을 이해하도록 하고 오늘날의 독서 생활에 적절하게 응용함으로써 국어 생활을 한층 더 풍부하게 하도록 해야 한다.

```
         시대의 특성을 고려한 글 읽기 방법
    ┌───────────────┬───────────────┬───────────────┐
  당대의 사회적·문화적   당대의 글쓰기 관습 및   현대적 필요와 상황에
    맥락 이해하기       글 읽기 문화 이해하기   맞게 의미 재구성하기
```

◆ **시대의 특성을 고려하여 글을 읽을 때의 유의점**

- 옛글이 오늘날의 우리에게 주는 깨달음과 현대적 가치를 읽어 낼 수 있어야 한다.
- 자신의 필요나 상황에 맞추어 글을 이해하도록 해야 한다.
- 선인들의 글에 쓰인 다양한 비유법, 강조법, 반어법, 반복법 등을 활용한 전통적 수사와 폭넓게 활용된 속담, 관용어 등을 이해하며 읽어야 한다.

내용 연구

신돈의 행실에 대해
문제를 제기함.

신돈의 잘못된 행실

• 문수회에서의 행동
• 임금을 무시하는 마음
• 분수에 넘치는 행동을 함.

어휘 풀이

● **문수회** 문수보살을 공양하는 법회.

● **군신** 임금과 신화를 아울러 이르는 말.

● **조복** 관원이 조정에 나아가 하례할 때에 입던 예복.

● **치지도외(置之度外)** 내버려 두고 문제로 삼지 않음.

● **참람하다** 분수에 넘쳐 너무 지나치다.

구절 풀이

● **온 나라 ~ 매우 소란스러웠습니다.** 많은 사람들이 신돈의 행동에 대해 부정적으로 생각하고 있다.

● **최항이나 김인준, ~ 적은 없었습니다.** 과거의 권력자들도 신돈처럼 왕에게 무례하게 행동하지는 않았다.

● **그 능멸함과 ~ 두렵지 않겠습니까.** 신돈의 무례한 행동 때문에 다른 신하들이나 백성들도 분수에 넘치는 행동을 할 수 있다.

[01~03] 다음 글을 읽고 물음에 답하시오.

신 등이 3월 18일에 궁전 안에서 문수회(文殊會)를 열었을 때 당한 일입니다. 영도첨의 신돈이 재상 반열에 앉아 있지 않고 감히 전하와 더불어 나란히 앉았는데, 그 거리가 몇 자 되지 않아 온 나라 사람이 놀래어 인심이 술렁술렁하고 매우 소란스러웠습니다. 상하를 구별하고 백성의 뜻을 안정시키는 것이 예인데, 예법이 없다면 대체 무엇으로 군신이 되고 무엇으로 부자가 되며 또한 무엇으로 국가를 다스리겠습니까. 성인이 예법을 마련하시어 상하 명분을 엄격하게 한 것은 그 도모함이 깊고 그 사려가 원대한 것이었습니다.

가만히 보옵건대 신돈은 임금의 은혜를 지나치게 입어 나라 정사를 제멋대로 하고 임금을 무시하는 마음이 있었습니다. 당초에 영도첨의판감찰로 임명되던 날에 예법으로는 마땅히 조복을 차리고 나아가 은혜를 사례해야 함에도 불구하고 반달 동안 나오지 않았습니다. 급기야 대궐 뜰에 들어와서는 그 무릎을 조금도 굽히지 않은 채 늘 말을 타고 궐문을 출입하여 전하와 함께 의자에 걸터앉았고, 집에 있을 때는 재상들은 마루 밑에서 절을 하였으나 신돈은 모두 앉아서 접대하였습니다. 최항이나 김인준, 임연 같은 이들도 이렇게 행한 적은 없었습니다. 그가 전에는 중의 신분이어서 마땅히 치지도외하여 그 무례함을 꼭 책망할 필요는 없었지만, 이젠 재상이 되어 명분과 지위가 정해졌는데 감히 예법을 잃고 윤리를 허물기를 이와 같이 할 수 있겠습니까. 그러하게 된 이유를 따져 보자면 신돈은 필시 자신이 임금의 스승이기 때문이라고 하겠지마는, 유승단은 고종의 스승이요 정가신은 충선왕의 스승이었으나 신 등은 저들 두 사람이 감히 이런 일을 하였다는 말을 아직 못 들었습니다. 대개 군신의 명분이란 본디부터 정한 것이 있었기에 그 예법은 군신이 생긴 이래로 만고를 지나도 바뀌지 않으니, 신돈과 전하께서 사사로이 고칠 바는 아니라 생각됩니다. 신돈이 어떠한 사람이건대 감히 스스로 높이기를 이와 같이 합니까.

「홍범」에 이르기를, "오직 임금만이 복을 내릴 수 있고 오직 임금만이 위세를 부릴 수 있으며 오직 임금만이 진귀한 음식을 받을 수 있는데, 신하로서 복을 내리거나 위세를 부리고 진귀한 음식을 받는 자가 있다면 반드시 가문을 해치고 나라를 해칠 것이다. 관리들이 기울어지고 비뚤어지고 치우쳐지면 백성들은 넘보고 어긋나게 될 것이다."라고 하였습니다. 그러니 신하로서 임금의 권력을 참람(僭濫)하여 쓴다면 모든 관원이 편안한 마음으로 제 분수를 지키지 못할 뿐 아니라, 백성 역시 그들을 좇아 분수에 넘치는 일을 할 것입니다. 그런데 신돈은 능히 복을 내리고 위세를 부리고 또 전하와 더불어 대등한 예를 행하니, 이는 나라에 두 임금이 있는 것입니다. 그 능멸함과 참람함이 극에 달하여 교만이 습관이 되었으므로, 백관들이 분수를 지키지 않고 백성들이 분수에 넘치는 일을 하는 것이 어찌 두렵지 않겠습니까.

01
○ 9449-0090
윗글의 서술상 특징으로 가장 적절한 것은?

① 대상의 행적에 대한 비판적인 의견을 전달하고 있다.
② 과거의 사례를 제시하여 교훈적 내용을 전달하고 있다.
③ 특정 구절을 인용하여 자신의 억울함을 호소하고 있다.
④ 구체적 사례들을 나열하여 대상의 장단점을 분석하고 있다.
⑤ 문제 상황에 대한 해결책을 다양한 관점에서 제시하고 있다.

02
○ 9449-0091
〈보기〉는 윗글을 쓸 당시의 배경이다. 당시의 상황을 이해한 내용으로 적절하지 않은 것은?

■ 보기 ■

(가) 당시 신돈이 정권을 잡고서 사람들을 능욕하고 제멋대로 불법을 저질렀지만 감히 비판하는 자가 없었다. 이존오가 분격한 나머지 자신의 희생을 각오하고 신돈의 잘못을 논죄하려 마음먹었다. 상소문의 원고를 소매에 넣고 성(省)으로 가서 동료에게 보이면서 "요물이 나라를 오도하고 있으니 제거하지 않으면 안 된다."라고 하자 낭관(郎官)들이 겁을 집어먹고 잔뜩 위축되어 감히 호응하는 자가 없었다. 그와 인척되는 좌사의대부(左司議大夫) 정추를 보고 이존오가 "형님께서 이처럼 행동해서는 안 됩니다."라고 꾸짖자, 결국 정추는 그의 말을 따르게 되었다. ─ 「고려사 열전」, 「이존오」 중에서

(나) 15년(1366) 4월 초파일에 신돈이 자기 집에서 연등회(燃燈會)를 거창하게 열자 도성 사람들이 저마다 그 본을 따 사치를 부렸으며 가난한 집에서는 구걸까지 해서 행사 비용을 마련했다. 간관 정추(鄭樞)와 이존오가 신돈의 죄악을 극렬히 비판하는 상소를 올렸다가 모두 좌천되어 쫓겨났다.

　이후 신돈의 횡포가 더욱 심해져 재상과 대간들이 모두 신돈에게 아부하는 바람에 언로가 막혀 버렸다. 후사를 두지 못한 왕이 왕비를 새로 들여 왕자를 낳아 보려고 덕풍군(德豊君) 왕의(王義), 산기(散騎) 안극인(安克仁), 정랑(正郎) 정우(鄭寓), 판관(判官) 정양생(鄭良生)의 딸들을 내정(內庭)에서 불러다 간택하자 신돈은 왕과 함께 의자에 걸터앉아 참관하기도 했다. ─ 「고려사 열전」, 「신돈」 중에서

① 윗글이 쓰이고 난 후에도 신돈은 잘못된 행동을 계속하였군.
② 윗글을 읽은 왕은 글의 내용을 따르지 않고 글쓴이를 좌천시켰군.
③ 윗글이 쓰이기 전부터 여러 사람이 신돈을 비판하는 상소를 올리고 있었군.
④ 윗글을 쓰면서 글쓴이는 자신이 글로 인해서 피해를 입을 수도 있다고 생각하였군.
⑤ 윗글에서 언급한 것처럼 당시 사람들 중에는 신돈의 부적절한 행실을 따라 하는 경우가 있었군.

03
○ 9449-0092
글쓴이가 윗글을 쓴 이유로 가장 적절한 것은?

① 신돈이 중의 신분으로 무례한 일을 저질렀기 때문에
② 신돈이 왕에 대한 예법을 깨뜨리는 행동을 하였기 때문에
③ 신돈이 궁전 안에서 문수회를 연 것을 옳지 않다고 여겼기 때문에
④ 신돈이 영도첨의판감찰로 임명된 것이 부당하다고 생각했기 때문에
⑤ 신돈이 임금의 스승으로서 임금에게 잘못된 것을 가르치고 있었기 때문에

내용 연구

자신에게 부족한 점은
남들에게 배워야 함.

↓

우리나라 선비들의 문제점

• 좁은 세상에 갇혀 있음.
• 남들에게 배우려 하지 않음

↓

『북학의』 소개

어휘 풀이

● **동복** 사내아이 종.

● **고루하다** 낡은 관념이나 습관에 젖어 고집이 세고 새로운 것을 잘 받아들이지 아니하다.

● **편벽되다** 한쪽으로 치우쳐 공평하지 못하다.

● **이용후생(利用厚生)** 기구를 편리하게 쓰고 먹을 것과 입을 것을 넉넉하게 하여, 국민의 생활을 나아지게 함.

● **재선(在先)** 조선 후기의 실학자인 박제가의 자(字).

● **주거(舟車)** 배와 수레를 아울러 이르는 말.

구절 풀이

● **심지어 동복이라 ~ 배워야 한다.** 자신보다 못한 사람에게라도 배울 점이 있다면 배워야 한다.

● **그러므로 순임금과 ~ 지나지 않는다.** 순임금이나 공자 같은 위인도 자신이 잘 모르는 것은 남에게 배웠기 때문에 훌륭한 사람이 될 수 있었다.

[04~06] 다음 글을 읽고 물음에 답하시오.

학문의 길은 다른 길이 없다. 모르는 것이 있으면 길 가는 사람이라도 붙들고 물어야 한다. 심지어 동복(童僕)이라 하더라도 나보다 글자 한 자라도 더 많이 안다면 우선 그에게 배워야 한다. 자기가 남만 같지 못하다고 부끄러이 여겨 자기보다 나은 사람에게 묻지 않는다면, 종신토록 고루하고 어쩔 방법이 없는 지경에 스스로 갇혀 지내게 된다.

순임금은 농사짓고 질그릇을 굽고 고기를 잡는 일로부터 제도에 이르기까지 남들로부터 배우지 않은 것이 없었다. 공자가 말하기를, "나는 젊었을 적에 미천했기 때문에 막일에 능한 것이 많았다." 하였는데, 여기에서 말하는 막일 또한 농사짓고 질그릇을 굽고 고기를 잡는 일 따위였을 것이다. 아무리 순임금과 공자같이 성스럽고 재능 있는 분조차도, 사물에 나아가 기교를 창안하고 일에 임하여 도구를 만들자면 시간도 부족하고 지혜도 막히는 바가 있었을 것이다. 그러므로 순임금과 공자가 성인이 된 것은 남에게 잘 물어서 잘 배운 것에 지나지 않는다.

㉠우리나라 선비들은 한쪽 구석 땅에서 편벽된 기운을 타고나서, 발은 대륙의 땅을 밟아 보지 못했고 눈은 중원(中原)의 사람을 보지 못했고, 나고 늙고 병들어 죽을 때까지 제 강역을 떠나 본 적이 없다. 그래서 학의 다리가 길고 까마귀의 빛이 검듯이 각기 제가 물려받은 천성대로 살았고, 우물의 개구리나 밭의 두더지마냥 제가 사는 곳이 제일인 양 여기고 살아왔다. 예(禮)는 차라리 소박한 것이 낫다고 생각하고 누추한 것을 검소하다고 여겨 왔으며 이른바 사민(四民)이라는 것도 겨우 명목만 남아 있고 이용후생의 도구는 날이 갈수록 빈약해져만 갔다. 이는 다름이 아니라 배우고 물을 줄을 몰라서 생긴 폐단이다.

만일 장차 배우고 묻기로 할진대 중국을 놓아두고 어디로 가겠는가. 그렇지만 그들의 말을 들어 보면 "지금의 중국을 차지하고 있는 주인은 오랑캐들이다." 하면서 배우기를 부끄러워하여, 중국의 옛 법마저도 다 함께 얕잡아 무시해 버린다. 저들이 오랑캐라지만 저들이 살고 있는 땅이 한(漢), 당(唐), 송(宋), 명(明)의 대륙이 어찌 아니겠으며, 그 땅에 살고 있는 사람들이 그 유민이 어찌 아니겠는가. 진실로 법이 훌륭하고 제도가 아름답다면 장차 오랑캐에게라도 배워야 하는 법이다.

우리를 저들과 비교해 본다면 진실로 한 치의 나은 점도 없다. 내가 북경에서 돌아오니 재선이 그가 지은 『북학의』를 보여 주었다. 그는 농잠, 목축, 성곽, 궁실, 주거로부터 기와, 대자리, 붓, 자 등을 만드는 방식에 이르기까지 눈으로 헤아리고 마음으로 비교하지 않은 것이 없었다. 눈으로 보지 못한 것이 있으면 반드시 물어보았고, 마음으로 이해하지 못한 것이 있으면 반드시 배웠다. 이러한 까닭에 사흘 동안이나 이를 읽어도 싫증이 나지 않았다.

04
● 9449-0093

윗글의 내용과 일치하는 것은?

① 『북학의』에는 우리나라 선비들의 고루한 생각이 담겨 있다.
② 순임금은 농사나 고기 잡는 일은 다른 사람들이 하도록 했다.
③ 학문의 길을 위해서는 끝까지 혼자 탐구하는 자세가 필요하다.
④ 공자는 성스럽고 재능이 있었기 때문에 도구를 스스로 만들 수 있었다.
⑤ 우리나라의 선비들은 자신이 물려받은 천성을 그대로 유지하며 살았다.

05
● 9449-0094

〈보기〉는 윗글의 글쓴이가 쓴 소설의 일부이다. 윗글과 〈보기〉를 비교하여 이해한 내용으로 가장 적절한 것은?

■ 보기 ■

　무릇, 천하에 대의(大義)를 외치려면 먼저 천하의 호걸들과 접촉하여 결탁하지 않고는 안 되고, 남의 나라를 치려면 먼저 첩자를 보내지 않고는 성공할 수 없는 법이다. 지금 만주 정부가 갑자기 천하의 주인이 되어서 중국 민족과는 친근해지지 못하는 판에, 조선이 다른 나라보다 먼저 섬기게 되어 저들이 우리를 가장 믿는 터이다. 진실로 당(唐)나라, 원(元)나라 때처럼 우리 자제들이 유학 가서 벼슬까지 하도록 허용해 줄 것과, 상인의 출입을 금하지 말도록 할 것을 간청하면, 저들도 반드시 자기네에게 친근하려 함을 보고 기뻐 승낙할 것이다. 국중의 자제들을 가려 뽑아 머리를 깎고 되놈의 옷을 입혀서, 그중 선비는 가서 빈공과(賓貢科)에 응시하고, 또 서민은 멀리 강남(江南)에 건너가서 장사를 하면서, 저 나라의 실정을 정탐하는 한편, 저 땅의 호걸들과 결탁한다면 한번 천하를 뒤집고 국치(國恥)를 씻을 수 있을 것이다. 그리고 만약 명나라 황족에서 구해도 사람을 얻지 못할 경우, 천하의 제후(諸侯)를 거느리고 적당한 사람을 하늘에 천거한다면, 잘되면 대국(大國)의 스승이 될 것이고, 못되어도 백구지국(伯舅之國)의 지위를 잃지 않을 것이다.　－ 박지원, 「허생전」 중에서

① 윗글은 〈보기〉와 달리 오랑캐에 대한 부정적 인식이 드러나 있다.
② 윗글은 〈보기〉와 달리 오랑캐와 중국의 원래 민족을 분리하여 생각하고 있다.
③ 윗글과 〈보기〉는 모두 오랑캐에게라도 배울 것은 배워야 함을 강조하고 있다.
④ 윗글과 〈보기〉는 모두 옛것을 본받아 소박함을 추구해야 한다고 말하고 있다.
⑤ 윗글과 〈보기〉는 모두 학문의 길을 잘 걷는 것이 대의를 위한 것이라고 말하고 있다.

06
● 9449-0095

글쓴이가 ㉠을 바라보는 시각을 나타낸 것으로 가장 적절한 것은?

① 대기만성(大器晚成)
② 사면초가(四面楚歌)
③ 연목구어(緣木求魚)
④ 좌정관천(坐井觀天)
⑤ 형설지공(螢雪之功)

5 지역의 특성을 고려한 글 읽기

◈ 지역의 범위
'지역'은 경기, 충청, 호남, 영남 등의 문화권처럼 그 범위를 좁혀서 볼 수도 있고, 동아시아, 중남미, 중동, 북아프리카 등의 문화권처럼 그 범위를 넓혀서 볼 수도 있다. 세계화, 지구촌이라는 말이 낯설지 않은 추세를 고려한다면 '지역'의 범위를 우리나라 안으로 한정하여 다루기보다는 세계적인 범위에서 다룰 필요가 있다.

◈ 지역의 특성과 글
어떤 지역에서는 작은 사실로부터 깨달음을 얻어 이를 통해 인간 보편의 문제를 통찰하는 글이 선호되기도 하며, 어떤 지역에서는 '서론-본론-결론'의 구성으로 치밀한 논리성을 추구하는 글이 주류를 이루기도 한다.

1 지역에 따른 글쓰기와 독서 문화의 특성

(1) 지역의 문화적 특성과 글의 내용

- 우리가 살고 있는 지역의 문화적 특성은 글을 쓸 때 내용적 측면에서 글에 영향을 미치기도 하고, 지역별 문화의 특성이 해당 지역에 관한 글의 내용에 영향을 미치기도 하며, 가치관이나 사상을 다룬 글이 그 지역의 문화적 특성에 영향을 미치기도 한다.
- 세계 각 지역의 글에는 각 지역마다의 고유한 문화적 특성이 반영되어 있기 때문에 세계 각 지역의 글을 두루 읽는 것을 통해 다른 문화와 인간에 대한 이해의 폭을 넓힐 수 있다.

(2) 지역의 문화적 특성과 글의 형식

글에는 지역적·문화적 특성이 반영되며, 그 문화의 사고방식이 글의 내용과 형식에 반영되기 때문에 지역이나 문화권에 따라 선호하는 글의 갈래나 글쓰기 방식도 다르게 나타날 수 있다.

2 지역에 따른 글 읽기의 필요성

(1) 지역의 문화적 특성 이해

여러 지역의 글을 읽으면 각 지역의 문화적 특성을 알게 되고, 각 지역의 문화적 특성을 이해함으로써 독자 자신이 살아온 지역의 문화가 지닌 가치를 깨달을 수 있게 된다.

(2) 인간과 세계의 다양성 이해

다양한 지역의 글을 읽음으로써 인간과 세계의 다양성에 대한 이해의 폭을 넓힐 수 있고, 다른 지역의 글을 읽음으로써 그 지역의 문화가 갖는 특수성을 알게 될 뿐 아니라 우리 사회와 문화, 한 인간으로서 자신에 대한 이해를 높일 수 있게 된다.

(3) 인간의 보편성과 특수성에 대한 통찰력 확대

문화적 특수성과 보편성을 반영한 다양한 글을 읽음으로써 글에 담겨 있는 인식의 차이, 그리고 형식과 내용 면에서 나타나는 지역별 문화의 특성을 이해하고 인간과 삶에 대한 문화적 이해의 폭을 넓힘으로써 궁극적으로는 인간의 보편성과 특수성에 대한 통찰력을 얻을 수 있게 된다.

③ 지역의 특성을 고려한 글 읽기 방법

(1) 지역별 문화의 특성 고려하기

- 다양한 지역의 글을 읽을 때에는 먼저 그 글의 형식과 내용에 대한 기본적인 이해를 바탕으로 그 글의 구체적인 사회적·문화적 배경을 고려하며 읽어야 한다.
- 글이 쓰인 당시 그 지역을 지배한 가치관이나 문화는 어떠했는지, 아울러 그 글이 지역의 가치관이나 문화에는 어떠한 영향을 끼쳤을지 등을 생각하며 읽는 것이 좋다.

(2) 지역적으로 편중되지 않는 태도 유지하기

- 편중된 독서는 편견을 낳을 수 있으며, 편견이 낳는 근거 없는 비하나 두려움은 인종 차별이나 종교 차별 등 심각한 사회 문제로 발전할 수 있다.
- 특정 문화권의 글에 편중되지 않는 균형 잡힌 독서를 위해 그동안 무관심하였거나 잘 몰랐던 지역의 문화에 대해서도 관심을 가져야 한다.
- 서양의 도서뿐만 아니라 동양과 제3 세계의 도서에도 관심을 기울이고, 국내 여러 지역의 문화를 다룬 글을 두루 읽는 것이 좋다.

(3) 문화 상대적 관점 유지하기

- 다른 지역의 글을 읽을 때에는 자기중심적인 시각에서 비판적으로 접근하기보다는 먼저 그 지역의 문화적 특성을 존중하는 상대적 관점을 지녀야 한다.
- 자신이 속한 지역 문화와 비교해 보면서 그 글의 의미와 의의를 되새기면서 우리가 살아가는 세상에는 우리와 다른 삶의 방식과 모습을 지닌 다양한 사람들이 공존하고 있음을 인식하고, 인간의 삶에 대한 이해의 폭을 넓히기 위해 노력해야 한다.

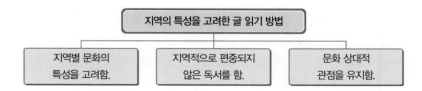

◈ 지역의 특성을 고려하여 글을 읽어야 하는 이유

- 글쓴이에게는 그가 살아온 지역과 사회의 문화가 배어 있으므로 글 속에도 그 문화적 특성이 담길 수밖에 없다.
- 다양한 지역의 글에는 지역별 문화의 특성이 다양한 형식과 내용으로 반영되어 있다. 다양한 문화권의 글을 읽음으로써 문화적 다양성에 대한 이해의 폭을 넓히고, 이를 통해 우리의 삶을 돌아볼 수 있다.

내용 연구

우리의 땅을 사겠다는 워싱턴 대추장의 제안

↓

땅을 팔 수 없는 이유

· 인간은 땅의 일부분일 뿐임.
· 땅을 파는 것은 가족을 파는 것과 다르지 않음.

어휘 풀이

· **심사숙고하다** 깊이 잘 생각하다.

구절 풀이

· **워싱턴의 얼굴 흰 대추장** 땅을 사겠다고 제안한 미국의 대통령을 말한다.

· **또한 그의 ~ 필요 없을 테니까.** 부족민이 점점 줄어들고 있기 때문에 넓은 땅이 필요 없을 수 있다.

· **그것은 우리로서는 ~ 힘든 일이다.** 땅은 소유의 대상이 아니기 때문에 사고팔 수 있는 것이 아니다.

· **대지에게 일어나는 ~ 자식들에게도 일어난다.** 인간은 땅에 속해 있는 존재이기 때문에 땅이 해를 입으면 그것은 인간에게로 돌아온다.

[01~03] 다음 글을 읽고 물음에 답하시오.

워싱턴의 얼굴 흰 대추장이 우리에게 우정의 인사와 안부를 전해 왔다. 무척 친절한 일이 아닐 수 없다. 그에게는 우리의 우정이 그다지 필요 없기 때문이다. 백인 추장은 아울러 우리의 땅을 사고 싶다고 제의했다. 그러면서 우리가 아무 불편 없이 살 수 있게 해 주겠다고 덧붙였다. 실로 자비로운 일이 아닐 수 없다. 왜냐하면 우리 얼굴 붉은 사람들은 더 이상 그에게서 존경받을 아무런 권리도 없기 때문이다. 또한 그의 제안이 현명한 것인지도 모른다. 우리에게는 이제 넓은 땅이 필요 없을 테니까.

우리는 우리의 땅을 사겠다는 당신들의 제안에 대해 심사숙고할 것이다. 하지만 나의 부족은 물을 것이다. 얼굴 흰 추장이 사고차 하는 것이 무엇인가를. 그것은 우리로서는 무척 이해하기 힘든 일이다. 우리가 어떻게 공기를 사고팔 수 있단 말인가? 대지의 따뜻함을 어떻게 사고판단 말인가? 우리로서는 상상하기조차 어려운 일이다. 부드러운 공기와 재잘거리는 시냇물을 우리가 어떻게 소유할 수 있으며, 또한 소유하지도 않은 것을 어떻게 사고팔 수 있단 말인가? 햇살 속에 반짝이는 소나무들, 모래사장, 검은 숲에 걸려 있는 안개, 눈길 닿는 모든 곳, 잉잉대는 꿀벌 한 마리까지도 우리의 기억과 가슴속에서는 모두 신성한 것들이다. 우리는 대지의 일부분이며 대지는 우리의 일부분이다. 들꽃은 우리의 누이이고, 순록과 말과 독수리는 우리의 형제다. 강의 물결과 초원에 핀 꽃들의 수액, 조랑말의 땀과 인간의 땀은 모두 하나다. 모두가 같은 부족, 우리의 부족이다.

따라서 워싱턴 대추장이 우리 땅을 사겠다고 한 제의는 우리에게 더없이 중요한 일이다. 우리에게 그것은 우리의 누이와 형제와 우리 자신을 팔아넘기는 일과 다름없기 때문이다. 우리는 그 대추장이 우리의 삶의 방식을 전혀 이해하고 있지 못함을 안다. 그는 자신에게 필요한 땅을 손에 넣기 위하여 찾아온 낯선 자다. 대지는 그의 형제가 아니라 적이며, 그는 대지를 정복한 다음 그곳으로 이주한다. 그는 대지에 대해서는 아무것도 상관하지 않는다. 어머니인 대지와 맏형인 하늘을 한낱 물건처럼 취급한다. 결국 그의 욕심은 대지를 다 먹어 치워 사막으로 만들고야 말 것이다.

세상의 모든 것은 하나로 연결되어 있다. 대지에게 일어나는 일은 대지의 자식들에게도 일어난다. 사람이 삶의 거미줄을 다 짜서 나아가는 것이 아니다. 사람 역시 한 올의 거미줄에 불과하다. 따라서 그가 거미줄에 가하려는 행동은 반드시 그 자신에게 되돌아오기 마련이다. 당신들은 아이들에게 가르쳐야 한다. 우리가 발을 딛고 있는 땅은 조상들의 육신과 같은 것이라고. 그래서 대지를 존중해야 한다. 대지가 풍요로울 때 우리의 삶도 풍요롭다는 진리를 가르쳐야 한다. 대지는 인간에게 속한 것이 아니며, 인간이 오히려 대지에 속해 있다. 그것을 우리는 안다.

01 ● 9449-0096
윗글의 특징으로 가장 적절한 것은?

① 구체적 사례를 통해 상대방과의 친교가 중요함을 역설하고 있다.
② 논리적인 이유를 들어 땅을 사고팔기 위한 조건을 제시하고 있다.
③ 상대방의 제안과 자신의 의견을 비교하여 절충안을 제시하고 있다.
④ 비유적인 표현을 활용하여 땅에 대한 자신의 견해를 드러내고 있다.
⑤ 상대방의 생각에 대해 장단점을 분석하고 자신의 생각과 비교하고 있다.

02 ● 9449-0097
〈보기〉는 윗글을 바탕으로 구성한 글쓴이와 '워싱턴 대추장'의 대화이다. 대화 내용으로 적절하지 않은 것은?

■ 보기 ■

워싱턴 대추장: 안녕하십니까? 여러분들과 좋은 관계를 유지하고 있는 것에 감사함을 느낍니다. 저의 제안에
　　대해 생각해 보셨습니까?
글쓴이: 그쪽에게 땅을 팔라는 것 말씀입니까?
워싱턴 대추장: 네, 맞습니다.
글쓴이: ㉠저는 그 제안을 이해할 수 없습니다. 땅은 우리가 소유할 수 있는 것이 아닌데 어떻게 땅을 팔 수 있
　　겠습니까?
워싱턴 대추장: 주인이 아니라니요?
글쓴이: ㉡공기, 대지, 시냇물 등 자연에 있는 모든 것들은 우리가 소유할 수 있는 것이 아닙니다. ㉢당신은 당
　　신의 가족을 누군가에게 팔 수 있습니까? ㉣인간은 대지에 속해 있습니다. 대지의 모든 것은 하나로
　　이어져 있고 형제나 다름없죠. 우리가 땅을 파는 것은 곧 가족을 파는 일입니다. ㉤저희의 삶을 이해해
　　주시는 건 감사하지만 땅을 팔라는 당신의 제의는 깊게 생각해 볼 문제입니다.

① ㉠　　　　　② ㉡　　　　　③ ㉢　　　　　④ ㉣　　　　　⑤ ㉤

03 ● 9449-0098
윗글을 바탕으로 〈보기〉의 ⓐ, ⓑ에 들어갈 말을 각각 쓰시오.

■ 보기 ■

　윗글은 인디언의 땅을 사겠다는 미국 대통령의 제안에 인디언 추장이 답한 글이다. 두 사람은 같은 땅에 살
고 있지만 땅을 바라보는 시각은 서로 다르다. 미국 대통령은 땅을 (　ⓐ　)(으)로 취급하면서 경제적인 관점
으로 땅을 보고 있지만, 인디언 추장은 사람과 땅의 관계를 (　ⓑ　)에 비유하며, 세상의 모든 것은 하나로 연
결되어 있다는 생태적 관점으로 땅을 바라보고 있다.

내용 연구

스와데시의 정신

↓

스와데시의 정신에 따른
경제생활

↓

스와데시의 정신은
가까운 이웃 및 모든
인류에게 도움이 됨.

어휘 풀이
● **스와데시** 20세기 초에 인도에서 전개되었던 독립 운동 표어의 하나. 영국 상품을 배척하고 국산품의 애용과 장려를 주장함.

구절 풀이
● **비록 그 종교가 ~ 믿어야 한다.** 내 가까운 주변의 것이 잘못되었다 할지라도 그것을 버리는 것이 아니라 잘못된 부분을 고치는 방향으로 가야 한다.
● **외국으로부터 수입하는 ~ 되었을 것이다.** 외국에서의 수입으로 인해 인도의 경제가 자생하는 능력이 사라졌다.
● **나는 다른 ~ 문화를 받아들인다.** 우리나라에서 해결할 수 없고 국민들에게 피해가 가지 않는다면 그것은 외국에서 받아들일 수도 있다.

[04~06] 다음 글을 읽고 물음에 답하시오.

스와데시의 정신

㉠스와데시의 정신이란 우리와 가까운 주변에 모든 힘을 기울이기 위해 더욱 먼 곳은 관여하지 않는 것을 말한다. 종교를 예로 들면, 나는 우리의 고대 종교만을 믿는다. 내게 가까운 종교이기 때문이다. 비록 그 종교가 결점을 내포하고 있다 해도, 나는 결점을 고쳐 가면서라도 그 종교를 믿어야 한다.

이것은 정치 분야에서도 마찬가지이다. 경제 분야에서도 나는 가까운 이웃이 생산한 물건만을 사용해야 하며, 물건에 결함이 있다고 해도 이웃의 생업이 능률적으로 이루어질 수 있도록 도와주어야 한다. 만약에 이러한 스와데시가 실천된다면 우리는 영원한 평화의 나라를 건설할 수 있을 것이다.

경제생활

민중이 가난해진 근본 원인은 경제생활과 산업이 스와데시의 정신으로부터 벗어났기 때문이다. 외국으로부터 수입하는 상품이 한 가지도 없었다면, 오늘날 인도는 우유와 꿀이 흐르는 땅이 되었을 것이다. 그러나 실상은 다르다. 우리는 탐욕스럽고 영국도 탐욕스럽다. 영국과 인도의 관계는 분명히 잘못되어 있다.

스와데시의 원리를 따른다면, 우리의 필수품을 공급할 수 있도록 이웃을 가르치는 것은 우리의 의무다. 그러면 인도의 마을은 모두 자급자족적인 경제 단위가 될 것이며, 자기 지방에서 생산할 수 없는 필수품만을 다른 지방의 물품과 교환할 것이다.

이웃에의 봉사

나는 가까운 이웃을 희생시키면서 먼 이웃을 돕지는 않는다. 그것은 편협한 생각이 아니다. 나는 다른 나라에서 내 정신의 성장에 필요한 것을 구한다. 그러나 아무리 훌륭한 것이라고 해도 내 성장을 저해하거나 자연에 피해를 준다면 그것을 구하지 않겠다.

나는 다른 나라로부터 건강하고 유익한 문화를 받아들인다. 영국에서 의료 기구를, 오스트리아에서 연필을, 스위스에서 시계를 구입한다. 그러나 아무리 훌륭한 품질을 지녔다 해도 다른 나라로부터는 단 하나의 면직물도 구입하지 않겠다. 이것을 구입하면 인도 민중들이 크게 피해를 입기 때문이다.

나는 이웃에 도움되는 일은 모든 인류에게 도움이 된다고 확고하게 믿는다. 물론 이웃에 봉사하는 것은 결코 이기적이거나 배타적이어서는 안 된다. 이 때문에 다른 사람을 착취해서는 안 된다. 스와데시 운동은 가까운 이웃을 위해서 다른 사람은 무시하라고 가르친다. 그렇지만 그 가까운 이웃도 자신의 가까운 이웃을 위해 봉사해야 하는 것은 당연한 일이다. 이렇게 볼 때 스와데시 운동은 결코 배타적이지 않다. 다만 봉사할 수 있는 인간의 한계를 명확히 인식할 따름이다.

04 ● 9449-0099
윗글의 글쓴이의 견해와 일치하지 않는 것은?

① 인간은 전 세계의 인류를 모두 도울 수 없다는 한계를 가지고 있다.
② 가까운 이웃을 희생시키면서 먼 이웃을 돕지 않는 것은 편협한 생각이다.
③ 스와데시의 원리에 따라 자급자족적인 경제 단위를 만들기 위해 노력해야 한다.
④ 스와데시의 정신에 따른다면 자국민의 어려움을 우선으로 생각하고 돌보아야 한다.
⑤ 먼 곳을 신경 쓰지 않고 가까운 주변에 힘을 기울이면 평화로운 사회를 만들 수 있다.

05 ● 9449-0100
윗글이 쓰일 당시의 상황을 설명하는 〈보기〉를 바탕으로 윗글을 이해한 내용으로 적절하지 않은 것은?

■ 보기 ■

1707년 무굴 제국의 황제가 죽자 인도 각지에서 지방 세력들이 우후죽순처럼 일어났다. 당시 영국은 인도에 동인도 회사를 설치하여 무역을 하고 있었는데, 인도의 지방 정권들을 하나씩 격파해 나가며 19세기 중엽 인도의 거의 모든 지역을 점령하였다.

인도를 식민지로 삼은 영국은 막대한 부를 챙겼다. 영국은 인도에 면화의 재배를 강요하였고, 숲의 나무들을 엄청나게 베어 갔다. 이 때문에 인도의 숲은 파괴되었고, 무거운 세금에 허덕이던 농촌에 엄청난 기근이 찾아와 수백만 명의 인도인이 희생되었다. 게다가 기계로 만든 영국의 값싼 면제품이 인도에 대량으로 들어오면서 인도의 섬유 산업이 파괴되고 수공업자들은 일자리를 빼앗겼다. 이에 대항하기 위하여 인도인들은 스와라지(자치), 스와데시(국산품 애용), 보이콧(영국 제품 불매) 운동을 전개하는 등 반영 운동에 적극적으로 참여하였다.

① 글쓴이는 영국 때문에 인도의 마을이 자급자족을 하지 못한다고 생각하겠군.
② 글쓴이는 인도의 경제에 위협이 되지 않는다면 외국의 상품을 받아들일 수도 있겠군.
③ 글쓴이는 반영 운동에 적극적으로 참여하는 것이 결국 인류에게 도움이 되는 일이라고 생각하겠군.
④ 글쓴이가 외국으로부터 수입하는 상품에 반감을 가진 이유는 수입품으로 인해 인도의 경제가 무너졌기 때문이군.
⑤ 글쓴이는 영국의 면직물에 대항하기 위해 스와데시 정신에 따라 기계를 바탕으로 한 섬유 산업을 키워야 함을 주장하고 있군.

06 ● 9449-0101
㉠에 대응하는 사례로 적절하지 않은 것은?

① 연말 구호 물품을 모아 지역 사회의 불우 이웃에게 전달하였다.
② 합리적인 소비를 하기 위해 여러 상품을 비교한 후 값이 저렴한 것을 사용하였다.
③ 지역에서 생산된 농산물의 소비를 촉진하기 위해 로컬 푸드 음식점을 방문하였다.
④ 전통적으로 내려오는 토속 신앙의 문제를 인정하고 이를 개선하기 위해 노력하였다.
⑤ 일제의 경제적 수탈에 항거하기 위해 경제적 자립을 목표로 하는 물산 장려 운동을 실시하였다.

6 매체의 특성을 고려한 글 읽기

◆ 매체의 발달

• 매체는 사람들의 생각이나 정서, 다양한 정보와 지식 등을 다수의 사람들에게 전파하여 공유할 수 있도록 하는 수단으로서 오랜 세월 동안 다양한 형태로 발전해 왔다.

• 오늘날에는 텔레비전과 영화, 뮤직비디오 등 영상 문화가 크게 발달하였다. 이러한 영상 문화의 발달은 인쇄 매체와 독서에도 많은 영향을 미치고 있다.

• 컴퓨터 기술과 통신 기술이 결합되어 탄생한 인터넷은 인쇄 매체와는 전혀 다른 방식으로 정보와 지식을 구성하고 유통할 수 있게 함으로써 현대인의 삶을 급속도로 변화시키며 현대 정보 사회의 상징이 되었다.

◆ 매체와 독서 문화

• 현대 사회에서 우리는 과거에 비해 훨씬 다양해진 독서 매체를 접할 수 있다.

• 부정확하거나 잘못된 정보, 심지어 유해한 정보가 혼재되어 있어 이에 쉽게 노출된다는 부작용도 따른다.

• 전자책은 종이책에 비해 가격이 저렴하고 필요한 부분만 별도로 구입할 수 있으며 휴대가 간편해 언제 어디서나 쉽게 원하는 책을 찾아볼 수 있다는 장점이 있다.

1 매체의 발달 과정

(1) 인류 초기
주로 음성 언어를 통해 의사소통이 이루어졌다.

(2) 문자의 발명
음성 언어의 한계를 극복하고 글로 소통할 수 있게 되었다.

(3) 인쇄술의 발명
책을 대량으로 찍어 낼 수 있게 되면서 많은 사람들이 독서를 통해 다양한 정보를 공유할 수 있게 되었다.

(4) 과학 기술의 발달
전자 매체가 등장하여 음성, 영상, 음향, 음악 등을 함께 담아내고 있으며 컴퓨터와 인터넷으로 대표되는 디지털 매체는 이들을 융합하면서 새로운 의사소통 수단을 만들어 가고 있다.

(5) 영상 문화의 영향
영상 문화의 영향으로 문자뿐만 아니라 그림이나 사진과 같은 이미지가 의미 표현에 중요한 역할을 담당하고 있다.

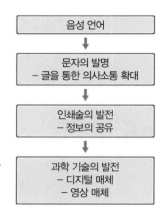

2 매체에 따른 쓰기와 독서 문화의 특성

(1) 매체의 발달에 따른 독서 문화의 특징
• 전자 매체의 발달에 따라 이른바 손안의 인터넷 세상이 열리면서 많은 정보를 디지털 문서의 형태로 접하게 되었다. 인터넷은 발신자와 수신자 간의 상호 작용이 수월하게 이루어지는 쌍방향적 매체이기 때문에 고도의 개방성과 유연성을 지니고 있다.

• 많은 양의 정보를 신속하게 나누어 가질 수 있을 뿐만 아니라 이렇게 얻은 정보에 자신의 생각을 덧붙여 새로운 정보를 생산해 내기도 쉽다. 인터넷을 유용하게 활용하기 위해서는 가치 있는 정보의 검색과 선별, 융합의 능력이 필수적이다.

• 누구나 매체 자료의 제작이 가능하기 때문에, 소비자로서만이 아니라 생산자로서 적극적이고 주체적으로 독서 문화 활동에 참여할 수 있게 되었다.

(2) 전자책의 등장과 독서 문화의 변화
• 전자 매체의 또 다른 형태 중 하나인 전자책은 문자나 화상과 같은 정보를 전자 매체에 기록하여 서적처럼 이용할 수 있는 디지털 도서를 이른다.

- 전자책은 독서 중 모르는 내용을 즉시 검색할 수 있고, 독서를 하면서 동영상 자료를 보거나 배경 음악을 들을 수 있으며, 자신이 읽은 글을 목적에 따라 쉽게 편집할 수도 있기 때문에 종이책의 한계를 뛰어넘는 매체로 자리 잡고 있다.
- 전자책에는 문자와 화상의 재생과 같은 기본적 기능 외에 확대 표시, 자동 페이지 넘김, 검색 및 편집 등 다양한 기능이 있으므로 이를 활용한 효과적인 독서가 가능하다.

3 매체의 특성을 고려한 글 읽기 방법

(1) 자신에 맞는 도서 선택
- 현대의 독자들은 다양하고 방대한 정보를 빠르게 검색하여 자신에게 맞는 정보만 취사선택해 읽어야 하는 경우가 많기 때문에 도서관이나 인터넷 등의 각종 정보원을 통해 독서에 관한 정보를 습득하여 자신에게 맞는 도서를 선택할 줄 알아야 한다.
- 신문, 잡지, 인터넷 등의 신간 소개와 서평을 활용하면 자신이 원하는 책을 어느 정도 파악할 수 있고, 인터넷 서점이나 도서관, 출판사, 연구 기관 등에서 독자가 원하는 주제에 관한 서지 정보를 맞춤식으로 제공하고 있으므로 이를 활용할 수도 있다.

(2) 매체 언어의 특성 고려하기
- 문자 언어로 표현된 글을 읽을 때와 달리 그림이나 사진 등의 이미지와 소리 등이 결합하면서 형성하는 의미를 파악할 수 있어야 한다.
- 매체 자료를 활용할 때는 내용이 타당한 자료인지, 신뢰할 수 있는 자료인지, 글에 담긴 가치나 이념이 공정한 것인지 등을 판단하며 읽는 태도가 필요하다.
- 매체를 통해 전달되는 수많은 정보를 자신의 목적에 맞게 종합하고 재구성할 수 있도록 주체적이고 비판적으로 글을 읽도록 한다.

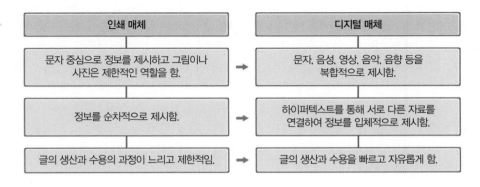

인쇄 매체	디지털 매체
문자 중심으로 정보를 제시하고 그림이나 사진은 제한적인 역할을 함.	문자, 음성, 영상, 음악, 음향 등을 복합적으로 제시함.
정보를 순차적으로 제시함.	하이퍼텍스트를 통해 서로 다른 자료를 연결하여 정보를 입체적으로 제시함.
글의 생산과 수용의 과정이 느리고 제한적임.	글의 생산과 수용을 빠르고 자유롭게 함.

◈ 매체의 특성을 고려하여 글을 읽어야 하는 이유
- 현대 사회는 디지털 매체로 인한 3차 독서 혁명의 시대라고 불린다.
- 다양한 정보와 저자, 가격, 출판사, 분량, 책에 대한 독자 반응 등을 살펴 독서의 목적과 자신의 독서 능력, 독서 환경을 고려하여 읽을 책을 선택할 필요가 있다.
- 동일한 목적과 내용을 가진 글이라도 그것이 문자 언어로만 쓰였는지 매체 언어로 쓰였는지에 따라 표현 방식이 달라지므로 글을 읽는 방식도 그에 맞게 바뀌어야 한다.
- 매체의 발달로 다양한 정보가 빠르게 생산·유통되고, 정보를 수집하고 활용하는 것 또한 편리해짐에 따라 많은 정보를 쉽게 접할 수 있게 되었지만, 내용이 부실하거나 내용을 신뢰할 수 없는 것이 뒤섞여 있는 경우도 많아졌다.

내용 연구

가짜 뉴스의 정의와 범위
↓
가짜 뉴스의 역사
↓
21세기형 가짜 뉴스의 특징
↓
가짜 뉴스가 만들어지는 이유

어휘 풀이

● 반증(反證) 어떤 사실이나 주장이 옳지 아니함을 그에 반대되는 근거를 들어 증명함. 또는 그런 증거.
● 오보(誤報) 어떠한 사건이나 소식을 그릇되게 전하여 알려 줌. 또는 그 사건이나 소식.

구절 풀이

● 전문가들은 가짜 뉴스의 ~ 없다고 지적한다. 가짜 뉴스의 범위가 명확하지 않으면 더 많은 혼란을 가져올 수 있기 때문에 이를 명확하게 정할 필요가 있다.
● 가짜 뉴스는 더 이상 ~ 유통되고 확산된다. 21세기의 가짜 뉴스는 구전되는 것이 아니라 디지털 매체를 이용하고, 또한 정식 기사와 비슷한 형태로 전해지기 때문에 보다 빠르게 확산된다.

[01~03] 다음 글을 읽고 물음에 답하시오.

우리는 거짓이 사실을 압도하는 사회에서 살고 있다. 사실에 사회적 맥락이 더해진 진실도 자연스레 설 자리를 잃었다. 2016년에 옥스퍼드 사전은 세계의 단어로 '탈진실'을 선정하며 탈진실화가 국지적 현상이 아니라 세계적으로 나타나는 시대적 특성이라고 진단했다. 탈진실의 시대가 시작된 것을 반증하기라도 하듯 '가짜 뉴스'가 사회적 논란거리로 떠올랐다.

가짜 뉴스의 정의와 범위에 대해선 의견이 여러 갈래로 나뉜다. 언론사의 오보에서부터 인터넷 루머까지 가짜 뉴스는 넓은 스펙트럼 안에서 혼란스럽게 사용되고 있다. 전문가들은 가짜 뉴스의 기준을 정하고 범위를 좁히지 않으면 비생산적인 논란만 가중될 수밖에 없다고 지적한다. 2017년 2월 한국언론학회와 한국언론진흥재단이 주최한 세미나에서는 가짜 뉴스를 '정치적·경제적 이익을 위해 의도적으로 언론 보도의 형식을 하고 유포된 거짓 정보'라고 정의하였다.

가짜 뉴스의 역사는 인류 커뮤니케이션의 역사만큼이나 길다. 백제 무왕이 지은 「서동요」는 선화 공주와 결혼하기 위해 그가 거짓 정보를 노래로 만든 가짜 뉴스였다. 1923년 관동 대지진이 났을 때 일본 내무성이 조선인에 대해 악의적으로 허위 정보를 퍼뜨린 일은 가짜 뉴스가 잔인한 학살로 이어진 사건이다. 이처럼 역사 속에서 늘 반복된 가짜 뉴스가 뜨거운 감자로 떠오른 것은 새삼스러운 것처럼 보이지만, 최근 일어나는 가짜 뉴스 현상을 돌아보면 이전의 사례와는 확연히 다른 점을 발견할 수 있다.

'21세기형 가짜 뉴스'의 특징은 논란의 중심에 글로벌 IT 기업이 있다는 점이다. 가짜 뉴스는 더 이상 동요나 입소문을 통해 퍼지지 않는다. 누구나 쉽게 이용하는 매체에 '정식 기사'의 얼굴을 하고 나타난다. 감쪽같이 변장한 가짜 뉴스들은 대중이 뉴스를 접하는 채널이 신문·방송 같은 전통적 매체에서 포털, SNS 등의 디지털 매체로 옮겨 가면서 쉽게 유통되고 확산된다.

가짜 뉴스를 생산하는 이유는 '돈'이다. 뉴스와 관련된 돈은 대부분 광고에서 발생한다. 모든 광고는 광고 중개 서비스를 통하는데, 광고주가 중개 업체에 돈을 지불하면 중개 업체는 금액에 따라 광고를 배치한다. 높은 조회수가 나오는 사이트일수록 높은 금액의 광고를 배치하는 식이다. 뉴스가 범람하는 상황에서 이용자는 선택과 집중을 할 수밖에 없다. 그 때문에 눈길을 끄는 뉴스가 잘 팔리는 뉴스가 된다. 가짜 뉴스는 선택받을 수 있는 조건을 정확히 알고 대중을 치밀하게 속인다. 어떤 식으로든 눈에 띄고 선택받아 '돈'이 되기 위해 비윤리적이어도 개의치 않고 자극적인 요소들을 자연스럽게 포함한다. 과정이야 어떻든 이윤만 내면 성공이기 때문이다. 이런 이유로 가짜 뉴스는 혐오나 선동과 같은 자극적 요소를 담게 되고, 이렇게 만들어진 가짜 뉴스는 사회 구성원의 통합을 방해하고 극단주의를 초래한다.

01
◎ 9449-0102
윗글을 읽고 알 수 있는 내용으로 적절하지 <u>않은</u> 것은?

① 가짜 뉴스의 정의
② 가짜 뉴스가 사회에 미치는 영향
③ 가짜 뉴스가 쉽게 유통되고 확산되는 이유
④ 이윤과 무관하게 가짜 뉴스를 생산하는 경우
⑤ 역사 속에서 찾아볼 수 있는 가짜 뉴스의 사례

02
◎ 9449-0103
윗글을 바탕으로 〈보기〉를 이해한 내용으로 적절하지 <u>않은</u> 것은?

■ 보기 ■

가짜 뉴스로 인해 언론에 대한 신뢰가 점점 떨어지고 있다. 이러한 불신의 시대에 대응하려는 노력은 일찌감치 시작됐다. 기자나 단일 언론사 단위에서 가짜 뉴스에 대한 대응이 불가능하다는 것을 깨닫고, 해외 언론은 지역별 혹은 글로벌 통신사 단위에서 협력 관계를 구축하고 있다.

세계적인 뉴스 통신사 AP는 소셜 미디어에서 수집되는 사진과 영상을 확인하는 사실 확인 전담 팀을 구성했다. 방법은 의외로 원시적이다. 예컨대 어느 국가에서 소요가 일어났다는 영상이 소셜 미디어에 뜨면, 1차적으로 영상을 올린 사람의 아이디와 위치 정보, 시간대 등을 확인한다. 2차로는 포털 사이트의 스트리트 뷰를 이용해서 해당 사건이 일어났다고 하는 곳의 주변 경관이나 지형지물을 확인하는 것이다. 이런 과정을 거치고도 확인이 안 되면, 영상을 해당 국가로 보내어 상세하게 확인 작업을 한다. 최근 독일에서 난민이 응급실 의사를 공격하는 영상이 소셜 미디어를 뜨겁게 달군 적이 있었는데, AP는 이러한 과정을 통해 사건 장소가 독일이 아니라는 사실을 입증할 수 있었다.

① 언론사에서 철저하게 사실을 확인하는 이유는 가짜 뉴스로 인한 신뢰도 하락을 막기 위해서겠군.
② 난민이 의사를 공격하는 영상이 사람들의 관심을 받았던 이유는 자극적인 요소가 담겨 있었기 때문이군.
③ 가짜 뉴스의 중심에 글로벌 IT 기업이 있기 때문에 이에 대응하기 위해 복잡한 기술적 장치를 마련하였군.
④ 난민이 의사를 공격하는 영상에 대한 상세한 사실 확인이 없었다면 난민에 대한 혐오가 생겼을 수도 있겠군.
⑤ 사실 확인 전담 팀은 최근 가짜 뉴스가 활발하게 유통되고 확산되는 데 중심이 되는 소셜 미디어의 자료들을 주로 확인하는군.

03
◎ 9449-0104
'21세기형 가짜 뉴스'의 특징은 무엇인지 서술하시오.

내용 연구

DMZ의 탄생 배경

↓

DMZ의 정의 및 역할

↓

DMZ의 지리적 위치

어휘 풀이

● **정전 협정** 교전 중에 있는 양방이 일시적으로 전투를 중단하기로 합의하여 맺은 협정.

● **완충 지대** 대립하는 나라들 사이의 충돌을 완화하기 위하여 설치한 중립 지대.

구절 풀이

● **악수도 인사도 ~ 멈추는 순간이었다.** 전쟁은 3년이 넘도록 길게 지속되었지만 그것이 멈추는 시간은 매우 짧았다.

● **서울시 면적의 ~ 해당하는 공간이다.** DMZ의 면적은 907km²이다. 서울시 면적은 605.25km², 한반도 전체 면적은 22만km²이다.

[04~06] 다음 글을 읽고 물음에 답하시오.

주소 http://blog.△△△.net ▼ 검색

평화와 생명의 땅
DMZ

| 알아보기 | 만나기 | 가 보기 | 공유하기 |

🏠 〉 알아보기 〉 DMZ 〉 **탄생 및 현황**

알아보기

탄생 및 현황

총성이 멈춘 자리에 탄생한 서글픈 평화의 공간

DMZ ▼

탄생 및 현황
역사적 배경
미래와 전망

판문점(JSA) ▶

대성동 마을 ▶

서해 5도 ▶

 1953년 7월 27일 오전 10시, 유엔군 사령관과 북한 및 중국 대표가 판문점에 모였다. 2년여에 걸쳐 진행된 휴전 회담에 마침표를 찍기 위해서였다. 악수도 인사도 없이 침묵 속에서 양측이 준비한 문서에 서명하는 데 걸린 시간은 12분, 3년 넘게 한반도를 뒤덮었던 포화와 총성이 드디어 멈추는 순간이었다. 총성은 멈췄지만 승자도 패자도 없었던 전쟁, 6·25 전쟁은 우리에게 돌이킬 수 없는 상처와 고통 외에도 원치 않았던 숙제를 남겼다. 한반도 허리를 가로지르는 다가갈 수 없는 땅, DMZ였다.

사전적 의미로 봤을 때 'Demilitarized Zone'의 약자인 DMZ는 '비무장 지대'라는 뜻으로 '국제 조약이나 협약에 의해 무장이 금지된 지역'을 말한다. 우리나라에서의 DMZ는 1953년 7월 27일에 조인된 정전 협정 제1조 1항(군사 분계선과 비무장 지대)에 근거해 '1개의 군사 분계선을 확정하고 쌍방이 이 선으로부터 각기 2km씩 후퇴함으로써 설정된 공간'으로 정의된다. 휴전 상태인 남북한의 군사적 충돌을 방지하기 위한 군사적 완충 지대 역할을 하는 것이다.

DMZ는 군사 분계선에서 남쪽과 북쪽으로 각 2km씩, 총 4km 폭의 공간이다. 한반도를 가로지르는 DMZ의 길이는 서해의 임진강 하구에서부터 동해의 고성군 명호리에 이르기까지 약 248km(155마일)이다. 서울시 면적의 1.5배이며 한반도 전체 면적의 1/250에 해당하는 공간이다. 또한 '한강 하구 중립 지역'이라 하여 임진강 하구에서 강화도 끝 섬까지 남북 양쪽의 이용이 허용되는 지역이 있다. 육지상의 DMZ가 남북한의 민간 이용을 금지하고 있는 것과는 대조적이다.

소셜 한마디

(0 / 200 자) 댓글 달기

통일소녀: DMZ에 대해 잘 알게 되었네요.
DMZman: 좋은 정보 감사합니다. 제 블로그에 공유할게요.
평화사랑: DMZ에 가 보고 싶은데 어떻게 하면 되나요?
ㄴ 글쓴이: 홈페이지의 '가 보기'로 들어가 보세요.^^

04 ◎ 9449-0105

윗글에서 확인할 수 있는 내용으로 적절하지 <u>않은</u> 것은?

① DMZ의 의미
② DMZ의 역할
③ DMZ의 위치
④ DMZ가 만들어진 시기
⑤ DMZ의 민간 이용의 사례

05 ◎ 9449-0106

윗글에 나타난 매체의 특성으로 적절하지 <u>않은</u> 것은?

① 댓글을 활용하여 독자와의 즉각적인 소통이 가능하다.
② 다루고 있는 다른 내용들이 무엇인지 쉽게 파악할 수 있다.
③ 글의 중간에 링크를 삽입하여 원하는 정보로 빠르게 접근할 수 있다.
④ 사진 등의 매체 자료를 활용하여 정보를 효과적으로 전달할 수 있다.
⑤ 공유 기능을 활용하여 정보를 빠르게 전달하고 유통·확산시킬 수 있다.

06 ◎ 9449-0107

윗글을 읽고 쓸 수 있는 댓글의 내용으로 적절하지 <u>않은</u> 것은?

① 3년간의 길었던 전쟁이 순식간에 마무리됐네요. 어서 DMZ도 사라졌으면 좋겠습니다.
② 한반도의 허리를 갈라 놓으니 길이가 길 수밖에 없겠군요. DMZ의 전체 면적은 어느 정도나 되나요?
③ 좋은 글 잘 읽고 갑니다. 우리나라 말고도 DMZ가 존재하는 나라가 있다면 알려 주실 수 있으신가요?
④ 전쟁이 남긴 상처와 고통, 숙제는 우리가 해결해야 할 문제겠죠. 그렇게 보면 아직 전쟁은 끝난 것이 아니겠네요.
⑤ 남과 북 사이의 거리가 4km밖에 되지 않는다는 사실을 알고 놀랐습니다. 그만큼 가까이 있으면서도 오갈 수 없다는 현실이 안타깝네요.

[01~03] 다음 글을 읽고 물음에 답하시오.

순자는 맹자와 마찬가지로 ㉠인간의 본성을 선천적인 것으로 규정했다. 하지만 인간의 도덕적인 측면에 주목한 맹자와 달리 순자는 배고프면 먹고 싶고, 추우면 따뜻하게 하고 싶고, 피곤하면 쉬고 싶은 인간의 자연적이고 생리적인 욕구에 주목했다. 순자는 이러한 생리적 욕구에 바탕한 이기심이 누구에게나 있다고 생각했다. 그리고 이 욕구대로 간다면 다툼이 생길 수밖에 없다고 보았기 때문에 순자는 인간의 본성을 악하다고 했다. 그러나 실제로는 사람들이 악한 행위만 하는 것은 아니다. 오히려 그 반대로 행동하는 경우도 얼마든지 있다. 이처럼 스스로 자신의 악한 본성을 거스르는 착한 행위는 어디서 오는 것일까?

[A]
순자는 인간의 마음 작용을 성(性), 정(情), 려(慮), 위(爲)의 네 부분으로 나누었다. 이 네 부분은 마음이 움직이는 순서이기도 하다. 첫 단계인 '성'은 사람의 가장 기본적인 부분으로서, 삶의 자연스러운 본질이자 날 때부터 가지고 있는 본성이다. 두 번째 단계인 '정'은 밖에 있는 사물들과 만나서 생기게 되는 감정이다. 좋다, 나쁘다, 기쁘다, 노엽다, 슬프다, 즐겁다 하는 것들이 여기에 해당한다. 세 번째 단계인 '려'는 구체적인 감정이 생긴 뒤에 어떻게 살 것인가를 선택하는 문제이다. 사람의 사고 작용에 해당하는 셈이다. 네 번째 단계인 '위'는 선택이 끝난 후 실행해 나가는 의지적인 실천이다.

이 네 단계를 구체적인 상황과 연결해 보자. 만약 사흘 동안 아무것도 먹지도 마시지도 못했다면, 본성은 끊임없이 먹고 마시고 싶다는 방향으로 움직일 것이다. 그리고 먹을 자격이 있는데도 누군가가 부당하게 먹지 못하게 한다면, 노여워질 수도 있고 슬퍼질 수도 있다. 또 먹을 차례가 돌아오면 기쁘다, 즐겁다 하는 감정이 생길 것이다. 그렇지만 인간은 곁에 자기보다 더 불쌍한 어린아이나 노인이 있다면, 혼자 다 먹어 버릴지 불쌍한 어린이나 노인과 나누어 먹든가 다 주어 버릴지 고민에 빠질 것이다. 혼자 다 먹어 버리는 것이 본성에 충실한 행동이지만 사람들은 대부분 그렇게 행동하지 않는다. 오히려 자기 본성의 욕구와 반대 방향으로 행동하고 굳센 의지로 본성을 억누르면서 참아 내기도 한다. 이렇게 참는 작용이 순자가 마음의 네 번째 작용으로 파악한 '위'이다. 순자는 본성대로 가면 결과가 악이고, 본성을 거스르는 의지적 실천대로 가면 선이기 때문에 성은 악이고, 위는 선이라고 했다. 순자는 인간의 본성이 악하다고 해서 본성대로 살자고 한 것이 아니라, 어떻게 의지적 실천을 통해 본성이 가져올 악한 결과를 변화시켜 나갈 것인지를 고민한 것이다.

순자는 인간의 본성을 착하다고 한 맹자의 주장은 본성을 제대로 알지 못한 것이라고 비판했다. 타고난 본성과 후천적인 의지에 의한 노력을 구분하지 못한 것이라는 지적이다. 그리고 맹자의 말대로 본성이 본래 착한 것이라면, 현실의 인간은 대부분 태어나면서 바로 자신의 착한 본성을 잃어버리게 되는 셈이라고 비판했다. 또 인간이 본래 착한 존재라면 애초부터 훌륭한 임금이나 좋은 제도 따위는 필요가 없게 된다고도 했다.

맹자는 모든 인간의 본성이 착하다고 하면서도 실제적인 강조점은 군자에게 두었다. 인간의 본성에 생리적인 면이 있음을 인정하면서도, 그러한 생리적인 면을 본성으로 보는 사람들은 소인이고, 군자는 도덕성만을 본성으로 본다고 하였다. 맹자는 사실상 군자의 도덕성만을 인정한 것이며, 일반 백성들에 대해서는 도덕성에 근거한 군자의 교화를 받아들일 수 있는 정도의 자질만 인정한 셈이다. 하지만 순자는 어떤 사람인가를 구분하지 않고 모든 사람의 본성이 악하다고 했다. 가장 훌륭한 사람의 표본이었던 요순의 본성과 가장 악한 사람의 표본이었던 걸 임금이나 도척의 본성이 같다고 보았다. 순자가 같다고 본 본성은 생리적·감각적인 본성이다. 그러므로 도덕성은 본성 자체에서 나오는 것이 아니라 현실에서 이루어지는 부차적인 노력의 결과인 셈인 것이다.

01
◎ 9449-0108

윗글에 대한 이해로 적절하지 <u>않은</u> 것은?

① 맹자는 인간의 본성에서 생리적인 면은 인정하지 않았다.

② 맹자는 도덕성이 본성 자체에서 나오는 것이라고 생각했다.

③ 순자는 인간의 본성이 착하다면 좋은 제도는 필요 없다고 보았다.

④ 맹자는 인간의 도덕적인 측면에, 순자는 인간의 생리적인 욕구에 주목했다.

⑤ 순자는 맹자가 타고난 본성과 후천적인 노력을 구분하지 못했다고 비판했다.

02
◎ 9449-0109

윗글의 [A]를 바탕으로 〈보기〉에 대해 반응한 내용으로 적절하지 <u>않은</u> 것은?

■ 보기 ■

휴일을 맞아 쉬고 싶었던 갑, 을, 병 세 사람은 일하러 나오라는 회사의 연락을 받았다. 세 사람은 휴일에 일하러 나가야 하는 사실이 괴로웠다. 갑과 을은 회사에 가서 일을 해야겠다고 생각했지만, 병은 일을 못할 것 같다고 생각해 회사에 가지 않기로 했다. 그런데 을도 생각이 바뀌어 회사에 가지 않기로 했고, 갑만 고민 끝에 회사에 나가서 일을 하기로 했다.

① 갑이 회사에 나가 일을 하겠다고 선택하는 과정은 '위'의 단계가 실현된 것이다.

② 병이 갑, 을과 달리 일을 못할 것 같다고 생각하는 것은 '려'의 단계가 드러난 것이다.

③ 을이 회사에 가서 일을 하겠다고 생각하다가 생각이 바뀐 것은 '려'의 단계의 변화이다.

④ 세 사람이 휴일에 일하러 나오라는 연락을 받고 괴로워하는 것은 '정'의 차원인 마음의 작용이다.

⑤ 세 사람이 모두 휴일을 맞아 쉬고 싶어 하는 것은 날 때부터 가지고 있는 본성인 '성'에 해당한다.

03
◎ 9449-0110

㉠에 대한 순자와 맹자의 견해 차이를 '요순'을 예로 들어 서술하시오.

[04~06] 다음 글을 읽고 물음에 답하시오.

 사회 과학 분야에서 가장 주목하고 있는 것은 '사회적 자본'이란 개념이다. 사회적 자본이란 사람들 사이에 협력을 가능하게 하는 공유된 제도, 규범, 네트워크, 신뢰 등과 같은 무형의 자본을 뜻한다. 지금까지 경제학은 물적 자본과 인적 자본을 중심으로 대부분의 논의를 전개해 왔다. 그런데 1990년대 후반에 접어들면서 사회적 자본이 사회 거래 비용을 절감시켜 물적·인적 자원의 생산성을 높인다는 점이 밝혀지면서 경제학에서도 사회적 자본에 많은 관심을 갖게 되었다. 이른바 사회적 자본을 잘 갖춘 나라들의 경제 발전이 더 용이하다는 것인데, 그런 점 때문에 세계은행이나 OECD 같은 국제기구들에서 사회적 자본에 관한 많은 연구를 진행 중이다. 동일한 조건을 가진 국가 간에도 경제 발전의 차이가 나타나는 까닭을 규명하다 보니 사회 전체에 공유된 가치의 차별적인 요소가 원인으로 드러났기 때문이다.

 사회적 자본을 연구하는 사람들이 누리 소통망에 주목하게 된 데에는 『나 홀로 볼링』이라는 저서를 통해 사회적 자본이란 개념을 세상에 널리 알린 ⓐ로버트 퍼트넘이 기여한 바가 크다. 로버트 퍼트넘은 2000년에 이 저서를 통해 미국 사회에서 사회적 자본이 쇠퇴하는 현상을 분석했다. 그에 의하면 1960년대 이후 미국에서는 정치 단체, 시민 단체 등과 같은 공적인 단체에서부터 친구 모임, 카드 게임 모임 등 사적인 단체에 이르기까지 거의 모든 단체 활동 분야에서 사람들의 참여율이 떨어졌다. 퍼트넘은 이것을 미국 사회에서 개인화가 심화된 현상으로 포착했다. 그는 이와 같은 현상들이 나타나게 된 원인과 의미 등을 분석하면서 사회적 자본이 줄어든 사회는 많은 문제가 생길 수밖에 없는 반면, 사람들의 사회적 참여를 늘려 사회적 자본이 살아나게 되면 공동체가 살아나고 공공의 선이 실현될 수 있다고 보았다. 사회적 자본이 풍부하면 네트워크가 개인과 집단에게 높은 생산성, 능률, 상호 이익 등을 가져다줄 뿐 아니라, 사람들이 기회주의적 처신을 하거나 부정행위를 할 동기도 줄어들게 된다고 본 것이다.

 이런 퍼트넘의 아이디어에 착안하여 많은 경제학자들이 '사회적 자본의 경제적 함의'를 측정하는 연구를 시도했는데, 독일 사회 경제 연구소는 2014년 ㉠연구 논문을 통해 누리 소통망 활동이 높은 지역에서 구성원들의 사회적 자본이 높다는 것을 밝혀냈다. 그런데 누리 소통망의 사용은 이미 알고 있던 집단에서의 내부 결속을 강화하는 측면이 크지만, 새로운 집단과의 연계를 늘리지는 못한다는 점과 누리 소통망 사용이 집단 외부인에 대한 신뢰도는 더 떨어뜨린다는 점도 밝혀냈다. 사회적 자본은 여러 가지 개념이 중층적으로 섞여 있는 탓에 관련된 동질성에 따라 '결속적 사회적 자본', '교량적 사회적 자본', '연결적 사회적 자본'이라는 세 가지 차원에서 접근할 수 있다. 결속적 사회적 자본은 가족이나 친구, 이웃 등 이미 동질적인 성향을 가진 구성원들 속에서 형성되는 개념이고, 교량적 사회적 자본은 이보다 조금 먼 이질적인 동료나 조직 외 구성원들과 맺는 개념이다. 연결적 사회적 자본은 이보다도 더 먼 집단과 집단, 혹은 공공 기관과 같은 조직과 맺는 개념이다. 이 연구팀의 결과는 누리 소통망의 사용이 매우 동질적인 집단에서 나타나는 결속적 사회적 자본은 강화시키지만, 이질적 집단 간에서 나타나는 교량적 사회적 자본은 더 떨어뜨린다는 내용이었다.

 사회적 자본의 이런 상충적인 특성이 사회 전체적으로 유의미한 것인가에 대해서는 좀 더 깊이 생각해 볼 필요가 있다. 누리 소통망을 통해 이미 알고 지내던 사람들과는 유대감이 강화되지만, 사회 전체적인 통합력이나 신뢰가 떨어질 수 있다면 사회 전체적인 차원에서 이것을 긍정적인 결과로만 볼 수 없을 것이기 때문이다. 나와 타자의 차이가 더 도드라지고, 내가 소속된 집단 외에는 더 믿을 수 없는 그런 사회가 과연 궁극적으로 우리가 더 원하는 사회인가에 대한 철학적 문제에 대한 논의는 앞으로의 과제라고 볼 수 있다.

04 ● 9449-0111

윗글을 통해 해결할 수 <u>없는</u> 질문은?

① 사회적 자본을 구성하는 요소들은 무엇인가?

② 사회적 자본의 개념을 널리 알린 책은 무엇인가?

③ 누리 소통망 사용이 증가하게 된 이유는 무엇인가?

④ 사회적 자본에 대한 관심이 높아진 배경은 무엇인가?

⑤ 누리 소통망 사용으로 인한 사회적 문제는 무엇인가?

05 ● 9449-0112

㉠을 바탕으로 〈보기〉를 이해한 내용으로 가장 적절한 것은?

■ 보기 ■

> 영원히 ○○ 그룹 님이 새로운 글을 올렸습니다.
>
> 드디어 '○○ 그룹'이 정기 공연을 하네. 여기에 같이 갈 사람?
> #○○ 그룹 # 공식 팬 # 정기 공연
>
> 좋아요 · 댓글 달기 · 공유하기   ■ 공유 169개
>
> ○○ 그룹 만세 '○○ 그룹' 공식 팬 모임 회원인 내가 빠지면 안 되지!
> ┗ ○○ 그룹 사랑 공식 팬 모임 회원님들 모두 공연 보러 오세요.
> ┗ 영원히 ○○ 그룹 내가 응원봉 준비해 갈게. 같이 가자.
> ○○ 그룹 매니저 '○○ 그룹' 태그 보고 들어왔습니다. 저는 '○○ 그룹' 홍보 매니접니다. 공식 팬 모임 회원님들을 위해 제일 앞자리를 비워 놓았습니다. 공연 오실 때 이 메시지를 보여 주시면 앞자리로 안내해 드리겠습니다.
> ┗ 영원히 ○○ 그룹 와~ 정말 정말 감사해요.
> △△ 그룹 지킴이 태그 보고 왔다. 우리 '△△ 그룹'에 비하면 정말 노래도 못 하고, 춤도 못 추는 '○○ 그룹' 공연을 간다는 너희들이 한심하다.
> 영원히 ○○ 그룹 뭐? '△△ 그룹'이야말로 좋은 노래 하나 없고, 형편없던데. 너네가 더 불쌍하다.
> ┗ △△ 그룹 사랑 감히 우리 '△△ 그룹'을 비하하다니. 하늘이 두렵지 않니?

① '○○ 그룹' 팬들 간의 결속적 사회적 자본이 새롭게 형성되고 있군.

② '△△ 그룹' 팬들 간에는 교량적 사회적 자본이 더욱 강화되고 있군.

③ '○○ 그룹' 팬과 '△△ 그룹' 팬 간에 결속적 사회적 자본이 사라지고 있군.

④ '△△ 그룹' 팬과 매니저 사이의 연결적 사회적 자본이 새롭게 형성되고 있군.

⑤ '○○ 그룹' 팬과 '△△ 그룹' 팬 간의 교량적 사회적 자본이 더 약화되고 있군.

06 ● 9449-0113

ⓐ가 주장하는 핵심 내용을 '사회적 자본'의 영향력을 중심으로 서술하시오.

[07~09] 다음 글을 읽고 물음에 답하시오.

모든 자연의 순환은 거대한 온실인 지구 안에서 이뤄진다. 그 과정에서 식물의 역할은 매우 중요하다. 우리가 매일 먹는 밥 속의 탄소는 몸속에서 분해되어 무기물인 이산화 탄소로 연소된다. 공기 중의 이산화 탄소는 식물의 광합성에 의해 다시 나무의 섬유소나 감자의 녹말, 즉 포도당으로 전환된다. 이산화 탄소의 탄소가 녹말의 탄소로 순환된 것이다. 바꿔 말하면 낮은 에너지의 이산화 탄소가 높은 에너지의 녹말로 저장된 것이다. 이처럼 광합성은 지구의 탄소 순환에 매우 중요한 역할을 한다.

광합성은 밝음과 어둠, 즉 명과 암의 두 단계 반응으로 되어 있다. 명반응은 빛이 관여하는 반응으로 빛 에너지를 다음 반응에도 쓸 수 있는 화학 에너지로 만든다. 암반응은 빛에서 만들어진 에너지, 즉 명반응의 결과인 화학 에너지 같은 고에너지 물질로 공기 중의 이산화 탄소를 포도당과 같은 유기 물질로 만든다. 빛 에너지를 화학 에너지로 만드는 명반응과 화학 에너지를 포도당으로 만드는 암반응은 모두 식물 세포에 들어 있는 조그만 공장인 엽록체에서 일어난다. 식물 세포에는 아주 작은 크기의 엽록체가 세포 하나당 100개 정도 들어 있다. 나뭇잎의 색깔을 결정하는 엽록소는 빛의 빨간색과 파란색의 파장을 흡수하고 녹색은 반사하기 때문에 잎의 색깔을 녹색으로 보이게 한다. 나뭇잎은 이 두 가지 광선을 흡수하고 이 광선이 가진 빛 에너지를 이용해 물을 산소와 수소로 분해하고, 이 과정에서 에너지가 충만한 화학 에너지를 만드는 것이다.

명반응은 광촉매 등을 이용해 태양 에너지로 전기를 발생시키는 태양 전지와 원리가 비슷하지만 ⓐ광합성의 효율은 태양 전지보다 낮다. 광합성 작용에서는 엽록소가 태양 전지의 광촉매와 같은 물질 역할을 하는데, 엽록소가 광촉매와 같은 물질보다 효율이 낮은 이유는 여러 가지가 있다. 잎의 모든 표면에서 태양 빛을 잡으면 잎은 더워서 죽어 버리게 되므로 자기한테 필요한 태양 에너지만 잡는다. 또한 잎은 자신이 잡은 에너지를 다른 형태의 에너지인 화학 물질로 전달시켜야 하는데, 한 형태에서 다른 형태로 에너지가 바뀌면서 에너지 전달 효율이 떨어진다. 그래서 빛 에너지를 화학 에너지로 만드는 명반응은 그리 효율적이지 않다. 전달 과정에서 에너지 차이가 큰 반응은 그로 인한 에너지 손실도 크기 때문이다. 하지만 명반응 과정에서 만들어진 고에너지 물질을 이용해 이산화 탄소로부터 포도당을 만드는 암반응 과정에서는 수많은 일꾼들이 중간중간 반응에 참여하여 효율이 좀 더 높다.

인공 광합성은 자연 광합성에 비해 효율이 떨어진다. 명반응, 즉 에너지를 잡는 효율에서는 광촉매를 이용한 부분이 엽록소보다는 좀 더 많은 태양 에너지를 잡을 수 있지만, 암반응, 즉 잡은 태양 에너지를 유기 물질로 변화시키는 단계의 효율이 매우 낮아 현재 기술로는 자연 광합성 효율의 1/100에도 미치지 못하고 있는 것으로 밝혀졌다. 그래서 연구자들은 현재 0.1% 효율에서 수년 사이에 3%로 올리는 데 그 목표를 두고 있다. 현재 인간은 태양 에너지의 극히 일부분만 사용하고 있다. 그러므로 태양 빛을 잘 잡을 수 있는 방법을 개발하는 것이 중요하다. 식물이 태양열을 이용해 감자를 만드는 효율을 두 배로 높일 수만 있다면 우리는 현재 생산하고 있는 식량의 두 배를 만들 수 있고, 그 감자로 알코올인 에탄올을 두 배로 만들어 에너지로 활용하면 된다. 이산화 탄소를 원료로 광합성을 한다면 이것이야말로 완전한 '자원의 순환'이라고 할 수 있다.

식물은 나름대로의 생존 목적이 있다. 그래서 유전 공학을 이용해 그들을 강제로 변화시키는 것은 여러 가지 문제를 일으킬 수 있으므로 식물의 원리를 정확히 파악해 인공적으로 광합성을 할 수 있는 방법을 찾아야 한다. 그렇게 된다면 식물들이 여러 종류의 빛을 받아들일 수 있는 능력을 광촉매와 연결시켜 좀 더 쉽게 포도당을 만들어 낼 수도 있을 것이다. 앞으로 자연 광합성을 모방한 인공 광합성은 인간이 도전할 만한 가장 고도의 기술이자, 지구를 살리는 궁극적인 해결책이 될 것이다.

07 ● 9449-0114

윗글에 대한 이해로 적절하지 <u>않은</u> 것은?

① 광합성은 낮은 에너지를 높은 에너지로 바꾸는 역할을 한다.

② 나뭇잎의 색깔이 녹색인 이유는 엽록소가 빛의 녹색을 흡수하기 때문이다.

③ 태양 빛을 잘 잡을 수 있는 방법을 개발하면 식물의 생산 효율을 높일 수 있다.

④ 인공 광합성 연구자들은 암반응의 효율을 현재의 30배로 높이는 것을 목표로 하고 있다.

⑤ 식물이 여러 종류의 빛을 받아들일 수 있는 능력을 광촉매와 연결시킨다면 좀 더 쉽게 포도당을 만들 수 있다.

08 ● 9449-0115

윗글을 바탕으로 〈보기〉에 대해 반응한 내용으로 적절하지 <u>않은</u> 것은?

■ 보기 ■

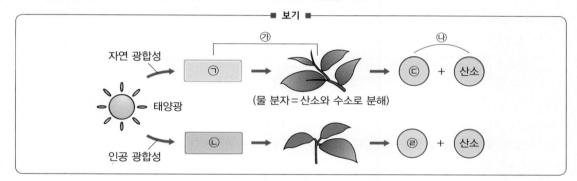

(물 분자＝산소와 수소로 분해)

① ㉮ 단계에서 ㉠과 ㉡은 태양 에너지를 잡는 역할을 하겠군.

② ㉯ 단계의 결과로 ㉢과 ㉣에는 모두 유기 물질이 생성되겠군.

③ ㉯ 단계에서 ㉢과 ㉣로 변화시킬 때, 분해된 산소와 수소를 이용하겠군.

④ ㉯ 단계에서 ㉢과 ㉣을 만들어 낼 때, ㉣보다 ㉢을 만드는 효율이 좋겠군.

⑤ ㉮ 단계에서는 빛 에너지를 ㉯ 단계에서 쓸 수 있는 화학 에너지로 만들겠군.

09 ● 9449-0116

ⓐ의 이유를 두 가지로 서술하시오.

[10~12] 다음 글을 읽고 물음에 답하시오.

무릇 돈이란 그 몸은 하나이면서도 그 뜻은 네 가지를 포함하고 있습니다. 첫째는 돈(錢)의 바탕은 둥글고 구멍은 모났다는 점을 들 수 있습니다. 둥근 것은 하늘을 본떴고 모난 것은 땅을 본뜬 것으로 이른바 덮고 실으며 돌고 돌기를 끊어짐이 없다는 것입니다. 둘째는 천(泉)으로서 통행하여 흘러 퍼지는 것이 마치 샘물처럼 다함이 없다는 뜻입니다. 셋째는 포(布)로서 백성들 사이에 퍼지고 상하에 두루 보급되어 영원히 막히지 않는다는 뜻입니다. 넷째는 도(刀)로서 이것을 잘 이롭게 놀리는 데 따라 빈부가 생기며 날마다 써도 무디어지지 않는다는 뜻입니다. 간절히 설명하옵건대 지금 과거의 원법(圓法)의 공을 본받으면 실익이 그 배가 될 것이고 혹 결단코 행하면 몇 가지 이로움이 있게 될 것입니다. 감히 대략 진술하옵니다.

무릇 쌀을 화폐로 사용한다면 멀고 가까운 곳을 따라 교역할 때에 운반하기가 어려우므로 실제의 사용은 수량(銖兩)의 가벼운 것이지만 헛되이 소모하는 쪽은 천균(千鈞)처럼 무거운 점이 있습니다. 곧 수백 리 밖으로부터 쌀을 운반할 때에 말 한 마리에 겨우 두 섬밖에 실을 수 없을뿐더러 열흘이란 기간이 걸리므로 여기에 사람과 말의 힘이 이미 절반 이상 소모될 것입니다. 추운 겨울이나 뜨거운 여름철을 맞아 가난한 백성들이 소나 말이 없으면 직접 등에 지고 가다가 추위와 더위에 병들어 길에 쓰러지는 그 고통과 불편을 이루 다 말할 수 없습니다. 이런 점에서 지금 돈을 써서 사람이 지거나 말에 싣는 고통을 면해 주어야 할 것입니다. 그것이 그 첫째 이점입니다.

대개 먹는 것은 백성들이 하늘같이 여기는 바, 고아나 과부 등 곤궁한 사람들이 오직 의존하는 것은 쌀뿐입니다. 그런데 지금 그것을 화폐로 삼으면 마음씨 좋지 못한 교활한 무리나 이익을 탐하는 간교한 무리들이 모래흙과 먹을 수 없는 쌀을 섞게 될 것이며, 또한 작은 되(升)나 큰 되에서 속이고 가벼운 것과 무거운 것에 무게를 속임이 있을 것입니다. 그렇다면 선량하고 의탁할 곳 없는 백성들은 겨우 몇 되나 몇 홉을 얻어 그것을 키에 까불고 물로 일어 가리고 나면 없어지는 것이 10분의 4, 5가 됩니다. 간교한 무리들은 비록 중벌에 처한다 하더라도 그런 행위를 금지시키지는 못할 것입니다. 그러나 지금 돈을 사용하면 간교한 무리들을 막고 곤궁한 이들을 돌볼 수 있게 할 수 있습니다. 그것이 그 둘째 이점입니다.

㉠국가에서 녹을 고르는 제도에도 쌀을 봉급으로 주면 창고의 저축은 1년분밖에 보관해 두지 못합니다. 그래서 관공서의 양반에서는 받기를 청하지만 오직 다른 지방에서 가져오기를 기다려야 합니다. 독촉은 지극히 엄중하고 운반하기에는 고되게 애써야 하는 처지에, 혹은 바람이나 서리로 인하여 운반하지 못하거나 흉년이 들 때에, 하급 관리 집에서는 여름만 되면 먹을 것이 없고 권세를 가진 부유한 사람들은 팔로의 형편을 측정하여 곡식을 냄에 배나 이익을 봅니다. 그렇게 되면 가난한 백성들은 더욱 곤궁하고 탐관오리들은 더욱 날뛰며, 반대로 청렴하고 단정한 선비들은 달리 얻는 것이 없으므로 부모를 섬기고 가족을 부양함에 오로지 봉급에만 의지하게 됩니다. 게다가 다시 멥쌀의 반을 잡곡과 바꾸려고 짊어지고 시장에 들어오는 모습은 마치 행상과 같습니다. 이에 과감히 원법을 시행하되 봉급의 반을 표준하여 돈을 지불하면 독촉을 줄일뿐더러 흉년을 대비하여 권력과 재벌의 날뜀을 억누르고 청렴하고 결백한 이를 우대할 수 있습니다. 그것이 셋째 이점입니다.

국가의 창고에는 주옥이나 귀패, 금, 은이나 서상(屖象) 같은 보물을 제외하고 그 외에 저축하는 것은 쌀과 포목뿐입니다. 대개 포목은 오래 두면 상하게 되고 쌀 역시 오래 두면 썩는 손실이 있으며, 또한 좀이 먹고 습기가 차며 비가 새고 화재가 일어나기도 합니다. 새 창고에 가득 찼던 작년의 공포(貢布)가 몇 번 습기에 차서 상한 것을 버리고 온전한 것을 가리면 백에 열도 좋은 것이 없습니다. 그리고 작년 화재 때에는 한 무더기에 불이 나자 백 무더기가 함께 불이 붙어 순식간에 모두 재가 되었습니다. 지금 만일 돈을 사용한다면 특별히 저장하는 데도 견고하여 걱정이 없을 뿐 아니라 백성들에게 나누어 주기에도 매우 편리합니다. 이것이 그 넷째 이점입니다.

10 ◎ 9449-0117
윗글을 통해 알 수 있는 당시의 시대상으로 적절하지 <u>않은</u> 것은?

① 쌀을 화폐로 사용했다.
② 쌀을 운반할 때 소나 말을 이용했다.
③ 국가 관리들에게 쌀을 봉급으로 지급했다.
④ 쌀이 부족하면 다른 지방에서 공급받았다.
⑤ 국가의 창고에는 쌀과 포목만을 보관했다.

11 ◎ 9449-0118
윗글과 〈보기〉를 비교하여 이해한 내용으로 적절하지 <u>않은</u> 것은?

■ 보기 ■

　　방의 위인이 밖은 둥글고 안은 모나며, 때에 따라 그에 맞게 변하기를 잘하여 한(漢)나라에서 벼슬하여 홍로경이 되었다. 그때에 오(吳)나라 왕 비(濞)가 교만하고 주제넘어 권세를 부렸는데, 방이 그에게 붙어 많은 이익을 얻었다. 〈중략〉
　　"방이 오랫동안 힘든 일을 맡아보면서 농사의 근본을 알지 못하고 한갓 장사치의 이익만을 일으켜 나라를 좀먹고 백성을 해하여 공사가 다 곤궁하오며, 더구나 뇌물과 청탁이 낭자하고 버젓이 행해지니, 무릇 짊어지고 타게 되면 도둑이 된다고 한 것은 옛날의 분명한 경계이니, 청컨대 그를 면직하여 욕심 많고 더러운 자를 징계하옵소서."

– 임춘, 「공방전」 중에서

● **방** 돈을 의인화한 인물.

① 윗글과 〈보기〉에서는 모두 돈의 외양을 동일하게 묘사하고 있군.
② 윗글에서는 〈보기〉와 달리 돈의 보관과 사용의 편리함을 장점으로 부각하고 있군.
③ 윗글에서는 〈보기〉와 달리 돈이 농사로 인한 백성의 이익을 증가시킨다고 보고 있군.
④ 윗글과 달리 〈보기〉에서는 돈이 권세와 밀접한 관련을 맺고 있음을 보여 주고 있군.
⑤ 윗글과 달리 〈보기〉에서는 돈으로 인해 뇌물과 청탁이 많이 일어난다고 여기고 있군.

12 ◎ 9449-0119
㉠에 대해 글쓴이가 주장하는 개선 방안과 그 효과를 서술하시오.

[13~15] 다음 글을 읽고 물음에 답하시오.

군주는 두려움의 대상이 되는 것이 아니라 사랑받는 것이 더 나은가, 아니면 그 반대인가 하는 논쟁이 있다. 두려워하면서도 사랑을 느끼게 하는 것, 두 가지 모두가 필요하다는 것이 정답일 것이다. 그러나 이 두 가지는 공존하기 어렵다. 그렇기에 두 가지 가운데 하나는 없이 견뎌야 한다면 사랑받기보다는 두려움의 대상이 되어야 훨씬 안전하다는 것이 나의 대답이다. 왜냐하면 인간이란 일반적으로 다음과 같이 말할 수 있는 존재들이기 때문이다.

인간이란 은혜를 모르고, 변덕스럽고, 위선적이면서 기만에 능하고, 위험은 감수하려 하지 않으면서 이익에는 밝다. 당신이 그들을 잘 대접해 줄 동안 그들은 모두 당신 편이다. 즉 그들은 목숨을 바치더라도 군주를 믿고 나서야 할 상황과 멀리 떨어져 있을 때에는 자신들의 피와 재물·생명·자식을 바치려는 듯이 달려든다. 그러나 정작 필요할 때 그들은 등을 돌린다. 그러므로 전적으로 이들의 말만 믿고 다른 대비책을 마련하지 않는 군주는 파멸한다. 우정이 영혼의 위대함과 숭고함에 의해서가 아니라 물질적 대가를 치르고 획득한 것이라면 그때의 우정은 돈으로 구매된 것일 뿐 온전한 것이 아니어서 막상 필요하게 될 때는 쓸모없는 것이 되고 말기 때문이다.

인간이란 두려움을 갖게 하는 사람보다 사랑받고자 하는 사람을 해치는 일에 덜 주저한다. 사랑은 고맙게 여겨야 할 의무감을 매개로 유지되는데, 인간이란 비열하기 때문에 자신에게 이익이 되는 경우에는 언제든지 그런 의무감을 버리기 때문이다. 그러나 두려움은 처벌에 대한 무서움으로 유지되는 것이기 때문에 결코 당신을 배반하지 않는다. 설령 군주가 사랑받지는 못하게 된다 해도 미움은 피할 수 있도록 자신을 두려움의 대상이 되도록 만들어야 한다. 두려움의 대상이 되면서도 동시에 미움의 대상이 되지 않는 일은 얼마든지 가능하기 때문이다. 이는 군주가 시민 내지 신민들의 소유물과 그들의 부녀자에게 손대지만 않으면, 언제나 성취할 수 있다. 설령 누군가의 피를 흘리게 해야 할 처벌의 필요가 발생하더라도, 그때는 반드시 적절한 명분과 명백한 이유가 있어야 한다. 그러나 무엇보다도 다른 사람의 소유물에 손대지 말아야 한다. 인간이란 아버지의 죽음은 쉽게 잊어도 아버지로부터 물려받을 유산을 빼앗기는 일은 좀처럼 잊지 못하는 존재이기 때문이다. 재산을 탈취할 명분은 항상 있게 마련이고, 약탈로 시작한 사람은 언제나 다른 사람이 가진 것을 내 것으로 삼고자 하는 명분을 찾아낸다. 반면 피를 흘려야 할 명분은 훨씬 드물고 또 쉽게 잊힌다.

그러나 군주가 자신의 군대와 함께 있으면서 다수의 병사들을 통솔해야 하는 경우라면 잔인하다는 명성에 신경 쓰지 않는 것이 전적으로 필요하다. 군대란 그런 명성 없이는 단결된 상태를 유지하지 못할뿐더러 어떠한 군사 작전도 감행하지 못하기 때문이다. 한니발의 경탄할 만한 행동에는 다음과 같은 사실도 포함된다. 즉 그는 수많은 종족 출신이 뒤섞인 거대한 군대를 이끌고 멀리 이역 땅에서 전투를 치렀지만, 운명의 힘이 좋을 때든 나쁠 때든, 자신의 군대 내에서든 아니면 자신의 군대와 군주 사이에서든 그 어떤 불화도 없었다. 이는 그의 비인간적인 잔인함이 아니었다면 불가능했을 것이다. 반면에 스키피오는 당대는 물론 그 이후 우리가 알고 있는 모든 기록 속에서도 가장 탁월한 인물로 평가받았지만, 에스파냐에서 그의 군대는 그에게 반란을 일으켰다. 이는 자신의 병사들에게 적절한 군사 기율을 넘어 방종을 허용했던 스키피오의 과도한 자비심 때문에 일어난 일이었다.

그러므로 이제 두려움의 대상이 될 것인가 또는 사랑받는 대상이 될 것인가라는 문제로 돌아와, 나는 다음과 같이 결론을 내리고자 한다. 인간이 누군가를 사랑하는 것은 자신이 좋아서 그런 것이지만, 군주를 두려워하는 것은 군주의 뜻에 따른 것이기에, 현명한 군주라면 자신의 행동을 다른 사람의 의지가 아닌 자신의 의지에 기초해 결정해야 한다. 다만 앞서 말했듯이 미움의 대상이 되는 것만은 피하려고 노력해야 할 것이다.

13 ● 9449-0120
윗글에서 주장하는 '인간의 본성'에 대한 내용으로 적절하지 <u>않은</u> 것은?

① 가족의 죽음보다 물질적 재산을 잃는 것을 더 오래 기억한다.

② 두려움의 대상이 되기보다 미움의 대상이 되기를 더 꺼려 한다.

③ 은혜를 모르고, 변덕스럽고, 위선적이며, 위험을 감수하려 하지 않는다.

④ 자신의 이익에 도움이 되지 않을 때는 언제든지 상대방에게 등을 돌린다.

⑤ 사랑받고자 하는 사람보다 두려움을 갖게 하는 사람을 해치는 일에 더 주저한다.

14 ● 9449-0121
〈보기〉를 참고하여 윗글을 쓴 의도를 파악한 내용으로 가장 적절한 것은?

■ 보기 ■

- 16세기 전후 이탈리아 반도는 로마 제국 쇠락 이후 피렌체 공화국, 베네치아 공화국, 나폴리 왕국, 밀라노 공국, 로마 교황령으로 나뉘어 반도의 패권을 두고 갈등하고 있었다.
- 반도 내의 갈등이 지속되자 이미 통일을 이룬 프랑스 왕국, 에스파냐 왕국, 신성 로마 제국 등의 강대국이 반도를 노리고 이탈리아를 계속 침범했다.
- 피렌체 공화국의 외교관으로서 강대국 사이를 오가며 냉정한 국제 정치의 실상을 체험했던 마키아벨리는 프랑스의 루이 12세, 신성 로마 제국의 막시밀리안 황제, 교황 율리우스 2세 등과 같은 강력한 힘을 지닌 군주가 나타나 이탈리아 반도의 분열을 종식시키고 통일 왕국을 건설하기를 바랐다.

① 분열된 이탈리아 반도의 민주적인 통일 국가 건설 방안을 모색하기 위해

② 인간의 본성을 파악하여 그에 맞는 바람직한 정치 체제를 구상하기 위해

③ 외부의 강대국에 대항할 수 있는 강력한 군대 조직의 필요성을 역설하기 위해

④ 강력한 힘을 지닌 지도자가 갖추어야 할 덕목과 능력이 무엇인지를 알리기 위해

⑤ 강대국 사이를 오가며 외교관으로서 체험한 냉정한 국제 정치의 실상을 전달하기 위해

15 ● 9449-0122
글쓴이가 '한니발'과 '스키피오'의 비교를 통해 주장하는 바를 서술하시오.

[16~18] 다음 글을 읽고 물음에 답하시오.

대중 매체는 소수의 생산자가 만든 정보 내용물이 수많은 수용자에게 일방적으로 전달되며, 특정한 목표 수용자가 정해져 있기보다는 동시에 불특정 다수에게 대량으로 정보 내용물을 전송하는 것이 특징이다. 따라서 대중 매체가 중심이 되는 의사소통 환경에서는 정보 내용물을 생산하는 사람과 소비하는 사람이 뚜렷이 구분되고, 이로 인해 생산자에게 의사소통의 주도권이 부여되는 것이 일반적이다. 그런데 인터넷과 이를 기반으로 운용되는 각종 서비스들은 일방향성이 아닌 '상호 작용성'을 특징으로 하며, 그 안에서는 정보 내용물 생산자와 소비자 간 경계가 모호하다. 과거에는 매체 정보 내용물을 소비하는 위치에 머물던 수용자들이 이제는 정보 내용물의 생산, 그리고 확산에도 직접·간접으로 기여하게 된 것이다.

일반인들이 매체 정보 내용물 생산 및 유통에 참여할 수 있는 구체적인 방법들 가운데 가장 적극적인 유형으로는 게시물을 직접 작성해 소셜 미디어를 통해 유통시키거나, 완전한 창작은 아니더라도 기존의 정보 내용물을 재가공·편집해 일정 정도의 새로운 창작성을 갖춘 게시물로 게재하는 방법이 있다. 또한 직접 생산만큼은 아니지만 이에 버금가는 활동으로 뉴스를 비롯한 각종 정보 내용물에 댓글을 작성하거나 온라인 공간에서 매체 정보 내용물을 주제로 한 토론이나 대화에 참여하는 방법도 있다. 이에 비해 좀 더 소극적이고 간접적인 방식으로는 특정 매체 정보 내용물을 공유하기, 정보 내용물 및 댓글에 '좋아요', '싫어요', '화나요'와 같은 공감 표시하기, 추천하기 등이 있다.

이처럼 일반인의 정보 내용물 생산·유통 참여가 광범위한 영역에서 이루어지면서 몇 가지 쟁점이 발생했다. 우선, 전문적인 훈련을 받은 직업 언론인들과는 달리 취재나 보도 윤리에 대한 인식이 낮은 일반인들이 기본적인 사실 확인도 거치지 않은 채 그저 흥미롭다는 이유로 게시물을 작성하거나 퍼 나르는 일이 비일비재하다는 점이다. 그리고 인터넷은 수용자의 정보 생산만 손쉽게 만든 것이 아니라, 언론사를 포함한 전문적 정보 내용물 생산 조직의 수 자체를 늘려 놓았다. 소수의 생산자가 정보 내용물의 대부분을 만들어 내던 과거에 비해 정보의 생산과 유통이 훨씬 민주적이고 투명해진 것이 사실이고, 특히 일반인의 생산 참여는 기존 정보 내용물의 문법을 벗어난 참신한 접근을 담아낼 수 있다는 점에서 분명 긍정적인 측면이 있다.

그런데 다른 한편으로는 검증되지 않은 내용의 무분별한 생산과 유통, 지나친 경쟁으로 인한 선정적 정보 내용물 양산 및 하향 평준화 같은 부작용이 속출하고 있다. 언론사 같은 전문 정보 내용물 생산 조직이라고 해서 이로부터 자유로운 것은 아니다. 클릭 유도를 위해 기사 내용과 일치하지 않는 자극적 제목을 붙이는 '낚시성' 기사, 지배적인 온라인 뉴스 플랫폼으로 자리 잡은 인터넷 포털에서 트래픽*을 높일 목적으로 언론사들이 동일한 기사를 반복적으로 올리는 '어뷰징', 특정 기업이나 정부 조직 등으로부터 대가를 받고 홍보하는 내용의 기사를 써 주는 '광고성' 기사 등이 폐해의 대표적 사례들이다.

과거에는 훈련을 받은 소수의 사람들이 일정 수준 이상의 검증 과정을 거쳐 정보 내용물을 제작했기에 이용 가능한 정보 내용물 양 자체가 제한돼 있었다. 더구나 개인 매체가 발달하지 않았기 때문에 학부모, 교사 등이 청소년의 매체 이용 시간이나 방식을 전반적으로 지도하는 것이 가능했다. 그에 비해 지금은 거의 무한대에 가까운 정보 내용물이 인터넷상에 존재하며 스마트폰, 태블릿 PC, 노트북 등 개인이 오롯이 소유하고 이용하는 매체를 통해 마음만 먹으면 깨어 있는 내내 이를 접할 수가 있다. 한마디로 개인이 노출되는 모든 매체 정보 내용물에 관해 누군가가 따라다니며 지도해 주는 것이 불가능한 환경이 된 것이다. 결국 저급한 정보 내용물을 가려내고, 그로부터 나쁜 영향을 받지 않으려면 이용자 개개인이 분별력을 갖추어야 한다.

● **트래픽** 서버에 접속하는 방문자에게 서버의 내용을 보여 주기 위해 발생하는 모든 데이터의 양.

16 ● 9449-0123

윗글의 전개 방식에 대한 설명으로 가장 적절한 것은?

① 중심 화제의 개념을 정의한 후 발전해 온 과정을 시간적 순서에 따라 설명하고 있다.
② 중심 화제가 지닌 특징과 관련된 쟁점을 소개한 후 이에 대해 유의할 점을 제시하고 있다.
③ 중심 화제의 종류를 기준에 따라 나누고 각 종류별로 장단점을 비교하여 우열을 가리고 있다.
④ 중심 화제와 관련된 문제점을 분석한 후 문제점을 해결하기 위한 다양한 대안을 제안하고 있다.
⑤ 중심 화제와 관련된 기존의 관점을 반박한 후 창의적인 시각에서 새로운 관점을 도출하고 있다.

17 ● 9449-0124

윗글을 바탕으로 〈보기〉를 이해한 내용으로 적절하지 않은 것은?

■ 보기 ■

민감성 아토피 습진 완치도 가능!

아토피 피부염은 피부에 가려움증과 습진, 피부염이 생기는 것이 증상인데 굉장히 가렵기 때문에 유아, 소아, 성인 모두 참기 어려울 정도로 힘들다. 또 피부가 악건성이 되어 피부 건선이 생기고 얼굴 건조증과 속당김, 얼굴 가려움증 등이 증상으로 나타난다. 아직까지도 정확한 원인이 밝혀지지 않아 복합적인 요인으로 인한 면역계 질환으로 접근할 수밖에 없으며 명확한 치료법 또한 없는 것이 현실이다. 따라서 아토피 피부염은 건조할 때 최대한 보습제를 충분히 발라 주고 관리하여 얼굴을 비롯한 피부 가려움증을 최소화해 주는 것이 방법이다. 바디 케어 브랜드 '◇◇◇'는 민감성의 예민한 아토피 피부를 위한 '페이스 로션'과 '페이스 크림'을 선보였다. 피부 트러블의 진정을 돕는 복합 식물 추출물인 'MBP'와 보습제로 효과적인 'AI'의 두 가지 특허 성분을 포함해 피부 본연의 힘을 길러 주는 것이 특징이다. 관계자는 기자와의 인터뷰에서 "겨울철 건조한 피부 관리는 평상시 보습 케어가 우선되어야 한다. ◇◇◇ 페이스 로션과 페이스 크림은 화장품 성분 안전도를 의미하는 EWG 그린 등급의 전 성분만을 사용하여 알레르기나 두드러기 등 민감성 피부 및 영·유아, 소아도 안심하고 사용할 수 있다."라고 전했다.

– ○○○ 기자, □□신문 중에서

댓글 27 ┃ 공감 좋아요 11 싫어요 55
아토피 미워 ┃ 제목 보고 혹시나 해서 들어왔는데… 실망이네요.
민감성 피부 ┃ '◇◇◇'는 처음 보는데??
날마다 긍정 ┃ 흥미로운 정보네요. 친구들에게도 전달~~

① '민감성 아토피 습진 완치도 가능!'이라는 제목을 붙인 것으로 볼 때 '낚시성' 기사이다.
② '◇◇◇'라는 브랜드의 제품을 소개하는 것으로 보아 대가를 받고 홍보하는 '광고성' 기사이다.
③ '좋아요'나 '싫어요'를 클릭하는 것은 간접적인 방식으로 정보 내용물 생산 및 유통에 참여하는 방식이다.
④ '실망이네요.', '처음 보는데??' 등의 의견을 적은 댓글은 소극적인 방식으로 정보 내용물 생산 및 유통에 참여하는 것이다.
⑤ 독자인 '날마다 긍정'이 '친구들에게도 전달~~'이라고 한 것은 흥미롭다는 이유로 기사를 '퍼 나르고' 있음을 보여 주는 것이다.

18 ● 9449-0125

기존의 대중 매체와 인터넷 매체의 차이점을 생산자와 소비자의 측면에서 서술하시오.

IV

독서의 태도

1 독서 계획 실천하기

◆ 현대 사회와 독서
• 지식과 정보가 중심이 되는 현대 사회를 '평생 독서'의 시대라고 한다.
• 평생 독자가 되기 위해서는 올바른 독서 태도를 지녀야 할 필요가 있다.
• 어떤 책을 얼마나 읽었느냐에 따라 그 사람의 마음의 깊이와 넓이가 결정된다고 볼 수 있다.

1 독서에 대한 태도

(1) 독서 태도의 중요성

• 독자는 평생 동안 자신의 독서 이력을 넓혀 감으로써 자신의 분야에서 전문가로 성장할 수 있고, 한 개인으로서도 풍요롭고 윤택한 삶을 살 수 있다.
• 독서에 대한 흥미와 관심, 애정을 가져야 하고, 독서를 자신의 삶에서 중요한 활동으로 인식할 수 있는 태도를 지녀야 한다.

(2) 바람직한 독서 태도

• 자신의 독서 목적에 따라 스스로 책을 선택하고, 적극적으로 책을 읽도록 해야 한다.
• 자신의 독서 이력을 기록하고, 자신이 읽은 책을 정리하며, 자신의 서재를 만들어 가려는 태도를 지녀야 한다.

◆ 독서 계획의 중요성
• 목적이 없는 독서는 흥미나 유희에 빠지기 쉽고, 독서의 목적에 따라서 독서의 방법, 독서의 태도, 책의 종류가 달라진다.
• 올바른 독서 태도와 습관은 단기간에 형성되는 것이 아니라 장기간의 독서 경험에 의하여 형성되고 정착되므로 자신의 처지와 상황에 맞게 독서 계획을 세우는 것이 무엇보다 중요하다.

2 독서에 대한 계획

(1) 독서 계획의 필요성

자신을 더 크게 성장시키고, 삶을 더욱 풍요롭게 만들기 위한 가장 좋은 방법은 독서의 생활화이다. 이를 위해서 독자는 자신의 독서 생활을 성찰하고 향후 독서 계획을 세워 실천할 필요가 있다.

(2) 독서 계획하기

① **독서 이력 점검 및 목록 작성:** 자신의 독서 이력을 점검하고, 읽은 책은 분야나 주제를 고려하여 목록을 만들어 정리한다. 이를 토대로 희망하는 직업·학업과 취미 및 관심 분야에 맞는 책을 찾아 읽을 책의 목록을 작성한다. 그리고 그 책을 언제 어디서 구하여 어떻게 읽을 것인가를 계획해야 한다.

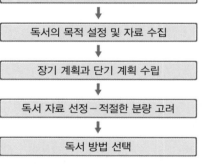

② **독서의 목적 설정 및 자료 수집:** 독서 계획을 수립할 때 우선적으로 해야 할 일은 독서의 목적을 설정하는 일이다. 독서 목적이 정해지고 난 다음에는 권장 도서 목록을 참고하거나 도서관을 찾아 자신의 독서 목적에 맞는 자료를 수집해야 한다.

③ **장기 계획과 단기 계획 수립:** 독서 계획은 기간에 따라 단기 계획과 장기 계획으로 나누어 수립하고, 다양한 분야의 내용들이 골고루 포함될 수 있도록 한다. 일정한 기간 안에 자신에게 필요한 책을 필요한 만큼 읽을 수 있도록 계획을 세워야 한다.

④ **독서 자료 선정:** 수집된 독서 자료를 선정할 때는 자신의 독해 능력을 넘어서거나 그것에 못 미치는 자료는 제외하고, 자신이 읽을 수 있는 적절한 분량의 자료를 선택하여 독서의 흥미를 잃지 않도록 해야 한다.

⑤ **독서 방법 선택:** 읽을 순서를 정하고 책의 특성에 맞는 독서 방법을 선택해야 한다.

3 독서 후의 활동

(1) 창의적이고 개성적인 감상과 비평 활동

- 독자는 독서를 한 후 자신의 능력과 흥미에 따라 그 내용을 다양한 방식으로 표현함으로써 독서에 대한 흥미를 살리고, 창의적이고 개성적인 감상과 비평 활동을 할 수 있어야 한다.
- 글을 읽은 느낌이나 생각을 독서 일기에 정리하거나, 다른 사람에게 이야기하거나 친구들과 읽은 책에 대하여 토론하는 것 등이 있다.

(2) 독서 일기 쓰기

- 독서 일기는 책의 내용을 요약·정리한 다음, 책의 내용에 대한 자신의 느낌이나 생각을 정리하는 형식으로 쓰는 것이 일반적이지만 독서 일기를 쓰는 데 정해진 틀이 있는 것은 아니다.
- 책의 내용이나 형식에 따라서 독서 일기의 형식도 다양하게 꾸밀 수 있다. 줄거리를 생략한 채 자신의 느낌만을 정리할 수도 있고, 자신의 느낌을 바탕으로 편지글의 형식을 취할 수도 있으며, 자신의 느낌을 그림으로 표현할 수도 있다.

독서 계획의 수립과 실천	독서 이력의 성찰
• 독서 활동 계획서 작성하기 • 취미, 관심 분야 등에 맞는 책 찾기 • 직업, 학업 등을 고려하여 필요한 책 찾기 • 읽고 싶은 책의 목록 정하기 • 읽고 싶은 책을 구할 수 있는 곳 찾기 • 독서 활동을 위한 시간과 공간 마련하기 • 독서 기록장 등에 독서 계획표 작성하기 • 고른 책을 끝까지 읽기 • 독서 활동 평가하기	• 읽은 책의 목록 작성하기 • 분야, 주제 등을 고려하여 읽은 책 분류하기 • 독서 이력이 충분하고 균형이 잡혀 있는지 점검하기 • 독서 내용을 토대로 독서 후 활동 기록하기 • 독서 기록장 등에 독서 이력 작성하기

◈ **독서 후 활동의 중요성**
독서 후의 정리 활동을 통하여 읽은 내용을 더 오래 기억할 수 있을 뿐만 아니라, 더 많은 삶의 지혜를 터득할 수 있고 사고력을 기를 수 있게 된다.

IV 독서의 실제

내용 연구

반가통 ⟷ 전가통

↓

전가통을 추구하는
지속적 독서

↓

이를 위한 독서 방법

↓

존재 이유로서의
지속적 독서

어휘 풀이

● **편력(遍歷)** 여러 가지 경험
을 함.

● **전력투구(全力投球)** 모든
힘을 다 기울임.

● **추동(推動)** 어떤 일을 추진
하기 위하여 고무하고 격려
함.

구절 풀이

● **도서관의 책들을 ~ 터무니
없는 꿈이었다.** 구체적인 계
획이나 지속적인 노력 없이
단번에 수많은 책들을 모두
읽는다는 것은 불가능한 일이
라는 의미이다.

● **20대 후반부터 ~ 빈곤한
시절이었다.** 생계를 위해 일
하는 동안 책을 마음껏 읽지
못하여 정신적으로 암울하고
빈곤함을 느꼈다는 의미이다.

[01~03] 다음 글을 읽고 물음에 답하시오.

　내 본격적인 독서 편력은 20세 때에 시작된다. 대학 진학을 하지 못한 나는 시립 도서
관의 문턱이 닳도록 드나들면서 온갖 책들을 읽었다. 도서관의 책들을 다 읽을 기세로
덤벼들었으나 물론 그것은 터무니없는 꿈이었다. 나는 날마다 책 한 권을 읽는 원칙을
세우고 그에 따랐다. ㉠반가통(半可通)이 사물의 이치를 어렴풋하게 이해하는 것이라면,
㉡전가통(全可通)은 사람이 깨치고 알아야 할 사물의 이치와 앎을 제 것으로 만드는 것이
다. 나는 시립 도서관에서 전가통의 세계를 꿈꾸었다.

　보통 사람들에게 삶의 기초 소양이 되는 앎은 반가통의 앎이다. 책을 읽지 않는 사회는
반가통의 앎이 진리로 두루 통용되는 사회이다. 늑대들의 울부짖음이 진리를 대신할 수는
없는 노릇이지만, 반가통의 세계에서는 그런 있을 수 없는 일들이 자주 일어난다. 누구나
알다시피 우리 사회는 대충 알고, 모르는 것은 관습과 관행으로 지탱하는 반가통의 사회
이다. 지적으로 나태해도 그럭저럭 살아남을 수 있는 그런 사회이다. 적당히 아는 것만으
로 사는 데 크게 불편하지 않고, 다들 나태하기 때문에 경쟁에서 낙오될 염려도 없다.

　나는 동과 서, 옛것과 새것들을 두루 찾아 읽으며 전가통의 앎을 향해 한 발 한 발 내딛
는 청년 시절을 보냈다. 희망 없는 내일과 궁핍이 의식을 옥죄었지만 날마다 책들을 읽는
것으로 그 고통을 견뎌 냈다. 20대 후반부터 30대 후반까지 생업에 전력투구하던 시절은
아주 암울하고 빈곤한 시절이었다. 반가통의 독서로 겨우 연명하고, 늘 알 수 없는 결핍
감과 불행한 느낌에서 헤어나지 못했다. 생업에서 풀려나온 뒤로 나의 독서 편력은 다시
활력을 찾고 풍요로워졌다.

　나는 날마다 책 한 권 읽기를 실천하는 원칙을 따르려고 애쓴다. 책과 친해지고, 책을
잘 읽을 수 있는 나의 방법은 다음과 같다. 첫째, 먼저 책에 몰입한다. 몸과 마음을 이완
하고 책에 흠뻑 빠져든다. 둘째, 책을 읽는 즐거움 그 자체를 소중하게 여긴다. 책 읽기에
서 즐거움을 찾지 못한다면 지속하기 어렵다. 셋째, 읽어야 할 책들을 꼼꼼하게 고르고
그것들을 사들인다. 책들을 고르는 과정에서 이미 책 읽기는 시작된다. 넷째, 읽은 책들
을 다 기억하려고 애쓰지 않는다. 읽은 것들을 다 기억할 수도 없을뿐더러 기억하는 것이
그렇게 중요한 것은 아니다. 기억은 상상력을 한정하지만, 망각은 무한한 상상력의 텃밭
을 일구는 쟁기이다. 그런 까닭에 망각은 풍요로 나아가는 길이다.

　보르헤스는 우주를 거대한 도서관으로 상상한다. 우주가 곧 책 한 권이다. 우주는 인류
가 오래전부터 읽어 왔고, 앞으로도 여전히 읽어 갈 책이다. 우리는 책이라는 낙타를 타
고 우주라는 사막을 타박타박 횡단하는 중이다. 더 많은 책을 읽고 싶다는 욕망은 인간이
라는 종의 생명 원리에 비추어 보자면 불가피한 욕망이다. 그 욕망이야말로 문명의 진화
를 추동해 온 힘이다. 책 읽기를 그친 세계에서는 문명의 역동적인 발전도 더는 기대할
수 없다. 그런 세계는 쇠퇴하고 소멸할 것이다. 하루도 쉬지 않고 책을 한 권이나 두 권씩
읽어 치우는 것은 책 읽기에서 찾는 즐거움 때문이다. 나는 읽는다. 고로 나는 존재한다.

01 ◐ 9449-0126
글쓴이가 가진 '독서'에 대한 견해로 적절하지 않은 것은?

① 한번 독서에서 멀어지면 다시 돌이키기 어렵다.
② 책을 읽는 즐거움을 찾아야 지속적인 독서가 가능하다.
③ 독서는 현실의 고통을 견뎌 낼 수 있도록 하는 힘이 된다.
④ 책을 통해 앎을 얻고자 하는 것은 인간의 불가피한 욕망이다.
⑤ 독서는 현실적 이익을 떠나 그 자체로 인간에게 필수적인 일이다.

02 ◐ 9449-0127
〈보기〉는 윗글에 제시된 '책과 친해지는 방법'을 바탕으로 독서 계획을 세운 것이다. ㉮, ㉯에 들어갈 내용으로 적절한 것은?

■ 보기 ■

글쓴이가 제시한 방법	독서 계획
• 책에 몰입한다.	• 독서 시간을 따로 정해 두고 그 시간에는 책에 집중하도록 하자.
• 책을 읽는 즐거움 그 자체를 소중하게 여긴다.	• 읽고 싶은 책이나 흥미 있는 분야의 책에서부터 시작하여 책 읽는 즐거움을 찾도록 하자.
• 책을 꼼꼼하게 고르고 그것들을 사들인다.	㉮
• 읽은 책들을 다 기억하려고 애쓰지 않는다.	㉯

① ㉮: 많은 사람들이 추천하는 책들을 읽도록 하자.
② ㉮: 책을 읽는 목적을 정하고 이에 맞는 책을 골라 읽도록 하자.
③ ㉮: 어떤 책을 읽을 것인지 고민하지 말고 가지고 있는 책부터 읽도록 하자.
④ ㉯: 독서 활동지를 만들어 책을 읽으면서 얻은 정보를 그때그때 기록해 두자.
⑤ ㉯: 책 내용을 기억하기 위해 애쓰지 않아도 되는 쉬운 책을 중심으로 읽도록 하자.

03 ◐ 9449-0128
㉠과 ㉡에 대한 이해로 적절하지 않은 것은?

① ㉠은 ㉡과 달리 지적으로 나태한 삶과 관련된다.
② ㉠은 ㉡과 달리 글쓴이에게 만족감을 주지 못한다.
③ ㉠은 ㉡과 달리 책을 통하지 않고서도 얻을 수 있다.
④ ㉡은 ㉠과 달리 책을 통해 삶의 기초 소양을 쌓는 것을 의미한다.
⑤ ㉡은 ㉠과 달리 관습과 관행에서 벗어나 앎을 자기 것으로 만드는 것을 의미한다.

🗨 **내용 연구**

책 목록 작성법

↓

1. 자신의 관심사에 따라 책 읽기

각종 여행기

2. 책 속 책을 따라 책 읽기

『개인적인 체험』
↓
『오에 겐자부로,
작가 자신을 말하다』
↓
『허클베리 핀』

3. 세상에 대한 관심에 따라 책 읽기

『신곡』

어휘 풀이

● **크로노스** 그리스 신화에 나오는 농경의 신. 자신의 권좌를 지키기 위해 자식들을 삼켰다가 아들 중의 하나인 제우스에게 패해 예전에 삼킨 자식들을 뱉어 내었음.

● **천일야화** 『아라비안나이트』. 샤리아 왕과 결혼한 셰에라자드가 죽음에서 벗어나기 위해 왕에게 밤마다 들려준 이야기로 「신드바드의 모험」, 「알라딘」, 「알리바바와 40인의 도적」 등이 수록되어 있음.

구절 풀이

● **지금은 모든 ~ 싶지 않았습니다.** 모든 것들이 쉴 새 없이 변화하는 세상이지만 글쓴이 자신과 글쓴이가 좋아하는 것만큼은 시류를 따르는 가변적인 것이 되게 하고 싶지 않았다는 의미이다.

[04~06] 다음 글을 읽고 물음에 답하시오.

저는 그 뒤에 '여행을 위한 책 목록'을 갖게 되었습니다. 이 목록은 두 가지로 구성됩니다. 한 가지 축은 실질적인 정보를 주는 책으로 기차 시간표, 호텔과 식당 정보 같은 것들이 들어 있지요. 또 하나는 도시에 대한 수필이나 역사책들이었습니다. 빅토르 위고의 유럽 방랑기나 안데르센의 여행기, 마테오 리치나 이븐 바투타의 여행기, 『표해록』, 『해유록』 같은 데서 출발해 결국 작가가 자신의 나라에 관해 쓴 글은 소설까지도 모으게 되었습니다. 어떤 장소에 도착하는 법 자체보다 겉보기와 달리 숨겨진 이야기가 제 관심사였습니다. 평범한 일상을 뚫고 나오는 신비로운 이야기들은 저를 설레게 했습니다.

정신의 여행을 즐기기 위해서 제겐 더 많은 관찰과 더 많은 책이 필요했습니다. 이런 책들의 목록은 끝이 없을 것 같았습니다. 그러다 보니 책들을 결국 좀 정리해야만 했습니다. 고민 끝에 저는 실질적인 정보가 있는 책을 버리기로 했습니다. 그거야말로 계속 업데이트되니까요. 저는 영원한 것을 택하기로 결정했습니다. 그때부터 정보보다는 이야기에 끌렸습니다. ●지금은 모든 것이 정보로 변하는 세상이지만 저는 자신과 제가 좋아하는 것만큼은 정보로 만들고 싶지 않았습니다. 최고의 여행은 물리적 이동이 아니란 것, 결국은 정신의 여행이란 것, 그 깨달음은 제 여행기에도 영감을 주었습니다. 일상을 뚫고 나오는 이야기에 귀를 기울여 보자는 것이었죠. **보이는 것이 다가 아니었습니다.** ㉠세계는 도시도, 사람도 자식들을 삼킨 크로노스처럼 보였습니다. 저는 좋은 여행기는 천일야화와 같아야 된다고 생각했습니다. 결국 저는 **천일야화풍의 여행기** 목록을 스스로 갖게 된 셈입니다.

자신의 관심사에서 출발하는 목록 작성법이 첫 번째라면, 두 번째 작성법이 있습니다. 책 속의 책을 따라가는 방법입니다. 이를테면 저는 오에 겐자부로의 『개인적인 체험』을 좋아합니다. 나중에 『오에 겐자부로, 작가 자신을 말하다』를 읽다 보니 그는 어려서부터 『허클베리 핀의 모험』을 좋아했고 실제로 삶에서 선택해야 할 때마다 허클베리 핀의 이말을 읊조렸다고 합니다. "좋아, 지옥에는 내가 간다." 저는 이 말이 『개인적인 체험』에 나오는 주인공의 선택에도 영향을 미쳤을 거란 느낌이 들었습니다. 저는 곧 『허클베리 핀의 모험』을 들추어 보았습니다.

오에 겐자부로는 『신곡』 또한 좋아합니다. 저는 『신곡』도 읽어야겠다고 쭉 생각했는데, 미뤄 두던 『신곡』을 읽게 된 계기는 현실에서 왔습니다. 여기서 세 번째 목록 작성법이 탄생합니다. 세상에 대한 관심에 따라 책을 찾아 읽는 겁니다. 천안함 사고가 났을 때였습니다. 텔레비전에 유족들이 나오는데 한 어머니만은 눈물을 꾹 참고 울지 않았습니다. 왜 울지 않느냐는 질문을 리포터가 던졌던 것 같습니다. 그 어머니는 '내가 자꾸 울면 우리 아들이 좋은 데 못 간다고 해서……'라고 말하면서 입술을 꼭 깨물며 눈물을 참습니다. 좋은 데는 천국이겠죠. 천국의 소망이 아니면 정말 위로가 안 되는 안타까운 죽음들이 있습니다. 저 역시 장례식을 보면서 눈물을 흘렸습니다. 그러면서도 천국은 어떤 곳일까, 단테는 천국을 어떤 곳이라고 생각했을까 궁금했습니다. 결국 『신곡』을 읽었습니다.

04 ● 9449-0129
글쓴이가 윗글을 통해 설명하고자 한 내용으로 적절한 것은?

① 책 목록은 어떻게 작성하는가?
② 책 목록을 작성하는 목적은 무엇인가?
③ 계획한 책 목록은 실천 가능한 분량인가?
④ 독서 계획을 세움으로써 얻는 효과는 무엇인가?
⑤ 다양한 분야의 책을 읽기 위해서는 어떠한 노력이 필요한가?

05 ● 9449-0130
윗글의 내용을 〈보기〉와 같이 정리한다고 할 때, ㉮~㉺에 들어갈 내용으로 적절하지 <u>않은</u> 것은?

■ 보기 ■

책 목록 작성법	선택한 책	선택한 이유
㉮	『표해록』	여행과 관련되기 때문에
㉯	『허클베리 핀의 모험』	㉰
㉱	『신곡』	㉲

① ㉮: 자신의 관심사에 따라 책 읽기
② ㉯: 책 속의 책을 따라가며 읽기
③ ㉱: 세상에 대한 관심에 따라 책 읽기
④ ㉰: 책을 읽으며 든 의문에 대한 답을 찾기 위해
⑤ ㉲: 천국에 대한 궁금증을 해결하기 위해

06 ● 9449-0131
㉠의 의미에 대하여 〈보기〉의 질문에 답해 가면서 ㉮~㉰의 순으로 서술해 보시오.

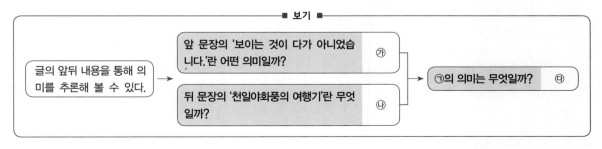

■ 보기 ■

글의 앞뒤 내용을 통해 의미를 추론해 볼 수 있다.

앞 문장의 '보이는 것이 다가 아니었습니다.'란 어떤 의미일까? ㉮

뒤 문장의 '천일야화풍의 여행기'란 무엇일까? ㉯

㉠의 의미는 무엇일까? ㉰

2 독서 경험 나누기

◆ **독서를 하는 이유**
사람들이 독서를 하는 이유로 필요한 지식과 정보를 얻기 위해, 교양을 쌓기 위해, 여가를 즐기기 위해, 인격을 수양하기 위해 등을 꼽을 수 있다.

1 공동체 독서

(1) 공동체 독서의 개념

가정, 학교, 지역, 회사, 종교 단체, 동호회 등 우리 사회의 수많은 공동체에서 다양한 방식으로 이루어지는 독서 활동을 말한다.

(2) 공동체 독서의 의의

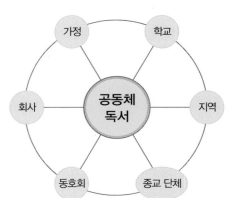

- 독자는 자신이 속한 사회적 공동체 속에서 다른 구성원과 함께 독서 활동을 함으로써 공동체의 결속을 다질 수 있고, 정보를 공유할 수 있으며, 나아가 정서적 유대감을 형성할 수 있다.
- 자신이 속한 사회적 공동체의 독서 활동에 적극적으로 참여하면 삶의 가치를 더하고, 다른 사람과의 인간적 관계를 깊이 있게 유지하여 인간 소외 등의 문제를 극복할 수도 있다.
- 각 사회 공동체의 구성원들의 공통 관심사나 상황에 맞는 책을 함께 읽음으로써 서로 교감할 수 있고, 이렇게 독서를 통해 교감한 내용을 각 사회 공동체 속에서 실현하기 위해 노력할 수도 있다.

2 공동체 독서의 실제

(1) 가정

어린 시절뿐만 아니라 독자가 성장하는 동안 지속적으로 이루어질 수 있고, 가족과 함께 읽은 책은 독자의 정신세계에 큰 영향을 미치게 된다.

(2) 학교

학습을 위한 독서 및 학교 도서관, 학급 문고를 활용한 독서 토론 등이 이루어진다.

(3) 소모임

공동체 구성원 중 몇 명이 소모임을 이루어 독서 클럽 활동이나 다양한 형태의 독서 토론 활동을 하는 경우도 있다.

(4) 지역 공동체

◆ **공동체 독서의 특징**
- 공동체 독서는 어떤 공동체에서 이루어지는지에 따라 그 성격과 목적이 다르다.
- 공동체 독서 활동은 구성원 사이에서 정보를 공유하게 하고, 구성원 간의 유대를 강화시키기도 한다.
- 종교 공동체 독서 모임은 경전 읽기 외에도 다양한 독서 활동이 가능하며, 이러한 독서 활동을 통해서 종교적 신념의 형성·유지·발전 등을 이룰 수 있다.

- 지역 공동체에서 독서가 이루어질 경우, 지역 신문, 지역의 문화 행사 정보를 담은 소개 책자, 지역의 역사와 관광 정보를 소개하는 안내문, 지역의 생활 정보지 등 다양한 읽을거리를 비롯해 다양한 책을 읽기 자료로 선정할 수 있다.
- 지역 공동체 독서 활동을 통해서 지역의 현안, 공동의 문제나 관심사에 관하여 정보를 공유하고, 문제 해결을 위한 토론 등이 활발하게 이루어질 수 있다.

(5) 종교 단체
종교 경전(經典) 독서는 종교 단체 구성원들의 공동의 가치 및 신념 체계를 확인하고 공유할 수 있게 한다.

(6) 동호회
독서 자체를 목적으로 삼는 독서 동호회 활동은 전문성이나 교양의 확대, 사회적 관계의 형성 등에 기여하는 대표적인 공동체 독서 활동이다.

3 공동체 독서에 참여하는 태도

(1) 적극적, 능동적 참여 태도
공동체 독서 활동은 여러 사람이 함께 규칙적으로 하는 활동이기 때문에 각 개인의 적극적이고 능동적인 태도가 뒷받침되어야 한다.

(2) 토론 사회자
- 토론의 사회자를 맡았을 경우에는 토론자의 의견을 요약·정리하며 토론을 이끌어 나갈 수 있도록 해야 한다.
- 토론 참여자들의 잡담이나 개인만의 의견, 선입견으로 토론이 진행되지 않도록 능숙하게 질문을 던지고, 쟁점을 제기할 수 있어야 한다.

(3) 토론 참여자
- 독서 토론에 참여할 때는 토론의 대상이 되는 책을 꼼꼼히 읽고 자신의 생각을 정리하여 토론에 적극적으로 참여할 수 있는 준비를 해야 한다.
- 토론의 과정을 숙지하고, 사회자의 진행에 따라 자신의 생각을 명확하게 전달하고, 다른 토론자들의 질문에 적절하게 답변하며, 다른 사람의 의견을 경청하며 듣는 태도를 지니도록 해야 한다.

공동체 독서 활동의 의의	공동체 독서 참여 방법
• 다른 독자들과의 교류를 통해 책의 내용을 좀 더 깊이 이해할 수 있음. • 다른 독자들에게 긍정적인 자극과 영향을 받아 내적인 성장에 도움을 받을 수 있음. • 다른 독자들과 지적·사회적으로 교류함으로써 정서적 유대감을 형성할 수 있음. • 독서 문화를 향유하고 이를 토대로 독서 문화를 발전시킬 수 있음.	• 교내 독서 동아리, 지역 사회 독서 프로그램, 독서 강연회, 인터넷 독서 토론회 등 주변에서 일어나는 독서 활동에 관심을 갖고 참여하도록 함. • 독서 활동에 적극적으로 참여하면서 꾸준하게 책을 읽고, 모임에서 맡은 역할을 성실하게 수행하도록 함. • 독서 활동에 참여한 경험을 주변 사람들과 공유하고, 독서 활동의 경험을 토대로 새로운 독서 활동 모임을 만들어 보도록 함.

◈ 공동체 독서 활동에 참여해야 할 필요성
- 현대인들은 독립성을 중시하는 생활 방식으로 인해 자신이 공동체의 일원이라는 점을 망각하거나, 다양한 이유로 사회로부터 고립되고 소외되기도 한다.
- 공동체 독서 활동을 통해 공동체를 변화시킬 실천 방안도 모색할 수 있다.

◈ 공동체 독서 활동에 참여할 때의 유의점
공동체 독서 활동은 개인 차원의 독서만으로는 얻을 수 없는 장점이 많으므로 각 구성원들이 꾸준하고 적극적인 독서 자세로 사회적 공동체의 독서 활동에 임해야 한다.

내용 연구

『이기적 유전자』를 읽고 난 후 글쓴이의 생각 변화

"그때 느낀 희열은 말로 표현하기가 쉽지 않다."

↓

"모든 것에서 맥이 풀렸다."

↓

"어느 순간, 나는 굉장히 편안해지기 시작했다."

어휘 풀이

● DNA(디엔에이) 유전자의 본체. 세포의 핵 안에서 생물의 유전 정보를 저장하는 물질로 이중 나선 구조를 이룸.

● 일장춘몽(一場春夢) 한바탕의 봄꿈이라는 뜻으로, 헛된 영화나 덧없는 일을 비유적으로 이르는 말.

● 직결(直結) 사이에 다른 것이 개입되지 아니하고 직접 연결됨.

● 경외감(敬畏感) 공경하면서 두려워하는 감정.

구절 풀이

● 이 책의 ~ 할 수 있다. 이 책의 저자인 도킨스는 우리를 포함한 모든 생명체는 유전자를 보존하고 퍼뜨리기 위해 생존하는 도구라고 설명한다.

[01~03] 다음 글을 읽고 물음에 답하시오.

세상을 살면서 한 권의 책 때문에 인생관, 가치관, 세계관이 하루아침에 바뀌는 경험을 하는 이들이 과연 몇이나 될까? 나는 ㉠『이기적 유전자』를 읽으면서 그런 엄청난 경험을 했다. 이 책은 그야말로 유전자의 관점에서 이 세상 모든 것을 재해석하는 책이다. 이 책을 읽은 뒤 삶을 바라보는 나의 관점은 새로워졌다. 책의 내용에 따르면, 우리의 DNA는 태초부터 지금까지 여러 생명체의 몸을 빌려 끊임없이 생존해 왔다. 그리고 스스로 살아 숨 쉰다고 생각했던 우리 역시 우리 몸속의 DNA를 보존하고, 이를 널리 퍼뜨리기 위한 대상일 뿐이다. 즉 우리의 존재 이유를 우리 몸속의 유전자에서 찾을 수 있다는 것이다. 이 책의 저자인 도킨스에 따르면 DNA는 '불멸의 나선'이고 우리를 포함한 모든 생명체는 '생존 기계'라 할 수 있다.

그전에는 여러 가지 삶의 의문에 이렇게도 생각하고 저렇게도 생각하면서, 그때마다 다른 답을 내고는 했다. 그러던 것이 『이기적 유전자』를 읽고 난 그 새벽부터는 모든 것이 가지런해졌다. 한길로 나란히 늘어선 것처럼. 그저 유전자의 관점에서 세상을 다시 분석하면 모든 것이 명쾌하게 설명되었다. 그때 느낀 희열은 말로 표현하기가 쉽지 않다.

그런데 그 황홀감은 시간이 지나면서 좌절감으로 변하기 시작했다. 처음에 읽었을 때는 답을 얻은 기분에 세상이 달라 보였는데, 그 단계가 지나니 시간이 지날수록 만사가 시시하게 여겨졌다. '그래, 무엇 때문에 난 그렇게 애를 썼나? 저 사람은 무엇 때문에 저렇게 기를 쓰나? 모든 것이 유전자 때문인데, 어차피 우리야 유전자가 계획한 대로 움직이는 존재일 뿐인데…….' 이런 생각이 드니까 모든 것에서 맥이 풀렸다. 열심히 사는 것, 노력하는 것이 모두 헛일이고 인생사 일장춘몽이라는 말이 떠올랐다.

하지만 다행히 방황이 길지는 않았고 재해석을 통해 세상의 의미를 정리했다. '이러면 안 돼. 미국까지 공부하러 와서 드디어 내가 기다리던 기회까지 찾았고 이제 막 시동을 걸었잖아. 그 책이 말하려는 건 이게 아닐 거야.' 나는 긍정적이고 낙천적인 성격 덕분에 금방 추스를 수 있었으며 새로운 가치관으로 세상을 보려고 노력했다. 그러면서 내가 할 일, 해야 할 일을 찾아 가기로 마음먹었다. 그리고 나는 인간의 존재 이유나 인간 행동의 이유를 더 깊이 이해하기 위해, 그 책과 같은 주제를 다루는 책들을 닥치는 대로 읽었다. 끊임없이 그 주제들에 관한 책을 읽고 토론을 거듭한 어느 순간, 나는 굉장히 편안해지기 시작했다.

인간 행동의 모든 근원이 유전자의 생존과 직결된다는 사실은 인간이라는 존재에 대한 이해를 더욱 명료하게 해 주었으며, 동시에 인간이 단순히 유전자의 지배를 받는 수동적인 기계만은 아님을 깨닫게 했다. 인간은 의식을 갖고 있는데, 이러한 의식은 자유 의지의 형태로 나타나 인간이 유전자의 일방적인 지시를 극복해 갈 수 있게 한다. 모든 생명체 중에 인간만이 유전자에 대항할 수 있는 존재임을 알게 된 순간에는 인간에 대한 또 다른 경외감과 기대를 갖게 되었다.

01
◎ 9449-0132
글쓴이의 독서 경험에 대한 독자의 반응으로 적절한 것은?

① 글쓴이에게 독서 활동은 창작 활동의 계기가 되었어.
② 글쓴이는 독서를 통해 삶의 방식과 세계관을 정립하였어.
③ 글쓴이는 독서를 통해 다양한 간접 경험을 할 수 있었어.
④ 글쓴이는 독서를 통해 과거 자신의 삶을 돌아보고 반성하고 있어.
⑤ 글쓴이는 독서의 목적에 따라 책의 의미가 달라짐을 알게 되었어.

02
◎ 9449-0133
㉠과 〈보기〉의 입장에 대한 설명으로 가장 적절한 것은?

■ 보기 ■

사랑에 빠지고, 사랑이 유지되고, 사랑이 끝나는 모든 작용이 뇌의 호르몬 작용이라는 연구가 있다. 과학자들에 따르면 사랑에 빠진 사람들에게서 매우 높은 수치로 나타나는 호르몬이 있는데, 페닐에틸아민, 도파민, 옥시토신 등이 그것이다. 그러나 이러한 호르몬의 지속 기간은 18~30개월에 불과하다고 알려져 있다. 정말 사랑이 호르몬의 장난이기만 한 것일까? 확실한 것은 30개월이 지났다고 해서 사랑에 빠진 모든 사람들이 이별하는 것이 아니라는 점이다.

① ㉠은 삶의 의문들에 대한 답이 정해져 있는 것은 아니라고 주장한다.
② ㉠은 인간에 대한 관심을 확장시켜 자연 과학의 법칙을 설명하고자 한다.
③ 〈보기〉는 관찰과 실험을 통해 인간의 행동에 대한 가설이 옳음을 드러낸다.
④ 〈보기〉는 인간의 자유 의지가 자연 과학의 법칙에 상충하는 것이 아님을 드러낸다.
⑤ 〈보기〉는 인간이 자연 과학의 법칙에 지배를 받기만 하는 존재가 아님을 드러낸다.

03
◎ 9449-0134
글쓴이의 생각 변화를 바탕으로, 다음 표의 ㉮~㉰에 들어갈 적절한 내용을 쓰시오.

• 책을 처음 읽었을 때	㉮
• 시간이 지난 후	㉯
• 의미를 재해석한 후	㉰

내용 연구

빅터 프랭클의
'의미에의 의지'

| 의미 | + | 의지 |

고통과 슬픔 속에서도 타인과 인생에 대한 책임감을 가짐.

절망적인 상황에서도 인간으로서의 품위를 지킴.

어휘 풀이

● **비굴(卑屈)** 용기나 줏대가 없이 남에게 굽히기 쉬움.

● **책망(責望)** 잘못을 꾸짖거나 나무라며 못마땅하게 여김.

● **굴복(屈伏)** 머리를 숙이고 꿇어 엎드림.

구절 풀이

● "인생에서 우리는 ~ 문제인 것입니다." 인생에서 좋은 것들이 주어지기만을 기대하는 수동적인 삶의 태도를 버리고, 책임감을 가지고 적극적으로 삶을 변화시켜 나가려는 의지가 필요함을 의미한다.

● 상황이 나아지지 ~ 남아 있다. 인간에게는 고통과 시련의 상황을 어떤 태도로 살 것인지 선택할 수 있는 자유가 있음을 의미한다.

[04~06] 다음 글을 읽고 물음에 답하시오.

그 무렵 빅터 프랭클의 『죽음의 수용소에서』를 다시 접하게 되었다. 여기서 '다시'라는 단어를 쓰는 것은 그 책을 군대 시절에 한 번 접했기 때문이다. 군대 시절에 그 책을 읽었을 때에도 프랭클이 유대인으로 아우슈비츠에 수용되어 있는 상황과 나 자신이 군대에 수용되어 있는 상황이 비슷하다고 여겨져 **공감**되는 바가 많았다. 하지만 집도 절도 없고 먹을 것조차 없는 극한의 상황에서 그 책을 대하자 더 큰 **감격**으로 다가왔다. **그 책이 주는 힘**으로, 낙망하고 좌절할 수밖에 없는 상황을 견디어 낼 수 있었다고 감히 말할 수 있다.

무엇보다 그 책은 내가 인생을 비굴하게 살지 않도록 도와주었다. 품위를 잃고 비굴해지려고 할 적마다 **그 책의 구절**이 나를 책망하고 깨우쳐 주었다는 말이다. 그 책에 이런 구절이 있다. "이런 모든 것으로 우리는 이 지상에 두 가지의 인간 유형이 존재함을 배울 수가 있다. 즉 품위 있는 ㉠선의의 인간과 그렇지 못한 인간이다." 프랭클이 이런 결론을 내리게 된 것은 아우슈비츠 수용소의 극한 상황에서도 끝까지 인간의 품위를 지키는 사람들을 보았기 때문이다. 자기에게 배급된 빵을 자기보다 더 배고픈 동료에게 나눠 주는 사람들이 있었고, 가스실로 끌려갈 때도 승리의 노래를 부르며 걸어가는 사람들이 있었다. 프랭클은 수용소 체험에서 인간은 환경과 조건에 굴복당하는 존재가 아님을 깊이 확신하게 되었다.

프랭클은 우리 인간에게는 어떤 상황 속에서도 의미를 찾으려는 의지, 즉 '의미에의 의지'가 있음을 증명해 내었다. 프랭클은 아우슈비츠 수용소에서 부모와 아내, 두 자식을 모두 잃었다. 인생에 이보다 더한 고통이 있을까. 그러나 프랭클은 그 말로 다할 수 없는 고통과 슬픔 속에서도 '의미에의 의지'를 발동하여 '의미'를 찾고 인생을 견디어 내었다.

하루는 아우슈비츠 수용소 전체가 정전되어 사람들이 배고픔과 추위 속에 불안에 떨며 누워 있을 때, 프랭클이 어둠 속에서 일어나 그들을 격려하는 연설을 했다. 드디어 수용소 막사 전등에 불이 켜지고 그는 그에게 감사를 표하려고 눈물을 흘리면서 비틀거리며 몰려오는 동료들의 모습을 보았다. 나를 찾고, 나를 지켜보고, 나에게 무엇인가 기대하는 그 한 사람이 바로 나에게 '의미'가 되는 셈이다. 프랭클은 인생으로부터 기대할 것이 아무것도 없다고 절망하는 사람들에게 이렇게 대답했다. "인생에서 우리는 무엇을 더 기대할 수 있는가가 문제가 아니고, 도리어 인생이 무엇을 우리에게서 기대하고 있는가가 문제인 것입니다." 그러므로 **인생의 의미는 책임과 직결되는 셈**이다.

프랭클은 또한 인간이 마지막으로 가질 수 있는 자유에 주목한다. 아무리 상황이 어렵더라도 이 자유만은 그 누구도 빼앗아 갈 수 없고 건드릴 수 없다. 상황이 나아지지 않는다 하더라도 그 상황에 대한 태도를 결정할 수 있는 자유는 마지막까지 남아 있다. 아우슈비츠 수용소의 가스실로 가야 하는 운명과 상황은 전혀 변하지 않는다 하더라도 그 상황에 대해 어떠한 태도를 취할 것인가 하는 문제는 마지막 자유로 남아 있다. 그 **마지막 남은 자유**로 인하여 인간은 끝까지 품위를 지킬 수 있는 법이다. 이 자유에 의해 의지는 완성된다.

04 ● 9449-0135

글쓴이의 '독서 경험'을 〈보기〉와 관련지어 이해한 것으로 적절하지 <u>않은</u> 것은?

■ 보기 ■

해독	문자 기호를 풀이하여 그것이 가리키는 바를 인식하는 것
독해	독자의 경험과 생각, 신념 등을 동원하여 글의 의미를 구성하는 것
독서	• 글의 의미를 찾아 가는 문제 해결 과정 • 삶에서 부딪치는 여러 문제를 해결할 수 있는 방편

① '공감'과 '감격'은 글쓴이가 자신의 경험과 신념 등을 동원하여 능동적으로 의미를 구성한 결과이다.
② '책이 주는 힘'은 글쓴이가 삶에서 부딪친 문제를 해결하는 데 독서가 방편이 되었음을 의미한다.
③ '그 책의 구절'을 기억하여 떠올리는 것은 독해라기보다는 해독에 가깝다고 할 수 있다.
④ '인생의 의미는 책임과 직결되는 셈'은 독해의 결과로서 글쓴이가 글의 내용을 자신의 말로 재진술한 것이다.
⑤ '마지막 남은 자유'의 의미를 밝히는 것은 독서의 결과로서 글쓴이가 찾아낸 글의 의미를 드러낸 것이다.

05 ● 9449-0136

'의미에의 의지'에 대한 설명으로 가장 적절한 것은?

① 인간의 의지가 모든 상황에서 발휘되는 것은 아니다.
② 인간이 의지를 가지고 지속적으로 노력할 때 의미를 찾을 수 있다.
③ 인간은 자신이 처한 부정적 상황을 회피하기 위해 의미를 찾으려고 노력한다.
④ 인간은 자신이 경험하는 모든 상황에 동일한 의미를 부여하려는 의지를 갖는다.
⑤ 인간은 고통스러운 상황에 의미를 부여함으로써 이를 견뎌 낼 수 있는 의지를 갖게 된다.

06 ● 9449-0137

㉠의 특성을 정리하고, 이로부터 프랭클이 확신하게 된 바를 쓰시오.

㉠의 특성		인간에 대한 프랭클의 확신
㉮	➡	㉯

[01~03] 다음 글을 읽고 물음에 답하시오.

한쪽에서는 '시대가 바뀌었으니 고전 같은 것은 이 시대에 적시성이 없다, 그것은 옛날이야기에 불과하다.'라고 말한다. 또 한쪽에서는 '요즘 젊은 세대에게 고전은 너무 어려우니 쉽게 읽을 수 있는 책을 읽게 하자.'라고 주장하는 사람도 있다. 그런가 하면, 문명이 형성되는 과정의 바탕에는 책이 있다고 믿는 사람도 있다. 우리가 뿌리를 내린 이 동양 문명이나, 조석으로 상대하는 서구 문명이나, 이제 형성되기 시작한 세계 문명은 인간의 사유나 지향, 갈망 같은 것들 위에 세워지는 것이다. 그런데 문명은 어떻게 형성되어 왔는가? 과거는 단순히 지나간 시간이 아니다. '나'는 어떻게 만들어졌고, '나'는 누구인가 하는 것을 복수로 표현하면, '우리'는 어떻게 만들어져 왔고, '우리'는 누구냐는 질문이 된다. 바로 그런 질문에 대한 대답으로서 나는 고전의 세계가 일종의 강요된 교육 영역이 되어야 한다고 생각한다. 물을 마시기 싫다는 말을 물가에 끌어다 놓는 것과 같은 의미의 강요가 아니라, 말하자면 '설득된 강요'가 필요하다는 것이 더 정확한 표현일 것이다. '고전은 이러이러하기에 중요하다. 그리고 고전을 읽는 데에는 이러저러한 접근법이 있다. 그래서 고전 읽기가 내 삶에 적극적으로 필요한 행위다.'라는 것을 스스로 깨달을 수 있도록 먼저 동기를 부여해야 한다.

고전 교육이 왜 강제되어야 하느냐. 교육은 절대로 민주적인 것만은 아니다. 신세대든, 구세대든 간에 반드시 알아야 할 어휘나 개념이 있다. 그런 것을 만나게 하는 것이 바로 교육이다. 나는 고전 교육과 관련해서 학생들로부터 노골적으로 질문을 받거나, 질문은 안 해도 학생들 가슴속에서 끓고 있을 질문을 짐작할 때가 있다. '교수님, 우리가 왜 이 책을 읽어야 합니까? 이 책이 나온 지 수백 년, 수천 년이 되었는데, 우리가 왜 이걸 읽어야 합니까?' 우리가 고전 교육을 하거나, 고전을 읽으라고 권유할 때 절대로 이 질문을 망각해서는 안 된다.

왜 고전을 읽어야 하느냐. 오늘날 기술은 과거와 비교하면 엄청나게 발달했고, 사회 관계도 현대화하였고, 복잡해졌고, 자본화하였다. 그렇다면, 기술 환경이나 사회 관계가 완전히 달라진 지금 시점에서 왜 옛날 책을 읽어야 하는가? 이 질문에 대한 중요한 답변이 있다. 아무리 사회가 달라져도, 인간에게는 바뀌지 않는 경험의 조건이 있다. 예를 들어 인간은 언제 어디서 살든 유한성의 경험을 피할 수 없다. 인간은 죽는 존재이다. 한계가 많다. 무한히 살 수도 없고, 능력이 무한할 수도 없다. 고전은 인간의 경험이 종속되었던 이런 근본적인 조건들에 대한 인간의 반응을 기록해 놓았다. 그런 반응은 시대에 속박되지 않는다. ㉠시간적 거리와 상관없이 여전히 우리 가슴을 치게 한다.

그렇다면 우리는 어떤 책을 고전으로 삼아야 할 것인가. 앞서 말한 대로 첫째는 우리로 하여금 인간 경험의 근본적 조건을 생각하게 하는 책이다. 둘째는 역사 앞에 서 있는 우리의 책임을 끊임없이 환기시키는 책이다. 역사 앞의 책임이란 어떤 것일까? 내가 지금 역사에 대한 책임이라고 하는 것은 그때 일어난 그 사건을 책임지라는 말이 아니다. 그동안 인간을 불행하게 했던 수많은 역사적 사건, 불행한 역사가 있다. 제국주의, 파시즘, 전체주의, 식민주의, 독재, 환경 파괴 등 지난 100년만 돌아보아도 인간을 괴롭혀 온 역사적 사건들이 인간에 의해 자행되었다. 현대인이 잊지 말아야 할 역사 앞에서의 책임이란 '나는, 우리 사회는, 우리 세대는 이러한 실패의 역사, 잔인한 역사, 파괴와 살육의 역사를 되풀이해서는 안 된다.'라는 의식, 그것이 바로 역사에 대한 책임이라 할 수 있다.

01 ● 9449-0138
〈보기〉를 참고하여 윗글을 이해한 내용으로 적절하지 <u>않은</u> 것은?

■ 보기 ■

'고전'을 사전에서 찾으면 예로부터 전하여 내려오는 이야기를 뜻하는 '고전(古傳)'과 예전에 쓰인 작품으로 시대를 뛰어넘어 변함없이 읽을 만한 가치를 지니는 것들을 통틀어 이르는 '고전(古典)'이 있다.

① 고전 교육에 대한 설득된 강요가 필요하다는 주장은 고전(古典)을 대상으로 한 것이다.
② 고전 읽기가 삶에 필요한 행위라는 내용을 통해 고전(古典)이 갖는 현재적 가치를 확인할 수 있다.
③ 어떤 책을 고전으로 삼아야 하느냐는 물음에는 고전(古傳)이 모두 고전(古典)이 되는 것은 아니라는 생각이 반영되어 있다.
④ 고전이 역사에 대한 책임을 환기시켜야 한다는 내용을 통해 고전(古典)은 비교적 어려운 내용을 담고 있는 작품들임을 알 수 있다.
⑤ 수백 년, 수천 년 전 작품을 왜 읽어야 하느냐는 질문을 통해 학생들이 고전(古典)과 고전(古傳)을 구분하지 않고 있음이 드러난다.

02 ● 9449-0139
윗글을 읽고 난 후 〈보기〉에 대해 보인 반응을 정리한 것으로 가장 적절한 것은?

■ 보기 ■

『홍길동전』의 배경인 조선 시대에는 신분 제도가 엄격했다. 재주가 뛰어나고 능력이 있는 사람도 양반이 아니면 과거를 볼 수 없어 관직에 나갈 수 없었다. 그러한 조선 시대에 양반가의 서얼로 태어난 홍길동은 사회의 일원이 될 수 없는 자신의 현실에 절망한다.

① 홍길동이 겪은 차별을 인간에 의해 자행된 불행한 역사로 보기는 어려워.
② 오늘날 일어난 비극은 아니지만 우리도 조선 시대 신분 차별에 책임을 져야 해.
③ 홍길동이 지닌 뛰어난 재주와 능력은 독자들에게 인간 경험의 근본적 조건을 생각하게 해.
④ 『홍길동전』을 읽어야 하는 이유는 오늘날의 기술 환경이나 사회 관계가 완전히 달라졌기 때문이야.
⑤ 홍길동이 겪은 차별을 되풀이해서는 안 된다는 책임감을 환기시킨다는 점에서 『홍길동전』은 고전이라 할 수 있어.

03 ● 9449-0140
㉠의 이유로 가장 적절한 것은?

① 고전에 나타나는 과거 사람들의 삶에 답답함을 느끼기 때문에
② 고전을 통해 과거와 달라진 현재의 모습에 놀라게 되기 때문에
③ 고전에 대한 사람들의 반응은 시대의 변화와 함께 달라졌기 때문에
④ 고전을 통해 영원한 것이 없는 인생에 무상감을 느끼게 되기 때문에
⑤ 고전을 통해 드러나는 유한한 인간의 모습은 오늘날에도 변함없기 때문에

[04~06] 다음 글을 읽고 물음에 답하시오.

가 학문은 기쁨, 장식, 능력의 연마를 위해 도움이 된다. 학문이 주는 기쁨은 혼자 한가하게 있을 때 나타난다. 또한 장식으로서의 그것은 담화를 나눌 때, 능력 연마로서의 그것은 일에 관한 판단과 처리에서 나타난다. 그저 숙련되기만 한 사람도 일을 처리하고, 판단을 내릴 수가 있을 것이다. 그러나 전체에 대한 안목, 일의 계획이나 통찰에 이르러서는 학문이 있는 사람에게서 나온 것이 가장 앞선다.

나 그러나 ㉠학문에 너무 많은 시간을 소비하는 것은 태만이다. 또 그것을 장식에 지나치게 많이 사용하는 것은 허영이다. 하나에서 열까지 어떤 법칙을 가지고 판단하려는 것은 학자의 옳지 않은 기질이다. ㉡학문은 천성(天性)을 완성하는 것이며, 경험에 의해 완성되는 것이다. ㉢천성의 능력은 자연 속의 식물과 같은 것으로서 학문에 의한 가지치기가 필요하다. 그리고 학문 그 자체는 너무 모호한 지시를 주는 것이므로 경험에 의해서 추려져야 한다. 기술을 가진 사람들은 학문을 경멸한다. 왜냐하면 학문이 자기 자신의 이용 방법을 가르쳐 주지 않기 때문이다. 단순한 사람들은 그것을 공경하고, ㉣현명한 사람들은 그것을 이용한다. ㉤학문은 관찰에 의해서 얻어지는 예지이다.

다 학문을 위한 독서는 반대하거나 반박하기 위한 것이어서는 안 된다. 믿거나 속단하기 위한 것이어서도 안 된다. 이야기나 담론의 씨를 발견하기 위한 것이어서도 안 된다. 그것은 무게를 재고 고려하기 위한 것이다. 어떤 책은 그 맛을 음미하고 어떤 책은 송두리째 이해해야 하며, 어떤 책은 잘 씹어 소화해야 한다. 이 말은 어떤 책은 그 일부분만 읽어도 되고, 어떤 책은 읽되 깊이 주의하지 않아도 되는 것도 있으며, 또한 소수지만 어떤 책은 주의를 집중하여 구석구석 읽어야 한다는 뜻이다. 어떤 책은 다른 사람을 시켜서 읽어 달래도 좋고 타인에 의해 발췌된 내용만을 읽어도 좋다. 그러나 그것은 단지 중요하지 않은 내용이나 고상하지 않은 책의 경우에 한한다. 그렇지 않으면 개요만을 뽑은 책은 보통의 증류한 물과 같은 것으로서, 아무런 맛도 없는 것이 되어 버린다.

라 독서는 마음이 풍족한 사람을 만든다. 담화는 날쌔고 활발한 사람, 기록은 정확성 있는 사람으로 만든다. 그러기에 기록하는 일이 적은 사람은 대단한 기억력을 갖고 있을 필요가 있다. 만일 담화하는 일이 적으면, 순간적인 재치를 갖고 있을 필요가 있다. 그리고 만일 독서하는 일이 적으면, 여러 가지 요령을 잘 피워 자기가 모르는 것도 알고 있는 것처럼 보여야 한다. 역사는 사람을 현명하게 만든다. 시인은 상상력을 갖게 하고, 수학은 미세하게, 자연 과학은 깊게, 인문 과학은 묵직하게, 논리학과 수사학은 누구와도 토론할 수 있게 만든다. 따라서 학문은 인격을 형성한다. 사실 마음속의 어떤 장애나 방해도 적당한 학문으로 제거할 수 없는 것은 없다. 이를테면 육체의 병에 적당한 운동을 하는 것과 같다.

04 ● 9449-0141

윗글에 대한 설명으로 가장 적절한 것은?

① 독서, 담화, 기록이 갖는 한계를 설명하고 있다.

② 학문으로 인격을 완성할 수는 없음을 주장하고 있다.

③ 학문을 발전시키는 인간의 긍정적인 특성을 제시하고 있다.

④ 천성, 경험, 기술 등이 학문보다 중시되는 것을 비판하고 있다.

⑤ 학문의 방법으로서 독서의 목적과 독서 방법을 소개하고 있다.

05 ● 9449-0142

(나)의 ㉠~㉤을 〈보기〉와 연관 지어 이해한 내용으로 적절하지 않은 것은?

━━━━ ▣ 보기 ▣ ━━━━

이 글의 저자는 경험주의의 아버지로 불리는 베이컨이다. 그는 실생활과 유리된 기존 학문을 비판하며, 그때까지 외면받았던 외적 자연에 대한 관심을 촉구한다. 이를 위해 그는 개별적 사실에 대한 관찰을 중시하는 귀납법을 주장했고, 효과적 자연 연구를 위해 실험의 중요성을 강조하였다. 이를 통해 얻어진 학문적 지식은 인간의 필요에 따라 이롭게 쓰임으로써 인간의 삶에 실질적으로 도움이 된다고 믿었다.

① ㉠은 기존 학문에 대한 비판적 의도를 드러낸다.

② ㉡은 저자가 경험주의자인 것과 관련지어 이해할 수 있다.

③ ㉢은 인간의 본성을 이해하기 위해 자연 연구가 필요하다는 생각을 드러낸다.

④ ㉣은 학문이 인간의 삶에 실질적인 도움이 되어야 한다는 믿음과 관련이 있다.

⑤ ㉤은 개별적 사실로부터 일반화된 지식을 이끌어 내는 귀납법에 대한 관심을 보여 준다.

06 ● 9449-0143

〈보기〉를 참고하여 (다)에 대해 보인 반응으로 적절하지 않은 것은?

━━━━ ▣ 보기 ▣ ━━━━

독서의 목적	• 정서적 목적: 사색, 상상력을 키우기 위함. • 실용적 목적: 새로운 지식과 정보 습득을 위함. • 도구적 목적: 교양과 인격 형성을 위함.
독서의 범위	• 전부 읽기: 책을 처음부터 끝까지 읽기, 전체 줄거리를 파악할 때 적절한 독서 방법 • 발췌 읽기: 필요한 부분을 찾아 해당되는 부분만 읽기, 특정 정보를 찾을 때나 시간이 부족할 때 적절한 독서 방법
독서의 방법	• 통독: 중요하지 않거나 미리 알 수 있는 부분을 훑어서 읽기 • 정독: 뜻을 새겨 가며 자세히 읽기　　　　• 미독: 책의 내용을 충분히 음미하며 읽기

① 독서가 목적을 지향하는 행위라는 것에는 동의하는군.

② 어떤 책이냐에 따라 독서의 방법이 달라진다고 보는군.

③ 발췌 읽기를 통해서는 책의 진가를 알기 어렵다고 보는군.

④ 어떤 상황에서도 전부 읽기를 하는 것이 중요함을 주장하고 있군.

⑤ 발췌 읽기를 해도 되는 책은 중요도나 수준이 낮은 책이라고 보는군.

수능 연습

[01~06] 다음 글을 읽고 물음에 답하시오.

산업 전체에서 어떤 제품의 공급을 한 기업만 하는 시장 형태를 독점 시장이라고 한다. 즉 공급자가 유일하고, 대체할 만한 재화가 존재하지 않으며, 다른 공급자의 진입 장벽이 높은 시장을 말한다. 따라서 독점 시장에서는 독점 기업이 가격 설정자로 행동할 수 있다. 독점은 특정 기업이 가격 경쟁력을 갖추고 있을 때 주로 나타나지만, 전매권, 특허권, 희귀 자원의 독점 사용권 등과 같은 진입 장벽이 존재할 때에도 나타나게 된다.

독점 기업은 생산량을 ⓐ임의로 조절할 수 있을 뿐 아니라 가격도 상대적으로 높게 책정할 수 있기 때문에 이로 인한 후생 손실이 발생하게 된다. 시장이 완전 경쟁일 경우에는 수요 곡선과 공급 곡선이 교차하는 점 (E)에서 균형 가격과 균형 거래량이 결정되지만, 제품이 독점화되면 생산량은 한계 비용(MC)과 한계 수익 (MR)이 같아지는 점(E′)에서 생산량과 가격이 결정된다. 이에 따라 사회적 후생 수준은 완전 경쟁일 때에 비해 낮아지는데, 이를 독점으로 인한 후생 손실이라고 한다.

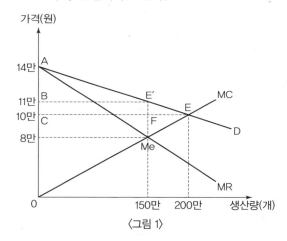

〈그림 1〉

가령 〈그림 1〉에서 완전 경쟁의 균형 E점에서는 소비자 잉여가 △ACE인 반면, 독점의 균형 E′점에서는 소비자 잉여가 △ABE′가 된다. 또한 생산자 잉여도 △EFMe만큼 감소하게 된다. 따라서 사회적 잉여는 결국 △EE′Me만큼 감소한다. 이 면적이 독점으로 인해 발생하게 된 후생 손실이다.

정부는 독점으로 인한 사회의 후생 손실을 줄이기 위해 가격을 규제하는 정책을 사용할 수 있는데, ㉠'한계 비용 가격 설정'과 ㉡'평균 비용 가격 설정'이 대표적이다. 한계 비용 가격 설정은 독점 시장의 생산량이 완전 경쟁 시장과 같아지도록 가격을 규제하는 것이다. 그런데 만약 규모의 경제가 존재하여 자연 독점이 형성된 상황이라면 한계 비용 가격 설정은 독점 기업으로 하여금 손실을 입게 한다. 따라서 가격과 한계 비용이 일치되도록 규제하면 기업은 손실이 커질 수밖에 없다. 이와 같은 결과를 ⓑ방지하기 위하여 정부는 가격이 평균 비용과 같아지도록 규제하는 평균 비용 가격 설정 방식을 채택하기도 한다. 규모의 경제가 나타날 경우 평균 비용 곡선이 한계 비용 곡선보다 위에 있기 때문에 평균 비용 곡선에서 가격 수준을 규제하면 독점 기업의 손해를 줄이면서 낮은 가격에 많은 상품을 공급하도록 ⓒ견인할 수 있다.

한편, 정부는 독점을 사전에 막기 위한 '**사전적 독점 규제 정책**'을 사용하기도 하는데, 합병 규제와 경쟁 촉진 정책 등이 있다. 합병 규제는 동일한 산업 내의 기업들 간 합병을 규제하는 정책을 말한다. 독점 기업의 한계 비용이 합병에 의해 크게 영향을 받지 않으면 기업은 합병을 통해 독점 기업의 효과를 얻으려 할 수 있기 때문이다. 한편 경쟁 촉진 정책은 산업에 대한 진입 장벽의 제거, 기회 균등의 확대 등을 통해 경쟁을 ⓓ유발하여 사전에 독점을 막는 것이다. 물론 자유주의 경제학자들은 독점의 규제를 최소화해야 한다고 주장하기도 하지만, 오늘날 많은 정부에서는 독점으로 인한 사회의 후생 손실의 감소를 ⓔ도모하는 정책을 사용하고 있다.

- **한계 비용** 일정한 생산량을 새로 한 단위 추가하여 생산하려고 할 때에 필요한 생산비의 증가분.
- **한계 수익** 생산자가 한 개의 상품을 더 팔 때 추가적으로 얻을 수 있는 수입(매출액).
- **평균 비용** 총비용을 총생산량으로 나눈 것으로, 생산량에 관계없이 단기적으로 변화가 없는 평균 고정 비용과 생산량과 연동되어 움직이는 평균 가변 비용의 합. 생산 활동에서 총 비용을 총 생산량으로 나눈 것을 의미한다.
- **규모의 경제** 대량 생산의 경우에서와 같이, 생산 규모가 증가함에 따라 생산비에 비해 생산량이 보다 크게 증가함으로써 생기는 경제적 이익을 말하며, 규모에 대한 수익이라고도 한다.

01 ○ 9449-0144

윗글에 대한 설명으로 가장 적절한 것은?

① 독점 규제 정책의 후생 손실 감소 효과를 실증적인 사례를 통해 검토하고 있다.

② 시장에서 후생 손실이 발생하는 이유를 분석하여 독점 시장의 장단점을 밝히고 있다.

③ 독점 기업이 사회 각 분야에 미칠 수 있는 영향력을 경제학적인 시각에서 분석하고 있다.

④ 독점으로 인해 후생 손실이 발생하는 경제학적 원리를 설명하고, 이를 해결하기 위한 정책들을 소개하고 있다.

⑤ 독점으로 인한 후생 손실에 대응하는 다양한 시장의 반응을 소개하고, 독점 시장에서 가격이 결정되는 원리를 설명하고 있다.

02 ○ 9449-0145

윗글을 이해한 내용으로 가장 적절한 것은?

① 독점 기업은 시장의 수요 곡선에 따라 생산량을 결정한다.

② 시장의 진입 장벽이 높을수록 독점 기업의 독점은 강화된다.

③ 독점 기업은 이윤의 극대화를 위해 시장의 수요를 조절한다.

④ 대체 재화가 나타나더라도 독점 기업의 시장에서의 지위는 유지된다.

⑤ 독점 기업은 시장에서 형성된 가격을 신속히 수용함으로써 자신의 독점력을 강화한다.

03 ○ 9449-0146

㉠과 ㉡에 대한 설명으로 적절하지 않은 것은?

① ㉠은 소비자 잉여를 경쟁 시장에서만큼 증대시키는 효과가 있다.

② ㉠이 시행되면 독점 기업은 생산량을 증가시켜야 기업의 손실이 줄어든다.

③ ㉡은 규모의 경제를 확대하여 기업 이윤을 극대화할 수 있다.

④ ㉠보다 ㉡이 규모의 경제가 존재하는 독점 기업에는 더 유리한 정책이다.

⑤ ㉠과 ㉡은 모두 가격 규제를 통해 사회적 후생 손실을 감소시키는 역할을 한다.

04

윗글을 바탕으로 〈보기〉의 상황을 이해한 내용으로 적절한 것은?

■ 보기 ■

시장에서 독점적 지위를 행사해 온 A사는 2022년까지 제품의 생산량을 다음과 같이 감축하기로 결정하였다.

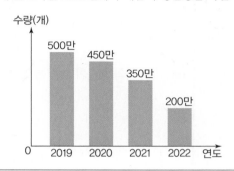

① 제품의 수요 증가로 인해 수요와 공급의 불균형이 발생할 것이다.

② 소비자의 지출 총액이 감소하여 사회적 후생이 매년 증가할 것이다.

③ 소비자에게 발생한 후생 손실이 결국 기업의 후생 손실로 전가될 것이다.

④ 제품의 가격 상승으로 인해 소비자 잉여가 매년 더 큰 폭으로 감소할 것이다.

⑤ 경쟁 기업의 진입 장벽이 점점 높아져서 독점 기업의 독점적 지위가 강화될 것이다.

05

○ 9449-0148

'사전적 독점 규제 정책'의 사례로 적절하지 <u>않은</u> 것은?

① 외국의 기업이라도 국적에 따른 차별 없이 시장에서 균등한 경쟁의 기회를 가질 수 있도록 한다.

② 경쟁 기업이 시장 진입을 쉽게 할 수 있도록 특허의 존속 기간을 현행 20년에서 15년으로 단축한다.

③ 대기업이 중소기업의 시장 진출을 방해하지 못하도록 원가 이하로 가격을 책정하는 행위를 금지한다.

④ 독점 기업이 과도한 이윤을 남기지 못하도록 가격 상한을 설정하고 그보다 높은 가격으로 팔 경우 고율의 세금을 부과한다.

⑤ 시장에서 가장 큰 비중을 차지하는 두 개의 회사가 손쉽게 합병하지 못하도록 동일 산업 내 대기업들 간의 합병을 제한한다.

06

○ 9449-0149

문맥상 ⓐ～ⓔ와 바꿔 쓰기에 적절하지 <u>않은</u> 것은?

① ⓐ: 마음대로

② ⓑ: 막아 내기

③ ⓒ: 이끌

④ ⓓ: 만들어서

⑤ ⓔ: 꾀하는

[07~11] 다음 글을 읽고 물음에 답하시오.

과학의 성공이 과학적 탐구에 사용된 방법에 기인한다고 보는 시각은 꽤 오랜 전통을 가지고 있다. 예를 들어, 성공적 과학자로 널리 알려진 뉴턴이 역학에서 거둔 획기적인 성공은 그가 사용한 탐구 방법에 기인한다고 보고 있다. 과학적 탐구에서 방법의 역할에 대한 이러한 기대는 현대의 과학 방법론을 통해 보다 체계적으로 이론화되었다. 이 과학 방법론들의 주된 과제는 입증이나 반증 같은 방법론적 개념 또는 절차들을 이론적으로 규명하는 일이었는데, 이러한 과제를 해결하는 과정에서 논리학이나 확률 이론 같은 형식 이론들을 활용하여 이론 평가의 알고리즘을 제시하고자 했던 점에서 공통된다.

과학 방법론에 대한 대표적인 논의의 주제는 과학적 탐구가 어떤 단계들로 구성되어 있으며 어떤 추리적 특성이 있는가에 대한 것이다. 이와 관련하여 크게 두 가지 입장이 있다. 경험주의적 전통에서는 과학적 탐구를 자연에 대한 관찰과 실험에서 시작하여 법칙과 이론을 이끌어 내는 과정으로 간주했다. 이러한 관점에 따르면 과학적 지식은 '사실에서 도출된 지식의 체계'라고 볼 수 있다. 이와 같은 입장을 흔히 '귀납주의'라고 한다. 귀납주의에 따르면 과학적 가설은 자연을 관찰하거나 실험하여 수집된 자료로부터 형성된다. 자연에 대한 관찰로부터 법칙과 이론을 유도하고 그것을 다시 자연현상에 적용하여 설명하는 과정은 다음과 같다.

1단계: 선입견이 개입되지 않은 관련 사실들의 관찰과 기록
2단계: 다른 가설이 개입되지 않은 분석과 분류
3단계: 분석과 분류로부터 일반적 원리 유도
4단계: 설명과 예측을 통한 일반적 원리에 대한 시험

위의 과정에서 과학의 객관성은 제1 단계와 제2 단계에 나타난 제한 조항들을 통해 확보된다. 귀납주의자들은 관찰과 기록 과정에 경험적 자료에 선행하는 선입견 같은 인식론적인 요소들이 개입되면 자연이 제공하는 자료를 있는 그대로 보지 못하고 자신의 입장이나 이론에 유리한 방식으로 보게 될 것을 우려했다. 또한 과학자 개인이 지지하는 가설이 기록된 사실에 영향을 주지 않도록 하기 위해서는 분석과 분류 과정에서도 다른 가설이 쉽게 개입하지 않도록 제한을 주어야 한다.

그럼에도 불구하고 ⊙귀납주의가 과학적 탐구에 있어 충분한 과학 방법론이 되기에는 부족한 점이 있다. 우선 제1 단계에서 관련 사실들을 모두 수집할 것을 권고하고 있는데, 그러한 요구는 실제로 불가능하기 때문이다. 또한 지침이나 기준이 제시되지 않은 상황에서 어떤 대상이나 현상이 현재의 문제와 관련되어 있는지를 판단하는 것도 힘든 일이며, 선입견이 개입하지 않은 관찰과 기록을 유지하는 것도 어려운 일이다. 핸슨, 폴라니가 주장하듯이 모든 관찰은 관찰자의 과거 경험, 지식, 교육 수준에 따라 달라지며 이론 없이 관찰을 진행하기는 어렵다.

이와 같은 문제점을 해결하기 위해 과학적 탐구에 대한 또 다른 유력한 방법론이 제시되었는데, 그것이 가설 연역적 방법이다. 가설 연역적 방법은 다음과 같은 과정을 통해 이루어진다.

1단계: 탐구 중인 문제에 대한 가설 제안

2단계: 가설을 이용한 설명 및 예측

3단계: 경험적 시험

4단계: 확증 또는 반증

[A]   여기에서는 가설이 1단계부터 등장하는 것을 볼 수 있다. 탐구 과정의 초기 단계에 가설이 개입되면 자료의 중립성이 훼손되어 결과적으로 과학의 객관성을 보장할 수 없게 된다고 보았던 귀납주의자들의 주장과는 대비된다. 그렇다면 가설 연역적 방법은 어떤 방식으로 과학적 탐구의 객관성을 확보할 수 있는가? 그 질문에 대한 답은 3단계에서 찾을 수 있다. 즉 과학적 객관성은 가설로부터 유도된 설명이나 예측에 대한 경험적 검사를 통해 확보될 수 있다. 과학의 발전을 위해서는 누구나 자유롭게 가설을 제안하고 비판할 수 있어야 한다. 포퍼는 이런 사회를 '열린 사회'라고 불렀다. 하지만 포퍼는 제안된 가설에 대해서 엄격한 검사를 부과해야 한다는 점을 함께 강조하였다. 포퍼는 가설이 경험적 시험을 통과하지 못한 경우 반증 또는 반박되었다고 하고, 해당 가설은 폐기되어야 한다고 주장한다. 포퍼는 '임시변통 가설'을 도입하여 반증된 가설을 구하려는 시도를 비판했다. 다른 한편 새롭고 대담한 예측의 가설을 제시하고 그에 대한 엄격한 시험을 해도 반박되지 않는 경우에만 그 가설이 확인된다고 보았다.

하지만 포퍼의 주장에 대해서도 많은 비판이 따른다. 포퍼가 의도한 대로 반증을 통해 잘못된 이론을 걸러 내기 어렵다는 것이다. 실제로 반증을 통해 잘못된 이론을 걸러 내는 것은 매우 어렵기 때문이다.

07 ○ 9449-0150

윗글에서 다룬 핵심 내용으로 가장 적절한 것은?

① 가설이 지닌 문제점의 다양한 사례

② 대비되는 두 이론이 안고 있는 장단점

③ 서로 대립하는 주장에 대한 절충적 대안

④ 현상에 대한 심층적 분석에서 도출한 보편적 이론

⑤ 과학적 탐구 방법에 주안점을 둔 과학 방법론의 분류 기준

08

○ 9449-0151

'귀납주의'의 입장에 가장 잘 부합하는 것은?

① 관찰 자료의 선별 방법에 따라 가설의 운명이 결정된다.
② 관찰을 수행하려면 반드시 신뢰할 만한 이론에 의존해야 한다.
③ 지식의 객관성은 주관성이 배제된 관찰과 실험을 통해 보장된다.
④ 관찰 과정의 정확성을 높이기 위해 관찰자의 주관적 인식을 반영한다.
⑤ 법칙과 이론의 유도가 원활하도록 관찰에 앞서 가설을 먼저 수립한다.

09

○ 9449-0152

[A]를 참고하여 〈보기〉의 ㉮～㉲에 대해 이해한 내용으로 적절하지 않은 것은?

■ 보기 ■

　　일반 상대성 이론을 발표하기 전에 아인슈타인은 프로인들리히와 큰 질량 근처를 지나는 빛의 경로를 측정하여 자신의 이론을 증명하는 문제에 대해 의논했다. 처음에 그들은 태양계에서 가장 질량이 큰 행성인 목성의 중력이 먼 별에서 오는 빛을 굽어 가게 하기에 충분할 만큼 크지 않을까 생각했다. 하지만 ㉮목성은 빛의 경로에 관측이 가능할 만큼의 영향을 주지 않는다는 것을 관측을 통해 곧 알게 되었다. 아인슈타인은 목성보다 천 배나 되는 질량을 가지고 있는 ㉯태양의 중력은 먼 별에서 오는 빛에 상당한 정도의 영향을 미칠 것이라고 생각했다. 하지만 그들의 관측은 실패로 돌아갔다. 이 실험을 성공으로 이끈 사람은 에딩턴이었다. ㉰일식 때 찍은 사진에 나타난 태양 주위의 별들은 태양이 없는 밤에 찍은 사진보다 태양으로부터 멀어져 있었다. 멀어진 정도는 오차의 한계 내에서 아인슈타인의 예상치와 일치했다. 에딩턴이 이 관측 결과를 발표하자 타임지는 ㉱'과학의 혁명 – 우주에 관한 새로운 이론 – 뉴턴의 이론이 무너졌다.'라는 제목의 기사를 내보냈다. 그것은 ㉲가설이 실제 관측에 의해 검증됨으로써 아인슈타인이 이제 과학자들의 스타에서 대중적 스타로 변신했다는 것을 알리는 것이었다.

① ㉮는 아인슈타인이 '임시변통 가설'을 세우게 된 계기로 볼 수 있겠군.
② ㉯는 아인슈타인의 가설을 이용해 설명하고 예측한 내용이겠군.
③ ㉰는 아인슈타인의 가설을 입증할 '경험적 시험'에 해당하겠군.
④ ㉱는 뉴턴의 이론이 반증을 통해 위기에 처했음을 보여 주는 기사겠군.
⑤ ㉲는 아인슈타인의 가설이 시험을 거쳐 객관성을 갖게 되었음을 보여 준 것이겠군,

10 ⊙ 9449-0153

㉠의 이유로 적절하지 <u>않은</u> 것은?

① 선입견이 배제된 관찰이 가능하지 않기 때문에

② 관련 사실을 모두 관찰하는 것은 불가능하기 때문에

③ 사실의 관련성 여부를 판단할 객관적인 기준이 없기 때문에

④ 이론을 전제하지 않고 의미 있는 관찰을 하는 것이 어렵기 때문에

⑤ 관찰자의 과거 경험과 지식은 모든 관찰 과정과 독립적이지 않기 때문에

11 ⊙ 9449-0154

'포퍼'의 견해에 따를 때, '열린 사회'에서 중요하게 여겨질 것으로 가장 적절한 것은?

① 법칙 수용의 범위 축소

② 기성 이론의 권위 존중

③ 상반된 이론의 공격 차단

④ 새로운 가설의 자유로운 개진

⑤ 반증을 위한 획일적인 기준 적용

[12~15] 다음 글을 읽고 물음에 답하시오.

플라톤과 아리스토텔레스 이래 서구 예술론의 중심이 되는 생각은 예술이 현실의 미메시스라는 명제였다. '미메시스'라는 말은 일반적으로 '모방'이라고 번역되어 많이 사용되었지만, 재현, 묘사, 표현 등 포괄적인 의미를 담고 있다. 미메시스 개념의 역사를 미학과 예술론의 입장에서 연구한 타타르키비치는 원래 이 용어가 디오니소스 제전을 위한 의식에 기원을 두고 있으며, 미메시스라는 용어는 사제가 수행했던 주술적 행위와 관련된 것이었다고 설명했다.

제식과 관련되었던 미메시스의 의미가 외적인 실재를 재현하는 의미로 변하기 시작한 것은 기원전 5세기 무렵이었다. 소크라테스는 미메시스를 사물의 외관에 대한 복제로 규정하고 회화나 조각에 적용하였다. 한편 플라톤과 아리스토텔레스는 미메시스를 각각 철학과 예술론의 중심 개념으로 삼았다. 플라톤은 미메시스를 이데아와 현실의 관계를 규정하는 철학적 원리로 보고 조형 예술뿐만 아니라 거의 모든 예술 분야에 광범위하게 적용했다. 플라톤은 진정한 모방이란 눈에 보이는 무가치한 사물의 모방이 아니라, 모든 존재와 인식의 근거가 되는 항구적이고 초월적인 실재라고 할 수 있는 이데아를 모방하는 것이라고 보았다.

한편, 아리스토텔레스는 미메시스가 인간의 현실적인 삶과 관계가 없는 관념적 세계를 모방하는 것이 아니라, 사람이 사는 현실 세계, 특히 인간의 심성과 행위의 보편적 양상을 있을 법한 법칙에 따라 제시하는 것이라고 보았다. 그는 사물의 본질이 물질적으로 존재하는 사물 속에 들어 있는 것이라고 믿으면서 플라톤의 모방론과는 달리 현상을 중요시하는 모방론을 제시하였다. 특히 그는 『시학』에서 시 창작의 방식을 통해 대상의 본질이 잘 드러나도록 현실을 구조적으로 다시 엮어서 드러내는 창조적 모방론을 주장했고, 시각 예술을 통해서도 외적인 유사성을 잘 성취하는 데서 얻을 수 있는 인식의 기쁨을 강조하였다. 또한 그는 『자연학』에서도 예술이 자연을 모방하여 자연이 끝맺지 못한 것을 완성한다고 주장함으로써 예술이 단순한 모방이 아닌 창조적 모방임을 분명히 하였다.

이렇게 미메시스에 대한 개념은 ㉠삶의 본질적 특성과 우주의 실재를 모방하는 것이라는 입장과, ㉡인간 생활의 표면적 현상을 사실적으로 보여 주는 것이라는 입장을 포괄하면서 발전해 왔다. 외적인 것은 단지 껍데기에 불과하고 실재란 감각할 수 없는 세계에 존재한다고 본 플라톤에서 유래하여 관념이나 정신성을 중요하게 여기는 태도로 발전해 간 입장은 외적 유사성을 거부하고 내적인 것의 표현을 중시하는 현대 추상 미술로 이어졌다. 이에 비해 외적인 유사성을 창조적으로 잘 성취했을 때의 재현 방식을 옹호하는 입장은 구체적, 감각적 현상을 중시했던 아리스토텔레스의 모방론을 이어받고 있다. 특히 18세기까지 창조적 모방이 어떻게 성취될 수 있는가에 대한 다양한 논의가 미메시스에 대한 견해를 더욱 풍부하게 해 주었고 이러한 논의는 19세기에 들어와 리얼리즘에 대한 논의로 이행되었다.

12 ⊙ 9449-0155

윗글을 읽고 알 수 있는 내용으로 적절하지 <u>않은</u> 것은?

① 미메시스라는 용어의 유래
② 미메시스에 담긴 다양한 의미
③ 미메시스에 대한 비판적 견해
④ 미메시스를 둘러싼 대비된 시각
⑤ 미메시스에 대한 논의의 발전 과정

13 ⊙ 9449-0156

윗글의 내용과 일치하지 <u>않는</u> 것은?

① 기원전 5세기 무렵 미메시스에 대한 개념에 변화가 생기게 되었다.
② 예술이 현실의 미메시스라는 생각은 서구 예술론에서 중요하게 다루어져 왔다.
③ 플라톤은 미메시스를 이데아와 현실의 관계를 규명하는 철학적 원리로 활용하였다.
④ 감각할 수 없는 실재의 표현을 중시하는 예술적 태도는 현대 미술에서도 찾아볼 수 있다.
⑤ 본질의 구현을 위해 외적 유사성을 거부한 재현 방식을 옹호하면서 리얼리즘이 탄생하였다.

14
● 9449-0157
'미메시스'에 대한 '아리스토텔레스'의 생각에 가장 가까운 것은?

① 아름다움을 넘어서는 진실한 실재를 향한 모방
② 본질을 보여 줄 수 있는 현실 세계의 창조적 모방
③ 변화하는 세계 속에 지속성을 부여하는 관념의 모방
④ 현실 세계에 존재해야 할 이상적인 법칙을 제시하는 모방
⑤ 자연의 법칙 속에 존재했던 인간의 심성과 행위에 대한 사실적 모방

15
● 9449-0158
〈보기〉를 참고하여 ㉠과 ㉡에 대해 이해한 내용으로 가장 적절한 것은?

■ 보기 ■

　　로마인들은 자연의 개념을 '나투라(natura)'로 번역했다. 이 나투라는 한편으로 가시적 사물들 전부를, 다른 한편으로는 자연물의 생성 원리이자 자연물을 산출해 내는 힘을 뜻했다. 중세 때에는 전자를 '능산적 자연', 후자를 '소산적 자연'으로 구분하였다. 근대에 와서는 자연이 눈으로 볼 수 있는 사물의 전체이면서 또 이러한 사물 전체를 생산해 내는 힘으로 이해되었다. 이렇게 자연은 생성된 가시적 사물 전체이자 이의 원천으로서의 본질을 지칭하는 두 가지 의미 모두를 함축하고 있다. 예술사를 통해 볼 때 유럽 예술은 현실을 모방하는 데에 이 양자 사이를 왕래했음을 알 수 있다.

① ㉠은 결과적인 생산물보다 그것을 생성하는 원리에 더 큰 관심을 가졌겠군.
② ㉡은 '나투라'의 개념이 형성되는 데 배타적으로 작용했겠군.
③ ㉠과 ㉡ 모두 가시적 자연의 모방이라는 예술사적 과제를 중시했겠군.
④ ㉠보다 우위를 차지한 ㉡이 자연을 모방해 온 유럽 예술을 이끌었겠군.
⑤ ㉠은 '능산적 자연'의 사실적인 표현 방법을 모색했겠군.

[01~06] 다음 글을 읽고 물음에 답하시오.

　　근대 사회에서 미술 활동의 기반은 전근대 사회의 후원 제도에서 벗어나 시장 제도로 변화되었다. 전근대 사회에서 미술가는 왕, 성직자 등 사회적 신분이 높은 귀족 후원자의 주문을 받아 미술품을 제작했다. 궁정과 교회의 귀족들인 미술 수요자에 비해 미술가는 사회적 지위가 훨씬 낮았고, 미술가의 인격적 가치는 그가 만든 미술품의 가치보다 낮게 평가되었다. 전근대 미술가는 예술가라기보다는 기능공 혹은 기술자로서 장인의 지위에 있었고 사회적으로 천대를 ⓐ받았다. 후원 제도에서 미술가는 후원자의 경제적 지원을 받는 대신, 그가 제작한 미술품은 모두 후원자의 소유가 되었다. 신화·종교·역사 같은 주제에 관심이 많았던 당시 후원자들은 작품의 내용과 형식을 구체적으로 지시하며 영향력을 행사했다.

　　근대 사회가 탄생하자 미술 활동의 기반은 시장 제도로 변화되었다. 시장 제도하의 근대 미술은 후원 제도하의 전근대 미술과 미술 수요자나 미술 생산자 측면에서 성격이 달랐다. 첫째, 근대 미술 수요자는 특정 후원자가 아니라 불특정 다수로 구성된 시장 소비자들로 변했고, 주로 중산층이었던 시장 소비자들은 대체로 초월적 주제에 관심이 없고 잘 이해하지 못했으며 대신 일상생활 주변의 현실에 흥미를 가졌다. 둘째, 근대 미술가는 길드 같은 전근대적 공동체 조직의 구속을 받지 않는 자유로운 개인이었고, 전통적 미술 규범보다 자신의 주관에 따라 작품을 제작하며 작품에 개성과 독창성을 부여하기 위해 노력했다. 주로 중산층 출신이었던 미술가들은 미술 수요자와 대등한 지위에 있게 되어 생산자와 수요자 간의 지위 격차도 해소되었다.

　　이처럼 시장 제도는 미술가를 후원자의 구속에서 해방시켰으나 그 대신 미술가들은 자신이 알지 못하는 미지의 수요자에게 선택받기 위해 다른 미술가들과 치열한 경쟁을 벌이게 되었다. 근대 사회에서 미술가의 성패는 미술 시장의 경쟁으로 판가름 났다. 경쟁에서 승리하기 위해 근대 미술가는 자신이 다른 여느 미술가들과 다르다는 것을 내세웠고 남이 모방할 수 없는 개성과 독창성은 경쟁에서 가장 중요한 무기였다. 그렇지만 시장 제도하에서 항상 가장 뛰어난 미술가가 수요자들에게 선택되는 것은 아니었다. 미술품을 구입하는 근대 중산층의 심미안은 과거의 후원자만큼 높지 않았고 유행에 따라 선호가 자주 바뀌었다. 그때그때 미술 시장 유행을 좇아 작품을 제작하는 미술가는 많은 소득을 올렸지만, 지금은 네덜란드를 대표하는 위대한 미술가인 렘브란트도 당시에는 파산 선고를 받고 가난하게 살았을 정도로 자신만의 독자적 예술 세계를 추구하는 미술가는 수요자로부터 버림받기 쉬웠다.

　　현대 미술 시장에서도 미술품은 본래적 가치인 예술적 가치 외에 상품으로서의 경제적 가치도 가격 형성에 영향을 미치고 있다. 돈과 자산을 보유한 사람들은 미술품의 경제적 가치에 영향을 미치고, 문화 자본을 보유한 전문가들은 예술적 가치에 영향을 미친다. 그러므로 양자가 꼭 비례하는 것은 아니지만, 그렇다고 경제적 가치와 예술적 가치가 완전히 무관한 것도 아니다. 일반적으로 대중 시장에서 제품 가치는 다수의 일반 소비자가 결정하고, 부자 시장에서의 제품 가치는 돈과 자산이 많은 소수의 부자 소비자가 결정한다. 경제적 가치와 예술적 가치의 괴리 현상은 대중 시장에서 더 크게 발생하고, 부자 시장에서는 양자의 수렴 현상이 더 강하다. 음반 시장과 같은 대량 생산된 대중 시장에서는 경제적 가치와 예술적 가치의 괴리가 크게 발생하는 반면, 미술 시장처럼 부자 시장에서는 예술적 가치와 경제적 가치가 수렴할 가능성이 높다.

　이처럼 미술 작품은 예술적 가치와 경제적 가치가 종합되어 가격이 결정되는데, 이때 가격을 결정짓는 요소는 일반 재화와 마찬가지로 수요와 공급이다. 일반적으로 재화의 가격이 오르면 수요는 줄어들고, 가격이 내리면 수요가 늘어나는 것처럼 미술품의 경우도 가격과 수요는 반대로 움직인다. 가격이 변할 때 수요량이 어떻게 변하는지를 그래프로 나타낸 것을 수요 곡선이라고 한다. 가령 ㉠어떤 미술품을 구입하고자 관심을 보인 사람이 모두 6명이고, 그중 2,500만 원까지 지불하고 구입하려는 사람이 1명, 2,000만 원까지 지불하려는 사람이 1명, 1,000만 원까지 지불하려는 사람이 2명, 500만 원만 지불하려는 사람이 2명이다. 이때 가격이 올라갈수록 작품에 대한 수요가 줄어들며 가격이 내려갈수록 수요가 늘어나므로 이 미술품의 수요 곡선은 일반 재화의 수요 곡선과 마찬가지로 오른쪽 아래로 내려가는 모습이 된다.

　가격이 변동할 때 수요량이 변동하는 정도를 나타낸 것을 가격 탄력성이라고 하는데, 가격 탄력성은 가격이 몇 퍼센트 변할 때 수요가 몇 퍼센트 변했는지 그 정도를 측정하는 것이다. 만일 미술품의 가격이 10퍼센트 올랐을 때 수요가 5퍼센트밖에 줄어들지 않았다면 가격 탄력성은 0.5(=5%÷10%)가 된다. 이처럼 가격 탄력성이 1보다 작다면 소비자가 가격에 민감하게 반응하지 않는 경우다. 반대로 가격 탄력성이 1보다 크다면 소비자가 가격에 민감하게 반응하는 경우다. 대체로 미술품은 가격 탄력성이 일반 재화보다 작다. 미술 소비자들이 가격 변동에 그다지 민감하지 않은 이유는 미술품이 이질적 특성을 지닌 재화이기 때문이다. 어떤 재화의 가격 탄력성은 그 재화와 경쟁 관계에 있는 대체재의 이용 가능성에 따라 달라지는데, 대체재의 이용 가능성이 낮은 재화는 가격 탄력성이 낮다. 모든 미술품은 하나밖에 존재하지 않는 유일무이한 재화이며 엄밀하게 말하면 소비재로서 미술품은 대체재가 없다. 그러나 모든 미술품이 심미적 효용을 위한 소비재의 성격만 갖는 것은 아니다. 특히 높은 가격의 미술품일수록 투자재로서의 성격도 강하게 지니는 것이 보통이다. 그런데 투자재로서의 미술품에는 주식, 채권 등과 같은 금융 상품이라는 강력한 대체재가 존재한다. 그러므로 일반 미술품과 달리 고가의 미술품은 가격 탄력성이 커질 가능성이 있다.

　한편, 가격과 공급량의 관계를 그래프로 표시한 것을 공급 곡선이라고 하는데, 일반적인 재화는 가격이 오르면 생산이 늘어난다. 그러나 미술품은 하나하나가 이질적이며 유일무이한 성격을 지니므로 가격이 오른다고 똑같은 작품을 여러 개 생산해 팔지는 못한다. 가령 미술 시장에 네 점의 작품이 공급되었다면, 네 작품 각각의 공급 곡선을 개별 공급 곡선이라고 하고, 네 작품으로 구성된 시장 전체의 공급 곡선을 시장 공급 곡선이라고 한다. 일반 재화의 개별 공급 곡선은 오른쪽 위로 올라가는 모습을 띠지만 ㉡미술품의 개별 공급 곡선은 수직이 된다. 한편 가격이 일정한 수준 이하로 내려가면 손해가 되어 생산을 할 수 없기 때문에 생산 활동 지속을 위해 필요한 최저 가격 수준인 생산 중단점이 존재하는데, 이 가격을 유보 가격이라 부른다. 그러므로 미술품의 개별 공급 곡선은 유보 가격 이상으로 형성된다. 그리고 개별 공급 곡선을 수평으로 합친 시장 공급 곡선은 다른 일반 재화와 마찬가지로 오른쪽 위로 올라가는 모습을 띠는데, 시장 공급 곡선의 의미가 일반 재화와 미술품은 다르다. 일반 재화는 개별 재화들이 동질적이므로 시장 공급 곡선과 시장 수요 곡선이 일치하는 지점에서 시장 가격이 형성되어 똑같이 거래되지만, 미술품은 개별 작품들이 각각 다른 가격으로 거래된다는 점에서 차이가 있다.

01 ○ 9449-0159
윗글에 대한 이해로 적절하지 <u>않은</u> 것은?

① 근대 사회에서 미술 수요자는 불특정 다수로 구성된 중산층 시장 소비자들이었다.

② 가장 뛰어난 개성과 독창성을 지닌 근대 미술가는 미술 시장에서 많은 소득을 올렸다.

③ 대중 시장에서의 경제적 가치와 예술적 가치의 괴리는 부자 시장에서보다 크게 발생한다.

④ 전근대 사회에서 미술가의 인격적 가치는 미술가가 만든 미술품의 가치보다 낮게 평가되었다.

⑤ 현대 미술 시장에서 미술품의 가격은 일반 재화와 마찬가지로 가격과 수요가 반대로 움직인다.

02 ○ 9449-0160
윗글을 바탕으로 〈보기〉를 감상한 내용으로 적절하지 <u>않은</u> 것은?

■ 보기 ■

페루지노, 「사랑과 순결의 싸움」(1505년)

우리의 시적인 구상은 …… 비너스와 큐피드와 맹렬히 싸우는 팔레스와 디아나이다. …… 팔레스 옆에는 올리브 나무가 있어야 하며, 메두사 머리를 새긴 방패를 들고, 나뭇가지 사이에는 팔레스에게 총명함을 주는 올빼미가 있어야 한다. 그리고 베누스 옆에는 그녀가 좋아하는 상록수가 있어야 한다. …… 만일 인물이 너무 많다고 생각되면 원하는 대로 줄일 수 있지만 신 4명은 없애지 말라. …… 그리고 다른 것을 더하지는 말라.

– '이사벨라 데스테'의 작품 주문서 중에서

① 페루지노는 이사벨라 데스테보다 사회적 지위가 낮았음을 짐작할 수 있군.

② 작품의 내용과 형식을 매우 구체적이고 세밀하게 지시했음을 확인할 수 있군.

③ 페루지노가 완성한 작품은 이사벨라 데스테의 소유가 되었음을 짐작할 수 있군.

④ 초월적 주제보다 일상생활에 관심이 많았던 당시 미술 수요자들의 경향을 엿볼 수 있군.

⑤ 미술가의 자율성이 침해되어 미술가의 개성과 독창성이 발휘되기 어려웠음을 알 수 있군.

03

9449-0161

㉠에서 가격 탄력성이 가장 작은 상황으로 적절한 것은?

① 가격이 500만 원에서 1,000만 원으로 오를 때

② 가격이 1,000만 원에서 2,000만 원으로 오를 때

③ 가격이 2,000만 원에서 2,500만 원으로 오를 때

④ 가격이 1,000만 원에서 500만 원으로 내릴 때

⑤ 가격이 2,000만 원에서 1,000만 원으로 내릴 때

04

9449-0162

㉡의 이유로 가장 적절한 것은?

① 미술품은 시간이 지날수록 가격이 올라 투자재의 성격을 지니게 되기 때문이다.

② 미술품의 시장 공급 곡선이 일반 재화와 마찬가지로 오른쪽 위로 올라가기 때문이다.

③ 미술품의 가격은 시장 공급 곡선과 시장 수요 곡선이 일치하는 지점에서 형성되기 때문이다.

④ 미술품은 서로 이질적이고 각각 유일해서 가격이 오르더라도 공급이 늘어날 수 없기 때문이다.

⑤ 지속적인 미술품 생산 활동을 위해 필요한 최저 가격 수준인 생산 중단점이 존재하기 때문이다.

05

○ 9449-0163

윗글을 바탕으로 〈보기〉를 이해할 때, 적절하지 <u>않은</u> 것은?

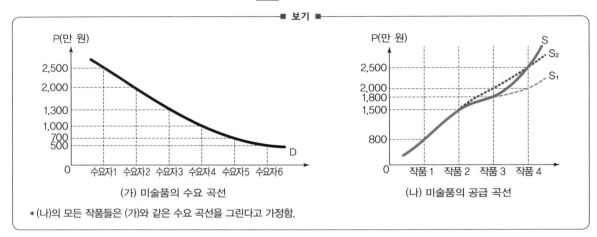

■ 보기 ■

(가) 미술품의 수요 곡선

(나) 미술품의 공급 곡선

＊(나)의 모든 작품들은 (가)와 같은 수요 곡선을 그린다고 가정함.

① (나)의 S에서 작품 4와 작품 2의 유보 가격의 차이는 작품 1의 유보 가격보다 크군.

② (나)에서 S가 S_2로 변하면 (가)의 상황에서 작품 3에 대한 지불 의사가 있는 사람은 반으로 줄겠군.

③ (나)에서 S가 S_1로 변하면 (가)의 상황에서 작품 4에 대한 지불 의사가 있는 사람은 두 배로 늘겠군.

④ (가)에서 미술품 구입 의사를 지닌 사람 중에 (나)의 작품 1에 대한 지불 의사가 있는 사람은 작품 2에 대한 지불 의사가 있는 사람보다 두 배 많군.

⑤ (가)에서 미술품 구입 의사를 지닌 사람 중에 (나)의 S에서 네 작품 모두에 대해 지불 의사가 있는 사람은 네 작품 모두 대해 지불 의사가 없는 사람보다 두 배 적군.

06

○ 9449-0164

문맥상 ⓐ의 의미와 가장 가까운 것은?

① 국어 시험에서 100점을 <u>받았다</u>.

② 바닷가에서 은은한 달빛을 <u>받았다</u>.

③ 친한 친구에게 생일 선물을 <u>받았다</u>.

④ 동생은 막내로 집에서 귀염을 <u>받았다</u>.

⑤ 오늘 개장한 가게에서 첫손님을 <u>받았다</u>.

[07~11] 다음 글을 읽고 물음에 답하시오.

ⓐ효소라면 흔히 잘 알고 있는 아밀레이스를 예로 들 수 있다. 밥을 씹으면 침 속의 아밀레이스가 밥 속에 들어 있는 녹말을 소화하기 쉽도록 작은 크기의 당으로 분해한다. 세제에 들어 있는 효소도 옷에 묻은 때 중에서 녹말을 잘게 자른다. 본격적인 세탁을 하기 전에 미리 잘라서 세탁이 잘 되도록 하는 것이다. 효소는 일을 하는 물질이다. 즉 모든 생물체 내에서 일을 하는 수천 가지의 반응을 모두 효소가 한다. 예를 들어 우리가 밥을 먹으면 당이 되어서 세포까지 들어가고 에너지를 내는 과정도 이런 효소들이 하는 일이다. 녹말을 잘게 자르는 효소, 세포 내로 끌고 들어가는 효소, 당을 분해시켜 열을 내는 효소 등 모든 일을 효소가 하는 것이다. 즉 효소는 생명을 유지하는 가장 중요한 일꾼이다.

세포는 효소의 집합체라고 할 수 있다. 결국 사람과 사람의 차이는 유전자의 차이이고, 효소는 유전 정보가 있는 유전자에서 만들어지므로 효소 차이란 이야기가 된다. 효소는 일종의 조개껍질 목걸이에 비유할 수 있다. 바닷가에서 주운 수많은 조개껍질을 모아서 줄에 하나하나 걸면 예쁜 조개껍질 목걸이가 된다. 이때 목걸이에 걸 수 있는 조개껍질 하나하나는 아미노산이라고 부르는 물질들인데 종류는 20개이다. 그러므로 목걸이의 종류는 결국 조개껍질의 순서인 아미노산의 순서를 어떻게 정하느냐에 달려 있다. 만약 껍질이 5개 달려 있는 목걸이라면 그 종류는, 첫 번째에 20개 가능성, 두 번째에도 20개 가능성……. 이렇게 해서 5개를 다 채우면 무려 $20 \times 20 \times 20 \times 20 \times 20 = 3,200,000$개라는 엄청난 숫자가 된다. 그러므로 간단하다고 생각했던 효소는 실은 100개 정도의 아미노산으로 이루어져 있어서 효소를 이룰 수 있는 가능성의 숫자는 상상을 초월하는 것이 된다.

아밀레이스가 조개껍질 100개로 되어 있으면 주인의 손놀림에 따라 고구마 형태 또는 감자 형태, 아니면 상추 형태 등 다양한 형태의 목걸이로 탄생할 수 있다. 하지만 이 형태는 아밀레이스라는 목걸이가 있어야 할 곳인 침샘에 들어가게 되면 모두 일정한 모형, 즉 3차 구조를 가지게 된다. 이때 이 목걸이가 어떠한 3차 구조를 가지고 있느냐가 상당히 중요한데, 아밀레이스는 3차 구조가 정확해야 자르려는 상대방인 녹말에 정확히 달라붙을 수 있기 때문이다. 이 아밀레이스 효소가 녹말을 자르는 모습은 레슬링 선수가 상대 선수의 허리를 틀어 버리는, 일명 코브라 트위스트 기술과 비슷하다. 일단 상대를 꽉 잡은 후 허리를 비틀고 튀어나온 허리 부분에 작은 힘을 가해 고통을 유발하는 것처럼, 효소가 자르려는 물질에 약간의 힘을 주고 달라붙으면 자르려는 지점이 노출되어 쉽게 자를 수 있다. 따라서 문제는 아밀레이스의 모형, 즉 3차 구조에 있다. 그중에서도 녹말과 ⓑ닿는 부분의 아미노산 순서가 중요하다.

그렇다면 37℃라는 비교적 높은 온도에서 일을 하는 대부분의 보통 효소가 어떻게 4℃ 물에서도 작용하는 저온 효소로 3차 구조가 변할 수 있을까? 그 답은 생각보다 단순하다. 진화의 원리를 이용하는 것이다. 모든 생물체는 유전자가 복제되면서 자라는데, 이 과정에서 유전자에 변화가 생겨 돌연변이가 일어날 수 있다. 대부분의 돌연변이는 스스로 고쳐지지만 일부는 그대로 자식에게 유전되어 그 성질이 변한다. 유전자 변이가 생기면 당연히 다른 효소, 예를 들면 다른 아밀레이스를 가진 박테리아가 나타난다. 이 중에 우연히 낮은 온도에서도 잘 자라는 구조를 가진 돌연변이 효소가 생긴다면 이 미생물은 낮은 온도에서도 잘 자라게 된다.

그리고 세월이 지나면서 그중 환경에 가장 적합한 생물체가 살아남는다. 남극의 찬물 속에 사는 미생물도 같은 과정을 거쳐 진화해 왔다. 그래서 그 미생물 효소들은 찬물에서도 잘 세탁할 수 있는 효소가 세포 안에 있다. 그리고 인간은 그런 미생물들을 골라내 세제에 사용하게 된 것이다.

그렇다면 수억 년에 걸친 이 진화의 원리를 좀 더 빨리 진행시킬 수는 없는 걸까? 그럴 수 있다면 장기간에 걸쳐 진화한 것을 단 며칠 만에 실험실에서 진화시키는 것은 물론 원하는 기능을 가진 최적의 미생물을 금방 만들어 낼 수 있을 것이다. 이것이 바로 진화 유도 기술이다. 진화를 원하는 방향으로 전환시키는 기술은 생각보다 단순하다. 예를 들어 찬물 세제의 효율을 높이기 위해 더 낮은 온도에서도 반응할 수 있는 효소를 만들고 싶다면 돌연변이를 일으키면 된다. 다만 해당 유전자의 어떤 부위를 변화시켜야 하는지 미리 결정해야 한다. 그 과정을 요약하면 다음과 같다.

첫 번째, 아밀레이스 효소의 반응 부분, 즉 목걸이의 조개껍질 순서를 여러 가지로 바꿔 본다. 아밀레이스 효소를 저온성으로 바꾸고 싶으면 아밀레이스 중에서 가장 중요한 반응이 일어나는 곳의 아미노산을 다른 아미노산으로 바꾼다. 이렇게 특정 부분만 원하는 방향으로 바꾸기 위해 ㉠중합 효소 연쇄 반응(PCR)을 이용한다. PCR은 하나의 DNA 덩어리가 두 개로 복제되는 메커니즘을 이용하여 원하는 DNA를 많이 복제하는 기술이다. 이중 나선으로 결합된 DNA에 90℃ 정도의 열을 가해 한 줄씩 풀어 준 뒤, 어디서부터 복제를 시작할지를 결정하는 시발체를 넣어 DNA 한 가닥과 시발체가 붙게 한다. 여기에 DNA가 복제될 때 높은 온도에서도 작용하는 DNA 중합 효소를 넣으면 시발체로부터 DNA 조각이 붙기 시작해 이중 나선 DNA가 만들어진다. 이 방법은 유전자의 순서를 하나씩 바꿔 볼 수 있지만, 시간이 오래 걸린다는 단점이 있다. 그러므로 가장 좋은 방법은 많이 만들어 보고 그중에서 가장 좋은 것을 골라 어떻게 변한 것이 효과적인가를 확인하는 것이다. 즉 PCR 기술로 특정 유전자의 염기들을 무작위로 변화시켜 여러 종류의 돌연변이를 많이 만들어 보는 것이다. 두 번째, PCR 기술로 변경된 효소가 들어간 미생물을 여러 종류로 키워서 이 효소들이 제대로 저온에서 작용하는지를 알아본다. 예를 들면 낮은 온도에서 녹말을 분해할 수 있는지 실험을 통해 성공한 미생물을 고르면 된다. 세 번째, 그중에서 제일 효능이 좋은 미생물을 고른다. 즉 진화에서 살아남는 것과 같은 원리를 적용하는 것이다. 네 번째, 이 미생물의 효소 유전자를 다시 한 번 변이시키는 과정을 반복한다. 한 번만 돌연변이를 시켜서는 원하는 것을 쉽게 얻을 수 없다. 그러므로 한 번 변이시킨 것 중에서 가장 좋은 것을 골라 또다시 돌연변이를 일으켜 계속 반복해서 고르다 보면 결국 가장 좋은 것을 고를 수 있다.

이와 같은 방식을 이용하면 어떤 유전자든 원하는 방식으로 변화시킬 수 있다. 지금처럼 낮은 온도에서 작용하는 아밀레이스를 만들 수도 있고, 높은 온도에서 작용하는 아밀레이스를 만들 수도 있다. 찬물에서 작용하는 아밀레이스가 찬물 세제로 쓰인다면, 뜨거운 물에서 작용하는 아밀레이스는 90℃ 온도의 물에서 보리에 들어 있는 녹말을 잘라 맥주의 원료를 만들어 낼 수도 있을 것이다. 그러면 에너지도 줄이고 공정도 단순해져 비용이 절감된다. 이런 진화 기술은 주로 미생물을 대상으로 하는데, 그 이유는 미생물이 빨리 자라기 때문이다. 즉 미생물이 변이된 유전자에 의해 어떤 단백질을 만들어 내고 그 효과를 측정하는 데 몇 시간 걸리지 않기 때문이다. 그래서 하루에도 몇 번씩 돌연변이를 의도적으로 유도할 수 있다. 실제로 이 진화 모방 기술은 미생물에서 쉽게 생산할 수 있는 효소 등을 대상으로 이루어지고 있다. 이러한 원리를 동물에게 적용하면 지구 온난화로 멸종 단계에 처해 있는 북극곰을 적도에서도 살아남을 수 있게 변화시키는 것도 연구해 볼 수 있을 것이다.

07

○ 9449-0165

윗글의 전개 방식으로 적절하지 않은 것은?

① 전문가의 견해를 인용하여 글의 신뢰도를 높이고 있다.
② 유사한 사례에 비유하여 독자의 이해력을 높이고 있다.
③ 구체적인 수치를 제시하여 내용의 전달력을 높이고 있다.
④ 묻고 답하는 형식을 통해 독자의 호기심을 유발하고 있다.
⑤ 진행 과정을 단계별로 제시하여 체계적으로 설명하고 있다.

08

○ 9449-0166

윗글을 토대로 할 때, 〈보기〉의 [A]에 들어갈 수 있는 학생의 답변으로 적절하지 않은 것은?

■ 보기 ■

선생님: 오늘은 진화 유도 기술에 대해 공부했습니다. 오늘 배운 내용을 바탕으로 북극곰이 적도에서도 살 수 있게 변화시킬 수 있는 방법을 생각해 볼까요?
학생: _____[A]

① 제일 먼저 적도에서 사는 데 필요한 유전자가 무엇인지를 파악해야 합니다.
② 유전자 돌연변이를 일으켜 적도에 사는 데 필요한 유전자를 찾아내야 합니다.
③ 적도에서 사는 데 필요한 유전자가 들어간 미생물을 여러 종류로 키워서 적응력을 실험합니다.
④ 첫 번째 돌연변이 미생물 중 가장 효능이 좋은 것을 골라 동물 세포에서 진화할 수 있도록 유도합니다.
⑤ 적도에서도 살아남을 수 있도록 진화한 동물 세포의 유전자를 북극곰의 유전자에 적용하도록 합니다.

09 ⊙ 9449-0167

윗글을 바탕으로 ㉠을 〈보기〉와 연결하여 이해한 내용으로 적절하지 <u>않은</u> 것은?

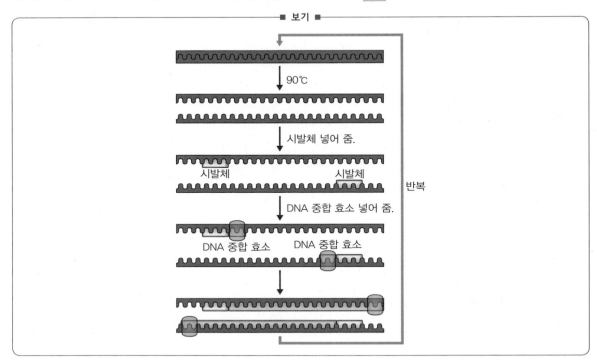

① 일련의 과정을 반복함으로써 다량의 DNA 복제를 일으킬 수 있다.

② DNA 복제를 일으키는 이유는 유전자에 생긴 변화를 고치기 위해서이다.

③ 시발체를 넣어 줌으로써 유전자의 순서를 어디서부터 바꿀지 결정할 수 있다.

④ DNA 중합 효소는 보통 효소와 달리 높은 온도에서도 작용할 수 있도록 진화된 효소이다.

⑤ 90℃의 온도로 올리는 이유는 이중 나선으로 결합된 DNA를 단일 가닥으로 풀기 위해서이다.

10

● 9449-0168

ⓐ에 대한 설명으로 적절하지 <u>않은</u> 것은?

① 세포의 집합체이다.
② 유전자에서 만들어진다.
③ 대부분 37℃에서 작용한다.
④ 아미노산이 모여 만들어진다.
⑤ 아밀레이스는 녹말을 당으로 분해한다.

11

● 9449-0169

문맥상 ⓑ와 바꿔 쓰기에 가장 적절한 것은?

① 대면(對面)하는
② 도달(到達)하는
③ 작용(作用)하는
④ 접촉(接觸)하는
⑤ 접합(接合)하는

[12~15] 다음 글을 읽고 물음에 답하시오.

유교 전통에서 최고의 덕목은 공자가 '극기복례'의 의미로 강조하던 인(仁)이었다. 공자 당시만 해도 인은 구체적인 상황에서 사람이 사람답게 되는 실천의 덕목이었다. 그러다가 성리학에 이르면 인은 우주적인 생명력, 마음의 전체적인 역량, 사랑의 이치 등의 의미로 새롭게 정의된다. 봄에 개나리가 피고 여름에 나무가 무성해지며 가을에 낙엽이 지고 겨울에 눈이 내리는 데 이르기까지, 우주의 모든 현상은 인에 의해 이뤄진다. 특히 사랑의 이치라는 정의에 따르면, 우리가 불쌍한 사람을 보고 측은해하는 마음은 바로 인이 사랑의 이치로서 감정에 표현된 경우다. 이런 맥락에서는 만일 사랑의 이치라는 인의 본질이 없다면 측은해하는 마음이 있을 수 없다. 인이 마음의 본질, 곧 본성이 되는 성리학에서 측은해하는 마음은 본성인 인이 밖으로 드러나는 단서가 된다. 단서란 실마리다. 마치 겉으로 나온 실마리를 보고서 저 마음속에 인이라는 본질이 있음을 알게 해 준다는 의미다. 이런 구도에서 맹자가 말한 사단 곧 측은해하는 마음, 부끄러워하며 미워하는 마음, 남에게 사양하려는 마음, 옳고 그름을 가리는 마음은 각각 인·의·예·지라는 본성이 드러난 단서가 된다. 다시 말해 성리학은 사단이라는 선한 마음의 형이상학적 본질로 인·의·예·지를 제시했다. 여기서 인은 마치 봄기운이 사계절에 스며 있듯이 개별적이면서 동시에 포괄적인 본질이 된다.

하지만 정약용은 인·의·예·지가 모두 행사(行事)로 이름을 얻은 것이지 '마음속에 있는 이치'는 아니라고 본다. 여기서 행사란 말 그대로 실천을 말한다. 이런 의미에서 정약용은 인·의·예·지를 본성이 아니라 '사덕(四德)'이라고 표현한다. 사덕은 마음속에 선험적인 이치로서 내재하고 있는 것이 아니라 우리가 실천을 한 뒤에 사후적으로 이름을 붙일 수 있는 덕목이라는 뜻이다. 이를 토대로 정약용은 ⊙"마음에는 본래 덕이 없다."라고 선언한다. 반면에 성리학에서는 내면의 본성도 인·의·예·지라 말하고 그것의 실천 역시 인·의·예·지라 부른다. 하지만 전자가 후자의 본질이며 후자는 전자가 드러난 실천적 양태에 불과하다. 이러한 경우에 실천은 부수적인 위상을 차지하고 그것의 실천 주체 역시 본질이 실현되는 매개자에 불과하다. 정약용은 사덕이 실천 이후에 성립되는 명칭이라는 점을 어린애가 우물에 빠지려는 모습을 보고 생기는 측은한 마음으로 설명한다. 누구라도 어린애가 우물에 빠지려는 사태에 직면하면 자동으로 측은해하는 마음이 생긴다. 하지만 측은해하는 마음의 발동에는 자신의 노력이나 의지가 전혀 들어 있지 않다. 그러한 마음이 발동한다고 해서 그 마음의 주인이 윤리적이라고 할 수는 없다. 그러므로 직접 달려가 구해 주는 실천, 곧 행사가 있은 다음에 그 사람에게 '인'이란 덕목을 허용할 수 있다. 성리학이 마음에서 본질로 회귀하는 방향이라면, 정약용은 마음에서 실천으로 나아가는 방향을 제시한 셈이다.

정약용에게 인은 세세한 덕목을 모두 포괄하는 전체적인 덕이다. 그런데 인이 가지는 포괄성은 바로 ⓒ사람과 사람의 관계가 지니는 보편성에 기초한다. 사람은 태어나면서부터 죽을 때까지 수많은 사람을 만나게 된다. 우리는 태어나면서부터 부모를 만나고 자라면서 친구와 연인을 만나며 결혼해서 자식을 만나고 살다가 죽는다. 이러한 만남의 관계에서 자신의 본분을 실천하는 것이 인이 된다. 선과 악이라는 가치 관념은 순전히 사람과 사람이라는 인격적인 관계에서만 발생한다. 가령 돌이나 나무와의 관계에서 선과 악의 문제가 직접적으로 발생하지는 않는다. 인(仁)이란 한자를 나눠 보면, 사람(人)과 둘(二)의 결합이다. 그래서 정약용은 인이 '두 사람'이라고 말한다. 아버지와의 관계로 말하면 나와 아버지가 두 사람이며, 친구와의 관계로 말하면 나와 친구가 두 사람이 된다. '나도 한 사람, 그도 한 사람'이라는 보편적인 관계의 통찰은 정약용의 인간 이해의 주춧돌이다. 두 사람 사이에서 자신의 본분을 실천하는 인은 모든 개별적인 덕목을 포괄할 수 있다. 예를 들어 아버지에게 효도를 하면, 그것은 효도라는 개별적인 덕목이면서 동시에 아버지와 자식 사이에서 본분을 다한 인이 된다. 이러한 방식으로 확장하면 사람과 사람 사이의 모든 덕이 인으로 수렴될 수 있다. 정약용은 유교의 도(道)가 결국 사람과 사람이 만드는 교제에서 선을 행하는 것이라고 결론을 맺는다. 교제에서 선을 행한다는 것은 교제를 잘하는 것이며, 교제를 잘하는 것이 교제에서 선을 행하는 것이다. 효도·공경·우애·자애·충성·믿음·화목 등은 개별적인 관계에서 실천하는 덕목이다. 인은 이러한 덕목들을 모두 포괄한다. 모든 행동과 언어에 형벌과 금지를 두도록 만든 예법, 『시경』과 『서경』 등의 유교 경전에 들어 있는 수많은 말들, 구체적인 상황에 따라 정해진 수많은 예절 등은 모두 교제에서 선을 행하려는 목적으로 환원된다. 정약용은 이와 같이 두 사람 사이의 교제에 기초해서 유교 문화를 새롭게 규정했다.

[A] 그런데 정약용에게 모든 인륜적 관계를 포괄하는 인은 사실 그 자체가 수양이나 공부가 아니다. 그것은 주체의 실천 이후에 성립하는 사후적인 명칭에 불과하며, 이런 의미에서 보면 인이란 실천이 지향하는 이념적인 결과라고 할 수 있다. 이런 인을 이루는 실제적인 방법으로 정약용은 서(恕)를 제시한다. 서의 한자는 '같을 여(如)'와 '마음 심(心)'으로 이루어져 있다. 정약용의 서는 타인의 허물을 덮어 주는 용서의 자세가 아니라, 남에게 받기 원하지 않는 바를 미루어서 자신이 남에게 그런 행위를 저지르지 않는 자기 수양이다. 결국 서란 입장을 바꾸어서 남을 배려하고 존중하면서 생각하고 실천하는 자기 성찰이라 할 수 있다.

정약용의 하늘은 오직 두 사람의 교제에서 선과 악을 살핀다. 하늘을 섬기는 길은 인륜을 벗어나지 않기 때문에, 두 사람의 교제에서 선을 실천하는 일은 사람을 섬기면서 동시에 하늘을 섬기는 길이다. 하늘을 섬기는 경외의 자세로 사람을 섬기는 인륜의 실천이 제시된 셈이다. 이처럼 정약용은 인륜적 실천과 종교적 경외를 연속적인 일체로 구성하고 있다. 교제에서 선을 행하는 서에는 단지 자기만족적인 관념의 투사가 아니라 인심과 도심 사이의 전투가 전제된다. 서는 하늘의 명령인 도심이 이기게 하여 교제에 적합한 선을 실천하도록 만든다. 이러한 실천 과정에는 당연히 치열한 자기반성과 의지의 선택이 포함된다. 결국 서는 하늘을 의식하여 거짓됨이 없는 진실한 마음(實心(실심))을 지니고 자기 성찰과 인륜을 실천함으로써 하늘을 섬기는 길이다.

● **극기복례(克己復禮)** 자기의 욕심을 누르고 예의범절을 따름.

12 ⊙ 9449-0170
윗글을 바탕으로 〈보기〉에 대해 반응한 내용으로 적절하지 <u>않은</u> 것은?

■ 보기 ■

영희, 철수, 영호는 길에서 구걸하는 아이를 보고 불쌍한 마음을 느꼈다. 영희는 자신이 가지고 있는 용돈을, 철수는 가지고 있는 빵을 그 아이에게 주었지만 영호는 그냥 지나쳤다.

① 정약용은 맹자와 달리, 영호는 '인'이란 덕목을 갖추지 못했다고 생각하겠군.
② 정약용은 맹자와 달리, 영희와 철수는 불쌍하게 여기는 마음을 실천한 매개자라고 보겠군.
③ 맹자는 세 사람이 구걸하는 아이의 모습을 보고 불쌍하다고 느끼는 마음은 인이라는 본성을 드러내는 단서라고 여기겠군.
④ 맹자는 세 사람이 구걸하는 아이의 모습을 보고 불쌍하다고 느끼는 것을 인이 사랑의 이치로서 감정에 표현된 것으로 여기겠군.
⑤ 정약용은 세 사람이 구걸하는 아이의 모습을 보고 불쌍하다고 느끼는 마음에는 세 사람의 노력이나 의지는 들어 있지 않다고 보겠군.

13 ⊙ 9449-0171
윗글의 [A]를 통해 이끌어 낼 수 있는 삶의 지침으로 가장 적절한 것은?

① 자기 성찰을 통해 용서의 자세를 지녀야 한다.
② 자신이 받고 싶은 대접을 타인에게 베풀어야 한다.
③ 타인의 잘못을 자신의 타산지석으로 삼아야 한다.
④ 남이 원하지 않는 것은 자신도 원하지 않아야 한다.
⑤ 허물이 있는 사람에게서도 본받을 것은 배워야 한다.

14 ◎ 9449-0172
㉠의 이유로 가장 적절한 것은?

① 내면의 본성이 항상 선하지는 않기 때문이다.

② 덕은 실천을 한 후에 생기는 것이기 때문이다.

③ 마음의 주인이 늘 윤리적이지는 않기 때문이다.

④ 인·의·예·지는 덕을 실천하는 방법이기 때문이다.

⑤ 마음속의 인은 개별적이면서도 포괄적이기 때문이다.

15 ◎ 9449-0173
㉡에 대한 '정약용'의 견해로 적절하지 않은 것은?

① ㉡에서 자신의 본분을 실천하는 모든 개별적인 덕은 인으로 수렴될 수 있다.

② 선과 악은 돌이나 나무와의 관계에서는 발생하지 않고 순전히 ㉡에서만 발생한다.

③ 구체적인 상황에 따라 정해진 수많은 예절 등은 모두 ㉡에서 선을 행하려는 목적이 된다.

④ 인은 ㉡에서 서를 이루는 실제적인 방법으로 하늘의 명령인 도심을 이기게 하는 것이다.

⑤ ㉡에서 선을 실천하는 일은 하늘을 섬기는 경외의 자세로 사람을 섬기는 인륜의 실천이 된다.

[01~05] 다음 글을 읽고 물음에 답하시오.

생태계 내에서 각 개체군은 서로 독립적으로 존재하지 않는다. 한 개체군은 다른 개체군에게 에너지 자원의 역할을 해 주고, 어떤 개체군은 다른 개체군과 한정된 자원을 두고 치열한 경쟁을 벌이기도 한다. 먹이와 서식지, 물, 햇빛의 양까지도 개체군끼리는 생존을 위해 차지해야 할 자원인 것이다. 이렇듯 한 지역을 차지하는 서로 다른 개체군은 직접적·간접적 방법으로 끊임없이 상호 작용을 하는데, 이러한 의미에서 이들을 '군집'이라고 한다. 생물의 삶에서 핵심적인 상관관계는 군집 내에서 다른 종들과의 상호 작용이다. 생태학자들은 이런 관계를 종간 상호 작용이라 한다.

경쟁은 대표적인 종간 상호 작용의 하나로, 한 가지 자원을 두고 두 종이 경쟁할 때 발생하며, 그 결과는 한쪽이 불리하게 나타나거나 양쪽이 모두 불리해진다. 1934년에 러시아 생태학자 가우스는 밀접한 관계의 원생생물인 짚신벌레 아우렐리아와 카우다툼에 대한 실험으로 종간 경쟁의 결과를 조사하였다. 가우스는 아우렐리아 종이 먹이를 구하는 과정에서 경쟁적으로 우세하며, 한정적인 자원을 두고 두 종이 동일 장소에서 공존할 수 없다고 결론지었다. 한 종은 그 자원을 보다 효율적으로 사용하여 다른 종보다 더 빨리 생식을 하게 되고, 결과적으로 불리한 경쟁자를 그 지역에서 사라지게 할 것이다. 생태학자들은 가우스의 개념을 경쟁적 배제라 부른다.

우리는 생태적 지위 개념을 이용하여 경쟁적 배제의 원리를 재정의할 수 있다. 군집을 구성하는 각 개체군은 군집 내에서 어떤 공간을 점유하는가에 대한 '공간적 지위'가 있다. 또한 먹이 사슬에서 어떤 위치에 있는가에 대한 '먹이 지위'가 있다. 이와 같은 공간적 지위와 먹이 지위를 합하여 '생태적 지위'라고 하며, 생태적 지위는 비슷해 보여도 어떤 한 가지라도 차이가 나야 군집 내에서 서로 다른 개체군의 공존이 가능하다.

생태적 지위는 다시 '기본적 지위'와 '실현된 지위'로 나눌 수 있다. 기본적 지위는 어떤 개체군이 다른 종이나 개체군의 간섭 없이 모든 자원을 이용하여 생존·생식할 수 있는 범위를 말한다. 하지만 자연계에는 이런 유토피아적 공간은 찾기 힘들다. 모든 생물은 같은 지역에서 서식하는 다른 종과의 상호 작용에 의해 실제로 이용할 수 있는 공간적 지위와 먹이가 제한될 수밖에 없는데, 이렇게 제한된 요소를 빼고 실제로 이용하는 기본적 지위의 일부를 그 생물의 '실현된 지위'라고 한다. 서로 다른 개체군의 생태적 지위가 중복된 경우 그 생물들은 공존하기가 힘들다. 생태적 지위의 중복이란 사는 공간과 먹이의 종류가 동일함을 의미하며, 이런 경우에는 개체군 사이의 경쟁을 피할 수 없다. 따라서 생태계에서 생물의 공존은 생태적 지위가 다름을 전제로 하고 있다.

이처럼 생태적 지위가 동일한 두 종이 한 군집 내에서 지속적으로 공존하는 것은 불가능하다. 그러나 생태학적으로 지위가 비슷한 종들이 시간이 흐름에 따라 차이를 갖게 될 수도 있다. 자연 선택에 의한 진화로 둘 중 한 종이 다른 자원을 이용하거나, 한 해 혹은 하루 중의 다른 시간대에 비슷한 자원을 이용하게 되는 것이다. 비슷한 종들이 한 군집 내에 공존할 수 있도록 생태적 지위가 분화하는 것을 ㉠자원 분할이라고 한다. 이 경우 한 군집 내에서 공존하는 것이 가능하다.

한편 서로 생태적 지위를 공유하지 않아 경쟁의 요인이 없는 두 종이 경쟁하는 것처럼 보이는 경우가 있다. 즉 서로 먹이 경쟁을 하지 않음에도 불구하고 어떤 종이 수가 늘어나면 다른 종은 수가 줄어드는 상황이 나타날 수 있다. 이를 ⓒ외관적 경쟁이라고 하는데, 외관적 경쟁은 두 종을 모두 먹이로 삼는 포식자에 의해 일어난다. 피식자의 개체 수가 늘어나면 포식자도 덩달아 늘어나게 되는데 이것이 동일한 포식자에게 피식당하는 다른 종에게 부정적 영향을 끼치는 것이다. 외관적 경쟁 상황에서는 내적 자연 증가율(번식력)이 높은 종이 상대적으로 더 유리하다.

01
○ 9449-0174
윗글의 내용과 일치하는 것은?

① 생태계 내에서 각 개체군은 상호 보완적으로 살아간다.
② 생물의 삶에서 핵심적인 상관관계는 같은 종끼리의 상호 작용이다.
③ 물과 햇빛의 양은 다른 개체군의 간섭 없이 이용할 수 있는 자원이다.
④ 군집은 서로 다른 개체군들이 상호 작용하며 살아가는 것을 의미한다.
⑤ 각 개체군은 다른 개체군들과 공존하기 위해 개체 수를 줄이기도 한다.

02
○ 9449-0175
윗글을 바탕으로 〈보기〉를 설명한 내용으로 적절하지 않은 것은?

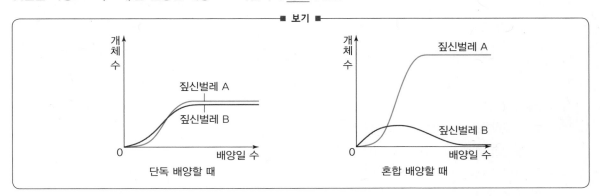

① 짚신벌레 A와 B는 종간 상호 작용을 하고 있다.
② 짚신벌레 A와 B는 경쟁적 배제의 관계에 있다.
③ 짚신벌레 A가 B보다 자원을 효율적으로 사용했을 것이다.
④ 경쟁을 통해 A와 B의 양쪽이 모두 불리해진 양상을 보인다.
⑤ 짚신벌레 A와 B는 생태적 지위가 중복되어 공존하지 못한다.

03 ◎ 9449-0176

윗글을 바탕으로 〈보기〉를 이해한 내용으로 가장 적절한 것은?

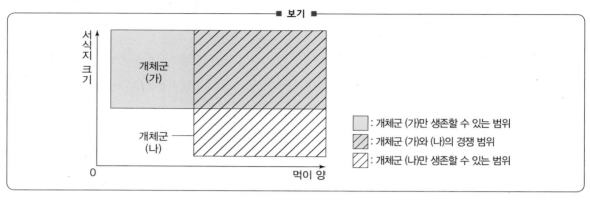

■ 보기 ■

① 개체군 (가)와 (나)는 군집 내에서 공존하는 것이 불가능하다.

② 개체군 (나)는 (가)에 비해 먹이 양에 대한 선택의 범위가 넓다.

③ 개체군 (가)는 (나)에 비해 경쟁에 유리한 생태적 지위를 갖는다.

④ 개체군 (가)의 실현된 지위는 개체군 (나)의 기본적 지위보다 작다.

⑤ 개체군 (가)와 (나)의 경쟁 범위가 커질수록 두 개체군 사이의 상호 작용은 줄어든다.

04 ◎ 9449-0177

㉠에 대한 설명으로 적절하지 않은 것은?

① 경쟁적 배제가 나타나는 원인이다.

② 자연 선택에 의한 진화의 결과로 나타난다.

③ 종 간의 차이점이 뚜렷해져 공존이 가능해진다.

④ 비슷한 종들의 생태적 지위가 분화하는 것을 의미한다.

⑤ 야행성 동물과 주행성 동물이 비슷한 자원을 이용하는 것을 포함한다.

05
◎ 9449-0178

ⓛ의 과정을 추론한 것으로 적절하지 <u>않은</u> 것은?

━━■ 보기 ■━━

ㄱ. 먹이 경쟁을 하지 않는 종 A와 B의 포식자는 C로 동일하다.

ㄴ. 번식력이 좋은 A의 개체 수가 빠르게 증가한다.

ㄷ. A의 포식자인 C의 개체 수가 늘어난다.

ㄹ. 번식력이 좋은 A보다 B의 개체 수가 더 많이 줄어든다.

ㅁ. B가 멸종한다.

① ㄱ: A와 B는 생태적 지위를 공유하지 않아 경쟁하지 않는다.

② ㄴ: A의 번식력은 B와 무관한 특성이다.

③ ㄷ: 포식자 C의 개체 수가 증가한 이유는 먹이가 되는 A의 개체 수가 늘어났기 때문이다.

④ ㄹ: 포식자 C의 개체 수는 B의 개체 수가 줄어들면 함께 줄어든다.

⑤ ㅁ: A의 개체 수가 늘어난 것이 B의 멸종에 영향을 주었다.

[06~11] 다음 글을 읽고 물음에 답하시오.

19세기에는 서유럽을 중심으로 합리주의, 실증주의, 과학주의, 경험주의 등이 팽배해 있었으며, 지식인들은 이를 식민지화 정책을 옹호하고 인종 차별을 합리화하는 데 활용하였다. 그러나 20세기에 접어들면서 지동설의 등장과 신경 과학의 발달, 진화론의 대두로 인식의 기준에 대한 재발견이 이루어졌고, 정신 분석학 등의 발달로 원시적 사고에 대한 재조명이 시작되었다. 현대 사회는 원시적 사고에서 상징이 갖는 중요성을 인식하고, '이국적' 혹은 '원시적'인 것에 관심을 갖기 시작하여, 그 ㉠위상이 추락해 있던 이미지와 상징을 인간에 대한 인식을 드러내는 도구로서 인정하게 되었다.

이미지는 우리가 가지고 있는 기억과 생각, 의식과 꿈의 무의식 세계, 그리고 얼굴 표정과 제스처에 이르기까지 무한한 영역을 담아낸다. 형태와 색깔로 이루어진 이미지는 '보이는 의미'뿐 아니라 '보이지 않는 의미'까지 포함하는데, 많은 심리학자들은 그것이 인간의 본원적인 감정이나 정서와 같은 추상적이고 내면적인 것이라 본다.

추상적인 대상을 구체적인 사물로 나타내는 것을 상징이라 하는데, 이미지의 어원을 살펴보면 이미지와 상징의 관계를 보다 쉽게 이해할 수 있다. 이미지라는 말은 라틴어 이마고(imago)에서 파생된 것으로, 이마고는 고대 로마에서 장례식 때 고인(故人)의 얼굴에 착용하기 위해 만든 밀랍 마스크를 의미한다. 이마고는 죽은 이의 얼굴을 본떠 만들기 때문에 대상과 유사한 속성을 가진다. 또한 죽은 이의 얼굴을 재현하는 것은 죽음을 거부하고 삶을 연장하는 의미를 갖고 있다. 따라서 이미지가 실재하는 현실을 반영하는 동시에, 죽음 이후의 세계를 상상하여 생긴 의미를 상징한다는 것을 알 수 있다. 한편 죽음을 거부하는 인간은 끊임없이 이를 초월하는 장면을 상상하게 되는데 그 결과 탄생하는 것이 신화이다. 결국 이미지와 상징, 신화는 상상을 기반으로 서로 연결되는 관계에 있다.

이미지와 상징, 신화는 인간의 언어와 이성에 선행하며 다른 인식 수단으로는 도저히 포착할 수 없는 현실의 심오한 양상들을 밝혀 준다. 이들은 어떠한 필요성에 의해 만들어지며, 인간 존재의 가장 은밀한 정신적이고 심리적인 양상을 드러내는 기능을 한다. 그러므로 이미지와 상징, 신화에 대해 연구하는 것은 역사의 여러 조건들과 타협하지 않은 '본래 그대로의 인간'을 이해하는 데 도움을 준다. 이에 이미지와 상징, 신화의 지위와 타당성을 인정하는 입장에서는 이들이 간접적이긴 해도 인간에 대한 인식과 관심을 가지고 있다는 점에서 단순한 고증학적 작업이 아닌 새로운 인문주의나 인류학을 언급할 수 있는 자리에까지 올라올 수 있음을 주장하였다.

이미지와 상징, 신화에는 시대와 공간에 따른 전통이나 문화뿐 아니라 자연환경과 사회 환경이 반영되어 있다. 그것은 이들이 특정한 자연환경 및 사회 환경 속에서 역사적 체험을 함께하는 구성원들에 의해 만들어진 것이기 때문이다. 따라서 과거 인류가 남긴 이미지나 신화의 작은 흔적에서도 그들의 문화적 인식과 사고를 찾아볼 수 있고, 이를 통해 아직 밝혀지지 않은 당대의 문화적 원형과 사회적 가치관 및 도덕적 양심도 미루어 짐작할 수 있다.

[A]

　　그러나 한편으로 우리는 인류 문화라는 거대한 바다에서 시대와 공간을 뛰어넘어 반복되는 이미지와 상징, 신화를 빈번하게 발견할 수 있다. 이는 이미지와 상징, 신화가 단지 당시의 역사적 상황만을 밝혀 주는 것이 아니라 변함없는 상황, 곧 인간이 우주 속에서의 자신의 위치를 의식하게 되면서 발견하게 되는 한계적 상황까지 보여 줌을 의미한다. 인간은 유한한 존재라는 큰 흐름 속에서 본다면 지구상의 그 어떤 문화도 서로 닮지 않은 면이 없다는 사실을 발견할 수 있다. 이처럼 이미지와 상징, 신화가 문화를 초월하여 재발견된다는 점에서 이들 각각을 퍼즐 조각으로 하여 연결되는 거대한 문화 퍼즐을 완성할 수 있다.

06 ◎ 9449-0179
윗글의 표제와 부제로 가장 적절한 것은?

① 상징과 신화 – 인식의 도구로서 갖는 한계
② 상징과 신화 – 공통점과 차이점을 중심으로
③ 이미지와 상징, 신화 – 현실과 무관한 자유를 얻다
④ 이미지와 상징, 신화 – 본래 그대로의 인간을 드러내다
⑤ 유럽 사유 체계의 변화 – 원시적 사고에 대한 오해와 진실

07 ◎ 9449-0180
윗글의 내용과 일치하지 <u>않는</u> 것은?

① 합리주의, 과학주의, 경험주의는 원시적 사고에 크게 관심을 갖지 않았다.
② 이미지, 상징, 신화를 연구하는 것은 새로운 인문주의나 인류학의 방법이 될 수 있다.
③ 이미지, 상징, 신화는 밀접한 관계를 가지며 이들은 모두 정신적이고 심리적인 양상을 반영한다.
④ 이미지, 상징, 신화는 발생 당시의 역사적 배경을 바탕으로 생성되므로 고유성과 특수성을 지닌다.
⑤ 이미지, 상징, 신화를 통해 가치관이나 도덕성 등과 같이 밝혀지지 않은 사실들을 추론하는 것이 가능하다.

08 ○ 9449-0181

〈보기〉의 (가), (나)와 [A]를 연관 지어 이해한 내용으로 가장 적절한 것은?

━■ 보기 ■━

(가) 나스카 지상화

(나) 모아이 거석상

페루의 나스카 지상화는 하늘에서 바라봐야만 어떤 형태인지 식별이 가능하다. 길게는 수 킬로미터, 짧게는 수십 미터에 이르는 여러 기하학적인 선으로 이루어진 동물의 형태와 괴이한 이미지들은 우리에게 무엇을 이야기하고 있는 걸까? 또한 아직까지 제작 이유와 그 방법이 밝혀지지 않은 이스터섬의 높이 2m가 넘는 100여 개의 모아이 거석상들은 우리들에게 무엇을 말하고 싶은 걸까? 이들이 왜, 어떻게 만들어졌는지는 여전히 수수께끼이다.

① (가), (나)를 통해 두 지역이 서로 유사한 자연환경을 가지고 있음을 확인할 수 있다.

② (가), (나)를 통해 이미지와 상징이 특별한 의미를 갖지 않는 경우도 있음을 알 수 있다.

③ (가), (나)를 통해 이미지와 상징이 당시의 사회적 환경과 역사적 상황을 밝혀 주는 재료가 됨을 알 수 있다.

④ (가), (나)의 이미지는 인간과 무관한 형태를 지니고 있으므로 이것이 인간에 대한 관심을 드러내고 있다고 보기 어렵다.

⑤ (가), (나)의 밝혀지지 않은 의미는 시대와 공간을 막론하고 반복되는 다른 이미지들과 관련지어 봄으로써 이해의 실마리를 얻을 수 있을 것이다.

09 ○ 9449-0182
윗글을 바탕으로 〈보기〉를 설명한 내용으로 적절하지 <u>않은</u> 것은?

■ 보기 ■

신화란 고대인의 사유나 표상이 반영된 신성한 이야기로 우주의 기원, 신이나 영웅의 사적(事績), 민족의 태고 때의 역사나 설화 따위를 주된 내용으로 한다. 신화의 발생 배경으로는 생명과 우주 탄생에 대한 설득력 있는 설명을 제공하고, 고귀한 혈통을 강조하여 국가 수립의 정당성을 확보하며, 보편적 체험을 바탕으로 한 추상적 사고의 발달 등을 들 수 있다. 신화의 전승에서 중요한 것은 전승자의 태도이다. 전승자들은 신화의 내용을 신성하다고 믿으며 구체적인 증거물을 찾으려고 하지 않는다. 신화는 태초의 시간, 신성한 장소를 배경으로 하며 신적 존재가 주인공으로 등장한다. 신화의 전승 범위는 해당 씨족, 민족, 국가 등이다.

① 신화 속 고대인의 사유나 표상을 이해하는 것은 인간을 이해하는 데 도움을 준다.

② 신화의 다양한 발생 배경은 신화가 어떠한 필요성에 의해 만들어진 것임을 드러낸다.

③ 신화의 발생 배경인 추상적 사고의 발달은 인간의 한계를 초월하려는 상상과 관련된다.

④ 신화의 전승자들이 신화에 대해 보이는 태도는 인간의 언어와 이성에 대한 믿음과 관련된다.

⑤ 신화의 전승 범위는 같은 자연환경 및 사회 환경 속에서 역사적 체험을 함께하는 구성원들의 범위와 관련된다.

10 ○ 9449-0183
윗글을 읽고 난 후, 〈보기〉에 대해 보인 반응으로 적절하지 않은 것은?

■ 보기 ■

행복을 상징하는 노란 얼굴의 스마일 마크는 1963년 하비 볼이라는 그래픽 디자이너에 의해 탄생하였다. 직원들의 의욕과 자신감을 북돋워 주는 이미지를 만들어 달라는 한 보험 회사로부터 의뢰를 받아 만들어진 이후 전 세계에 이 마크를 모르는 사람이 없을 만큼 큰 사랑을 받게 되었다.

① '보이는 의미'는 실제 웃는 모습과 유사성을 갖는 것과 관련된다.
② '보이지 않는 의미'는 의욕과 자신감의 고취라는 추상적이고 내면적인 의미와 관련된다.
③ '보이지 않는 의미'는 웃음과 관련된 다양한 장면들을 상상하게 하여 생긴 의미를 상징한다.
④ 과거에 만들어진 이미지이지만 시대적 가치와 내용을 담아내지 못했다는 점에서 고증학적 대상이 될 수 없다.
⑤ 만들어진 이후 전 세계 사람들로부터 사랑을 받았다는 점에서 이 마크가 인간의 본원적인 감정이나 정서와 관계됨을 알 수 있다.

11 ○ 9449-0184
㉠의 사전적 의미로 가장 적절한 것은?

① 권력이나 기세의 힘
② 자기 몫으로 가진 사물이나 공간
③ 사회적으로 담당하고 있는 지위나 역할
④ 사물이나 현상이 놓여 있는 모양이나 형편
⑤ 어떤 사물이 다른 사물과의 관계 속에서 가지는 위치나 상태

[12~15] 다음 글을 읽고 물음에 답하시오.

물가 상승률과 실업률은 많은 관심을 ⓐ끄는 경제 지표이다. 미국 노동 통계국에서 매달 두 지표의 수치를 발표하면 정책 담당자들은 귀를 기울인다. 물가 상승률과 실업률을 합한 수치를 고통 지수로 정의하여 경제의 건전성을 측정하는 경제 평론가들도 있다. 1958년에 영국의 경제학자 필립스는 19세기 중반부터 20세기 중반까지의 영국 통계 자료를 통해 실업률과 물가 상승률 사이에 반비례 관계가 있음을 ⓑ밝혔는데, 이 관계를 필립스 곡선이라 한다.

총수요 곡선과 총공급 곡선을 이용하면 필립스 곡선이 보여 주는 물가 상승률과 실업률의 관계를 쉽게 이해할 수 있다. 우상향하는 총공급 곡선이 우하향하는 총수요 곡선과 만나는 점에서 재화의 산출량이 결정된다. 재화와 서비스에 대한 총수요가 증가하면 총수요 곡선은 오른쪽으로 이동하게 되어 산출량이 증가하고 물가 수준은 상승한다. 산출량이 많아지면 고용량이 커지므로 실업률은 낮아진다. 만약 통화 정책을 통해 정부가 시장의 통화량을 조절하거나 조세 수준을 변동시키면 기업과 가계의 지출이 영향을 ⓒ받아 총수요 곡선이 이동하게 된다. 정부가 화폐 공급을 증가시키는 재정 정책을 쓰면 총수요 곡선은 오른쪽으로 이동하게 되고, 반대로 정부가 이를 억제하는 재정 정책을 쓰면 총수요 곡선은 왼쪽으로 이동하게 된다. 필립스 곡선 위의 점들은 총수요의 변화에 따른 물가 상승률과 실업률의 여러 가지 조합을 보여 주므로 통화 정책 담당자들이 정책을 결정하는 데 중요한 자료가 된다.

그러나 곧 필립스 곡선에 대한 의문이 제기되었다. 프리드먼은 1968년에 「통화 정책의 역할」이라는 논문에서 단기간을 제외하고는 통화 정책이 필립스 곡선 위에 있는 물가 상승률과 실업률의 조합을 선택할 수 없다고 주장했다. 거의 비슷한 시기 펠프스라는 경제학자도 물가 상승률과 실업률의 장기적 상충 관계를 부정하는 논문을 발표했다. 이들은 총공급 곡선의 이동에 주목하여 장기적으로 물가 상승률과 실업률이 언제나 반비례 관계를 ⓓ나타내는 것은 아니라고 설명한다.

그 이유는 총공급 곡선과 관계된다. 총공급 곡선은 각 물가 수준에서 기업이 생산·판매하려는 재화와 서비스의 산출량을 나타낸다. 그런데 장기적으로 재화와 서비스의 산출량을 결정하는 것은 물가가 아니라 그 경제가 보유한 노동과 자본의 양, 그리고 노동과 자본을 재화와 서비스로 변환하는 생산 기술이다. 정부가 화폐 공급을 2배로 늘리는 정책을 펴면 모든 물가가 2배 오르고 화폐의 가치는 절반으로 떨어지게 되지만, 그것이 재화와 서비스의 생산성을 높이지는 못한다. 이처럼 총공급 곡선의 산출량이 물가와 무관해진다면 ㉠물가 상승률과 실업률도 무관해지게 된다.

노동, 자본, 생산 기술의 변동 등과 같이 기업의 생산·판매에 직접적인 영향을 ⓔ미치는 사건이 발생하여 총공급 곡선이 이동하는 경우에도 필립스 곡선은 설득력을 잃는다. 예를 들어 원자재 가격이 상승하면 동일한 재화에 대한 생산 비용이 증가하여 총공급 곡선이 왼쪽으로 이동하게 된다. 이 경우 물가는 상승하지만 산출량이 감소하므로 실업률은 당연히 높아지게 되는 것이다. 이처럼 물가는 상승하고 산출량은 감소하는 현상을 스태그플레이션이라고 한다. 이 상황에서 물가 상승을 막기 위해 총수요를 진정시키면 실업률이 더 큰 폭으로 증가한다. 반면 실업률을 낮추기 위해 총수요를 확대하면 물가 상승률이 더 높아진다. 이 경우 정부는 물가 상승을 막느냐 실업을 막느냐 하는 어려운 정책적 선택을 해야 한다.

12 ○ 9449-0185

윗글에 대한 설명으로 적절하지 <u>않은</u> 것은?

① 필립스 곡선은 실제 통계를 바탕으로 만들어졌다.
② 기업의 산출량과 실업률은 반비례 관계를 갖는다.
③ 통화 정책 담당자들은 필립스 곡선을 신뢰할 수 없다고 판단하였다.
④ 스태그플레이션일 때 물가 상승률이 높아지면 실업률도 높아진다.
⑤ 프리드먼은 실업률과 물가 상승률이 반비례 관계를 갖는 것은 단기적이라고 주장했다.

13 ○ 9449-0186

윗글을 바탕으로 〈보기〉를 설명한 내용으로 적절하지 <u>않은</u> 것은?

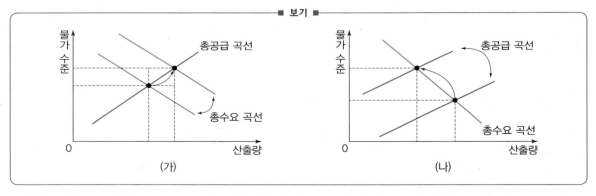

① (가)는 총수요 곡선이 오른쪽으로 이동하여 산출량의 수요 증가에 따른 물가 상승을 보여 준다.
② (가)를 통해 정부가 화폐 공급을 증가시키는 재정 정책을 썼을 때 물가 변화와 산출량의 관계를 알 수 있다.
③ (나)는 기업의 생산·판매에 직접적인 영향을 미치는 사건이 일어난 경우의 물가 상승을 보여 준다.
④ (나)에서 실업률을 낮추기 위해 총수요를 확대하면 물가는 하락하게 된다.
⑤ (가)는 필립스 곡선이 설명할 수 있는 현상이지만 (나)는 필립스 곡선이 설명할 수 없는 현상이다.

14 ○ 9449-0187
㉠을 이해한 내용으로 가장 적절한 것은?

① 총수요 곡선의 이동에 따른 결과이군.

② 정부가 화폐 공급을 증가시키면 문제가 해결되겠군.

③ 물가가 산출량에 영향을 미치지 못함을 드러내는군.

④ 물가가 오르더라도 화폐의 가치는 떨어지지 않음을 드러내는군.

⑤ 노동과 자본의 양, 생산 기술 등은 실업률과 무관함을 알 수 있군.

15 ○ 9449-0188
ⓐ～ⓔ의 문맥적 의미와 동일한 의미를 갖는 것은?

① ⓐ: 어떤 일이든지 미적미적 <u>끄는</u> 것은 질색이다.

② ⓑ: 어두워지자 어머니는 양초에 불을 붙여 주변을 <u>밝혔다</u>.

③ ⓒ: 유명한 선생님께 가르침을 <u>받게</u> 되어 기뻤다.

④ ⓓ: 집주인은 우리에게 아주 반가운 기색을 <u>나타냈다</u>.

⑤ ⓔ: 우리 편 선수는 결승점에 못 <u>미쳐서</u> 넘어지고 말았다.

[01~06] 다음 글을 읽고 물음에 답하시오.

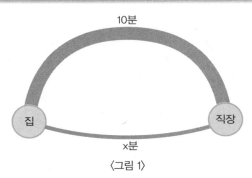

10분

집   직장

x분

〈그림 1〉

　〈그림 1〉은 집에서 직장으로 가는 출근길이다. 윗길은 큰길이기 때문에 넓지만 길게 돌아가야 하고, 아랫길은 지름길인 대신에 좁다. 큰길은 차가 1대 가면 10분이 걸리지만 넓기 때문에 2대, 3대뿐만 아니라 10대가 가도 10분이 걸린다. 하지만 지름길은 1대가 가면 1분이 걸리지만 좁기 때문에 2대가 가면 2분, 3대가 가면 3분, 10대가 가면 10분이 걸린다. 만약 이런 상황에서 10명이 출근한다면 어떻게 하는 것이 가장 좋을까? 네트워크 이론은 이 문제에 대한 하나의 해결책을 제시해 줄 수 있다.

　네트워크란 점(노드)과 선(연결선)으로 이루어진 연결망을 말하는 것으로, 이는 원래 응용 수학과 물리학에서 다루는 개념이다. 하지만 현재는 그 범위가 넓어져 인문, 사회, 예술 등 모든 분야에서 사용되고 있다. 우리가 인터넷을 사용할 때 컴퓨터 단말기가 노드, 인터넷 접속이 연결선이 된다. 또 개인이 다른 개인(노드)을 만나 관계(연결선)를 맺는 것도 결국 네트워크라고 할 수 있다. 네트워크 이론의 관점에서 본다면 모든 자연 현상이나 사회 현상이 하나의 네트워크를 ⓐ형성하고 있는 것이다.

　네트워크는 고속 도로 같은 네트워크와 항공망 같은 네트워크로 나눌 수 있다. 고속 도로 같은 네트워크는 각 노드에 연결된 연결선의 개수가 균일한 상태를 ⓑ지칭하고, 항공망 같은 네트워크는 노드별로 연결된 연결선이 균일하지 않은 상태를 지칭한다. 그래서 항공망 같은 네트워크는 연결선이 집중된 몇 개의 노드(허브)가 있어 연결선들이 복잡하게 얽혀 있기 때문에 이를 특히 복잡계 네트워크라 한다. 그런데 우리가 접하는 세상은 단순한 형태의 고속 도로 같은 네트워크가 아니라 복잡한 형태의 항공망 같은 네트워크로 되어 있다. 그래서 우리가 사는 세상을 한마디로 복잡계 네트워크라고 할 수 있다.

　세상이 복잡계 네트워크로 형성되는 이유는 빈익빈 부익부 법칙 때문이라고 할 수 있다. 만약 어떤 사람이 논문을 쓴다면 그 사람은 유명한 논문을 인용하고 싶을 것이다. 이렇게 그 논문이 인용되면 그 논문은 더 유명해질 것이고 그럴수록 그 논문을 인용하는 사람은 더욱 많아지게 된다. 그러면 그 분야는 그 논문을 허브로 하는 복잡계 네트워크가 형성되는 것이다. 그리고 복잡계 네트워크가 계속 유지되는 이유는 자원 이용의 효율성과 안정성 때문이다. 예를 들어 A, B, C, D, E라는 노드가 차례대로 연결된 고속 도로 같은 네트워크라면, A에서 E로 이동하려고 할 때 B, C, D 노드를 반드시 거쳐야 한다. 하지만 A, B, C, D, E가 복잡계 네트워크로 되어 있다면, 허브 노드를 거쳐 훨씬 빠르게 이동할 수 있다. 또한 고속 도로 같은 네트워크에서는 중간에 하나의 노드라도 망가지면 목적지까지 갈 수 없다. 하지만 복잡계 네트워크에서는 노드가 다양하게 연결되어 있기 때문에 하나가 망가지더라도 다른 곳으로 ⓒ우회하여 갈 수 있어 전체 시스템이 무너지는 최악의 상황을 모면할 수 있다.

네트워크 이론을 ⓓ활용하면 앞에서 제기한 출근 문제를 해결할 수 있다. 물리학에서는 가장 좋은 답안을 최적화라고 하는데, 최적화에는 '절대적 최적화'와 '상대적 최적화'가 있다. 절대적 최적화는 가장 효율적인 값으로 수학적으로 가장 작은 값을 말하고, 상대적 최적화는 효율성과는 관계없이 개인이 선호하는 값을 말한다. ㉠절대적 최적화로 상대적 최적화를 나눈 값은 일반적으로 1보다 큰 값이 나오는데, 이를 무질서 상태(PoA)라고 한다. 수학적으로 가장 좋은 방법은 큰길로 5명이 가고 지름길로 5명이 가는 것이기 때문에, 전체로는 (10분×5명)+(5분×5명)으로 총 75분이 걸린다. 이것이 사회 전체적으로는 가장 좋은 방법이나 실제로는 그렇지 않은 경우가 많다. 왜냐하면 10분 걸려 큰길로 출근하던 사람이 지름길로 출근하면 6분이 걸리기 때문에 개인의 입장에서는 지름길로 출근하는 것이 더 좋다. 큰길로 출근하던 다음 사람도 지름길로 가면 7분이 걸리기 때문에 역시 지름길로 옮길 것이다. 결국 10명은 모두 지름길을 선택해 모두 10분이 소요될 것이고 사회 전체로는 100분이 걸려 PoA가 1.33(100분/75분)이 될 것이다.

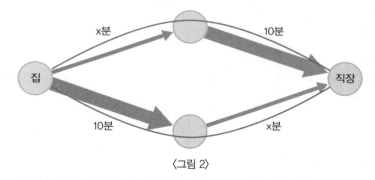

〈그림 2〉

[가]
　　　네트워크 이론을 활용하면 행정의 비효율성을 막을 수도 있다. 〈그림 2〉는 10명이 집에서 직장으로 출근하는 길로 몇 대가 가든 10분이 걸리는 큰길과, 이동하는 차량만큼 시간이 걸리는, 즉 x분이 걸리는 지름길로 되어 있다. 수학적으로 가장 좋은 방법은 큰길과 지름길로 각각 5대씩 나눠 가는 것이다. 그러면 (5분+10분)×10대 즉, 총 150분 걸린다. 또한 10명이 모두 공평하게 15분씩 걸리므로 모든 사람들이 ⓔ선호할 것이다. 즉 절대적 최적화와 상대적 최적화가 일치하는 가장 이상적인 도로망이기 때문에 더 이상의 도로를 확충하는 것은 낭비가 된다.

01 ✪ 9449-0189
윗글에 대한 설명으로 가장 적절한 것은?

① 특정 이론과 관련된 다양한 사례를 들어 이론을 수정할 방안을 제시하고 있다.

② 특정 이론의 효용성을 보여 주기 위해 사례들을 이론에 적용하여 설명하고 있다.

③ 특정 이론을 설명하기 위해 서로 다른 두 사례의 공통점과 차이점을 비교하고 있다.

④ 특정 이론에서 다루지 않는 예외적인 사례들을 들어 이론의 성립 가능성을 점검하고 있다.

⑤ 특정 이론에 맞는 사례와 맞지 않는 사례를 동시에 제시하여 이론이 갖고 있는 한계를 지적하고 있다.

02 ✪ 9449-0190
윗글을 바탕으로 〈보기〉에 대해 보인 반응으로 가장 적절한 것은?

■ 보기 ■

　○○ 회사는 새롭게 개발한 화장품을 홍보하기 위해 길거리에서 사람들에게 시제품을 나누어 주기로 하였다. 그러면서 홍보의 효과를 높이기 위해 다음과 같은 전략을 사용하기로 하였다. 거리를 지나가는 사람들에게 시제품을 나누어 줄 때 하나만 주는 기존의 홍보 전략을 사용하는 것이 아니라, 두 개를 주면서 하나는 본인이 갖게 하고 다른 하나는 친구 아무에게나 주도록 하여 네트워크 이론의 허브를 활용하는 새로운 홍보 전략을 사용하였다.

① 처음에 시제품을 받은 사람이 허브에 해당될 확률을 높일 수 있는 방법이 되겠군.

② 시제품을 두 개 나누어 주므로 허브를 거치지 않고서도 홍보의 효과를 높일 수 있는 방법이 되겠군.

③ 시제품이 허브에 해당되는 사람에게 갈 확률이 높아 제품에 대한 홍보 효과를 높일 수 있는 방법이 되겠군.

④ 허브를 사용하는 기존의 홍보 전략에서 탈피함으로써 제품에 대한 인상을 깊이 각인시킬 수 있는 방법이 되겠군.

⑤ 허브에 전달되는 통로가 막혔을 경우를 대비하여 두 개의 시제품을 준비함으로써 허브에 전달되는 확률을 높일 수 있는 방법이 되겠군.

03
◎ 9449-0191

윗글에 대한 이해로 적절하지 않은 것은?

① 복잡계 네트워크는 부익부 빈익빈 현상 때문에 형성된다.

② 항공망 같은 네트워크가 고속 도로 같은 네트워크보다 자원 이용 측면에서 효율적이다.

③ 항공망 같은 네트워크가 고속 도로 같은 네트워크보다 노드에 연결된 연결선이 균일하다.

④ 하나의 노드가 고장날 경우 고속 도로 같은 네트워크는 시스템이 작동하지 않을 수 있다.

⑤ 네트워크 이론에서는 자연 현상뿐만 아니라 사회 현상도 네트워크를 형성한다고 인식하고 있다.

04
◎ 9449-0192

윗글을 바탕으로 〈보기〉를 이해한 내용으로 적절하지 않은 것은?

■ 보기 ■

윗글의 [가]와 같은 상황에서 시간을 단축하기 위해 아래의 그림에서와 같이 A와 B사이에 다리를 놓았다. 단, 다리를 건너는 시간은 무시한다.

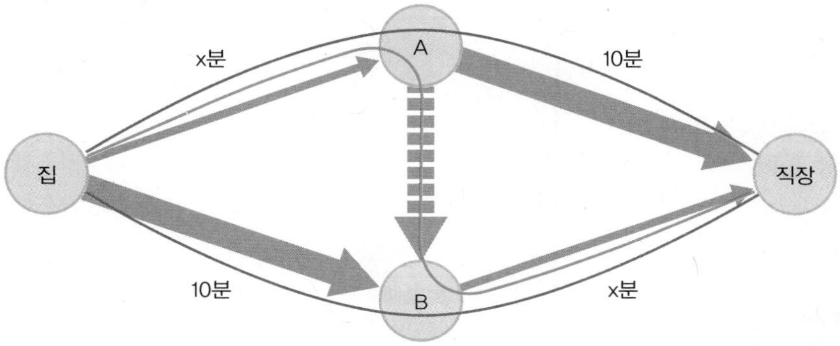

① 한 사람당 출근 시간이 20분씩 걸리게 될 것이다.

② PoA의 값이 다리를 건설하기 전보다 더 크게 나올 것이다.

③ 사람들은 큰길을 외면하고 지름길로만 출근하려고 할 것이다.

④ 상대적 최적화의 값뿐만 아니라 절대적 최적화의 값도 동시에 높아질 것이다.

⑤ 사회 전체에서 보는 이상적인 출근 방법과 개인이 선호하는 출근 방법이 달라질 것이다.

05
9449-0193

㉠의 이유로 가장 적절한 것은?

① 사회 전체로는 수학적 효율성을 강조하기 때문이다.

② 개인적 선호보다는 사회적 선호를 중시하기 때문이다.

③ 사회의 효율성과 개인의 효율성이 동일하기 때문이다.

④ 상대적 최적화의 값이 절대적 최적화의 값보다 작기 때문이다.

⑤ 상대적 최적화가 일반적으로 절대적 최적화보다 비효율적이기 때문이다.

06
9449-0194

ⓐ~ⓔ의 사전적 의미로 바르지 않은 것은?

① ⓐ: 어떤 형상을 이룸.

② ⓑ: 어떤 것에 특정한 자격을 줌.

③ ⓒ: 곧바로 가지 않고 멀리 돌아서 감.

④ ⓓ: 충분히 잘 이용함.

⑤ ⓔ: 여럿 가운데서 특별히 가려서 좋아함.

[07~11] 다음 글을 읽고 물음에 답하시오.

　오래전부터 사람들은 물질이 어떻게 이루어진 것인가에 대해 여러 주장을 하였다. 그러다가 19세기에 돌턴은 물질은 더 이상 쪼갤 수 없는 입자들이 모여 이루어져 있다는 근대 원자설을 주장하였다. 이후 19세기 말부터 원자를 구성하는 기본 입자들의 실체가 밝혀지기 시작하면서 원자를 설명하기 위한 원자 모형들이 제시되었다. 그러나 이 원자 모형들은 현재까지 그대로 이어진 것이 아니라 계속해서 수정되면서 현대적 원자 모형에 이르게 되었다.

　원자핵을 구성하는 기본 입자인 양성자와 중성자는 핵력에 의해 강하게 속박되어 있어 실험적으로 측정하기 쉽지 않다. 그래서 음전하를 띤 전자가 톰슨에 의해 가장 먼저 발견되었다. 원자가 전기적으로 중성이라는 점을 감안했을 때 그 속에는 양전하를 가진 물질도 포함되어 있어야만 했다. 그래서 ㉠톰슨은 마치 쿠키 속에 박힌 건포도처럼, 원자 내부에 구름처럼 퍼져 있는 양전하 속에 음전하를 띤 전자들이 박혀 있다는 '건포도빵 모형'을 주장하여 많은 사람들로부터 지지를 얻었다.

　방사선이 발견되자 러더퍼드는 방사성 물질에서 방출되는 방사선 중에서 알파선을 이용해 톰슨의 원자 모형을 연구하였다. 그는 알파선을 금으로 된 얇은 막에 충돌시켰다. 알파선은 전자보다 8000배나 더 무거우므로 톰슨의 원자 모형에 의하면 알파선은 전자와 충돌하더라도 거의 휘어지지 않아야 한다. 그러나 대부분의 알파선이 휘어지지 않고 직진한 것과는 달리 몇 개는 상당히 큰 각도로 휘어져 나왔다. 그래서 그는 알파선이 큰 각도로 휘어지려면 원자 속의 양전하가 원자핵을 형성하면서 아주 작은 부피 속에 모여 있어야 한다는 결론을 ⓐ내렸다.

　이를 바탕으로 러더퍼드는 새로운 원자 모형을 가정하기 시작했다. 양전하가 원자 중심부의 좁은 영역에 집중되어 있다면 전자들은 어떤 형태를 띠고 있을 것인가를 고민하였다. 만약 전자들이 톰슨의 원자 모형처럼 이곳저곳에 분포되어 있다면 양전하를 띤 원자핵이 잡아당기는 전기력 때문에 원자핵 쪽으로 이동하여 원자가 쪼그라들 것이라고 생각하였다. 그래서 러더퍼드는 태양이 행성을 잡아당겨 공전시키듯이, 질량이 큰 원자핵이 전자들을 잡아당겨 공전시킨다는 '태양계 모형'을 제시하여 많은 사람들로부터 지지를 얻었다.

　하지만 태양계와 원자는 근본적으로는 다른 점이 있다. 행성들이 계속해서 태양의 주위를 돌 수 있는 이유는 태양이 행성을 끌어당기는 인력과 행성이 밖으로 빠져나가려는 원심력이 균형을 이루어 에너지가 손실되지 않기 때문이다. 하지만 전하를 띤 전자는 전자기 법칙을 따르기 때문에 원자핵 주변을 돌기 위해서는 계속해서 전자기파를 방출해야만 한다. 전자가 계속 전자기파를 방출하여 에너지를 잃게 되면 결국 전자는 원자핵 쪽으로 이동하여 원자가 쪼그라들 수밖에 없다. 따라서 러더퍼드의 원자 모형에 의하면 원자는 안정된 상태로 오랫동안 존재할 수 없지만 실제로 원자는 매우 안정적이다.

　　이런 러더퍼드의 원자 모형의 한계를 극복한 사람이 보어였다. 그는 두 가지 가설을 제시하였다. 하나는 전자가 러더퍼드의 원자 모형과 같이 원자핵 주위를 원운동하고 있는데, 이때 전자는 원자 내부에서 무질서하게 운동하는 것이 아니라 특정한 에너지 준위를 갖는 원형 궤도를 따라 핵 주위를 돈다는 것이다. 또 하나의 가설은 전자가 동일한 궤도를 돌고 있을 때는 전자기파, 즉 에너지를 흡수하거나 방출하

[A] 지 않지만 다른 궤도로 이동할 때는 두 궤도의 에너지 준위 차이만큼 에너지를 흡수하거나 방출한다는 것이다. 각 궤도는 각기 다른 에너지 준위를 갖는데, 원자핵에서 가장 가까운 궤도일수록 에너지 준위가 낮으며 안정적이다. 전자가 다른 궤도로 이동하는 것을 전이라고 하며, 전자가 에너지를 흡수하면 에너지 준위가 높은 궤도로 이동하는데 이를 들뜬 상태라고 한다. 그런데 들뜬 상태에 있는 전자는 불안정하므로 다시 에너지 준위가 낮은 궤도로 전이되는데 이때 에너지가 빛의 형태로 방출된다. 전자가 전이될 때 흡수되거나 방출되는 에너지는 두 에너지 준위의 차이와 같다. 이때 에너지 준위의 차이가 클 경우 단파장의 빛인 파랑 계통의 빛이 나오고 차이가 작을 경우에는 장파장의 빛인 빨강 계통의 빛이 나온다. 이런 가설로 만들어진 보어의 '에너지 양자화 가설'은 원자의 안정성을 설명할 수 있어 많은 사람들로부터 지지를 받았다. 물론 보어의 원자 모형 역시 문제점이 발견되어 수정되기는 했지만 현대적 원자 모형에 상당한 영향을 주었다.

07 © 9449-0195

윗글에 대한 이해로 적절하지 <u>않은</u> 것은?

① 전자는 양성자에 비해 핵력의 구속을 덜 받는다.
② 전자기파가 방출된다는 것은 에너지를 잃는다는 의미이다.
③ 돌턴은 물질의 근간을 이루는 입자들에 대한 근대 원자설을 주장하였다.
④ 알파선은 전자에 비해 무게가 훨씬 커서 전자와 충돌해도 거의 휘어지지 않는다.
⑤ 태양계가 유지되는 이유는 전하를 띤 물질에서 전자기파를 계속해서 방출하기 때문이다.

08

⊙ 9449-0196

〈보기〉를 바탕으로 윗글을 이해한 내용으로 적절하지 <u>않은</u> 것은?

■ 보기 ■

　특정 현상에 대한 가설들은 그와 관련된 여러 현상을 적절하게 설명하지 못하기 때문에 구성원의 지지를 얻지 못한다. 그러다가 그 가설이 구성원의 지지를 얻어 이론이 되면 패러다임이 된다. 하지만 이 패러다임으로는 설명할 수 없는 이상 현상이 발견되어 축적된다. 그러면 새로운 가설들이 난립하게 되고, 이 중에서 어떤 가설이 이상 현상까지도 성공적으로 설명하게 되면 기존의 패러다임은 폐기되고 그 가설이 새로운 패러다임으로 대체된다. 과학은 이런 과정을 거치면서 발전되는데 이를 과학 혁명이라 한다.

① 톰슨의 '건포도빵 모형'이 많은 사람들로부터 지지를 받았다는 것은 패러다임이 되었다는 의미겠군.

② 금으로 된 얇은 막에 충돌한 알파선이 큰 각도로 휘어진 것은 기존 패러다임에 대한 이상 현상이겠군.

③ 원자가 오랫동안 안정된 상태를 유지하고 있다는 사실은 '태양계 모형'이라는 패러다임에 대한 이상 현상이겠군.

④ 보어의 '에너지 양자화 가설'은 아직 이상 현상이 발견되지 않았다는 점에서 현재까지 패러다임의 지위를 유지하고 있겠군.

⑤ 질량이 큰 원자핵이 전자들을 잡아당겨 공전시킨다는 원자 모형은 톰슨의 원자 모형을 대체하는 새로운 패러다임에 해당되겠군.

09 ○ 9449-0197

[A]를 참고하여 〈보기〉를 이해한 내용으로 적절하지 <u>않은</u> 것은?

■ 보기 ■

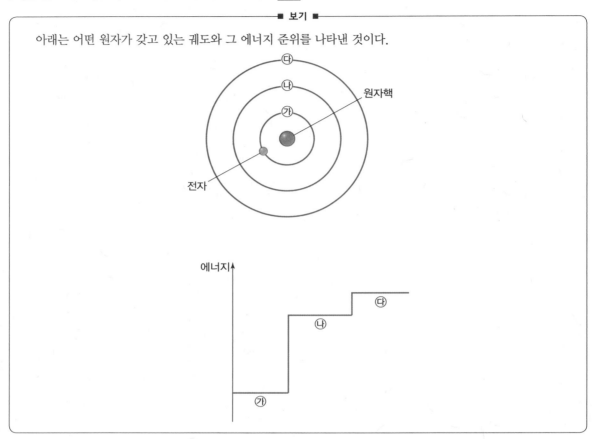

아래는 어떤 원자가 갖고 있는 궤도와 그 에너지 준위를 나타낸 것이다.

① ㉮와 ㉯ 사이에는 전자가 존재하지 않을 것이다.

② ㉮에 있는 전자가 ㉯로 전이되면 들뜬 상태에 있게 될 것이다.

③ ㉯에서 ㉰로 전이될 때는 에너지 준위가 크지 않아서 빨강 계통의 빛이 방출될 것이다.

④ ㉰에서 ㉯로 전이될 때 방출되는 빛은 ㉯에서 ㉮로 전이될 때 방출되는 빛보다 파장이 길 것이다.

⑤ ㉮, ㉯, ㉰ 중에서 가장 안정적인 상태는 ㉮로 에너지 준위가 가장 낮을 것이다.

10 ● 9449-0198

㉠의 이유로 가장 적절한 것은?

① 방사선 중에서 알파선을 이용한 실험을 했기 때문일 것이다.

② 아직 양전하의 성질을 가진 원자핵의 존재가 발견되지 않았기 때문일 것이다.

③ 중성자가 핵력에 의해 강력하게 속박되어 있다는 점을 간과했기 때문일 것이다.

④ 원자핵의 부피가 원자의 대부분을 차지할 정도로 크다고 착각했기 때문일 것이다.

⑤ 원자는 기본적으로 음전하보다는 양전하의 성질을 띠고 있다는 점을 감안했기 때문일 것이다.

11 ● 9449-0199

ⓐ의 문맥적 의미와 가장 유사한 것은?

① 해가 지자 마을에 땅거미가 <u>내렸다</u>.

② 상인들은 포장을 줄여 물건의 값을 <u>내렸다</u>.

③ 심사 위원들은 그의 작품에 대해 높은 평가를 <u>내렸다</u>.

④ 운영자는 게시판에서 욕설이 들어 있는 글들을 <u>내렸다</u>.

⑤ 임금은 신하들에게 역적을 잡아들이라고 어명을 <u>내렸다</u>.

[12~15] 다음 글을 읽고 물음에 답하시오.

　　장미꽃은 정말로 아름다운 것인가? 장미꽃 속에 '미(美)'라는 가치가 스며들어가 있는 것인가? 아니면 장미꽃은 미추(美醜)를 떠나 있는 것인데 내가 그것을 아름다운 것으로 바라보는 것뿐일까? 이것은 가치가 어디에 있느냐에 관한 문제로 두 가지의 관점이 있다. 장미의 붉음처럼 장미의 아름다움도 장미 속에 내재해 있다고 보는 입장은 가치 객관주의이고, 장미의 아름다움은 인간의 주관적 투사일 뿐이며 본래 미추와 선악은 존재하지 않는다는 입장은 가치 주관주의이다.

　　가치가 단순히 주관적이거나 인위적인 것이 아니라 인식 주체의 외부에 실재하는 존재라는 ㉠가치 객관주의는 플라톤이 주장하였다. 플라톤은 우리가 알든 모르든 간에 영원불변하는 가치들이 존재하며 그것들은 이데아˙의 세계 속에 들어 있다고 보았다. 무어 역시 선(善)은 황색과 같이 객관적으로 사물에 실재하는 성질이라고 보았다. 무어에 따르면 장님이 아니라면 황색을 지각할 수 있듯이 건전한 상식을 가진 자라면 가치를 지각할 수 있다. 셸러도 가치는 인식 주체의 외부에 있는 사물 속에 실재적으로 내재하는 성질이라고 본다. 이 세계에 가치 없는 사물은 한 개도 없다. 가치는 모든 사물 속에 침투되어 있다. 인식 주체는 가치와 사물을 단지 논리적·인위적으로만 분리시켜 볼 수 있을 뿐이다. 이는 가치 판단의 절대적 기준이 존재한다는 가치 절대주의적 입장과 연결된다.

　　그와는 반대로 ㉡가치 주관주의는 가치가 본래적으로 실재하는 것이 아니라 인식 주체가 만들어 낸 것이라고 주장한다. 즉 가치는 인식 주체 의존적이며 욕구 의존적인 것이다. 홉스에 의하면 인간은 욕구하는 대상을 선으로 간주하고 혐오하는 대상을 악으로 간주한다. 스피노자 역시 어떤 것이 선이어서 욕구하는 것이 아니라 거꾸로 어떤 것을 욕구하므로 그것이 선이 된다고 주장한다. 인간이 존재하기 이전에 선악이 있었던 것이 아니라 선악은 인간의 주관적 투사에 불과하다. 도둑질이 본래적으로 악한 것이 아니라 그것이 우리에게 피해를 주는 것이고 우리가 싫어하는 것이므로 악으로 취급된다. 니체나 노자, 장자도 선악은 인위적인 것이라고 본다. 인간은 자연의 일부이고 인간의 행위는 자연의 생성, 변화와 같다. 천둥, 번개를 선 또는 악이라고 평가하거나 칭찬 또는 비난할 수 없듯이 인간의 행위도 마찬가지이다. 이는 가치 판단의 절대적 기준은 없다는 가치 상대주의적 입장과 연결된다.

　　셸러의 가치론을 수정한 하르트만은 가치 주관주의와 객관주의를 절충하려고 하였다. 하르트만에 따르면 가치의 존재 그 자체는 플라톤의 이데아처럼 영원불변한 것이다. 반면에 가치에 대한 우리의 느낌과 인식은 시대, 장소, 그리고 개인에 따라 가변적인 것이다. 미의 이데아는 불변이지만 시대에 따라 미적 감각과 취향, 그리고 예술 양식, 유형 등이 변화하는 것이다. 가치 감각의 변화를 가치 그 자체의 변화로 착각해서는 안 된다. 가치 자체와 가치를 보는 눈은 서로 구분되는 것이다. 따라서 가치 자체의 절대성과 가치 안목의 상대성은 서로 정면 대립되는 것이 아니며 양립 가능하다고 주장하고 있다.

● **이데아**　모든 존재와 인식의 근거가 되는 항구적이며 초월적인 실재를 뜻하는 말.

12 ● 9449-0200
윗글의 내용과 일치하지 않는 것은?

① 셸러는 사물의 가치는 인식 주체와 관련 없이 존재한다고 본다.

② 플라톤은 인간의 인식 여부와 상관없이 영원불변의 가치가 있다고 본다.

③ 홉스는 대상의 선과 악이라는 가치가 인간의 욕구에 의해 결정된다고 본다.

④ 무어는 건강한 상식을 가진 사람이라면 사물의 가치를 지각할 수 있다고 본다.

⑤ 스피노자는 본래 선한 가치가 있는 대상을 인간이 욕구했을 때 비로소 선이 된다고 본다.

13 ● 9449-0201
㉠, ㉡에 대한 설명으로 가장 적절한 것은?

① ㉠은 ㉡과 달리 동일한 대상의 가치가 사람마다 다를 것으로 볼 것이다.

② ㉠은 ㉡과 달리 가치 판단의 절대적 기준을 수용하지 않을 것이다.

③ ㉡은 ㉠과 달리 인간의 감각을 통해 가치를 지각할 수 있다고 볼 것이다.

④ ㉠과 ㉡ 모두 가치가 본래적으로 실재하고 있다고 볼 것이다.

⑤ ㉠과 ㉡ 모두 가치라는 개념 자체에 대해서는 인정할 것이다.

14 ⊙ 9449-0202

윗글을 바탕으로 〈보기〉를 이해한 내용으로 가장 적절한 것은?

━━■ 보기 ■━━

　　노자는 「도덕경(道德經)」에서 '화(禍)여! 복이 의지하고 있는 바이고, 복(福)이여! 화가 엎드리고 있는 바이다. 누가 그 끝을 알겠는가? 정사(正邪)가 없다. 바른 것이 바르지 않은 것이 되고, 선이 다시 재앙이 된다.'라고 하였다.

① 노자는 '복'보다는 '화'가 본질적으로 더 가치가 있다고 보고 있다.
② 노자는 '화'와 '복'은 결국 인간이 인식하기 나름이라고 보고 있다.
③ 노자는 인간의 행위가 선하면 '복'이고 악하면 '화'라고 보고 있다.
④ 노자는 '화'와 '복'이 서로 조화를 이룰 때 비로소 완벽한 가치를 발휘한다고 보고 있다.
⑤ 노자는 '화'를 '바른 것'으로, '복'을 '바르지 않은 것'으로 인식을 전환할 필요가 있다고 보고 있다.

15 ⊙ 9449-0203

'하르트만'의 관점에서 〈보기〉에 대해 보일 수 있는 반응을 짐작한 내용으로 적절하지 <u>않은</u> 것은?

━━■ 보기 ■━━

　　철수는 평상시에 장미꽃이 아름답다고 생각하고 있었다. 그래서 사랑하는 사람인 영희에게 장미꽃을 선물하였다.

① 장미꽃의 아름다움은 장미꽃 자체에 내재하고 있다고 보겠군.
② 장미꽃을 받은 영희가 장미꽃을 아름답지 않다고 여겨도 이상하게 보지 않겠군.
③ 현재 장미꽃을 아름답다고 여기는 철수의 마음이 언제든지 변할 수 있다고 보겠군.
④ 영희가 장미꽃을 받고 좋아했다면 장미꽃의 가치 자체도 그만큼 상승했다고 보겠군.
⑤ 영희가 장미꽃보다 초롱꽃을 더 선호하더라도 장미꽃의 가치는 변하지 않았다고 보겠군.

memo

memo

올림포스

독서

정답과 해설

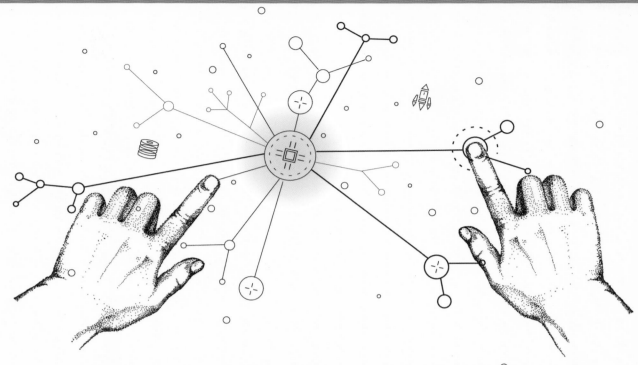

한국사, 사회, 과학의 최강자가 탄생했다!

「개념완성, 개념완성 문항편」

완벽한 이해를 위한 **꼼꼼하고 체계적인** 내용 정리

내신 대비 최적화된 교과서 **핵심 분석**

내신/수능 적중률을 높이기 위한 **최신 시험 경향 분석**

개념완성

한국사영역
필수 한국사 / 자료와 연표로 흐름을 읽는 한국사

사회탐구영역
통합사회 / 생활과 윤리 / 윤리와 사상 /
한국지리 / 세계지리 / 사회·문화 /
정치와 법 / 동아시아사

과학탐구영역
통합과학 / 물리학 I / 화학 I /
생명과학 I / 지구과학 I / 물리학 II /
화학 II / 생명과학 II / 지구과학 II

개념완성 문항편

사회탐구영역
통합사회

과학탐구영역
통합과학 / 물리학 I / 화학 I /
생명과학 I / 지구과학 I

EBS
올림포스

독서

정답과 해설

Ⅰ. 독서의 본질

좋은 글 선택하기

내신 대비 평가 01
본문 10∼11쪽

01 ④　　**02** ③　　**03** 해설 참조

독서론_ 린위탕

해제 이 글은 독서가 개인의 취미이며, 독자가 책의 풍미를 알아가는 과정이라는 데 초점을 맞추어 독서에 대한 생각을 드러내고 있다. 독서를 음식을 섭취하는 과정이나 나무가 자라고 물이 흘러가는 과정에 비유하여 독자의 이해를 돕고 있으며, 다른 사람의 견해를 인용하거나 다양한 예시를 사용하여 자신의 생각을 뒷받침하고 있다. 특히 독자가 책을 읽는 시기나 상황에 따라 적절한 독서가 이루어져야 함을 강조하고 있다.

주제 독서할 때 독자의 기호 및 체험과 통찰이 중요한 이유

구성
1문단: 개인 기호로서의 독서 취미
2문단: 독자 개개인의 시기와 상황에 따라 이루어져야 하는 독서
3문단: 시기와 상황에 따라 달라지는 독서의 풍미
4문단: 저자와 독자의 통찰과 체험으로부터 이루어지는 독서

01 내용 전개 방식 파악
답 ④

2문단에서 독서를 냇물이 바다로 흘러가는 것에 비유한 것은 필독서를 읽어야 함을 강조하기 위한 것이 아니라, 환경에 적응하며 끊임없이 바다를 향해 흘러가는 물처럼 지속적으로 상황에 맞게 독서를 하는 것이 올바른 독서임을 강조하기 위해서이다.

오답 피하기 ▶

① 3문단에서 50세에 주역을 읽으면 큰 허물이 없을 것이라는 공자의 말을 인용하여 독서할 때 독자의 사상과 체험이 중요함을 강조하고 있다.

② 1문단에서 원중랑의 말을 통해 흥미를 바탕으로 하는 독서가 중요함을 강조하고 있다.

③ 1문단에서 좋아하는 음식을 먹어야 소화가 잘되는 것처럼 자신만의 독서 취미를 가져야 함을 강조하고 있다.

⑤ 3문단에서 저자와 이야기를 나눈 상황이나 저자를 사진으로 본 상황 등을 예로 들어 독서 상황에 따라 독서로부터 얻을 수

있는 의미가 다를 수 있음을 강조하고 있다.

02 세부 정보 파악
답 ③

1문단에서 남들이 선호하는 취미보다 자신이 선호하는 취미를 가져야 하며, 원중랑의 말을 통해 자신이 읽고 싶은 책을 읽어야 함을 강조하고 있다. 이를 통해 '좋은 책'은 남들이 추천해 주는 책보다 자신이 선호하는 책임을 알 수 있다.

오답 피하기 ▶

① 3문단에서 책을 읽는 시기에 따라 책에서 얻는 의미가 달라질 수 있다고 말하고 있다. 따라서 읽는 시기에 따라 의미가 달라지지 않는 책이 좋은 책이라고 볼 수 없다.

② 3문단에서 저자와의 교분 등 책을 읽는 상황에 따라 다른 의미를 얻을 수 있다고 말하고 있다.

④ 3문단에서 양서는 두 번 읽으면 얻는 바도 커지고, 재미도 새롭다고 하였으므로 여러 번 읽어도 얻는 의미와 재미가 달라지지 않는 책이 좋은 책이라고 볼 수 없다.

⑤ 4문단에서 독서는 저자와 독자의 통찰과 체험으로부터 이루어진다고 하였다. 이를 통해 좋은 책은 저자의 통찰과 체험을 반영하고 있으면서 저자와 독자의 통찰과 체험을 연결해 주는 책임을 추론할 수 있다. 따라서 독자와 상관없이 저자의 통찰과 체험을 일방적으로 전달하는 책은 좋은 책이라고 할 수 없다.

03 생략된 정보 추론

답 독자의 통찰과 체험에 따라 독서를 통해 얻는 의미가 달라진다.

㉠에서 『논어』의 독자가 어디에나 있다는 말은 독자 개개인의 통찰과 체험에 따라 글을 통해 얻을 수 있는 의미가 달라진다는 것을 강조하고 있다고 볼 수 있다.

내신 대비 평가 02
본문 12∼13쪽

04 ②　　**05** ④　　**06** 해설 참조

독서에 대하여_ 헤르만 헤세

해제 이 글은 독서가 정신을 집중해야 하는 행위라는 관점에서 올바른 독서에 대한 글쓴이의 생각을 드러낸 글이다. 올바른 독서는 책의 수준에 따라 정해지는 것이 아니라, 독서할 때 얼마나 정신을 집중하느냐에 따라 결정되는 것이다. 따라서 독서에 집중함으로써 자신을 재발견하고 마음의 평안이나 기쁨을 얻을 수 있어야

한다. 또한 성숙한 태도로 자신의 삶에 다가가기 위하여 책을 읽을 필요가 있다는 점을 강조하고 있다.

주제 독서할 때 정신을 집중해야 하는 이유

구성

1문단: 정신 집중이 필요한 행위인 독서

2문단: 집중하지 않는 무가치한 독서

3문단: 독서의 질의 중요성

4문단: 성숙한 삶을 위한 독서

04 핵심 정보 파악   **답** ②

3문단에서 글쓴이는 더 풍성한 힘을 얻고자 온 힘을 기울이고 의식적으로 자신을 재발견하기 위해 독서에 몰두할 것을 강조하고 있다. 따라서 집중하여 독서하는 것과 독서를 통해 자신을 성찰하고 재발견하는 것 모두 본문에 근거한 조언이라고 볼 수 있다.

오답 피하기 ▶

① 1문단에서 정신을 '풀어 놓으려고' 책을 읽는 것을 경계하고 있다.

③ 2문단에서 책을 몇 권이나 읽었느냐가 중요한 것이 아님을 강조하고 있다.

④ 1문단에서 자신에게 중요하지 않은 글을 읽는 것을 경계하고 있다.

⑤ 1문단에서 소화하기 힘든 글로 뇌를 혹사하는 것을 경계하고, 3문단에서 책의 수준이 그리 중요하지 않음을 강조하고 있다.

05 세부 정보 파악   **답** ④

ⓒ과 같은 명작을 심심풀이로 읽든 교양을 쌓기 위해 읽든, 읽는 방법에 따라 의미 없는 독서가 될 수 있음을 경계하고 있다.

오답 피하기 ▶

① 2문단에 따르면, ㉠을 '잘못된 독서'의 원인이라 생각하는 사람들이 있다.

② 2문단에 따르면, ㉠이나 다른 잡다한 글을 읽더라도 '온전히 집중된 상태'로 즐겁게 독서할 수 있다.

③ 2문단에 따르면, ㉠을 통해 '새로운 정보들을 선택하고 신속하게 조합해 내는 건전하고 중요한 훈련'을 할 수 있다.

⑤ 2문단에 따르면, ⓒ과 같은 명작을 읽더라도 읽는 방법에 따라 '무가치한 독서'가 될 수 있다.

06 생략된 정보 추론

답 억지로 삶(일상)을 잊고자 책을 읽는 것을 경계하고 있다.

4문단에서 글쓴이는 자신과 일상을 잊고자 책을 읽는 것을 경계하고 있다. 삶의 괴로움을 잊기 위해 도피처로서 책 속에 빠져드는 것은 올바른 독서가 아님을 강조하고 있다.

2 주제 통합적 읽기

내신 대비 평가 01   본문 16~17쪽

01 ①	02 ④	03 해설 참조

시장과 우물_ 박제가

해제 이 글은 조선 후기 시장과 경제 체제의 문제점을 실학자의 관점에서 바라본 글이다. 지방마다 인구가 늘고 다양한 물품이 생산되고 있음에도 불구하고 검소함을 강조하는 사회적 분위기 때문에 필요한 물건들이 원활하게 유통되지 않고, 이로 인해 기술이 사라지고 관련 산업과 농업이 쇠퇴하게 되는 현실을 비판하고 있다. 화려한 문물을 자랑하는 당시 중국의 모습과 비교하며 위정자들이 경제를 윤택하게 할 방안을 강구해야 함을 강조하고 있다.

주제 물건 사용 장려와 유통 체계 정비를 통한 시장 경제 활성화 방안

구성

1문단: 우리나라 경제 체제의 문제

2문단: 재물을 제대로 사용하지 못하는 현실

3문단: 우물에 비유할 수 있는 재물

4문단: 종로의 점포와 중국 시골 점포의 비교

01 세부 정보 파악   **답** ①

3문단에서 당시 경제 문제로 인해 사농공상, 계층에 관계없이 모두 곤궁하여 서로를 도울 수 없음을 드러내고 있다.

오답 피하기 ▶

② 상업이 침체된 원인으로 1문단에서는 지나치게 검소함을 강조하는 사회 분위기, 3문단에서는 기술을 숭상하지 않는 사회 분위기를 들고 있다.

③ 1문단에 따르면 중국의 문물이 화려한 것을 보고 사치가 너무 심하다고 비판하며 검소함을 강조하는 이들이 존재했다.

④ 1문단에서 지방의 여러 물산을 세상에 내놓지 못하고, 경제를 윤택하게 하는 방법을 갖추지 못하고 있음을 비판하고 있다.

⑤ 2문단에 따르면 금이나 은을 가지고 떡과 엿을 사 먹지 못하

정답과 해설

는 등 물건을 교환할 수 있는 체계가 갖추어지지 않았다.

02 구체적 상황에 적용하기   답 ④

3문단에서 재물을 우물에 비유하여 재물을 사용하지 않으면 관련된 기술이 쇠퇴하게 되고 관련 분야의 경제 체제가 황폐화될 수 있음을 강조하고 있다. 따라서 〈보기〉처럼 너무 검소함만 강조할 것이 아니라 적절하게 종이 사용을 장려하여 종이와 관련된 기술 개발과 상업 활성화를 도모할 필요가 있다.

오답 피하기 ▶
① 이 글의 글쓴이도 1문단과 4문단에서 중국과 비교하여 조선 경제 상황의 문제점을 비판하고 있다.
② 1문단에서는 물품이 유통되지 않아 경제가 윤택하지 않음을 비판하고 있으며, 전반적으로 검소함을 추구하기보다는 물품의 사용을 장려하고 있다.
③ 2문단에 따르면, 물건이 있음에도 불구하고 사용하지 않는 것이 검소함이며 물건이 없어 쓰지 못하는 것은 검소함이 아니다. 〈보기〉에서는 좋은 종이가 있는데도 불구하고 아껴 쓸 것을 권유하고 있으므로 검소함으로 볼 수 있다.
⑤ 2문단에 따르면 좋은 종이를 사용하는 것은 재물을 제대로 사용하는 것으로 볼 수 있지만, 검소함을 장려하고 있지는 않으므로 글쓴이의 입장과 다르다.

03 다른 상황에 적용하기

답 당시 우리나라의 형편은 물자가 제대로 유통되지 못해 한 가지 물산을 독점할 수 있었다.

[A]에서는 물자가 제대로 유통되지 않아 상업이 활성화되지 않고 있음을 지적하고 있으며, 이를 바탕으로 〈보기〉에서도 물자가 유통되는 체계가 허술하여 개인이 문제를 일으킬 수 있었음을 파악할 수 있다.

내신 대비 평가 02   본문 18~19쪽

04 ②	05 ①	06 해설 참조

달은 어떻게 만들어졌을까_ 곽영직

해제 이 글은 지구에서 가장 가까운 천체인 달의 지형적 특징에 대한 정보를 제시하고, 아폴로 우주인들이 가져온 월석이 달의 기원에 대한 이론에 어떤 영향을 끼쳤는지에 대하여 과학적 사실을

근거로 설명하고 있다. 월석으로부터 얻은 정보를 기반으로 기존의 가설 중 충돌설이 타당성을 얻게 되었으며, 이전의 충돌설과 다른 새로운 충돌설이 등장하게 된다. 이러한 새로운 충돌설을 중심으로 달의 기원에 대한 정보를 전달하고 있다.

주제 달의 지형적 특징과 달의 기원에 대한 이론

구성
1문단: 달의 지형적 특징
2문단: 월석의 분석과 달의 기원에 대한 학설
3문단: 달의 기원에 대한 새로운 충돌설과 이전 충돌설의 차이
4문단: 지구에 충돌했던 천체의 조각들

04 세부 정보 파악   답 ②

3문단에 따르면, 새로운 충돌설에서는 지구에서 방출된 물질에 충돌한 천체가 가지고 있던 물질이 첨가되었다고 주장한다.

오답 피하기 ▶
① 3문단에 따르면, 예전의 충돌설에서는 커다란 충돌로 지구에서 분리된 물질이 뭉쳐져 달이 만들어졌다고 주장한다.
③ 4문단에 따르면, 달의 형성과 관련된 지구와 천체의 충돌은 충돌 당시 태양계에서 조금 큰 규모의 충돌이었을 것으로 보고 있다.
④ 4문단에 따르면, 지구와 충돌한 천체의 조각들은 태양계를 떠돌다가 또 다른 행성과 충돌했기 때문에 지구와의 충돌 흔적을 찾기 어렵다.
⑤ 3문단에 따르면, 월석의 분석을 통해 지구와 달의 성분이 일부 다르다는 사실이 밝혀지면서 예전의 충돌설과 다른 새로운 충돌설이 등장하였다.

05 중심 화제 파악   답 ①

1문단에 '달의 바다'를 이루는 성분이 화산암인 현무암 지대인 사실은 제시되어 있지만, 고지대인 테라가 어떤 성분으로 구성되어 있는지는 제시되어 있지 않다.

오답 피하기 ▶
② 1문단에 따르면, 달의 밝게 보이는 부분은 40억 년 전에 형성된 것으로 추정되며, 어둡게 보이는 부분은 35억 년 전에 형성된 것으로 보고 있다.
③ 1문단에 따르면, 갈릴레이가 '달의 바다'라고 부르는 지형은 상대적으로 어둡게 보인다.
④ 3문단에 따르면, 지구와 충돌하여 달의 형성에 기여한 천체는 화성 정도의 크기였을 것으로 추정하고 있다.
⑤ 3문단에 따르면, 충돌설을 주장하는 학자들은 달의 형성에 기

여한 천체와 지구의 충돌은 44억 5천만 년 전에 일어난 것으로 추정하고 있다.

06 정보 간의 관계 파악

답 ㉠을 통해 ㉯가 사실이 아닌 것으로 판명되었으며, ㉡을 통해 ㉮가 사실이 아닌 것으로 판명되었다.

2문단에 따르면, 아폴로 우주인이 가져온 월석의 화학 성분이 지구 암석의 성분과 매우 비슷하여 달이 지구와 다른 장소에서 형성되었을 것이라는 가설이 사실이 아님을 검증할 수 있었다. 또한 달의 조성이 지구의 조성과 똑같지 않기 때문에 지구와 달이 동시에 만들어졌다는 가설도 사실이 아님을 검증할 수 있었다.

◢ 단원 평가 ◣   본문 20~27쪽

01 ⑤	02 ⑤	03 ④	04 ②	05 ⑤
06 ③	07 ③	08 ③	09 해설 참조	10 ④
11 ⑤	12 ⓐ: 시각 상, ⓑ: 개념 상			

[01~03] 4차 산업 혁명

해제 이 글은 기존의 산업 혁명과 구별되는 4차 산업 혁명의 특징을 설명하고 4차 산업 혁명에 따른 산업 구조의 변화와 우려되는 점을 설명하고 있다. 4차 산업 혁명은 산업 전반에 걸쳐 효율성과 생산성이 높아지는 긍정적 측면의 변화와 더불어 인공 지능과 로봇의 발전으로 인해 기계가 사람의 일을 대체하게 되어 일자리가 줄어드는 부정적 측면의 변화도 가져올 것으로 전망하고 있다.

주제 4차 산업 혁명의 특징과 예상되는 사회의 변화

구성
(가) 1문단: 1~4차 산업 혁명의 특징
    2문단: 과거 산업 혁명과 구별되는 4차 산업 혁명의 특징
    3문단: 경제적 측면에서의 4차 산업 혁명의 영향
(나) 1문단: 기술이 사회 변화를 주도
    2문단: 4차 산업 혁명의 부정적 변화 전망

01 세부 정보 파악   답 ⑤

(가)의 2문단에서 4차 산업 혁명은 '3차 산업 혁명의 단순한 연장이 아니라 그것과 구별되는' 새로운 혁명임을 강조하고 있다.

오답 피하기 ▶

① (가)의 1문단에 따르면, 1차 산업 혁명은 물과 증기의 힘을 통

해, 2차 산업 혁명은 전기의 힘을 통해 생산을 기계화했다는 점에서 유사하다.

② (가)의 1문단에 따르면, 3차 산업 혁명은 생산을 기계화했던 이전 산업 혁명과 달리 생산을 자동화했다는 점에서 차이가 있다.

③ (가)의 2문단에 따르면, 4차 산업 혁명은 기하급수적으로 전개되고 있으며, 모든 나라, 모든 산업을 충격에 빠뜨릴 정도로 광범위하게 나타나고 있다.

④ (나)의 1문단에 따르면, 4차 산업 혁명은 기술이 주도하여 사회 변화를 이끈다는 점에서 이전 산업 혁명과 다르다.

02 정보 간의 관계 파악   답 ⑤

(나)의 2문단에서는 ㉠을 발판으로 새롭게 등장하는 기업과 기존의 전통 기업이 경쟁하게 될 것임을 예상하며, 협력적 관계보다는 경쟁적 관계가 될 것임을 강조하고 있다.

오답 피하기 ▶

① (가)의 2문단에 따르면, ㉠ 시대에는 다양한 영역 간의 기술 융합을 통해 새로운 분야가 탄생할 수 있다.

② (가)의 2문단에 따르면, ㉠ 시대에는 처리 속도가 빨라지고 저장 용량이 늘어나며 정보 접근성이 향상될 것으로 보고 있다.

③ (가)의 3문단에 따르면, ㉠ 시대에는 효율성과 생산성이 향상되면서 공급 측면에서 기술 혁신이 일어나고, 새로운 시장이 열리고 경제 성장이 촉발될 것으로 전망하고 있다.

④ (나)의 1, 2문단에 따르면, ㉠ 시대에는 인공 지능과 로봇의 발달로 사람들의 일자리가 위협받을 것으로 전망하고 있다.

03 구체적 상황에 적용하기   답 ④

전기 사용량을 원격으로 측정하는 것은 지능 정보 기술을 바탕으로 실시간 계량 정보를 확인할 수 있도록 한 스마트미터링 기술에 의한 것이지만, 공급자가 일방향으로 확인하는 것이 아니라 공급자−수요자 간 쌍방향으로 확인하는 것이므로 ④의 설명은 적절하지 않다.

오답 피하기 ▶

① (가)의 2문단과 〈보기〉에 제시된 사물 인터넷에 대한 정보를 통해 자동으로 작동하는 공기 청정기에 사물 인터넷 기술이 사용되고 있음을 알 수 있다.

② (가)의 2문단과 〈보기〉에 제시된 나노 기술에 대한 정보를 통해 나노 로봇을 통해 질병을 치료하는 것이 극미세 가공 기술과 의료 기술을 융합한 것임을 알 수 있다.

③ (나)의 2문단과 〈보기〉에 제시된 키오스크에 대한 정보를 통

해 무인 발권기가 첨단 정보 통신 기술을 활용하여 사람의 일을 대체하고 있음을 알 수 있다.
⑤ (나)의 2문단과 〈보기〉에 제시된 핀테크에 대한 정보를 통해 인터넷 은행이 금융 분야와 정보 기술 분야의 기술이 연결되어 새로운 분야가 개척된 것임을 알 수 있다.

[04~06] 우리는 행복한가

해제 이 글은 철학자 밀이 생각하는 행복의 본질과 조건에 대해 설명하고 있다. 밀은 행복을 위한 조건을 제시하면서 훔볼트와 마찬가지로 자기 발전이 행복을 위한 중요한 요소임을 강조한다. 더불어 행복을 위해 개인은 지성, 감성, 도덕성이 조화롭게 발전되도록 노력해야 한다고 주장하고 있다.
주제 밀이 생각하는 행복의 본질과 조건
구성
1문단: 밀이 생각하는 행복의 조건
2문단: 밀의 행복 개념
3문단: 행복을 위해 발전되어야 하는 요소들

04 내용 전개 방식 파악　　답 ②

3문단에서는 행복을 위해 발전되어야 하는 세 가지 능력을 분석적으로 제시하고 있으며, 1~3 문단의 첫 부분에서 질문을 제시하고 답변하면서 행복의 개념을 구체화하고 있다.

오답 피하기
ㄴ. 이 글에는 행복이나 자기 발전과 관련된 구체적인 사례가 제시되어 있지 않다.
ㄷ. 자신의 주장에 대한 타당성을 높이기 위해 통계 자료를 활용하고 있지는 않다.
ㅁ. 행복이나 자기 발전에 대해 밀과 유사한 견해를 가진 훔볼트의 견해를 소개하고 있다.

05 중심 화제 파악　　답 ⑤

2문단에 따르면, 훔볼트는 밀과 마찬가지로 행복을 위해 자기 발전의 중요성을 강조하고 있으며, 인간의 발전이 타고난 개성대로 자유롭게 추구될 필요가 있음을 강조하고 있다.

오답 피하기
① 2문단에 따르면, 밀은 인간의 타고난 능력을 최대한 발휘할 수 있는 상태를 행복으로 보고 있다.
② 1문단에 따르면, 밀은 행복의 조건으로 여러 가지를 나열하고

있는데, 타인에 대한 자발적인 관심과 동정심, 관용적인 태도 등을 제시하고 있다.
③ 1문단에 따르면, 밀은 자신에 대한 긍지와 존경심을 가질 때 행복해진다고 생각한다.
④ 2문단에 따르면, 훔볼트는 밀과 마찬가지로 인간의 발전이 삶의 목표이자 행복 그 자체라고 설명한다.

06 구체적 상황에 적용하기　　답 ③

덴마크에서 시험보다 학생들의 관심사를 이용한 수업을 하는 이유는 인지적 사고의 폭을 넓히기 위한 것이라고 설명하고 있다. 밀은 지성을 바탕으로 감성을 적절하게 제어할 수 있어야 한다고 했지만, 시험보다 학생들의 관심사를 활용한 수업이 이를 위한 노력이라고 볼 수는 없다.

오답 피하기
① 지성, 감성, 도덕성의 조화를 추구하는 정책은 3문단에서 지성, 감성, 도덕성이 종합적으로 발전된 상태를 행복으로 보는 관점에서 본다면 구성원의 삶의 만족도를 높여 줄 수 있다.
② 학생들의 자발적 결정을 존중하는 것은 2문단에서 타고난 개성의 자유로운 추구를 존중한 밀의 관점과 관련되어 있다.
④ 감성을 계발하기 위한 예술 교육은 3문단의 행복을 위해 필요한 능력 중 감성적 능력과 관련되어 있다.
⑤ 타인의 복지에 관심을 기울이는 것이 도덕성 발전을 통한 행복 추구와 관련되어 있음이 3문단에 제시되어 있다.

[07~09] 나는 왜 나일까

해제 이 글은 수적 동일성을 바탕으로 개인 동일성 문제를 설명하고 있다. 수적 동일성은 두 개체의 유사성을 말하는 질적 동일성과 달리 두 개체가 동일한 존재로서 수적으로 하나임을 말하는 것이다. 철학자들은 수적 동일성의 근거로 신체 이론과 영혼 이론, 심리 이론을 제시하여 두 개체가 수적으로 하나임을 설명하고 있다.
주제 개인 동일성 문제의 의미와 수적 동일성의 근거
구성
1문단: 개인 동일성 문제의 개념
2문단: 질적 동일성과 수적 동일성의 의미
3문단: 수적 동일성을 설명하기 위한 이론들

07 세부 정보 파악　　답 ③

3문단에 심리 이론은 뇌에 들어 있는 기억, 버릇, 느낌 등 각종 정보의 연속성을 바탕으로 과거의 나와 현재의 나가 동일한 존재임을 증명하는 이론이라고 제시되어 있다.

① 2문단에 따르면, 개인 동일성 문제에서 문제가 되는 것이 수적 동일성이며, 이에 대한 철학자들의 다양한 논의가 3문단에서 제시되고 있다.

② 3문단에 따르면, 영혼 이론은 영혼의 존재를 확인할 방법이 없다는 문제가 한계로 지적되고 있다.

④ 3문단에 따르면, 영혼이 뒤바뀐 경우를 가정할 때 신체 이론에서는 수적 동일성을 설명하기 어렵지만, 영혼 이론에서는 설명이 가능하다.

⑤ 3문단에 따르면, 신체 이론에서는 시간과 공간의 연속을 바탕으로 신체가 변화되어 왔다면 동일한 존재로 인정한다.

08 구체적 상황에 적용하기
답 ③

2문단에 질적 동일성은 두 개체가 질적으로 비슷한 점이 많을 때의 동일성을 가리킨다고 제시되어 있다. 하지만 오랜만에 만난 친구의 얼굴이 변했다고 해서 다른 존재가 된 것은 아니므로 수적 동일성의 예시로 볼 수 있다.

① 두 책이 다른 존재이므로 질적 동일성의 예시이다.

② 두 강아지가 다른 존재이므로 질적 동일성의 예시이다.

④ 여러 명칭이 동일한 존재를 가리키므로 수적 동일성의 예시이다.

⑤ 색이 변하였지만 동일한 존재이므로 수적 동일성의 예시이다.

09 다른 상황에 적용하기

답 영혼 이론에 따르면 사고 전과 사고 후의 '샘'의 영혼이 동일하므로 둘을 동일한 존재로 볼 수 있다.

3문단에 따르면, 영혼 이론에서는 신체가 달라졌어도 동일한 영혼을 가진 존재를 동일한 존재로 보고 있으므로, 영혼 이론에 따라 〈보기〉의 샘은 신체의 바뀜과 관계없이 동일한 존재로 볼 수 있다.

[10~12] 시각 상과 개념 상

해제 이 글은 이집트 벽화에 그려진 인물에 대한 묘사를 바탕으로 시각 상과 개념 상에 대해 설명하고 있다. 이집트 벽화의 지배층에 대한 묘사는 눈에 보이는 것을 전달하는 시각 상이 아니라 아는 것을 전달하는 개념 상을 바탕으로 하고 있다. 이는 서구적 원근법에 익숙한 사람들에게는 어색하게 느껴질 수 있지만, 아는 것을 전달하는 본래 미술의 일차적 기능에는 부합한다고 볼 수 있다.

주제 시각 상과 개념 상

구성

1문단: 이집트 벽화에 나타난 개념 상
2문단: 시각 상을 중시한 서구의 원근법
3문단: 미술의 본질적 기능에 대한 이해

10 세부 정보 파악
답 ④

2~3문단에 시각적 사실성의 표현이 오직 유럽에서, 그것도 특정 시기에만 발달했다고 제시되어 있다.

① 3문단에 따르면, 미술의 보편적인 기능은 보이는 것을 재현하는 것 이전에 아는 것을 전달하는 데 있다.

② 2문단에 따르면, 민화의 책거리 그림 중 일부는 시각적으로 모순된 것이 있다.

③ 1문단에 따르면, 시각 상에 따라 표현하는 것은 주체가 본 그대로 상을 나타낸 것이다.

⑤ 3문단에 따르면, 현대의 추상화는 시각적 사실성을 추구한 전통이 무너진 것과 관련이 있다.

11 다른 상황에 적용하기
답 ⑤

1문단에 따르면 ㉠은 시각 상을 중시한 그림이며, ㉡은 개념 상을 중시한 그림이다. 시각 상은 보이는 것을 강조한 것이며, 개념 상은 아는 것을 강조한 것이다.

① ㉠은 실제 눈에 보이는 것처럼 그렸으므로, 1문단에 따르면 시각 상을 중시한 그림이다.

② ㉡은 현실과 달리 표현하였으므로, 1문단에 따르면 개념 상을 중시한 그림이다.

③ ㉡은 ㉠에 비해 현실과 다른 존재처럼 표현하였으므로, 1문단에 따르면 주체가 본 그대로 표현하는 시각 상을 중시한 그림이 아니다.

④ 2문단에 따르면 ㉠은 눈에 보이는 것을 그대로 재현했다기보다는 눈에 보이는 것처럼 표현한 것이며, ㉡은 눈에 보이지 않는 세계를 아는 대로 표현한 것이다.

12 구체적 상황에 적용하기
답 ⓐ: 시각 상, ⓑ: 개념 상

이집트인들은 신분이 낮은 존재는 찰나의 대상으로서 '시각 상'으로 표현하였고, 신분이 높은 존재는 영원한 질서의 대변자라는 인식을 바탕으로 '개념 상'으로 표현하였다.

Ⅱ. 독서의 방법

1 사실적 읽기

내신 대비 평가 01
본문 32~33쪽

01 ④　　02 ②　　03 ④　　04 해설 참조

과학의 패러다임_ 홍성욱

해제 이 글은 토머스 쿤의 견해를 중심으로 패러다임의 개념과 특성에 대해 설명한 글이다. 패러다임은 과학자들이 세상을 바라보고, 조직하고, 이해하는 틀을 말한다. 패러다임은 과학자들에게 절대적인 지침이 되며 문제 해결의 기준과 지침을 제공한다. 패러다임이 지배하는 과학을 '정상 과학'이라고 하는데. 정상 과학은 패러다임을 더 완벽하게 하고 확장하는 역할을 한다. 물론 정상 과학을 위협하는 사례가 반복되면 과학 혁명을 겪으며 새로운 정상 과학으로 대체될 수 있지만 정상 과학을 이룬 패러다임은 새로운 패러다임으로 쉽게 바뀌지 않는 특성이 있다. 또한 정상 과학 시기에는 패러다임이 복수로 존재하는 것이 거의 불가능에 가깝다. 따라서 정상 과학 시기는 논쟁이 없는 평화로운 시기이며, 과학 혁명기는 두 패러다임이 투쟁하는 시기라고 할 수 있다. 과학은 이처럼 전쟁과 평화를 반복하면서 발전한다는 것이 패러다임과 관련된 토머스 쿤의 주장이다.

주제 패러다임의 개념과 특성

구성
1문단: 패러다임의 개념
2문단: 패러다임의 정립과 대체 과정
3문단: 패러다임이 쉽게 바뀌지 않는 이유
4문단: 두 패러다임의 공유가 어려운 과학자 사회

01 중심 화제 파악
답 ④

두 개의 패러다임이 공존하는 과학 혁명기에는 과거의 패러다임을 계속 고수하는 과학자와 새로운 패러다임을 받아들인 과학자 사이에 합리적인 소통이 이루어지기 어려운 '공약 불가능성'이 생긴다고 하였다. 그러나 이러한 공약 불가능성을 해결하기 위한 과학자들의 노력에 대해서는 특별히 언급하지 않았다.

오답 피하기
① 3문단에서 기존의 패러다임과 잘 맞지 않는 사례들이 나타나

더라도 한두 가지의 변칙 사례 때문에 과학자들이 패러다임을 포기하는 일은 매우 드물다는 점을 들어, 패러다임의 전환이 쉽지 않은 까닭에 대해 설명하고 있다.
② 2문단에서 패러다임으로 설명되지 않는 변칙적인 문제들이 연이어 등장하면 정상 과학도 위기 국면으로 진입하게 된다고 설명하고 있다. 이를 통해 어떤 경우에 정상 과학이 위기를 맞게 되는지 알 수 있다.
③ 1문단에서 패러다임은 과학자들의 사고나 인식을 근본적으로 규정하는 이론적인 틀이나 체계이면서, 실험의 방법, 기구, 표준과 같은 물질적이고 실험적인 요소를 포함하고 있는 구체적인 것이기도 하다고 설명하고 있다. 이를 통해 패러다임이 과학자들에게 미치는 영향을 알 수 있다.
⑤ 패러다임의 공존이나 경쟁은 과학 혁명기에나 가능하기 때문에, 정상 과학 시기에는 패러다임이 복수로 존재하는 것이 거의 불가능에 가깝다고 4문단에서 쿤의 주장을 빌려 설명하고 있다.

02 정보 간의 관계 파악
답 ②

정상 과학 시기에는 하나의 과학자 사회가 두 패러다임을 공유하는 식으로 쪼개지는 상황은 없으며, 이로 인해 정상 과학 시기는 논쟁이 없는 평화로운 시기라고 하였다. 따라서 정상 과학의 시기에는 패러다임의 공존을 통해 평화가 유지된다는 설명은 적절하지 않다.

오답 피하기
① 정상 과학은 패러다임을 더 완벽하게 하고 확장하는 역할을 한다.
③ 정상 과학을 위협하는 사례가 반복되면 과학 혁명이 이루어지게 된다.
④ 패러다임의 공존이나 경쟁은 과학 혁명기에나 가능하다고 했으므로, 과학 혁명기에는 새로운 패러다임이 기존의 패러다임과 경합한다고 볼 수 있다.
⑤ 많은 성공을 거두었던 과거의 패러다임이 약간의 문제에 직면한다고 해서 주류를 형성하고 있는 구세대 과학자들이 새로운 패러다임을 눈여겨보거나 쉽게 선택하지는 않는다고 설명하고 있다. 따라서 과학 혁명이 일어나도 주류 과학자들은 정상 과학 시기의 패러다임을 쉽게 포기하지 않는다고 볼 수 있다.

03 핵심 정보 파악
답 ④

토머스 쿤은 과거의 패러다임을 계속 고수하는 과학자와 새로운 패러다임을 받아들인 과학자 사이에는 합리적인 소통이 이루어

지기 어렵다고 했다. 따라서 패러다임이 서로 다른 인식의 틀을 가진 과학자들의 소통을 매개하는 역할을 한다고 보는 것은 적절하지 않다.

오답 피하기 ▶

① 패러다임은 토머스 쿤이 그의 저서 『과학 혁명의 구조』에서 제창한 개념이다.
② 패러다임은 과학자들의 사고나 인식을 근본적으로 규정하는 이론적인 틀이나 체계이다.
③ 패러다임은 어떤 문제가 과학적으로 의미 있는 문제인지, 어떻게 문제를 풀어야 하는지, 여러 답안 가운데 어떤 답이 가장 훌륭한 답인지에 대한 기준과 지침을 제공한다.
⑤ 패러다임은 실험의 방법, 기구, 표준과 같은 물질적이고 실험적인 요소를 포함하고 있는 구체적인 것이기도 하다.

04 문맥적 의미 파악

📑 과학은 정상 과학의 시기와 과학 혁명기가 반복하면서 발전한다.

정상 과학 시기는 논쟁이 없는 평화로운 시기이며, 과학 혁명기는 두 패러다임 사이의 공약 불가능성과 논쟁이 지배하는 투쟁의 시기이다. 그런데 과학은 이 두 시기가 반복하면서 발전해 가는 것이다.

내신 대비 평가 02
본문 34~35쪽

05 ⑤　　　06 ④　　　07 ⑤
08 ⓐ: 공기의 정체 현상 심화. ⓑ: 에어로졸 양 증가

미세 먼지의 실체_ 박록진

해제 이 글은 미세 먼지의 종류와 생성 원리, 기상 조건과의 상관관계 등 미세 먼지의 다양한 특성에 대해 설명한 글이다. 입자상 물질들 중 입자의 크기가 10μm 이하인 것을 미세 먼지라 하고 그중에서도 2.5μm 이하인 것은 초미세 먼지라고 한다. 미세 먼지는 생성 요인에 따라 자연 미세 먼지와 인공 미세 먼지로 나눌 수 있다. 또한, 초미세 먼지를 생성하는 물질도 이산화 황, 질소 화합물, 암모니아, 유기 기체 등으로 매우 다양하다. 이러한 미세 먼지는 풍속, 기압과 같은 기상 요인에 영향을 받아 농도가 달라진다. 이와 반대로 미세 먼지가 기후에 영향을 미치는 경우도 있어서 미세 먼지가 기후 변화에 중요한 역할을 하기도 한다.

주제 미세 먼지의 종류와 특성

구성

1문단: 미세 먼지와 초미세 먼지의 구분
2문단: 미세 먼지와 종류와 발생 원인
3문단: 초미세 먼지를 생성하는 화학 물질
4문단: 미세 먼지 농도에 영향을 주는 요인
5문단: 미세 먼지가 기후에 미치는 영향

05 중심 화제 파악
📑 ⑤

미세 먼지 농도에 영향을 주는 기후적 요인에 대한 언급은 있으나, 이를 줄일 수 있는 효과적인 정책에 어떠한 것이 있는지 등과 관련된 내용은 이 글에서 다루어지지 않았다.

오답 피하기 ▶

① 자연 미세 먼지에는 토양 입자, 해염(소금) 입자, 꽃가루, 화산재 등이 있다고 설명하고 있다.
② 초미세 먼지를 생성하는 대표적인 물질은 이산화 황, 질소 화합물, 암모니아, 유기 기체 등이 있다고 설명하고 있다.
③ 풍속, 기압과 같은 기상 요인이 미세 먼지 농도에 영향을 준다고 설명하고 있다.
④ 미세 먼지 중에서도 2.5μm 이하인 것은 초미세 먼지라고 한다고 설명하고 있다.

06 세부 정보 파악
📑 ④

이 글은 미세 먼지의 종류와 생성 원인 및 영향에 대해 설명하고 있다. 미세 먼지의 발생 원인을 자연적 요인과 인위적 요인으로 나눠 설명하고 있는데, 본문에서 발생 지역을 건조 지역으로 제한한 내용은 없으므로 ④는 적절하지 않다.

오답 피하기 ▶

① 필리핀의 피나투보산에서 일어난 화산 폭발을 예로 들어 미세 먼지가 지구의 기후 변화에 영향을 주는 경우도 있다고 설명하고 있다.
② 대기 중에 존재하는 입자상 물질들은 개개의 입자 지름이 0.005μm밖에 안 되는 미세한 입자에서부터 100μm 정도에 이르는 비교적 큰 입자들까지 다양하다고 설명하고 있다.
③ 온도가 높아지면 나무도 자신을 보호하기 위해 유기 기체를 뿜어내기 때문에 지구의 온도가 올라가면 유기 탄소인 에어로졸이 더 많이 만들어진다고 설명하고 있다.
⑤ 화력 발전소에서 주로 배출되는 이산화 황은 서로 여러 개가 달라붙으면 '황산'이나 '황산염'이라는 초미세 먼지가 만들어진다고 설명하고 있다.

07 내용 전개 방식 파악   답 ⑤

대기 중에 존재하는 입자상 물질들을 크기에 따라 미세 먼지와 초미세 먼지로 구분한 후 각각의 종류를 제시하였다. 그런 다음 미세 먼지에 영향을 주는 기후적 요인과 미세 먼지가 영향을 미친 기후에 대하여 인과적으로 설명하였다.

오답 피하기 ▶

① 미세 먼지의 생성 원인을 다양한 측면에서 분석했다고 볼 수 있으나 그와 관련된 예방책을 제안하고 있지는 않다.
② 대상을 구성하는 핵심 요소를 분석하거나, 유사한 대상과 비교하고 있지는 않다.
③ 일정한 기준을 통해 미세 먼지의 종류를 나누어 제시하였으나, 각각의 특성을 중심으로 장단점을 분석하고 있지는 않다.
④ 구체적 현상 속에서 대상의 일반적 특징을 추출한 내용은 나타나지 않는다.

08 세부 정보 파악

답 ⓐ: 공기의 정체 현상 심화, ⓑ: 에어로졸 양 증가

고기압의 영향권에 있을 때에는 공기의 정체 현상이 심해져 미세 먼지의 농도가 높아진다. 또한 지구의 온도가 올라가면 나무에서 유기 기체가 더 많이 나오는데, 이를 재료로 쓰는 유기 탄소로 이루어진 에어로졸이 더 많이 만들어져 대기 중에 미세 먼지 농도가 높아지게 된다고 설명하고 있다.

② 추론적 읽기

내신 대비 평가 01   본문 38~39쪽

01 ①   02 ②   03 ①

속도의 강박증과 춤추는 신체의 인간_ 이진경

해제 이 글은 현대 사회의 경쟁적인 속도감에 대한 글쓴이의 비판적인 생각을 제시한 글이다. 속도가 미덕과 능력을 넘어 의무와 강박이 되어 가고 있는 현대 사회는 자본주의 체제의 유지를 위해 강압적으로 속도를 요구한다. 그래서 속도는 이제 누구나 따라가야

할 억압과 강박이 되어 자본주의 사회를 전체주의적인 사회로 만들고 있다. 그래서 글쓴이는 독자에게 자신만의 속도를 가져야 한다고 역설한다. 때로는 세상의 속도에 따라가기도 하고 때로는 정지해서 그렇게 달려가는 세상이나 자신에게 눈을 돌릴 수 있을 때 비로소 주체적인 삶을 살 수 있기 때문이다.

주제 자신만의 속도를 가져야 할 필요성
구성
1문단: 속도가 미덕이 된 현대 사회
2문단: 자본과 관련된 속도의 강박
3문단: 자본의 속도에 길들여진 사회
4문단: 속도가 억압과 강박이 된 자본주의 사회
5문단: 자신만의 속도를 가져야 할 필요성

01 세부 정보 파악   답 ①

영화 「모던 타임즈」는 생산의 속도를 높이기 위해 인간이 설치한 컨베이어 벨트에서 기계의 부속품처럼 같은 일을 반복하다가 그 속도를 이기지 못해 결국 기계 속으로 빨려 들어가는 주인공의 모습을 보여 준다. 즉 이 영화는 기계 문명 속에서 주인공이 소외당하는 이야기를 담고 있다. 지문의 맥락 속에서도 영화를 이와 같은 내용으로 이해할 수 있어야 한다.

오답 피하기 ▶

② 기계와 인간의 대결을 보여 준 것은 아니다.
③ 생산의 속도가 빨라짐에 따라 소비도 속도가 빨라질 것을 요구받게 되었다는 것이므로 자본주의 시스템에서 생산이 소비의 속도를 쫓으려 했다는 설명은 적절하지 않다.
④ 기계 문명에 의해 소외당한 인간이 자기 고유의 인간성을 회복하기 위해 노력하는 과정은 나타나 있지 않다.
⑤ 자본주의 사회에서는 인간이 속도의 경쟁력을 갖추려 하다가 오히려 기계에 종속되고 만다. 이 영화가 보여 주고 있는 것도 이러한 인간의 모습이다.

02 세부 정보 추론   답 ②

'파시즘'은 독재적인 전체주의를 의미한다. 따라서 한 철학자가 지금 우리가 사는 시대를 가리켜 '속도의 파시즘적 사회'라고 한 것은, 현재 우리 사회를 자신의 의사와는 상관없이 누구나 속도 경쟁의 억압과 강박 속에서 살도록 강요된 사회로 보았기 때문이라고 할 수 있다.

오답 피하기 ▶

① 이 글은 속도 경쟁이 가져온 여러 가지 문제점에 대해 언급하고 있다. 따라서 ⓒ의 이유를 속도 경쟁의 우월성이 증명된 사회

에서 찾는 것은 적절하지 않다.

③ 속도 경쟁으로만 사회적 지위를 결정하기는 어렵다는 것은 글쓴이의 생각과 거리가 멀다. 따라서 이것을 ⓒ의 이유로 보는 것은 적절하지 않다.

④ 어디에서나 속도 경쟁을 마음껏 펼칠 수 있는 사회라는 것은 ⓒ과 관련된 문맥에 어울리지 않는 내용이다.

⑤ 글쓴이는 우리 사회를 속도 경쟁의 승자가 되어서도 모든 것을 차지할 수 없는 사회라고 진단한 바 없다. 따라서 이것을 ⓒ의 이유로 보는 것은 적절하지 않다.

03 생략된 정보 추론   답 ①

문맥을 고려할 때, 글쓴이는 세상의 속도에 그저 따라가고 끌려가는 것이 아니라 때로는 그 속도에 따라가기도 하고 때로는 정지할 수도 있는 능력을 갖추어야 한다는 것을 강조하고 있다. 즉 자신의 속도를 갖고 있어야 한다는 의미이다. '허공에서 정지한 듯 멈추어 선 매'는 바로 이러한 의미를 환기하기 위해 든 예라고 할 수 있다.

오답 피하기 ▶

② 속도에 관심이 없는 것이 아니라 속도를 스스로 조절할 줄 아는 것이다.

③ 속도를 내고 싶은 의지가 약한 것은 아니다.

④ 세상의 속도와 상관없이 자신의 속도를 갖는 것이다.

⑤ 속도를 낼 수 있는 조건을 거부하는 것은 아니다.

내신 대비 평가 02   본문 40~41쪽

04 ③	05 ①	06 해설 참조

옹달샘에서 달을 긷다_ 법정

해제 이 글은 글쓴이가 산골의 소박한 삶 속에서 느낀 생각과 깨달음을 정감 어린 문체로 그려 낸 수필이다. 글쓴이는 오랜만에 표고 8백에서 6백으로 내려와 닭의 울음소리에 잠을 깨고, 산길에 쌓인 솔가리의 감촉을 발에 느끼며, 옹달샘에서 길은 새 물을 끓여 차를 마신다. 자연 속에서 주위의 작은 것들에 관심을 가지고 여유로운 삶을 살아가는 글쓴이의 소박하고 편안한 모습이 담겨 있는 수필이다.

주제 산골에서의 소박한 삶

구성

처음: 산골에서 오랜만에 듣게 된 계명성

중간: 물과 함께 달을 길어 담는 정취

끝: 산골에서의 소박한 삶에 대한 다짐

04 표현 효과 추론   답 ③

ㄱ. 운문인 [A]를 삽입하면 산문 위주의 진술 방식에 변화를 줄 수 있기 때문에 다양한 표현이 가능하다.

ㄹ. 작중 상황에 어울리는 내용을 담고 있는 시를 삽입하면 글쓴이의 정서를 드러내는 데에도 효과적이다.

오답 피하기 ▶

ㄴ. [A]는 함축성이 큰 운문이므로, [A]를 통해 글쓴이의 지식을 독자에게 사실적으로 전달하고 있다는 설명은 적절하지 않다.

ㄷ. 글쓴이는 매우 겸손하고 소박한 태도를 보이고 있으므로, 글쓴이의 현학적인 태도를 드러내기 위해 [A]를 활용했다고 보는 것은 적절하지 않다.

05 핵심 정보 추론   답 ①

'표고 8백에서 살다가 6백으로 내려오니 닭 우는 소리가 들린다.'라고 했으므로, 거처가 바뀌어 닭 우는 소리를 오랜만에 듣게 된 것이지 새벽 일찍 일어난 것이 오랜만의 일이라는 것은 아니다.

오답 피하기 ▶

② ⓒ은 신경을 거스르지 않는 자연의 소리가 지니고 있는 긍정적 가치를 부각하기 위한 것이라고 할 수 있다.

③ ⓒ은 뒷세대를 위해 앞선 세대가 스스로 희생하여 거름이 되는 자연의 법칙을 언급한 것이다.

④ ⓒ은 우물에 비친 달을 바라보며 글쓴이가 느낀 정서를 현실에 얽매이지 않는 상상을 통해 낭만적으로 표현한 것이다.

⑤ ⓒ은 차 한잔을 마시기 위해 먼 길을 걸어가는 수고를 아끼지 않는 글쓴이의 소박하면서도 여유로운 산속 생활을 보여 준다.

06 생략된 정보 추론

답 글쓴이의 욕심 없고 소박한 성품을 알 수 있다. 그 이유는 그가 머물고 있는 두 평짜리 단칸방이 결코 크고 화려한 방이 아님에도 그것을 궁궐처럼 여기고 있기 때문이다.

글쓴이가 머물고 있는 두 평짜리 단칸방이 결코 크고 화려한 방이 아님에도 옛 그리스의 철인 디오게네스의 통에 견주어 그것을 궁궐이라고 표현한 것에서 글쓴이의 욕심 없고 소박한 성품을 엿볼 수 있다.

3 비판적 읽기

내신 대비 평가 01

본문 44~45쪽

01 ④   02 ①   03 해설 참조

동물의 복지를 생각한다_ 김진석

해제 이 글은 동물에게도 고통을 덜어 주는 복지가 필요하며, 우리 인간은 마땅히 동물의 복지에 책임을 져야 한다는 점을 주장한 글이다. 서구에서는 오랜 기간 동물을 이성적 영혼이 없는 기계적인 존재로 여겨 왔지만, 오늘날 우리에게는 동물에 관해서 어떤 일은 해야 하고 어떤 일은 하지 말아야 한다는 사회적 합의가 있다. 이것이 바로 '동물 복지'의 출발점이다. 동물 복지에 대하여 객관적인 기준을 세우는 것은 어려운 일이지만, 인간의 책임 있는 행동을 위해서 꼭 필요한 일이다. 동물 복지는 동물의 고통을 최소화하는 것이 기준이 될 수 있다. 인간은 동물의 불필요한 고통은 배제하고 최소화하려고 노력해야 한다. 이것은 사람과 일정한 관계를 유지하고 살아가는 동물과 건전하고 바람직한 관계를 정립하는 측면에서도 인간이 마땅히 지켜야 할 자세이다. 인간이 동물의 복지를 책임지는 것은 인간을 보다 인간답게 하는 일이 될 것이다.

주제 동물 복지의 필요성

구성

1문단: 동물을 기계와 같은 존재로 여겨 온 관념
2문단: 동물 복지의 출발점이 된 사회적 합의
3문단: 동물 복지의 기준을 세우는 일의 필요성
4문단: 동물의 고통을 줄여 주는 동물 복지
5문단: 동물 복지에 대한 인간의 책임감

01 반응의 적절성 평가

답 ④

이 글에서는 동물의 불필요한 고통은 배제하고 최소화하려고 노력하는 것이 동물에게 복지를 제공하는 행위이며 인도적인 행위라고 했다. 또한 이것이 동물과 건전하고 바람직한 관계를 정립하는 측면에서도 인간이 마땅히 지켜야 할 자세라고 했다.

오답 피하기 ▶

① 이 글에서 동물의 소극적 욕구가 동물 복지의 개념과 연결된다는 점은 언급하고 있으나, 동물 복지에서 소극적 욕구보다 적극적 욕구의 충족이 우선되어야 한다는 것은 언급되지 않았다.
② 이 글에서 글쓴이는 동물에 관해서도 어떤 일은 해야 하고 어떤 일은 하지 말아야 한다는 사회적 합의를 이끌어 낼 수 있는데, 이것이 바로 '동물 복지'의 출발점이라고 했다. 따라서 동물

도 이성적 영혼이 있는 존재라는 사실을 바탕으로 동물 복지의 개념을 세워야 한다는 것은 이 글의 논지에서 벗어난 것이다.
③ 우리는 동물의 쾌락과 고통을 정확하게 입증하거나 이해할 수 없지만 동물 복지가 필요하다고 했으므로, 동물 복지의 필요성을 널리 알리기 위해 동물이 겪는 고통을 입증해야 한다는 반응은 적절하지 않다.
⑤ 이 글에서 글쓴이는 동물 복지에 대한 객관적인 기준을 세우는 것이 완전히 불가능한 일은 아니며 인간의 책임 있는 행동을 위해서 꼭 필요한 일이라고 했다. 하지만 동물 복지에 대한 객관적인 기준을 세운다는 것이 모든 동물에게 일률적으로 적용할 수 있는 동물 복지의 필요성을 말하는 것은 아니다. 가령 동물의 복지를 위해 야행성 동물에게도 일률적으로 밝은 조명을 제공한다면 오히려 이들에게 큰 고통을 주게 될 것이다.

02 관점의 적절성 평가

답 ①

〈보기〉에서는 동물의 행동이 인간과 기능적으로 유사하다는 것을 보고 유비 논증으로 동물이 고통을 느낀다는 것을 알 수 있다고 했다. 따라서 동물이 쾌락이나 고통을 느끼지 못하는 기계와 같은 존재라고 여긴 데카르트의 생각은 유비 논증의 결론과는 배치되는 것이라고 할 수 있다.

오답 피하기 ▶

② 동물의 행동이 인간과 기능적으로 유사하다고 했으므로, 인간과 동물 사이의 기능적 유사성이 적다는 설명은 적절하지 않다.
③ 동물에게 해야 할 일과 하지 말아야 할 일의 사회적 합의가 필요한 것은 인도적인 문제라고 했으므로, 사회적 합의와 유비 논증의 개연성을 높이는 것은 관련성이 있다고 보기 어렵다.
④ 동물이 인간에 비해 약한 존재이기 때문에 동물에게 복지를 제공해야 한다는 것은 〈보기〉를 통해 이끌어 낼 수 있는 추론이 아니다.
⑤ 〈보기〉에 따르면, 동물들이 적극적으로 피하려고 하는 것을 고통이라고 확신할 수 있는 것은 동물과 인간의 차이점이 아니라 유사성을 인정했기 때문이다.

03 다른 상황에 적용하기

답 동물에게 큰 고통을 주었다는 점에서 도덕적 배려가 없었다고 볼 수 있다.

'이익 평등 고려의 원칙'에 비추어 볼 때, 감각을 지닌 모든 동물에게까지 공리의 원리를 확장해야 한다는 것이 〈보기〉의 관점이다. 따라서 완전히 의식이 있는 상태의 동물들을 마취나 진통제

의 처치도 하지 않고 생체 해부를 하는 일은 동물에게 큰 고통을 준다는 점에서 동물에 대한 도덕적 배려가 없었다고 평가할 수 있다.

04 ③   **05** ③   **06** ⓐ: 공정성, ⓑ: 타당성, ⓒ: 신뢰성

경쟁, 어떻게 받아들일까?_ 김범묵

해제 이 글은 인간을 발전하게 하는 원동력으로서 경쟁의 의미와 공정한 경쟁의 중요성을 강조한 글이다. 경쟁은 인간의 본능으로 우리가 즐거워하는 일에는 항상 경쟁이라는 요소가 들어 있다. 그런 점에서 경쟁은 우리 삶에서 떼어 낼 수 없는 불가피한 것이다. 이런 까닭으로 경쟁심은 자본주의 경제 원리의 토대가 되었다. 물론 경쟁 그 자체를 부정하거나 반대하는 사람들도 있지만, 경쟁은 경쟁자를 부정하고 배제하는 것이 아니라, 서로를 인정하고 그 바탕 위에서 각자의 의욕과 노력을 한층 더 이끌어 내는 긍정적 상호 작용이라고 할 수 있다. 따라서 경쟁할 것인가 말 것인가를 고민하기보다 공정한 경쟁을 위한 방식에 대한 고민이 더욱 절실한 것이다.

주제 경쟁의 의미와 공정한 경쟁의 중요성

구성

1문단: 인간을 놀이하는 존재로 만든 경쟁 본능
2문단: 인간의 삶에서 필수적인 경쟁심
3문단: 경쟁 논리를 바탕으로 발전해 온 자본주의 경제
4문단: 긍정적 상호 작용으로서의 경쟁의 가치
5문단: 공정한 경쟁을 위한 과제

04 핵심 정보 파악   답 ③

글쓴이는 공정한 경쟁을 하기 위해서 협력은 필수적인 것이라고 했다. 공정한 경쟁을 위해서 협력이 배제해야 할 가치라고 본 것은 글쓴이의 관점과 거리가 먼 것이다.

오답 피하기 ▶

① 글쓴이는 경쟁심이 인간의 본능과 관련되어 있다고 보고 있다.
② 글쓴이는 인류가 처음부터 지금까지 각자의 이익을 위해 항상 경쟁해 왔다고 설명하고 있다.

④ 글쓴이는 오늘날 자유 경쟁의 원리는 일반화되었고, 앞으로도 지속될 것으로 보고 있다. 이러한 점에서 경쟁은 우리의 삶에서 떼어 내기 어려운 불가피한 것이라고 할 수 있다.
⑤ 글쓴이는 경쟁은 경쟁자를 부정하고 배제하는 것이 아니라, 서로를 인정하고 그 바탕 위에서 각자의 의욕과 노력을 한층 더 이끌어 내는 긍정적 상호 작용이라고 설명하고 있다.

05 구체적 사례에 적용하기   답 ③

애덤 스미스는 인간의 이기심을 통제하기보다 오히려 경쟁을 통해 인간의 이기심을 잘 활용하여야 개인의 행복과 사회 전체의 이익을 동시에 달성할 수 있다고 주장하였다. 즉 경쟁 논리를 바탕으로 개인과 사회가 발전한다고 본 것이다. 그러나 〈보기〉의 사례는 우열반을 폐지하고, 등수를 없애고, 뒤처지는 학생을 끌어올리는 등 이타심을 바탕으로 한 협동의 가치를 통해 좋은 성과를 얻은 경우에 해당한다. 따라서 〈보기〉의 사례를 활용할 때, 경쟁을 통해서만 개인과 사회가 발전하는 것은 아니라는 비판이 가능하다.

오답 피하기 ▶

① 〈보기〉는 경쟁의 가치를 언급한 것이 아니라, 협동의 교육적 성과에 대해 말하고 있다.
② 〈보기〉는 진정한 경쟁의 의미와는 관련이 없다.
④ 협동심만을 배타적으로 강조하거나 교육의 목표를 인간다움의 유지로 보는 것은 〈보기〉의 내용과 관계가 없다.
⑤ 뒤처지는 학생을 끌어올리는 것이 경제적이라는 것은 〈보기〉에서 언급된 내용이 아니다.

06 생략된 정보 추론

답 ⓐ: 공정성, ⓑ: 타당성, ⓒ: 신뢰성

ⓐ 경쟁만이 즐거움을 만들 수 있다고 한 것은 너무 한쪽에 치우친 주장이므로 공정성에 위배되는 판단이라고 할 수 있다.
ⓑ 경쟁심은 다른 사람과 투쟁하도록 만들기 때문에 경쟁이 불가피한 것이라는 추론은 주장을 뒷받침하는 근거가 논리적으로 합당하다고 보기 어려우므로 타당성이 있다고 보기 어렵다.
ⓒ 애덤 스미스의 견해는 출처가 명확하지 않으므로 신뢰성이 떨어진다고 볼 수 있다.

감상적 읽기

01 ⑤　　02 ①　　03 ⑤

별이 빛나는 밤에_ 정재찬

해제 이 글은 윤동주의 시 「별 헤는 밤」을 감상하고 쓴 평론이다. 글쓴이는 작품을 분석적으로 읽어 가면서 우선 작품에 사용된 시어의 변화 양상을 살핀다. 처음엔 '추억', '사랑', '쓸쓸함', '동경'과 같은 추상적인 어휘가 연결되다가 '어머니' 이후부터는 관념이 아니라 인격적인 존재들이 쏟아져 나오고 있음에 주목한다. 그리고 시인이 '어머니'를 떠올린 이후 호흡이 빨라지고 시행이 길어지면서 시의 어조가 급격히 변화하고 있음을 읽어 낸다. 이를 통해 시인에게 '어머니'라는 시어가 얼마나 중요한 의미를 지니는지 생각해 보고 있다.

주제 시 「별 헤는 밤」의 감상

구성

처음: 윤동주의 「별 헤는 밤」
중간: '어머니'를 중심으로 한 시상의 변화
끝: 시의 구절에 담긴 의미

01 핵심 정보 파악　　　답 ⑤

글쓴이는 [A]를 다양한 방법을 통해 분석하면서 감상하고 있으나, 시어의 의미를 당시의 시대적 상황과 연결하고 있지는 않다.

오답 피하기

① 처음엔 '추억', '사랑', '쓸쓸함', '동경'과 같은 추상적인 어휘가 연결되다가 '어머니' 이후부터는 관념이 아니라 인격적인 존재들이 쏟아져 나오고 있음을 살피고 있다.
② 시행 하나에 이름 하나 붙이더니, '어머니'를 떠올린 이후 호흡이 빨라지고 시행이 길어지고 있음을 주목하고 있다.
③ '어머니'에 다다르면 어조가 바뀐다는 점에 주목하고 있다.
④ 시의 느낌에 다양한 변화를 가져다준 '어머니'라는 시어에 주목하고 있다.

02 정보 간의 관계 파악　　　답 ①

㉠과 ㉡은 작품에 나타난 시인의 정서에 공감과 안타까움을 표현한 것이다. 따라서 이와 가장 관련이 깊은 감상적 읽기의 방법은 작품 속 인물의 처지를 이해하고 정서적 교감을 나누어 보는 것이라고 할 수 있다.

오답 피하기

② ㉠과 ㉡이 작품이 주는 교훈을 내면화하고 있는 것은 아니다.
③ ㉠과 ㉡은 작가의 가치관을 비판적으로 검토하는 것과 거리가 멀다.
④ ㉠과 ㉡은 작품 속 인물이 살았던 당시의 사회적, 역사적 배경을 이해해 보는 것과 관련이 없다.
⑤ ㉠과 ㉡에 다른 사람들의 생각과 자신의 생각을 비교한 내용은 담겨 있지 않다.

03 감상의 적절성 평가　　　답 ⑤

㉯에서 ㉰로 시상이 바뀌면서 글자 수가 급격히 많아지고 시의 호흡이 빨라진다. 따라서 ㉯보다 ㉰를 천천히 음미한다는 설명은 적절하지 않다.

오답 피하기

① ㉮에서 ㉯와 ㉰로 이어진 화살표는 '별'에서 여러 대상이 연상되고 있음을 표현한 것이다.
② ㉯와 ㉰는 모두 시인에게 소중하게 여겨지는 것들로, '별'의 함축적 의미와 관련이 있다.
③ 이 시는 '어머니'를 기준으로 ㉯에서 ㉰로 시상이 전환되고 있다.
④ ㉰는 이제 더 이상 만날 수 없는 존재들로 시인이 그리워하고 있는 대상들이라는 점에서 그리움의 정서를 환기한다고 볼 수 있다.

04 ⑤　　05 ①　　06 ⑤

어리석은 자의 우직함이 세상을 조금씩 바꿔 갑니다_ 신영복

해제 이 글은 온달 산성을 여행하는 동안 온달 장군과 평강 공주의 삶을 돌아보고, 그들의 삶을 통해 얻을 수 있는 교훈에 대해 글쓴이가 편지 형식으로 독자들에게 전달하고 있는 수필이다. 글쓴이는 대중이 일반적으로 알고 있는 온달 장군 설화에서 온달 장군과 평강 공주의 사랑 이야기에 초점을 두지 않고, 평강 공주와 온달 장군의 삶에서 얻을 수 있는 교훈에 대해 말한다. 당대 민중이 가졌던 주체적이며 평등한 삶을 향한 소망을 읽고 있으며, 경쟁적 능력만을 우선시하는 세태에 대해 비판하고 있다. 글쓴이는 어리석은 사람들의 우직함이 세상을 바꾸는 힘이고, 편안함을 경계해야 하며, 세속적 성취보다는 의지의 실천이 우리의 삶에서 중요함을 말하고 있다.

주제 어리석은 자의 우직함이 지닌 가치

구성
처음: 온달 이야기를 둘러싼 세상 사람들의 다양한 시선
중간: 민중의 소망이 담긴 온달 장군과 평강 공주의 이야기
끝: 어리석은 사람들의 우직함으로 조금씩 변해 가는 세상에 대한 믿음

04 핵심 정보 파악 달 ⑤

이 이야기를 사회 변동기의 사료(史料)로 거론하는 경우가 있으나, 이 이야기가 지배 체제의 붕괴로 인해 신분 이동이 자유로워졌음을 보여 주는 것은 아니다.

오답 피하기 ▶
① 평강 공주의 주체적 삶에는 민중의 소망과 언어가 담겨 있다고 이야기하고 있다.
② 이 이야기는 수많은 사람이 함께 창작하고 그 후 더 많은 사람이 오랜 세월에 걸쳐서 승낙한 이야기로 평가하고 있다.
③ 이 이야기 속에는 완고한 신분의 벽을 뛰어넘어 미천한 출신의 바보 온달을 선택한 평강 공주의 결단과 주체적 삶이 담겨 있다고 평가하고 있다.
④ '바보 온달'이란 별명은 온달의 미천한 출신에 대한 지배 계층의 경멸과 경계심이 만들어 낸 이름이라고 분석되기도 한다고 이야기하고 있다.

05 감상의 적절성 평가 달 ①

이 글의 글쓴이는 '온달 설화'에서 평강 공주의 역할에 주목하고 있으며, 거기에서 교훈을 찾고 있다. 또한 이 이야기를 이데올로기에 매몰된 한 농촌 청년의 이야기로만 보아서도 안 된다고 말하고 있다. 따라서 충절을 지켜 나간 온달의 모습에서 배울 것이 많다고 한 것은 답변의 내용으로 적절하지 않다.

오답 피하기 ▶
② 글쓴이는 '경쟁적 능력'을 다른 사람들의 낙오와 좌절 이후에 얻을 수 있는 비정한 것으로 평가하고 있다.
③ 글쓴이는 어리석은 사람이 지닌 우직함이 세상을 조금씩 나은 방향으로 변화시킬 수 있다고 믿기 때문에 어리석은 사람을 높이 평가하고 있다.

④ 글쓴이가 '편안함'보다 '불편함'을 선택해야 한다고 한 것은, 불편함은 흐르는 강물처럼 그 속에 많은 추억과 희망을 담을 수 있다고 믿기 때문이다.
⑤ 비록 세속적 성취와는 상관이 없는 것이지만 그녀는 '살림'을 통해 남편을 살리고 자신이 지녔던 뜻도 살릴 수 있었다고 생각했기에 글쓴이는 '평강 공주'를 가부장적 한계에 매몰된 인물로 평가하지 않았다.

06 반응의 적절성 평가 달 ⑤

글쓴이는 이 이야기가 실증적 사실이어서가 아니라 당시의 정서를 정확히 담아내고 있다는 점에서 높이 평가하였다. 따라서 역사 속 인물에 대한 평가는 역사적 사실을 기반으로 해야 한다는 것은 이 글을 읽은 독자의 반응으로 적절하지 않다.

오답 피하기 ▶
① 이 글은 '평강 공주'의 삶을 통해 사회적 장벽을 뛰어넘는 주체적인 삶의 소중함을 일깨워 주고 있다.
② 이 글은 청자를 설정해 말을 건네는 형식으로 되어 있어 친근감을 느낄 수 있다.
③ 이 글은 '경쟁적 능력'에 대해 새로운 시각에서 성찰하도록 하고 있다.
④ 이 글은 '어리석은 자의 우직함'을 통해 우직하게 노력하는 삶의 가치를 높이 평가하고 있다.

⑤ 창의적 읽기

내신 대비 평가 01   본문 56~57쪽

| 01 ④ | 02 ① | 03 ⓐ: 반달리즘적, ⓑ: 2 |

도전할 것이 없는 놀이터_ 편해문

해제 이 글은 현재 우리나라 놀이터의 문제점을 진단하고 문제 해결의 필요성과 방향성을 제시한 글이다. 글쓴이는 우리나라의 놀이터가 기능적 놀이 단계에 머물러 있는 경우가 많아 아이들에게 재미없고 지루한 놀이터가 되고 있다고 진단한다. 또한 안전과 규정만을 내세워 오히려 사고의 위험을 높이는 결과를 초래할 수도

있다고 말한다. 어른들은 아이들이 사회적 놀이 단계로 넘어가려고 하면 위험하다고 생각하며 이를 말리기에 급급하지만, 안전은 아이들을 조심스럽게 키워야 보장되는 것이 아니다. 즉 아이들이 위험을 스스로 다룰 수 있을 때 오히려 안전이 보장된다는 것이다. 따라서 글쓴이는 아이들에게 스스로 안전한 방법을 찾을 기회를 주고, 아이들이 진취적인 행동과 긍정적인 사고를 키워 갈 수 있는 놀이터를 만들어야 한다고 주장한다.

주제 진취적인 행동과 긍정적인 사고를 키워 줄 수 있는 놀이터의 필요성

구성
1문단: 기능적 놀이 단계에서 사회적 놀이 단계로 나아가며 더 큰 재미를 느끼는 아이들
2문단: 기능적 단계에 머물러 있는 재미없고 지루한 놀이터
3문단: 안전과 규정만을 내세워 오히려 사고의 위험을 높이는 놀이터
4문단: 위험을 스스로 다룰 수 있어야 보장되는 아이들의 안전
5문단: 진취적인 행동과 긍정적인 사고를 키워 줄 수 있는 놀이터의 필요성

01 구체적 사례에 적용하기   답 ④

놀이터의 놀이 기구가 단순하고 수준이 낮다고 느낄 때, 아이들은 본래 용도와 기능에 맞지 않는 방법으로 놀고 싶은 유혹에 쉽게 빠지게 된다고 했다. 따라서 놀이 기구를 규정에서 벗어난 방법으로 이용하고 싶은 욕구를 자제시킬 수 있는 경고 문구의 개발이 중요한 것이 아니라, 아이들의 호기심을 자극하고 수준에도 맞는 놀이 기구를 만들어 주는 것이 필요한 것이다.

오답 피하기
① 아이들은 다르게 표현하거나 사용하고 싶어 하는 반달리즘의 경향을 보이고, 그들에게는 그것이 놀이이므로 아이들이 지닌 반달리즘의 성향을 고려하여 창의성을 발휘할 수 있는 다양한 놀이 기구를 배치해야 한다.
② 아이들은 기능적 놀이 단계에서 사회적 놀이 단계로 나아가며 더 큰 재미와 흥미를 느끼게 되므로, 놀이터에서 할 수 있는 놀이가 기능적 놀이 단계에 머물지 않도록 유의해야 한다.
③ 놀이터에서 아이들이 진취적인 행동과 긍정적인 사고를 키워 갈 수 있도록 해 주어야 하므로, 아이들이 진취적으로 행동할 수 있도록 기존의 방식에 머물러 있지 않은 즐거운 놀이터를 만들도록 노력해야 한다.
⑤ 도전하는 과정에서 아이들이 겪는 회복 가능한 수준의 작은 부상은 무엇이 위험한 것이고, 그러한 일을 겪지 않으려면 어떻게 조심해야 하는지 아이들 스스로 깨닫게 하는 데에 도움이 된다. 따라서 위험을 원천적으로 봉쇄하려고만 하지 말고 아이들이 스스로 위험한 상황을 관리할 수 있는 능력을 기르는 데 역점

을 두어야 한다.

02 생략된 정보 추론   답 ①

이 문단에서 글쓴이는 놀이가 도전을 의미한다는 명제를 제시하면서 자신의 주장을 펼치고 있다. 안전을 너무 중요하게 생각하여 도전이 없는 놀이터보다는 무엇이 위험한 것이고, 그러한 일을 겪지 않으려면 어떻게 조심해야 하는지를 아이들이 스스로 깨닫게 해 주는 놀이터가 필요하다는 것이다. 따라서 이러한 문맥적 의미를 고려할 때, ㉠에 가장 잘 어울리는 것은 '도전과 모험을 즐길 수 있는'이다.

오답 피하기
② 아이들에게 스스로 안전한 방법을 찾을 기회를 주어야 한다는 것이지, 위험을 마음껏 즐기라는 것은 아니다.
③ 안전하고 편안하게 놀 수 있는 놀이터는 진취적인 행동과 긍정적인 사고를 저해하고 아이들의 즐거움을 빼앗는다.
④ 누구의 간섭도 받지 않을 수 있게 해야 한다는 것은 ㉠의 문맥에 어울리지 않는다.
⑤ 자기에게 맞는 수준의 놀이 기구가 필요한 것이지, 자기의 수준보다 높은 수준의 놀이 기구가 필요한 것은 아니다.

03 정보 간의 관계 파악   답 ⓐ: 반달리즘적, ⓑ: 2

〈보기 1〉은 기존의 질서와 규범에서 벗어나 자신을 다르게 표현하고 싶어 하는 반달리즘의 경향을 보여 주는 사례이다. 따라서 이것은 이와 관련된 내용이 다루어진 2문단에서 뒷받침 사례로 사용할 수 있다.

내신 대비 평가 02   본문 58~59쪽

| 04 ④ | 05 ④ | 06 해설 참조 |

보행 길의 발견과 새로운 삶의 시작_ 조한혜정

해제 이 글은 관계와 마을 공동체의 회복을 중심으로 새로운 삶의 방향을 모색한 글이다. 현재 우리는 초고속 불균형 발전으로 파탄이 난 삶의 질을 회복해야 하는 상황에 직면해 있다. 이에 글쓴이는 일상에서 관계가 살아 있는 삶을 살아 냄으로써 현대의 파편화

되고 적대적인 삶의 위기를 모면할 수 있다고 이야기한다. 동네에서 느린 시간을 보내고, 단골 장소에 머무르며, 느슨하나 지속적인 환대의 관계를 맺어 행복해지기를 바란다. 이웃 간 느슨한 유대가 바로 시민적 공공성을 형성해 내는 바탕이 된다고 보기 때문이다.

주제 관계가 살아 있는 삶의 회복

구성

1문단: 초고속 불균형 발전으로 파탄이 난 삶의 질을 회복해야 하는 상황

2문단: 삶의 위기를 모면하게 해 줄 관계가 살아 있는 삶

3문단: 시민적 공공성을 형성해 내는 데 바탕이 되어 줄 이웃 간의 느슨한 유대

4문단: 작고 소소한 관계들 안에서 시작되는 삶의 회복

04 핵심 정보 파악 　　　　　　　　　　🔲 ④

현대의 파편화되고 적대적인 삶의 위기를 모면할 수 있으려면 관계가 살아 있는 삶을 살아야 하는데, 그것은 작고 소소한 관계 맺음을 통해 가능하다고 이야기하고 있다. 가령 작은 가게의 단골이 되는 것도 그런 관계 맺음의 하나라고 할 수 있을 것이다. 그러나 대형 슈퍼마켓을 유치하면 사람들의 생활이 더욱 편리해질 수 있을지 모르지만, 관계를 맺는 일은 더 어려워질 것이다.

오답 피하기 ▶

① 동네 주민들끼리 반갑게 인사를 나누는 것은 일상적이면서 관계가 살아 있는 삶의 모습이라고 할 수 있다.

② 마을 방송에서 이웃들의 소식을 들을 수 있는 마을은 관계가 살아 있을 때 가능한 것이다.

③ 위급한 상황에 처했을 때 도움을 요청할 이웃이 있으려면 동네 주민들끼리 관계가 원활해야 한다.

⑤ 이웃들끼리 서로 아이들을 보살펴 주고 관심을 가져 준다는 것은 관계가 살아 있음을 입증하는 것이다.

05 생략된 정보 추론 　　　　　　　　　　🔲 ④

글쓴이는 느슨한 유대가 바로 시민적 공공성을 형성해 내는 바탕이 된다고 믿고 있다. 따라서 느슨한 유대를 극복하고 긴밀한 관계로 바뀌어야 한다는 생각은 글쓴이의 생각과는 거리가 있다.

오답 피하기 ▶

① 글쓴이가 강조한 '관계적인 삶'은 갑자기 재해나 재난에 처하게 되었을 때 서로 의지할 곳이 있다는 것을 의미하는 것이기도 하다.

② 글쓴이는 이웃과 더불어 상부상조하는 삶이 시민적 공공성을 형성해 내는 바탕이 된다고 하였다.

③ 글쓴이는 잃어버린 이웃과의 관계가 회복되어 관계가 살아 있는 삶을 추구해야 한다고 보고 있다.

⑤ 글쓴이는 동네를 걸어 다니면서 정을 붙이는 것이 우리 안에 사회를 회복하고 사회적 감각을 회복하는 시작점이라고 했다.

06 구체적 사례에 적용하기

🔲 '구자명 씨'가 겪고 있는 어려움을 개인의 문제로만 보지 말고, 공감 속에서 서로 작은 도움이라도 나눌 수 있도록 노력해야 한다.

글쓴이에 따르면 아이를 낳고 키우며 나이 들어 병들고 죽어 가는 인간의 삶은 가족을 이루고 이웃과 더불어 상부상조하는 삶에서 시작한다. 이때 이웃 간 느슨한 유대가 바로 시민적 공공성을 형성해 내는 바탕이 되어 우리 모두를 행복하게 해 준다는 것이다. 구자명 씨가 겪고 있는 어려움도 이러한 인간의 삶에 동반하는 것들이다. 따라서 우리는 그가 겪고 있는 어려움을 개인의 문제로만 보지 말고, 공감 속에서 서로 작은 도움이라도 나눌 수 있는 관계를 형성하도록 노력해야 한다.

단원 평가 　　　　　　　　　　　　　　본문 60~69쪽

01 ③	02 ④	03 해설 참조	04 ③
05 ⑤	06 해설 참조	07 ①	08 ③
09 해설 참조	10 ④	11 ④	12 해설 참조
13 ④	14 ②	15 해설 참조	

[01~03] 한옥의 '통'의 원리

해제 이 글은 한옥이 '통'의 원리를 바탕으로 집 안 가득 시원한 바람이 순환할 수 있도록 지은 친자연 건축물임을 설명하고 있다. 한옥은 거시 기후에 맞춰 집 안에 '바람길'을 내기 위해 남동풍이 부는 남동향으로 지었다. 또한 미시 기후를 활용하여 마당을 비우고 복사와 대류의 원리를 통해 안마당에 찬 공기주머니를 만들도록 했다. 이렇게 지은 한옥은 집 자체가 거대한 순환 덩어리라고 설명하고 있다.

주제 자연의 원리를 최대한 활용하여 지은 한옥

구성

1문단: '통'의 개념과 원리

2문단: 거시 기후를 고려한 한옥의 방위

3문단: 미시 기후를 활용한 한옥의 '바람길'

4문단: 자연의 원리를 최대한 활용한 한옥

01 세부 정보 파악   답 ③

3문단에서 '미시 기후란 숲과 산세, 지세와 물길 등 각 집의 주변을 둘러싼 개별적 상황에 따라 나타나는 구체적인 기후 현상이다. 도시에서는 도로나 빌딩 같은 것도 미시 기후를 결정하는 중요한 요소다.'라고 설명하고 있다.

오답 피하기 ▶

① 3문단의 '한옥을 숲 앞에 짓는 이유인데 보통 소나무 숲을 선호한다. 배산임수의 원리이기도 하다.'에서 확인할 수 있다.
② 2문단의 '한옥에서는 바람이 절실히 필요한 여름에 바람이 부는 방위에 맞춰 바람길을 냈다. 바람길은 시원하고 통 크게 나 있다. 방위를 기준으로 하면 거시 기후에서는 남동풍이 부는 남동향이 된다. 한옥이 남향인 또 다른 중요한 이유다. 남향은 일차적으로는 햇빛을 잘 받기 위한 것이지만 한반도의 거시 기후에서는 여름에 시원한 바람을 불러들이는 데에도 유리하다.'에서 확인할 수 있다.
④ 2문단의 '거시 기후는 계절 같은 큰 시간 단위를 기준으로 한반도 전체에 걸쳐서 나타나는 기후 현상을 말한다.'에서 확인할 수 있다.
⑤ 2문단의 '한옥은 '통'의 원리를 잘 지키는 건강한 집이다.'와 4문단의 '한옥은 집 자체가 거대한 순환 덩어리다. 창을 다 열면 구멍 숭숭 뚫린 치즈 덩어리처럼 온통 구멍 천지가 된다. 이 구멍은 모두 바람길이 된다. 바람이 다닐 수 있는 곳에는 모두 길을 낸 셈이다.'에서 확인할 수 있다.

02 구체적 상황에 적용하기   답 ④

'진공을 채우기 위해서 바람이 불어온다. 대류의 원리다. 이때 바람은 소나무 숲에서 나오는 찬바람이 대청 뒤에서 불어오는 것이다.'라고 했으므로 ⓒ을 통해 들어온 바람이 ㉠에 찬 공기주머니를 만든다고 할 수 있다.

오답 피하기 ▶

① '한옥의 안채 안마당은 폭에 비해 지붕 처마가 많이 돌출했기 때문에 공기가 위로 올라가는 것을 막아서 대청 뒤에서 부는 찬바람을 오래 머물게 하는 작용을 하여 찬 공기주머니가 마당에 만들어지게 한다.'를 통해 이해할 수 있다.
② '구체적인 방법은 마당을 비워서 복사와 대류의 원리를 작동하게 만들어 안마당에 찬 공기주머니를 만드는 것이다. 마당의 공기가 열을 받아 더워지면 위로 올라가서 그 자리에 진공 상태가 만들어진다. 복사열의 원리다.'를 통해 이해할 수 있다.
③ '진공을 채우기 위해서 바람이 불어온다. 대류의 원리다.'를

통해 이해할 수 있다.
⑤ '이때 바람은 소나무 숲에서 나오는 찬바람이 대청 뒤에서 불어오는 것이다.'를 통해 이해할 수 있다.

03 생략된 정보 추론

답 복사와 대류의 원리로 안마당에 찬 공기주머니를 만드는 작용이 원활하게 이루어지도록 하기 위해서이다. 잔디를 심으면 잔디가 열과 습기를 머금고 있어서 복사와 대류를 방해하고 습해지기까지 하고, 꽃나무는 더워진 바람이 위로 올라가는 것을 방해하고 바람길에도 방해가 되기 때문이다.
3문단의 '한옥의 마당은 흙바닥으로 그냥 놔둔다. 잔디를 심으면 잔디가 열과 습기를 머금고 있어서 복사와 대류를 방해하고 습해지기까지 하고, 꽃나무는 더워진 바람이 위로 올라가는 것을 방해하고 바람길에도 방해가 되기 때문이다.'에서 이유를 찾을 수 있다.

[04~06] 공공재와 무임승차

해제 이 글은 게임 실험을 통해 사람들이 항상 공동체의 이익을 무시하고 개인적 이익만 취하려고 하지는 않는다는 점을 설명하고 있다. 여러 사람이 공동으로 소비하는 공공재는 생산에 참여하지 않아도 그 혜택을 누릴 수 있다는 점에서 사람들이 언제나 무임승차를 할 것이라고 생각할 수 있지만 실제로 그런지 단정할 수 없다. 게임 실험으로 이를 확인한 결과 사람들은 무임승차를 할 수 있는 상황에서도 40~60% 정도는 무임승차를 선택하지 않은 것으로 나타났다. 이 실험을 통해 사람들은 항상 이기적으로만 행동하지는 않는다고 볼 수 있고, 이를 토대로 기존의 경제 이론이나 경제 정책도 새로운 시각에서 검토해 볼 필요가 있다.
주제 공공재와 관련된 무임승차 상황에서 벌어지는 사람들의 선택
구성
1문단: 공공재의 개념과 특성
2문단: 무임승차 상황에서 이루어지는 사람들의 선택에 대한 의문
3문단: 의문에 대한 답을 얻기 위한 게임 실험
4문단: 게임 실험의 내용
5문단: 게임 실험의 결과와 그 결과에 대한 해석

04 핵심 정보 파악   답 ③

1문단에서 '국방 서비스를 생산, 공급하는 민간 부문의 기업이 존재할 수 없다는 것이 그 좋은 예이다.'라고 했지만, 이는 '국방

서비스'라는 공공재에 한정된 설명이므로 이를 토대로 공공재를 생산하고 공급하는 민간 기업이 존재할 수 없다고 단정할 수 없다. '일부 공공재는 민간 부문에서 운영하기도 하지만'이라고 한 부분에서도 확인할 수 있다.

오답 피하기 ▶

①, ② 1문단의 '도로나 공원처럼 여러 사람이 공동으로 소비하는 것을 공공재라고 부른다.'에서 확인할 수 있다.
④, ⑤ 1문단의 '그런데 이 공공재는 어떤 사람이 비용을 들여 공공재를 생산하면 아무 비용을 지불하지 않은 사람도 그 혜택을 누릴 수 있게 된다는 독특한 성격이 있어 이익을 추구하는 주체들이 모인 시장은 공공재를 생산해 공급하는 일을 제대로 감당하지 못한다.', '대부분의 경우에는 정부가 그것을 생산, 공급하는 일을 맡고 있다.'에서 확인할 수 있다.

05 구체적 사례에 적용하기   답 ⑤

2문단에서 '무임승차를 한다는 것은 자기가 속한 공동체의 이익을 무시하고 개인적 이익만 취하려는 행동을 한다는 뜻이다. 완벽하게 합리적이고 이기적인 사람이라면 당연히 이런 이기적 행동을 하게 된다. 그러나 무임승차를 할 수 있는 상황이라 해서 사람들이 정말로 그렇게 할 것이라고 단정하기는 힘들다.'라고 하면서 이를 증명하기 위해 실시한 게임 실험에 대한 결과를 토대로 결론을 추론하고 있다. 만약 사람들이 완벽하게 이기적이고 합리적이라면 흰색 상자에 모든 표를 넣어서 개인의 이익을 최대한 추구하려고 했을 것이다. 하지만 게임 결과를 보면 그렇게 하지 않았으므로 사람들은 완벽하게 합리적이지도 않고 이기적이지도 않다는 결론을 내리는 것이 적절하다.

오답 피하기 ▶

① 2문단에서 '무임승차를 할 수 있는 상황이라 해서 사람들이 정말로 그렇게 할 것이라고 단정하기는 힘들다.'라고 하면서 이에 대한 답을 얻기 위한 게임이라고 한 내용에서 이끌어 낼 수 있는 내용이다.
② 3문단의 '어떤 사람이 표 1장을 흰색 상자에 넣으면 실험이 끝난 후 1,000원을 받게 된다. 반면에 표 1장을 푸른색 상자에 넣으면 그 집단에 속하는 모든 사람이 500원씩 받게 된다.'를 바탕으로 정리할 수 있다.
③ 5문단의 '평균적으로 자신이 갖고 있는 표의 40%에서 60%에 이르는 부분을 푸른색 상자에 넣는 것으로 드러났다.'를 바탕으로 정리할 수 있다.
④ 5문단의 '무임승차를 할 수 있는 상황임을 알면서도 갖고 있

는 표의 거의 절반을 공공재 생산 비용에 자발적으로 기여한 셈이다.'를 바탕으로 정리할 수 있다.

06 세부 정보 추론

만약 모든 사람이 자신이 가진 표를 전부 흰색 상자에 넣으면 1인당 5만 원씩 얻게 되고, 이때 그 집단 전체가 얻는 돈은 50만 원이 된다. 하지만 모든 사람이 자신이 가진 표를 전부 푸른색 상자에 넣으면 각자 25만 원씩 얻을 수 있고, 집단 전체가 얻는 돈은 250만 원이 된다. 즉 모든 사람이 공공재 생산 비용을 자발적으로 부담하면 이들이 얻는 이득이 다섯 배로 늘어나기 때문이다.
3문단의 '어떤 사람이 표 1장을 흰색 상자에 넣으면 실험이 끝난 후 1,000원을 받게 된다. 반면에 표 1장을 푸른색 상자에 넣으면 그 집단에 속하는 모든 사람이 500원씩 받게 된다.'를 토대로 이유를 추론할 수 있다.

[07~09] 윤리적 소비의 효과

해제 이 글은 윤리적 소비의 개념을 소개하고 윤리적 소비로 인한 혜택이 항상 생산자에게 돌아가지 않을 수도 있음을 제시한 후, '도덕적 허가' 효과로 인해 윤리적 소비가 부정적으로 작용할 수도 있음을 경계하고 있다. 윤리적 소비는 노동자들이 공정한 대우를 받도록 상품을 웃돈을 지불하여 구입하여 세상을 바꾸려는 운동이다. 윤리적 소비의 대표적인 것으로 '공정 무역'을 들 수 있다. 공정 무역은 가난한 나라의 노동자에게 더 높은 임금을 보장해 주도록 하는 것이지만 실질적으로 가난한 나라의 노동자에게 그 혜택이 돌아가지 않을 수도 있다. 또한 착한 일을 한 번 하고 나면 이후에 선행을 덜 실천하는 것으로 보상받으려는 '도덕적 허가' 효과로 인해 공정 무역 제품을 구입하고 그보다 더 효율적인 선행에는 소홀히 할 수도 있다.

주제 윤리적 소비에 의해 발생할 수 있는 부정적인 상황의 인식

구성

1문단: 윤리적 소비의 개념과 효용성에 대한 의문
2문단: 저임금 노동 착취 공장 제품의 불매 운동의 부작용
3문단: 공정 무역 인증 제도의 실질적인 효율성에 대한 의문
4문단: '도덕적 허가' 효과에 대한 경계

07 세부 정보 파악   답 ①

3문단에서 '공정 무역 인증 기준은 상당히 까다롭기 때문에 가난한 나라의 농부들은 이 기준을 충족시키기 어렵다. 그래서 공정

무역 커피 산지 대부분은 상대적으로 부유한 나라들이기 때문에 상대적으로 부유한 나라의 공정 무역 제품을 구입하는 것보다 최빈국의 비공정 무역 상품을 사는 게 더 효율적일 수 있다.'라고 설명하고 있다.

오답 피하기 ▶

② 4문단의 '윤리적 소비 물결이 오히려 해로울 수도 있다고 생각할 만한 이유는 바로 심리학자들이 말하는 '도덕적 허가' 효과 때문이다.', '가령 다른 사람에게 공정 무역 제품을 구입하라고 권했더니 그보다 효율적인 선행에는 정작 시간과 돈을 덜 쓰게 만드는 결과로 이어진다면 공정 무역 제품 구매를 장려하는 일 자체가 해로울 수 있는 것이다.'에서 확인할 수 있다.
③ 3문단의 '공정 무역 제품이라는 이유로 소비자가 추가로 지불한 돈 중 실제로 농부들의 수중에 떨어지는 건 극히 일부다. 나머지는 중개인이 갖는다.'에서 확인할 수 있다.
④ 3문단의 '공정 무역 인증 상표가 처음 등장한 1988년 이후로 공정 무역 상품 수요는 급격히 증가하고'에서 확인할 수 있다.
⑤ 2문단의 '열악한 노동 환경을 그냥 두고 볼 수 없어 이곳에서 생산된 제품의 불매 운동을 전개하는 단체들이 제법 있지만 노동 착취 공장 제품을 사지 않는 건 해결책이 되지 않는다. 노동 착취 공장이 경제적 압력에 굴복해 문을 닫으면 기존 노동자들은 더 나은 일자리를 얻는 것이 아니라 더 형편없는 일자리로 옮기거나 심지어 실직자가 되는 경우도 부지기수이기 때문이다.'에서 확인할 수 있다.

08 다른 상황에 적용하기 답 ③

3문단에서 '공정 무역 인증서는 최저 임금 지급, 구체적인 안전 요건 준수 등 일정한 기준을 충족시킨 생산자에게만 부여된다.'라고 했으므로 가격이 비싼 이유가 최저 임금 보장 등에 있다고 볼 수 있다.

오답 피하기 ▶

① 1문단의 '윤리적 소비란 공정한 대우를 받는 노동자들이 생산한 상품을 웃돈을 지불하고 구입함으로써 구매력을 무기 삼아 세상을 바꾸는 운동이다.'와 〈보기〉의 '시민들의 윤리적 소비에 대한 인식을 높이기 위해'에서 확인할 수 있다.
② 3문단의 '공정 무역 제품을 구입한다고 해서 무조건 가난한 나라의 빈곤층에게 수익이 돌아가는 건 아니다.', '공정 무역 제품이라는 이유로 소비자가 추가로 지불한 돈 중 실제로 농부들의 수중에 떨어지는 건 극히 일부다.'와 〈보기〉의 '공정 무역 자판기에서 판매되는 제품에는 제품 원료의 생산지와 생산자에게

돌아가는 혜택이 함께 소개되어 있고'를 통해 확인할 수 있다.
④ 4문단의 '공정 무역 제품 구매를 장려하는 일 자체가 해로울 수 있는 것이다.'와 〈보기〉의 '공정 무역의 의미와 제품을 더 많이 알릴 수 있도록 노력하겠다.'를 통해 확인할 수 있다.
⑤ 〈보기〉의 '아동 노예 노동 금지를 비롯해 생산자와 여성 인권 보호를 지향하는'에서 확인할 수 있지만, 이 글에는 이와 관련된 언급이 없다.

09 세부 내용 추론

답 공정 무역 제품을 비싸게 사는 것보다 비용 효율성이 높은 자선 단체에 기부한다. / 가난한 나라의 절대 빈곤층을 지원하는 단체에 기부한다.
3문단의 '이러한 연구 결과는 차라리 더 저렴한 상품을 사고 그렇게 절약한 돈을 비용 효율성이 높은 자선 단체에 기부하는 게 낫다는 점을 보여 준다.'를 바탕으로 추론할 수 있다.

[10~12] 신생

해제 이 글은 현기영의 「신생」이라는 글로, 봄에 떠오르는 노란 봄 병아리를 통해 봄의 강인한 생명력에 대한 깨달음을 전하는 수필이다. 봄에 태어난 노랑 병아리는 신생의 봄과 가장 잘 어울린다. 봄에 얼음장들이 균열하면서 내는 소리는 알 속의 병아리가 세상 밖으로 나오려고 여린 부리로 껍데기를 깨면서 내는 소리와 흡사하다. 자신이 안주해 왔던 한 세계를 깨는 두려움을 극복한 자만이 더 넓은 세계를 획득할 수 있는 것처럼 봄에 태어나는 모든 생명이 이러한 강인한 생명력을 지니고 있는 것이다.
주제 봄에 느끼는 강인한 생명력
구성
처음: 봄에 먼저 생각나는 노란 봄 병아리
중간: 알을 깨고 태어나는 강인한 생명력을 지닌 봄 병아리
끝: 노란 빛깔을 통해 느끼는 신생의 이미지

10 내용 전개 방식 파악 답 ④

어미 닭의 행동을 보고 어머니와의 추억을 떠올리고 있으므로 적절하지 않다.

오답 피하기 ▶

① '병아리뿐만 아니라 모든 태어나는 것들의 생명력이 그렇다. 여린 새싹이 어떻게 저 딱딱하게 굳은 땅을 뚫고 솟아오르는지 정말 불가사의하다.'에서 확인할 수 있다.

② '서리병아리라고 해서 가을에도 병아리가 있긴 했지만, 모습이 추레하고 병에 잘 걸렸던 것 같다. 콧병 들어 비슬비슬 졸고 있는 병아리처럼 애처로운 모습도 없으리라.', '서리병아리와 달리, 새봄과 더불어 탄생하는 봄 병아리는 아름답고 튼튼하다.'에서 확인할 수 있다.

③ '헤르만 헤세는 그의 아름다운 소설 「데미안」에서 이렇게 말했다. "새는 알을 깨고 나온다. 알은 세계다. 태어나려는 자는 하나의 세계를 파괴하지 않으면 안 된다." 자신이 안주해 왔던 한 세계를 깨는 두려움을 극복한 자만이 더 넓은 세계를 획득할 수 있다는 뜻이다.'에서 확인할 수 있다.

⑤ '무릇 신생의 첫 빛깔이 가녀린 노란색인 것도 흥미롭다. 봄의 햇살도 그렇고, 초목의 새싹·햇순·속잎도 처음에는 노란색에 가까운 연두색이다.'에서 확인할 수 있다.

11 감상의 적절성 평가 답 ④

〈보기〉에서는 '이러한 봄을 40번이나 누린다는 것은 적은 축복은 아니다. 더구나 봄이 40이 넘은 사람에게도 온다는 것은 참으로 다행한 것이다.'라고 하며 봄을 맞이할 수 있는 것에 대한 감사함을 드러내고 있지만, 이 글에서는 이러한 내용이 드러나 있지 않다.

▶ 오답 피하기 ▶

① '이렇게 언 땅 위에 겨우내 시르죽어 있던 햇빛이 노란색으로 되살아나기 시작하면 나는 으레 골목 안에서 어린이들이 뛰노는 시끌짝한 소리와 함께 노란 털북숭이 봄 병아리가 생각나곤 하는데, 그것은 바로 그 아름다운 신생의 이미지 때문이다.'와 〈보기〉의 '봄이 올 때면 젊음이 다시 오는 것 같다.'를 통해 확인할 수 있다.

② '신생의 봄과 가장 어울리기는 역시 노랑 병아리일 것이다.'와 〈보기〉의 '민들레와 바이올렛이 피고, 진달래·개나리가 피고, 복숭아꽃·살구꽃, 그리고 라일락·사향 장미가 연달아 피는 봄'을 통해 확인할 수 있다.

③ '나의 어린 시절을 생각해 보면, 서리병아리라고 해서 가을에도 병아리가 있긴 했지만, 모습이 추레하고 병에 잘 걸렸던 것 같다. 콧병 들어 비슬비슬 졸고 있는 병아리처럼 애처로운 모습도 없으리라. 그런 것들을 어떻게든 살려 보려고 꽁무니에다 입김을 불어넣던 어머니의 낭패스러운 모습이 눈에 선하다.'에서 어린 시절의 추억을 떠올리고 있지만, 〈보기〉에는 이러한 내용이 없다.

⑤ '언 대지를 녹이는 봄기운이 초목의 싹을 틔우고, 얼었던 강이 풀리기 시작하면, 돌 맞은 유리창처럼, 두꺼운 얼음판 위에 방사

선 모양의 길고 날카로운 빗금의 균열들이 여기저기 생기고, 강가에는 빙열(氷裂) 현상이 일어난다. 얼음장들이 자글자글 낮은 소리를 내며 그물처럼 수많은 균열을 만들어 내는데, 그 자글거리는 소리가 어미 닭의 오랜 포란(抱卵)의 인고가 끝나고 십여 개의 달걀들이 부화할 때, 알 속의 병아리가 세상 밖으로 나오려고 여린 부리로 껍데기를 깨면서 어미를 부르는 낮은 울음소리와 흡사하다.'에서 봄의 시작을 시각적 이미지와 청각적 이미지를 통해 구체화하고 있음을 확인할 수 있지만 〈보기〉에는 이와 같이 봄의 시작을 묘사하는 내용이 없다.

12 핵심 정보 파악

답 더 크고 넓은 세계로 나아가기 위해서는 그동안 안주했던 자신의 세계를 깨뜨릴 수 있는 용기와 의지를 지녀야 한다.

'자신이 안주해 왔던 한 세계를 깨는 두려움을 극복한 자만이 더 넓은 세계를 획득할 수 있다는 뜻이다. 딱딱한 알껍데기를 연약한 부리로 깨뜨리는 그 힘이 놀랍다. 병아리뿐만 아니라 모든 태어나는 것들의 생명력이 그렇다. 여린 새싹이 어떻게 저 딱딱하게 굳은 땅을 뚫고 솟아오르는지 정말 불가사의하다. 무력해 보이는 것 속에 상상하기 어려운 강인한 생명력이 있는 것이다.'를 바탕으로 추론할 수 있다.

[13~15] 도시 생태계의 회복

> 해제 이 글은 도시를 생태계에 비유하면서 도시 생태계가 지속되려면 낡고 오래된 것을 잘 살릴 수 있어야 한다고 주장하는 글이다. 도시가 건강하게 지속 가능하려면 비싼 집, 새 집, 큰 집만 있으면 안 되고 싼 집, 헌 집, 작은 집이 함께 있어야 한다. 오래된 것을 되살리는 일이 새로 짓는 것보다 더 어렵지만, 건강하게 지속 가능한 도시를 만들기 위해서는 필요한 일이다.
> 주제 오래된 것을 되살려 만드는 건강하고 지속 가능한 도시 생태계
> 구성
> 1문단: '리비히의 법칙'의 개념과 지속 가능한 도시 생태계의 요건
> 2문단: '비아뒤크 데자르'의 사례
> 3문단: 미국과 유럽 도시의 공통적인 트렌드인 '되살리기'
> 4문단: '호스텔 첼리치'의 사례
> 5문단: 오래된 것을 되살리는 것에 담긴 의의

정답과 해설

13 내용 전개 방식 파악   🖪 ④

이 글에 대조적인 상황을 제시한 부분은 나타나지 않다.

오답 피하기 ▶

① 2문단에서 '비아뒤크 데자르'의 사례를, 4문단에서 '호스텔 첼리치'의 사례를 제시하고 있다.

② 1문단의 "리비히의 법칙'이란 게 있다. 식물이 성장하는 데 필요한 필수 영양소 가운데 성장을 좌우하는 것은 넘치는 요소가 아니라 가장 부족한 요소라는 이론이다.', '생태계의 삶과 지속 가능성에도 리비히의 법칙은 그대로 적용된다. 우리가 살아가는 생태계의 지속 가능성은 최하위 존재에 달려 있다.', '도시 생태계의 바탕을 이루고 있는 하위 존재들도 먹고살아야 한다.'에서 확인할 수 있다.

③ 1문단의 "리비히의 법칙'이란 게 있다. 식물이 성장하는 데 필요한 필수 영양소 가운데 성장을 좌우하는 것은 넘치는 요소가 아니라 가장 부족한 요소라는 이론이다. 독일의 식물학자 유스투스 리비히가 1840년에 주장했고, 다른 말로 '최소량의 법칙'이라 부른다.'에서 확인할 수 있다.

⑤ 3문단의 '미국의 도시학자 제인 제이콥스가 강조한 도시의 생명력과 다양성은, 이른바 우리가 살고 있는 도시도 생태계와 같으니 물건 다루듯 하지 말고, 도시 생태계를 좀 더 깊이 이해해야 한다는 의미일 것이다.'에서 확인할 수 있다.

14 구체적 상황에 적용하기   🖪 ②

3문단에서 '낡은 집이나 오래된 건물을 무조건 철거하지 말고 잘 살려서 오래 쓰라는 얘기이기도 할 것이다.'라고 했고, 5문단에서 '오래된 건물과 장소를 없애고 새로 짓는 것은 어렵지 않다. 누구나 할 수 있는 일이다. 아무나 할 수 없는, 진짜 어려운 일은 오래된 것을 되살리는 일이다.'라고 했으므로 낡은 집이 있던 곳에 체육관을 새로 짓는 것은 적절한 대책으로 보기 어렵다.

오답 피하기 ▶

① 빈집들을 수리해서 임대하는 것은 낡은 집이나 오래된 건물을 무조건 철거하지 말고 잘 살려서 오래 쓰는 방법에 해당한다고 볼 수 있다.

③ 마을의 역사를 기록해 놓은 '박물관'으로 만들어 보존하는 것은 낡은 집이나 오래된 건물을 무조건 철거하지 말고 잘 살려서 오래 쓰는 방법에 해당한다고 볼 수 있다.

④ 기찻길을 따라 산책로를 만들어 '공원'으로 조성하는 것은 낡은 집이나 오래된 건물을 무조건 철거하지 말고 잘 살려서 오래 쓰는 방법에 해당한다고 볼 수 있다.

⑤ 한옥의 형태를 유지하여 '마을 카페'로 운영하는 것은 낡은 집이나 오래된 건물을 무조건 철거하지 말고 잘 살려서 오래 쓰는 방법에 해당한다고 볼 수 있다.

15 세부 정보 추론

🖪 ⊙은 고가 철도의 폐선 부지를 예술의 거리로 탈바꿈시킨 것이고, ⓒ은 감옥과 군부대 시설을 청년들을 위한 문화 공간과 호텔로 바꾼 것이다. 이들은 낡은 집이나 오래된 건물을 철거하지 않고 잘 살려서 새로운 경제적 가치를 창출하고, 도시의 가치를 상승시켰다는 점에서 그 의의가 있다.

5문단의 '오래된 건물과 장소를 없애고 새로 짓는 것은 어렵지 않다. 누구나 할 수 있는 일이다. 아무나 할 수 없는, 진짜 어려운 일은 오래된 것을 되살리는 일이다. 그것이 진정한 건축이고 참한 도시 설계다. 지혜와 사랑하는 마음 그리고 섬세한 손길이 있어야 가능한 일이다.'를 통해 추론할 수 있다.

Ⅲ. 독서의 분야

 1 인문·예술 분야의 글 읽기

내신 대비 평가 ⑴

본문 74~75쪽

01 ①　　02 ④　　03 ②

미완의 비장미, 윤두서의 〈자화상〉_ 오주석

해제 이 글은 윤두서의 그림인 〈자화상〉에 대해 서술하고 있다. 글쓴이는 〈자화상〉에 대한 첫인상에서 출발하여 〈자화상〉이 미완성작인 이유를 설명하고 있다. 귀, 목, 상체가 없는 〈자화상〉의 특징을 보며 미완성작으로 추측한 후, 옛 사진 속에 담긴 〈자화상〉의 모습을 통해 과거의 실제 그림에서는 몸 부분이 선명하게 그려져 있다는 것을 확인한다. 그리고 첫인상의 강한 느낌은 유탄으로 그린 상반신의 윤곽선이 지워졌기 때문이라는 사실을 밝히고 있다. 그러나 글쓴이는 〈자화상〉이 비록 미완성작이지만 예술성을 지닌 작품이라고 평가하고 있다.

주제 미완성작인 윤두서의 〈자화상〉에 담긴 예술성

구성
1문단: 윤두서의 〈자화상〉의 첫인상
2문단: 윤두서의 〈자화상〉에 나타난 특징
3문단: 옛 사진 속 〈자화상〉의 모습
4문단: 〈자화상〉의 상반신 윤곽선이 지워진 이유
5문단: 미완성작인 〈자화상〉에 담긴 예술성

01 생략된 정보 추론　　답 ①

4문단에서 유탄은 점착력이 약하여 쉽게 지워지는 특성이 있고, 〈자화상〉의 현재 모습은 미처 먹선을 그리지 못한 채로 유탄이 지워진 상태라고 언급하고 있으므로 ①은 심화 탐구 주제로 적절하지 않다.

오답 피하기 ▶

② 5문단에서 윤두서의 〈자화상〉은 미완성작이지만 예술성이 있는 작품이라고 하였으므로 이와 유사한 다른 작품이 무엇이 있는지 생각해 볼 수 있다.
③ 2문단에서 사대부들이 신체를 생략한 그림을 그리는 것은 당시의 윤리 도덕에 어긋난 것이라고 했지만 그 이유는 설명하지 않았으므로 적절한 질문이다.

④ 글쓴이는 5문단에서 윤두서가 작품의 완전성을 감지하고 이를 미완성 상태로 놓아 두었다고 했지만 완전성의 구체적인 내용에 대해서는 설명하지 않았으므로 적절한 질문이다.
⑤ 옛 사진에서 현재의 모습과 다른 부분을 찾았으므로 더 이전의 자료를 확인해 보면 또 다른 부분을 찾을 수 있을 것이라고 추측할 수 있다.

02 구체적 상황에 적용하기　　답 ④

3문단에서 옛 사진 속의 〈자화상〉에도 귀가 없다고 밝히고 있고 이는 〈보기〉의 그림에서도 확인할 수 있다. 또한 4문단과 5문단에서는 〈자화상〉의 현재 모습과 옛 사진 속의 모습을 비교하면서 〈자화상〉이 작가의 의도적인 결과물이 아니라 미완성작임을 말하고 있다.

오답 피하기 ▶

① 4문단에서 유탄으로 그린 부분이 지워졌다고 말하고 있고, 〈보기〉에서는 유탄으로 그린 부분이 지워지기 전의 모습에 대해 따뜻해 보인다고 언급하고 있다.
② 2문단과 3문단에서 현재의 〈자화상〉은 상반신이 없어서 머리가 허공에 떠 있는 느낌을 준다고 하였으나, 〈보기〉의 옛 사진 속의 모습과 글을 보면 상반신의 모습이 이와 다름을 알 수 있다.
③ 〈자화상〉의 현재 모습은 귀와 상반신이 없고 강한 인상을 주고 있기 때문에 2문단에서 언급한 것처럼 당시 사대부들의 사상에 어긋나는 것이지만, 〈보기〉의 설명을 보면 옛 사진 속의 〈자화상〉은 중용의 미감을 지킨 작품으로서 성리학의 정신에 걸맞은 것임을 알 수 있다.
⑤ 〈보기〉에서 말하는 기품 있는 선은 4문단에서 언급한 유탄으로 그린 스케치 부분이다.

03 세부 정보 파악　　답 ②

글쓴이는 2문단에서 조선 시대 사대부들이 추구하는 윤리 도덕에 근거하면 귀를 떼어 내고 신체를 생략한 그림을 그린다는 것은 사대부가 절대 할 수 있는 일이 아니라고 말하고 있다. 이처럼 〈자화상〉이 조선 시대 사대부들의 일반적 그림과 다른 데 대해 의문을 가지고 근거를 제시하여 이 작품이 의도한 결과물이 아니라 미완성작임을 확인하고 있다.

오답 피하기 ▶

① 1문단에서 글쓴이는 〈자화상〉을 보면서 섬찟한 공포감을 느끼고 있다.

③ 4문단에 〈자화상〉의 스케치를 할 때 유탄을 사용했다고 언급하면서 유탄의 특징을 말하고 있지만 장단점을 분석하거나 비판하고 있지는 않다.
④ 2문단에 〈자화상〉은 신체를 중시한 당시의 윤리 도덕에 맞지 않게 귀와 목, 상체가 생략되어 있다고 언급되어 있다.
⑤ 5문단에서 글쓴이는 〈자화상〉이 미완성작이지만 예술성은 뛰어나다고 이야기하고 있다.

내신 대비 평가 ②

본문 76~77쪽

04 ⑤　　**05** ④　　**06** ⑤

로봇에게도 인권이 있을까_ 김용석

해제 이 글은 인간과 로봇과의 관계에 대해 이야기하고 있다. 로봇의 진화 방향은 인간을 닮아 가는 것이기 때문에 로봇의 인간적 위상과 권리를 얼마나 인정할 것인지에 대해 생각할 필요가 있다고 이야기하고 있다. 아이작 애시모브의 '로봇 공학 3원칙'은 해석의 문제가 있다고 언급하면서, 인간이 로봇을 완벽히 통제하는 것은 불가능하다고 말한다. 따라서 인간과 로봇의 관계는 통제가 아니라 자율과 평등의 원칙으로 해결해야 한다는 것을 이야기하고 있다.

주제 인간과 로봇과의 관계 정립의 필요성

구성
1문단: 피노키오 이야기에서 생각해 볼 수 있는 로봇 공학의 과제
2문단: 로봇 공학에서 생길 수 있는 문제
3문단: 아이작 애시모브의 '로봇 공학 3원칙'
4문단: 로봇에 대한 완벽한 통제의 어려움
5문단: 미래의 인간과 로봇과의 관계의 방향

04 내용 전개 방식 파악

답 ⑤

글쓴이는 2문단에서 로봇의 진화 방향이 '인간되기'라는 것을 언급하면서 이것은 로봇에게 인간적 위상과 권리를 어느 만큼 인정해야 할 것인가 하는 문제를 야기할 수 있다고 말하고 있다. 하지만 상반된 두 관점을 절충하는 부분은 드러나지 않는다.

오답 피하기

① 1문단에서 피노키오 이야기를 인간과 로봇의 관계와 관련하여 재해석하고 있다.
② 2문단에서 로드니 브룩스의 견해를 활용하여 로봇에 대한 철학적 접근이 필요하다고 말하고 있다.

③ 5문단에서 로봇의 인권을 말하는 것이 일상이 될 수도 있다고 예측하며 로봇을 받아들일 준비가 되어 있어야 한다고 말하고 있다.
④ 4문단에서 종교의 경우를 사례로 들어 창조 행위에는 조물주의 통제를 벗어나는 영역이 있다고 말하고 있다.

05 구체적 상황에 적용하기

답 ④

로봇 공학 3원칙에 따르면 로봇은 인간을 위해서 존재하는 것이고 로봇은 인간의 명령에 복종해야 한다. 마틴이 데이비드를 장난감처럼 대하는 것은 이와 같은 생각에 기반한 것으로 볼 수 있다. 〈보기〉에서 마틴이 데이비드에게 두려움을 느끼는 부분은 찾아볼 수 없다.

오답 피하기

① 데이비드는 인간의 외형과 똑같고 인간의 감정을 그대로 느끼고 있으므로 '인간되기'에 근접한 사례라고 볼 수 있다.
② 부부와 아들 마틴은 데이비드와의 관계를 자율과 평등의 원칙으로 해결하려 하지 않았으므로 로봇을 받아들일 준비가 되어 있지 않았다고 볼 수 있다.
③ 데이비드는 인간과 똑같은 외형과 감정을 가지고 있어서 아이가 아파서 상심해 있는 부부를 위로한다. 이는 인간에게 실제적인 도움을 주는 것이라고 볼 수 있다.
⑤ 로봇 공학 제1 원칙에 따르면 로봇은 인간에게 해를 끼쳐서는 안 되므로 데이비드가 마틴을 익사시킬 뻔했던 일은 결과적으로 이 원칙에 어긋난 것이다.

06 세부 내용 추론

답 ⑤

4문단에서 로봇 공학의 3원칙은 철저하게 연계된 내재적 논리 구조를 갖고 있어서 그럴듯하지만, 해석의 문제를 안고 있어서 인간에서 위험할 수도 있다고 말하고 있다.

오답 피하기

① '로봇 공학 3원칙'은 로봇을 통제하기 위해서 만들어졌지만, 글쓴이는 4문단에서 인간이 자신의 피조물을 완벽히 통제하는 것은 공허한 희망이라고 말하고 있다.
② 2문단에서 '로봇 공학 3원칙'은 인간을 보호하고 로봇을 통제하기 위한 로봇의 근본적 존재 조건을 설정한 것이라고 언급하고 있다. 이는 로봇을 인간이 통제해야 할 대상으로 본 것이라고 할 수 있다.

③ 글쓴이는 '로봇 공학 3원칙'이 인간을 보호하고 로봇을 통제하려는 의도로 설정된 것이라고 하였으므로 인간과 로봇의 관계를 자율과 평등의 원칙으로 해결하려는 방안이라고 볼 수 없다.

④ '로봇 공학 3원칙'은 해석의 문제가 있기 때문에 문제가 생길 수 있다고 한 것은 맞지만, 그것이 법적인 규제인 것은 아니다.

② 사회·문화 분야의 글 읽기

내신 대비 평가 01
본문 80~81쪽

| 01 ② | 02 ④ | 03 해설 참조 |

우산, 근대와 전근대가 만나다_ 김진섭

해제 이 글은 서구에서 우산이 들어와서 우리 사회에 정착하면서 생긴 상황에 대해 이야기하고 있다. 우리나라에는 비를 가리는 행동을 금하는 풍습이 있어서 우산 도입 초기에는 우산이 쉽게 받아들여지지 않았지만 시간이 지나면서 점차 확산되었다. 그리고 우산이 정착된 이후 새로운 금기 사항이나 문화적 현상이 생겼던 사실도 서술하고 있다.

주제 우산이 우리 사회에 정착하는 과정과 사회에 미친 영향

구성
1문단: 우산의 도입과 도입 초기의 상황
2문단: 비를 가리는 행동을 금하는 우리나라의 풍습
3문단: 우산에 대한 사회적 거부 반응
4문단: 우산의 정착으로 생긴 새로운 사회 현상
5문단: 우산에 담긴 근대성과 전근대성

01 세부 정보 파악 답 ②

글쓴이는 2문단에서 우리나라에 비를 가리는 행동을 금하는 풍습이 있었으며 이로 인해 우산으로 비를 가리는 것을 금기시했다고 언급하고 있다. 4문단에서 우산이 우리 사회에 정착되었다고 했지만 금기가 해제된 이유에 대해서는 서술하고 있지 않다.

오답 피하기 ▶

① 1문단에서 우리나라에 우산이 들어온 시기는 18세기 중반이라고 언급하고 있다.

③ 1문단에서 우산의 초기 형태에 대해 설명하고 있다.

④ 5문단에서 우산이 우리 사회에 정착하는 과정은 우리 고유의 풍속과 서양 문물이 혼합되어 대중문화로 자리 잡는 과정이라고 언급하고 있다.

⑤ 3문단에서 선교사들이 우산을 쓰고 다니지 않았던 이유는 우산 사용을 꺼리는 사회적 풍습 때문에 선교 활동에 지장을 받았기 때문이라고 언급하고 있다.

02 세부 내용 추론 답 ④

이 글에서는 농경 사회의 영향으로 인해 비를 가리는 행동을 금하는 풍습이 있었다고 언급하고 있다. 반면에 〈보기〉에서 왕을 비롯한 상류층은 비를 피하기 위해 우산을 사용하였고 민가에서도 최소한으로 비를 피했다고 언급한 것을 볼 때 예외 없이 모든 경우에 적용되었던 것은 아니라고 추론할 수 있다.

오답 피하기 ▶

① 〈보기〉에서 우산이 들어오기 전에 도롱이나 삿갓 등을 사용해서 비를 피했다고 언급되어 있지만, 우산이 정착되고 확산된 이후에 이에 대한 금기가 생겼다는 부분은 찾아볼 수 없다.

② 〈보기〉에서 민가에서도 몇 가지 도구를 이용하여 최소한으로 비를 피했다고 언급하고 있다.

③ 도롱이나 삿갓은 서양식 우산이 들어오기 전 조선 후기까지 민가에서 비를 피하기 위해 사용했던 도구이다.

⑤ 1문단에서 언급한 우산의 형태와 〈보기〉에서 언급한 비를 피하는 도구의 형태를 비교해 보면 차이가 있다는 것을 알 수 있다.

03 구체적 상황에 적용하기

답 〈보기〉는 얼굴을 내놓고 외출하는 것을 꺼리는 고유의 풍습과 서양의 문물인 우산이 혼합되어 대중문화로 자리 잡는 과정을 잘 보여 주는 사례이다.

우리나라에는 여성이 얼굴을 드러내 놓고 외출하는 것을 꺼리는 고유의 풍습이 있었고 이를 위해 쓰개치마를 사용하였다. 쓰개치마를 금한 이후에는 서양 문물인 우산을 사용하였고 이후 우산이 대중들 사이에 크게 유행했다는 〈보기〉의 내용을 볼 때, 이는 고유의 풍습과 서양의 문물이 혼합되어 대중문화로 자리 잡은 사례라고 할 수 있다.

내신 대비 평가 ②

본문 82~83쪽

04 ③ 05 ② 06 ③

정치 논리와 경제 논리_ 김승욱 외

해제 이 글은 경제 논리와 정치 논리에 따른 효율성과 공평성에 대해서 설명하고, 사회 문제 해결을 위한 정책을 수립할 때 무엇을 중시하는가에 따라 문제 인식과 해법이 크게 달라진다고 이야기하고 있다. 정치 논리의 경우 공평성을 중시하고 경제 논리는 효율성을 중시하는데 어느 쪽이 더 바람직한가는 정해진 것이 없고 사안에 따라 적절한 활용이 필요하다고 말하고 있다.

주제 경제 논리와 정치 논리의 적절한 활용

구성

1문단: 사회 정책을 둘러싼 시각의 차이
2문단: 경제 논리와 정치 논리의 정의
3문단: 사안에 맞는 논리 선택의 필요성
4문단: 정치 논리가 경제 논리에 앞서는 경우 생기는 문제점

04 핵심 정보 파악

답 ③

글쓴이는 경제 논리와 정치 논리에 대해서 설명하면서 사회 정책을 만들 때 어느 한쪽을 선택하는 것이 바람직한 것이 아니라 사안에 따라 적절히 활용하는 것이 중요하다고 말하고 있다.

오답 피하기 ▶

① 이 글은 경제 논리와 정치 논리가 사회 정책에 영향을 준다고 말하지만 사회 정책을 만드는 과정에 대해서는 설명하고 있지 않다.
② 3문단에서 적자생존의 법칙이 지배하는 시장에 대해서 언급하고 있지만, 이는 사회적 약자에게 경제 논리를 적용했을 때 생기는 부작용에 대해 설명하기 위한 것이다.
④ 사회 정책을 만들 때 효율성을 중시하는 것은 경제 논리에 따른 것이다.
⑤ 4문단에서 정치 논리가 경제 논리를 앞서는 경우의 문제점은 이야기하고 있지만 이를 극복하는 방안은 언급되어 있지 않다.

05 구체적 상황에 적용하기

답 ②

〈보기〉의 (가)에서 금리 인상을 유보한 정부의 방침은 사회적 안정을 추구한 것이다. 이는 공평성을 중시하는 정치 논리에 입각한 것이라고 볼 수 있다.

오답 피하기 ▶

① 4문단에서 정치 논리가 경제 논리에 계속 앞서게 된다면 사회

적 비효율이 높아진다고 하였으므로, 정부의 압력에 따라 금리가 지속적으로 변화한다면 사회적 비효율이 누적될 수 있다.
③ 대출 금리 인상으로 혼란이 생겼을 때 정부가 금리를 조정해서 이를 해결하려고 한다면 이는 공평성에 입각한 정치 논리에 따른 것이다.
④ 〈보기〉의 (나)에서 FTA를 추진하는 이유는 수출 실적 향상과 외국 상품의 저렴한 구매 등 경제적 효율성에 입각한 것이다.
⑤ 〈보기〉의 (나)에서 FTA를 통해 피해를 받는 농민들을 구제하기 위해서 해당 지역의 정치인들은 2문단에서 언급한 것처럼 분배 측면을 중시하여 공평성에 입각한 정치 논리를 추구할 것이다.

06 세부 정보 파악

답 ③

부실기업이 생겼을 경우 고용이나 지역 경제에 미치는 영향에 중점을 두는 것은 경제 논리가 아니라 정치 논리에 따른 것이다.

오답 피하기 ▶

① 2문단에서 경제 논리는 최소의 비용으로 최대의 효과를 얻고자 하는 경제 원칙에 입각한 자원 배분의 논리라고 이야기하고 있다.
② 2문단에서 정치 논리는 '누구에게 얼마를'이라는 식의 자원 배분의 논리로 주로 분배 측면을 중시한다고 이야기하고 있다.
④ 3문단에서 공평성 기준에 입각한 자원 배분은 정치적 배려를 통해 사회적 약자에게도 최소한의 인간다운 생활을 할 수 있게 한다고 이야기하고 있다.
⑤ 경제 논리와 정치 논리는 입장에 따른 시각의 차이일 뿐, 모두 사회적 문제를 해결하기 위한 것이다.

③ 과학·기술 분야의 글 읽기

내신 대비 평가 ①

본문 86~87쪽

01 ② 02 ④ 03 ⓐ: 포물선 운동, ⓑ: 합력

코리아의 영원한 1등, 양궁_ 손영운 외

해제 이 글은 양궁에 담긴 과학적 원리에 대해 설명하고 있다. 활시위를 떠난 화살은 포물선 운동을 하기 때문에 선수들은 이를 고려하여 초기 발사 속도와 발사 각도를 조절한다. 또한 화살은 공

기의 저항과 바람의 영향을 받는데, 공기의 저항은 기술적 방법으로 해결하지만, 바람의 영향은 합력의 원리를 이용한 '오조준'을 통해 극복한다고 서술하고 있다.

주제 양궁에 담긴 과학적 원리

구성
1문단: 화살의 포물선 운동을 염두에 둔 양궁 선수의 행동
2문단: 화살의 포물선 운동에 영향을 미치는 초기 발사 속도
3문단: 화살의 포물선 운동에 영향을 미치는 발사 각도
4문단: 공기의 저항과 바람의 영향을 극복해야 하는 양궁
5문단: 합력을 이용한 오조준의 원리

01 세부 정보 파악　　　　　　　　답 ②

2문단에서 화살의 초기 발사 속도는 활시위를 당기는 힘이 클수록 빨라진다고 언급하고 있다.

오답 피하기 ▶
① 2문단에서 화살은 속도가 빠를수록 중력의 영향을 적게 받는다고 언급하고 있다.
③ 1문단에서 양궁은 단순해 보이지만 매우 섬세하고 복잡한 기술을 필요로 한다고 언급하고 있다.
④ 2문단에서 양궁 선수들은 중력의 영향을 고려하여 초기 발사 속도를 조절한다고 언급하였고, 3문단에서 과녁이 떨어진 거리를 감안하여 발사 각도를 다르게 한다고 말하고 있다.
⑤ 1문단에서 양궁 선수들은 포물선 운동을 고려하여 화살의 끝을 약간 위로 향하게 한다고 언급하고 있다. 또한 3문단에서 과녁과의 거리를 감안하여 발사 각도를 조절한다고 말하고 있다.

02 구체적 상황에 적용하기　　　　　답 ④

바람의 좌우 방향이 왼쪽에서 오른쪽으로 불고, 상하 방향이 아래에서 위로 향한다면 합력을 고려할 때 중앙보다 왼쪽을 조준해야 하고, 중앙보다 아래쪽을 조준해야 한다. 따라서 B를 조준해야 과녁의 중앙에 화살을 명중시킬 수 있다.

오답 피하기 ▶
① 4문단에서 오조준이란 바람의 방향과 세기에 따라 과녁에서 원래 목표 지점이 아닌 곳을 임시로 정해 그곳에 화살을 쏘는 것이라고 설명하고 있다.
② 4문단에서 화살은 바람의 영향을 받는다고 언급하고 있다. 따라서 바람이 오른쪽에서 왼쪽으로 불면 바람의 영향으로 화살은 왼쪽으로 날아가게 된다.
③ 화살이 왼쪽으로 날아가는 경우에는 합력을 고려할 때 중앙보다 오른쪽을 조준해야 하므로 C를 조준해야 한다.

⑤ 5문단에서 오조준은 물리적 원리인 합력을 이용하는 것이라고 언급하고 있다. 또한 4문단에서 오조준을 할 때는 바람의 방향과 세기에 따라 조준 지점을 정한다고 하였기 때문에 바람의 방향이 달라지면 조준점도 달라지게 된다.

03 세부 내용 추론　　　답 ⓐ: 포물선 운동, ⓑ: 합력

1문단과 2문단에서 양궁 선수들은 포물선 운동을 고려하여 초기 발사 속도와 발사 각도를 조절한다고 언급하였고, 5문단에서 합력을 활용하여 바람의 영향을 극복한다고 언급하고 있다.

내신 대비 평가 02　　　　　　本문 88~89쪽

04 ⑤	05 ①	06 해설 참조

파마의 과학_ 이원춘 외

해제 이 글은 파마에 담긴 과학적 원리에 대해 설명하고 있다. 파마는 산화–환원 반응을 이용한 것으로 먼저 환원 작용을 통해 머리카락 속의 단백질 구조를 깨뜨린 후 웨이브를 만들고 다시 산화 작용을 통해 이를 고정시킨다. 이런 이유로 글쓴이는 파마가 과학, 기술, 디자인이 결합된 융합적 분야라고 이야기하고 있다.

주제 파마에 담긴 과학적 원리

구성
1문단: 파마의 정의와 진행 과정
2문단: 산화–환원 반응의 정의
3문단: 머리카락의 성분과 단백질 구조
4문단: 파마를 할 때 나타나는 화학적 변화 과정
5문단: 과학, 기술, 디자인의 융합적 분야인 파마

04 핵심 정보 파악　　　　　　　　답 ⑤

1문단에서 파마를 하기 위해서는 먼저 머리카락에 파마 약을 바른 뒤 로드를 이용하여 모양을 변형시킨 후 열처리를 한다고 언급하고 있다.

오답 피하기 ▶
① 2문단에서 산화는 물질이 산소와 결합하거나 전자를 잃는 과정이라고 언급하고 있다.
② 3문단에서 머리카락을 구성하는 시스틴이란 아미노산 안에는 황 원자가 단단히 연결되어 있다고 언급하고 있다.

③ 2문단에서 환원이 되는 물질은 짝꿍이 되는 물질을 산화시키 므로 산화제라고 한다고 언급하고 있다.

④ 4문단에서 웨이브를 몇 달씩 유지하기 위해서는 머리카락에 화학적 변화를 주어야 한다고 언급하고 있다.

05 구체적 상황에 적용하기   답 ①

ⓐ는 머리카락에 아무런 화학적 변화를 일으키지 않은 상태로 시스틴 결합이 단단한 상태이다. 3문단에서 시스틴 결합이 단단 할 때는 머리카락이 가늘어도 잘 끊어지지 않는다고 언급하고 있다.

오답 피하기 ▶

② 4문단에서 머리카락에 알칼리성 환원제를 바르면 케라틴 단 백질에 수소(H)가 공급된다고 언급하고 있다.

③ ⓒ의 상태는 케라틴 단백질에 수소(H)가 공급되어 케라틴 결 합이 끊어진 상태이다. 4문단에서 이때 로드나 기계를 이용해서 머리카락을 구부리고 고정한다고 언급하고 있다.

④ 4문단에서 산화제를 사용하면 공급했던 수소를 빼앗을 수 있 다고 언급하고 있다.

⑤ ⓔ는 산화가 되어 시스틴 결합이 다시 이루어진 상태이지만 처음과는 다른 모양으로 결합되어 있다.

06 생략된 정보 추론

답 머리를 감으면 알칼리성 샴푸가 환원제와 같은 역할을 하여 시스틴 결합이 깨질 수 있기 때문이다.

4문단에서 산화제를 사용해서 처음의 시스틴 결합을 연결해 주 어야 파마가 완성된다고 언급하고 있다. 〈보기〉에서는 이러한 산 화 작용이 2~3일 정도 지속된다고 했으므로 그 중간에 알칼리성 인 샴푸를 사용하면 그것이 환원제처럼 작용하면서 시스틴 결합 이 깨지고 파마가 유지되지 않을 수 있다.

 4 시대의 특성을 고려한 글 읽기

내신 대비 평가 01   본문 92~93쪽

01 ①	02 ③	03 ②

요물이 나라를 망치고 있으니_ 이존오

해제 이 글은 고려 공민왕 때 권력을 휘두르던 신돈을 비판하는 상소문이다. 글쓴이는 신돈이 군신 간의 예절을 지키지 않고 자신 의 분수에 맞지 않는 행동을 한다고 말하고 있다. 신돈의 잘못된 행동들을 구체적으로 지적하며 과거의 사례나 옛 문헌의 내용을 바탕으로 자신의 주장을 뒷받침하고 있다.

주제 신돈의 잘못된 행실에 대한 비판

구성
1문단: 문수회에서의 신돈의 잘못된 행동
2문단: 군신 간의 예를 지키지 않는 신돈의 모습
3문단: 군신 간의 예를 지키지 않았을 때 일어날 수 있는 상황

01 내용 전개 방식 파악   답 ①

글쓴이는 문수회에서의 행동, 영도첨의판감찰로 임명되던 날의 행동 등 신돈의 행적을 자세히 나열하며 신돈의 무례함을 비판 하고 있다.

오답 피하기 ▶

② 글쓴이는 2문단에서 최항, 김인준 등 과거의 사례를 제시하고 있지만 이를 통해 교훈적 내용을 전달하는 것은 아니다.

③ 글쓴이는 3문단에서 「홍범」의 구절을 인용하고 있지만 이를 통해 자신의 억울함을 호소하는 것은 아니다.

④ 글쓴이는 신돈의 행동에 대한 구체적 사례들을 나열하며 신 돈을 비판하고 있지만 장점은 이야기하지 않고 있다.

⑤ 글쓴이는 신돈의 행동에 문제를 제기하고 있지만 그 해결책 을 다양한 관점에서 제시하고 있지는 않다.

02 구체적 상황에 적용하기   답 ③

〈보기〉의 (가)에서는 신돈이 정권을 잡고 불법을 저지르고 있었 지만 감히 비판하는 자가 없었다고 언급하고 있다.

오답 피하기 ▶

① 〈보기〉의 (나)에서는 이존오가 신돈에 대한 상소를 올렸다가 쫓겨난 후에 신돈의 횡포가 더욱 심해졌다고 이야기하고 있다.

② 〈보기〉의 (나)에 이존오가 신돈의 죄악을 비판하는 상소를 올 렸다가 좌천되어 쫓겨났다고 언급되어 있다.

④ 〈보기〉의 (가)에서는 이존오가 자신의 희생을 각오하고 신돈 의 잘못을 논죄하려 마음먹었다고 이야기하고 있다.

⑤ 〈보기〉의 (나)에서는 신돈이 연등회를 거창하게 열자 도성 사 람들이 그 본을 따서 사치를 부렸다고 이야기하고 있다.

03 핵심 정보 파악 답 ②

1문단에서 신돈이 왕과 더불어 앉은 것을 비판하고 있고, 2문단에서는 신돈이 임금을 무시하며 정사를 제멋대로 하며 군신 간의 예를 지키지 않는다고 비판하고 있다.

오답 피하기 ▶
① 2문단에서 글쓴이는 신돈이 중의 신분이 아니라 재상의 신분이 되었기 때문에 임금에 대한 예법을 지켜야 한다고 말하고 있다.
③ 글쓴이는 문수회를 연 날의 신돈의 행동을 비판하는 것이지 문수회를 연 것을 비판하는 것이 아니다.
④ 글쓴이는 신돈이 영도첨의판감찰로 임명된 날의 행동에 대해서 비판하고 있지만 임명된 것을 부당하다고 말하지는 않았다.
⑤ 신돈이 임금에게 잘못된 것을 가르치고 있다는 비판은 찾아볼 수 없다.

내신 대비 평가 ⬡02   본문 94~95쪽

| 04 ⑤ | 05 ③ | 06 ④ |

북학의 참뜻_ 박지원

해제 이 글은 조선 시대 실학자인 박제가가 쓴 『북학의』에 연암 박지원이 쓴 서문이다. 글쓴이는 순임금과 공자가 성인이 된 이유는 남에게 잘 물어서 배운 것이라고 말하며 자신보다 못한 존재라고 하더라도 나은 점이 있다면 배워야 한다고 말하고 있다. 또한 우리나라 선비들의 편협한 시각을 비판하면서 오랑캐의 문물이라도 훌륭한 것이 있다면 배워야 한다고 이야기하고 있다.

주제 앞선 문물을 배워야 할 필요성과 『북학의』 소개

구성
1문단: 학문을 위한 올바른 태도
2문단: 배움을 통해 성인이 된 순임금과 공자
3문단: 우리나라 선비들의 편협한 시각과 태도
4문단: 중국의 문물과 제도를 배워야 할 필요성
5문단: 『북학의』 소개

04 세부 내용 파악 답 ⑤

3문단에서 우리나라의 선비들은 편벽된 기운을 타고나서 평생 자신의 강역을 떠나지 않고 각기 자신이 물려받은 천성대로 살았다고 언급하고 있다.

오답 피하기 ▶
① 5문단에서 『북학의』에는 농잠, 목축, 성곽, 기와 만드는 방식

등 실생활과 관련된 내용이 담겨 있다고 언급하고 있다.
② 2문단에서 순임금은 농사나 고기 잡는 일을 남들에게 배웠다고 언급하고 있다.
③ 1문단에서 학문의 길을 위해서는 모르는 것이 있을 때 묻고 배우는 자세가 필요하다고 언급하고 있다.
④ 2문단에서 공자는 성스럽고 재능이 있었지만, 도구를 만들 때 남에게 잘 물어서 배웠다고 언급하고 있다.

05 구체적 상황에 적용하기 답 ③

4문단에서는 법이 훌륭하고 제도가 아름답다면 오랑캐에게라도 배워야 하는 법이라고 언급하고 있고, 〈보기〉에서는 만주에 사람들을 유학 보내서 배우고 그곳에서 벼슬을 해야 한다고 말하고 있다.

오답 피하기 ▶
① 이 글은 오랑캐에게도 배울 점이 있다고 말하고 있다. 오랑캐에 대한 부정적 인식은 찾아볼 수 없다.
② 이 글과 〈보기〉는 모두 오랑캐와 원래의 중국 민족을 분리하여 생각하고 있다.
④ 이 글은 소박한 것만 추구하는 우리나라 선비들의 태도를 비판하고 있다.
⑤ 이 글에서 학문의 길과 대의를 연결시킨 부분은 찾아볼 수 없고, 〈보기〉는 대의를 위해서는 천하의 호걸들과 접촉하여 결탁해야 한다고 말하고 있다.

06 다른 상황에 적용하기 답 ④

글쓴이는 우리나라 선비들이 편협한 시각을 가지고 있다고 비판하며 우물의 개구리와 같다고 말하고 있다. 이를 나타내는 사자성어는 '우물 속에 앉아서 하늘을 본다는 뜻으로, 사람의 견문이 매우 좁음을 이르는 말.'인 '좌정관천(座井觀天)'이다.

오답 피하기 ▶
① 대기만성(大器晩成): 큰 그릇을 만드는 데는 시간이 오래 걸린다는 뜻으로, 크게 될 사람은 늦게 이루어짐을 이르는 말.
② 사면초가(四面楚歌): 아무에게도 도움을 받지 못하는, 외롭고 곤란한 지경에 빠진 형편을 이르는 말.
③ 연목구어(緣木求魚): 나무에 올라가서 물고기를 구한다는 뜻으로, 도저히 불가능한 일을 군이 하려 함을 비유적으로 이르는 말.
⑤ 형설지공(螢雪之功): 반딧불, 눈과 함께 하는 노력이라는 뜻으로, 고생을 하면서 부지런하고 꾸준하게 공부하는 자세를 이르는 말.

지역의 특성을 고려한 글 읽기

내신 대비 평가 01

본문 98~99쪽

01 ④ 02 ⑤ 03 ⓐ: 물건, ⓑ: 거미줄

어떻게 공기를 사고판단 말인가_ 시애틀 추장

해제 이 글은 땅을 팔라는 미국 정부의 제안에 대해 인디언 추장이 답변을 한 것이다. 미국 정부는 땅을 소유의 대상으로 보면서 개발을 위해 땅을 구입하려고 하지만 인디언들은 땅이 삶의 터전이자 가족과 같은 존재이고 인간은 땅에 속한 존재라고 하면서 팔 수 없다고 말한다. 자연에 대한 미국 정부와 인디언의 시각 차이가 분명하게 드러나는 글이다.

주제 인간 삶의 터전이자 근원인 땅

구성
1문단: 땅을 팔라는 워싱턴의 얼굴 흰 대추장의 제안
2문단: 사고팔 수 있는 대상이 아닌 땅
3문단: 워싱턴 대추장의 땅에 대한 시각
4문단: 땅에 속해 있는 인간의 삶

01 내용 전개 방식 파악

답 ④

글쓴이는 2문단에서 땅과 자연물을 누이, 형제 등에 비유하면서 땅과 자연물에 대한 존중감을 드러내고 있다.

오답 피하기

① 1문단에서 워싱턴의 대추장이 우정의 인사와 안부를 전해 왔다고 했지만, '그에게는 우리의 우정이 그다지 필요 없'다고 한 것처럼 친교를 위한 것은 아니다.
② 글쓴이는 땅은 가족과 같은 것이라고 이야기하면서 땅은 사고팔 수 있는 대상이 아니라고 말하고 있다.
③ 글쓴이는 상대방과 자신들의 땅에 대한 견해 차이를 이야기하면서 땅을 팔 수 없다고 말하고 있다. 절충안을 제시하는 부분은 찾아볼 수 없다.
⑤ 글쓴이는 땅에 대한 상대방의 생각을 비판적인 시각으로 바라보고 있다. 장점을 분석한 부분은 찾아볼 수 없다.

02 구체적 상황에 적용하기

답 ⑤

글쓴이는 3문단에서 워싱턴의 대추장이 자연과 더불어 살아가는 자신들의 삶의 방식을 전혀 이해하지 못한다고 언급하고 있다.

오답 피하기

① 글쓴이는 2문단에서 자신들은 대지의 일부분이고 대지는 자신들의 일부분이라고 말하며 소유의 관계가 아님을 밝히고 있다.
② 글쓴이는 2문단에서 대지, 공기, 시냇물 등의 자연물은 소유할 수 있는 것이 아니라고 말하고 있다.
③ 글쓴이는 2문단에서 땅은 가족과 같은 존재라고 말하고 있다.
④ 글쓴이는 3문단에서 땅을 파는 것은 가족을 파는 것과 같다고 말하고 있다.

03 세부 정보 추론

답 ⓐ: 물건, ⓑ: 거미줄

글쓴이는 3문단에서 워싱턴의 대추장이 어머니인 대지와 맏형인 하늘을 한낱 물건과 같이 취급하기 때문에, 대지를 정복하고 먹어 치우려는 욕심을 가지고 있다고 말한다. 그리고 4문단에서 세상의 모든 것은 하나로 연결되어 있다고 말하면서 사람이 삶의 거미줄을 다 짜는 것이 아니라 사람 역시 한 올의 거미줄에 불과하다고 말하고 있다.

내신 대비 평가 02

본문 100~101쪽

04 ② 05 ⑤ 06 ②

곁에 있는 것을 사랑하라_ 간디

해제 이 글은 무분별한 영국 상품 수입으로 인해 무너져 버린 인도의 경제 상황을 보면서 스와데시의 정신을 바탕으로 이를 극복해야 한다는 것을 말하고 있다. 자신의 주변을 우선적으로 돌아보아야 한다고 말하면서 영국 상품을 배척하고 국산품을 애용하며 자급자족의 삶을 살아야 한다고 말하고 있다.

주제 스와데시의 정신을 바탕으로 문제 상황을 극복해야 한다.

구성
1문단: 스와데시 정신의 정의
2문단: 정치, 경제 분야에 스와데시 정신을 적용해야 함.
3문단: 인도 민중이 가난해진 원인
4문단: 스와데시의 원리를 따르는 삶
5문단: 이웃을 도울 때의 태도
6문단: 타국의 문화를 받아들이는 태도
7문단: 스와데시 정신에 따라 이웃을 도와야 함.

04 세부 정보 파악

답 ②

글쓴이는 5문단에서 자신은 가까운 이웃을 희생시키면서 먼 이웃을 돕지는 않는다고 말하면서 이는 편협한 생각이 아니라고 말하고 있다.

오답 피하기 ▶

① 글쓴이는 7문단에서 봉사할 수 있는 인간의 한계를 명확히 인식해야 한다고 말하며 가까운 이웃을 도와야 한다고 이야기하고 있다.

③ 글쓴이는 4문단에서 스와데시의 원리를 따라 필수품을 공급할 수 있으면 인도의 마을은 모두 자급자족적인 경제 단위가 될 것이라고 말하고 있다.

④ 글쓴이는 스와데시의 정신에 따라 가까운 이웃을 먼저 도와야 한다고 말하고 있기 때문에 자국민의 어려움을 먼저 도와야 한다고 생각할 것이다.

⑤ 글쓴이는 2문단에서 가까운 이웃을 먼저 생각하는 스와데시가 실천된다면 평화의 나라를 건설할 수 있다고 말하고 있다.

05 구체적 상황에 적용하기

답 ⑤

〈보기〉에서는 기계로 만든 영국의 면제품 때문에 인도의 섬유 산업이 파괴되었다고 언급하고 있다. 글쓴이가 자국의 섬유 산업을 회복해야 한다고 생각하는 것은 맞지만 그 방안은 스와데시의 정신에 따라 필수품을 자급자족하고 부족한 것은 가까운 곳에서 구하는 것이지 기계를 바탕으로 산업을 키우는 것이 아니다.

오답 피하기 ▶

① 〈보기〉에서 영국의 제품으로 인해 인도의 산업이 파괴되었고, 3문단에서 영국과 인도의 관계는 잘못되었다고 말하고 있기 때문에 글쓴이는 영국으로 인해 인도의 마을이 자급자족을 하지 못한다고 생각할 수 있다.

② 글쓴이는 5문단, 6문단에서 자신의 성장에 필요하고 자연에 피해를 주지 않는다면 다른 나라의 건강하고 유익한 문화는 받아들일 수 있다고 말하고 있다.

③ 〈보기〉에서 알 수 있듯이 스와데시는 반영 운동의 일환이다. 이 글에서 스와데시의 정신에 따라 가까운 이웃을 돕는 것은 인류에게 도움이 된다고 하였으므로 반영 운동은 결국 인류에게 도움이 되는 일이라고 생각할 것이다.

④ 글쓴이는 6문단에서 외국의 면직물에 대한 반감을 드러내고 있다. 이는 〈보기〉에서 확인할 수 있는 것처럼 영국의 면제품으로 인해 인도 경제가 무너졌기 때문이라고 생각할 수 있다.

06 세부 내용 추론

답 ②

스와데시의 정신은 경제적인 효율성을 따지는 것이 아니라 가까운 주변에 힘을 기울이는 것이다. 합리적인 소비를 위해 값이 저렴한 것을 사용하는 것은 경제적 효율성을 바탕으로 판단하는 것이다.

오답 피하기 ▶

① 지역 사회의 불우 이웃을 돕고 있으므로 주변의 이웃을 돕는 것이라고 볼 수 있다.

③ 지역 사회 농산물 소비를 촉진하려는 시도이므로 주변의 이웃을 돕는 것으로 볼 수 있다.

④ 1문단에서 스와데시의 사례로 고대 종교를 언급하며 종교의 결점이 있더라도 이를 고쳐 가면서 믿어야 한다고 했으므로 적절한 사례이다.

⑤ 타국의 영향에서 벗어나 경제적으로 자립하려는 시도를 보여 주는 사례이므로 스와데시의 정신에 부합한다고 볼 수 있다.

⑥ 매체의 특성을 고려한 글 읽기

내신 대비 평가 ⑴

본문 104~105쪽

01 ④	02 ③	03 해설 참조

가짜 뉴스_ 블로터

해제 이 글은 가짜 뉴스에 대한 칼럼이다. 가짜 뉴스의 정의와 범위에 대해 이야기하고 가짜 뉴스의 역사, 21세기형 가짜 뉴스의 특징 등을 설명하고 있다. 또한 가짜 뉴스가 생산되는 이유를 '돈' 때문이라고 말하면서 가짜 뉴스가 자극적일 수밖에 없는 이유와 가짜 뉴스가 사회에 미치는 영향을 서술하고 있다.

주제 가짜 뉴스의 특징과 사회에 미치는 영향

구성

1문단: 사회적 논란이 되고 있는 가짜 뉴스
2문단: 가짜 뉴스의 정의와 범위
3문단: 가짜 뉴스의 역사
4문단: 21세기형 가짜 뉴스의 특징
5문단: 가짜 뉴스가 만들어지는 이유와 사회에 미치는 영향

01 세부 정보 파악 　　　　답 ④

5문단에서 가짜 뉴스가 생산되는 이유는 이윤을 내기 위함이라고 말하고 있다. 이윤과 무관하게 가짜 뉴스를 생산하는 경우는 언급되어 있지 않다.

오답 피하기 ▶

① 2문단에서 가짜 뉴스를 '정치적·경제적 이익을 위해 의도적으로 언론 보도의 형식을 하고 유포된 거짓 정보'라고 정의하고 있다.
② 5문단에서 가짜 뉴스는 사회 구성원의 통합을 방해하고 극단주의를 초래한다고 말하고 있다.
③ 4문단에서 21세기형 가짜 뉴스의 특징으로 그 중심에 글로벌 IT 기업이 있다는 것과 디지털 매체를 이용한다는 것을 언급하고 있다.
⑤ 3문단에서 「서동요」나 관동 대지진 당시의 허위 정보를 가짜 뉴스의 사례로 제시하고 있다.

02 구체적 상황에 적용하기 　　　　답 ③

가짜 뉴스의 중심에 글로벌 IT 기업이 있는 것은 맞지만 〈보기〉에서 뉴스 통신사가 만든 사실 확인 전담 팀은 복잡한 기술적 장치가 아니라 원시적인 방법을 사용한다고 말하고 있다.

오답 피하기 ▶

① 〈보기〉의 첫 부분에서 가짜 뉴스로 인해 언론에 대한 신뢰가 점점 떨어지고 있다고 하면서, 이에 대응하려는 노력이 시작되었다고 말하고 있다.
② 5문단에서 가짜 뉴스는 사람들의 관심을 끌기 위해 자극적 요소를 포함한다고 언급하고 있다.
④ 사실 확인이 안 된 뉴스에서 난민이 의사를 공격하는 영상만을 본다면 난민에 대한 혐오가 생길 수 있을 것이다.
⑤ 4문단에서 최근 가짜 뉴스는 포털, SNS 등의 디지털 매체를 통해 유통 및 확산된다고 말하고 있고, 〈보기〉에서도 사실 확인 전담 팀은 소셜 미디어에서 수집되는 사진과 영상을 확인한다고 말하고 있다.

03 세부 정보 추론

답 21세기형 가짜 뉴스는 이전의 가짜 뉴스와는 다르게 글로벌 IT 기업이 중심에 있고, 전통적 매체가 아니라 디지털 매체를 통해 사람들에게 전달된다.

4문단에서 21세기형 가짜 뉴스의 특징에 대해서 설명하고 있다.

내신 대비 평가 02 　　　　본문 106~107쪽

04 ⑤　　　05 ③　　　06 ②

DMZ 탄생 및 현황_ 디엠지기

해제 이 글은 DMZ에 대해 소개하고 있는 인터넷 블로그 글이다. DMZ를 널리 알리기 위해서 대중에게 쉽게 접근할 수 있는 인터넷 매체를 활용하여 작성하였다. 이러한 글은 댓글을 통해 독자와 실시간으로 소통할 수 있고, 공유 기능을 통해 정보를 보다 빠르게 확산시킬 수 있다는 특성이 있다.

주제 DMZ의 탄생 및 현황

구성

1문단: DMZ가 탄생한 상황
2문단: DMZ의 정의 및 역할
3문단: DMZ의 지리적 위치

04 세부 정보 파악 　　　　답 ⑤

3문단에서 '한강 하구 중립 지역'은 민간 이용이 허용된다고 말하고 있지만 구체적인 이용 사례에 대해서는 언급하고 있지 않다.

오답 피하기 ▶

① 2문단에서 DMZ의 사전적 의미는 '비무장 지대'이고 '국제 조약이나 협약에 의해 무장이 금지된 지역'이라고 말하고 있다.
② 2문단에서 DMZ는 휴전 상태인 남북한의 군사적 충돌을 방지하기 위한 군사적 완충 지대 역할을 한다고 언급하고 있다.
③ 3문단에서 DMZ는 군사 분계선 남북으로 각 2km의 공간이고, 서해의 임진강 하구에서 동해의 고성군 명호리까지라고 언급하고 있다.
④ 2문단에서 DMZ는 1953년 7월 27일 정전 협정에 의해 만들어졌다고 말하고 있다.

05 내용 전개 방식 파악 　　　　답 ③

글의 중간에 링크를 삽입하여 다른 정보에 빠르게 접근할 수 있도록 하는 것은 인터넷 글의 특징이지만 이 글에는 나타나지 않는다.

오답 피하기 ▶

① 댓글을 통해 독자들의 반응을 확인할 수 있고, 거기에 글쓴이가 댓글을 달면서 독자와 소통하고 있다.
② 글의 상단이나 왼편에 있는 메뉴를 통해 다루고 있는 다른 내

용이 무엇인지 쉽게 파악할 수 있다.

④ DMZ의 사진을 삽입하여 정보를 전달하고 있다.

⑤ 댓글에서 'DMZman'이라는 독자가 이 글을 자신의 블로그에 공유한다고 말하고 있다. 또한 글의 상단에서 '공유' 기능을 확인할 수 있다.

06 구체적 상황에 적용하기
 답 ②

3문단에서 DMZ의 전체 면적은 서울시 면적의 1.5배이면서 한반도 전체 면적의 1/250이라고 밝히고 있다.

오답 피하기 ▶

① 1문단에서 전쟁은 3년 넘게 치렀지만 휴전 협정 문서에 서명하는 데는 12분밖에 걸리지 않았다고 한 것에서 보일 수 있는 반응이다.

③ 우리나라의 DMZ에 대해서만 소개하고 있으므로 다른 나라에도 DMZ가 있는지 질문해 볼 수 있다.

④ 1문단에서 6·25 전쟁은 우리에게 돌이킬 수 없는 상처와 고통 외에도 원치 않았던 숙제를 남겼다고 언급하고 있다.

⑤ 2문단에서 DMZ가 군사 분계선을 중심으로 남북으로 2km씩의 공간이라고 하였으므로 남과 북의 거리는 4km라고 볼 수 있다.

단원 평가 본문 108~119쪽

01 ①	02 ①	03 해설 참조	04 ③
05 ⑤	06 해설 참조	07 ②	08 ③
09 해설 참조	10 ⑤	11 ③	12 해설 참조
13 ②	14 ④	15 해설 참조	16 ②
17 ④	18 해설 참조		

[01~03] 인간의 본성과 성악설

해제 이 글은 인간의 본성에 대한 순자의 생각을 맹자의 생각과 비교하며 소개하는 글이다. 순자는 맹자와 마찬가지로 인간의 본성을 선천적인 것으로 규정했지만, 맹자와 달리 인간의 본성을 악하다고 했다. 순자는 인간의 마음 작용을 '성, 정, 려, 위' 네 부분으로 나눈 후에, 본성으로 태어난 '성'은 사물들과 만나서 생기게 되는 '정', 감정이 생긴 뒤에 선택하는 '려', 선택이 끝난 후 실행하는 의지적인 실천인 '위'를 통해 다양한 결과로 나타난다고 보았다. 그래서 본성은 악하지만 의지적 실천을 통해 본성이 가져올 악한 결과를 변화시켜야 한다고 주장했다.

주제 인간의 본성에 대한 순자의 주장

구성

1문단: 인간의 본성을 악하다고 주장한 순자
2문단: 순자가 제시한 인간의 마음 작용 '성, 정, 려, 위'
3문단: '성, 정, 려, 위'의 구체적 상황에 대한 적용
4문단: 맹자의 주장에 대한 순자의 비판
5문단: 군자를 바라보는 맹자와 순자의 시각 차이

01 세부 정보 파악
 답 ①

5문단에서 맹자는 인간의 본성에 생리적인 면이 있음을 인정하면서도, 그러한 생리적인 면을 본성으로 보는 사람들은 소인이고, 군자는 도덕성만을 본성으로 본다고 하였다.

오답 피하기 ▶

② 5문단에서 맹자는 모든 인간의 본성이 착하다고 하면서도 실제적인 강조점은 군자에게 두었으며 군자는 도덕성만을 본성으로 본다고 하였다.

③ 4문단에서 순자는 인간이 본래 착한 존재라면 애초부터 훌륭한 임금이나 좋은 제도 따위는 필요가 없게 된다고 하였다.

④ 1문단에서 순자는 맹자와 마찬가지로 인간의 본성을 선천적인 것으로 규정하고 인간의 도덕적인 측면에 주목한 맹자와 달리 순자는 인간의 자연적이고 생리적인 욕구에 주목하였다.

⑤ 4문단에서 순자는 인간의 본성을 착하다고 한 맹자의 주장에 대하여 인간의 타고난 본성과 후천적인 의지에 의한 노력을 구분하지 못한 것이라고 비판하고 있다.

02 구체적 상황에 적용하기
 답 ①

'세 번째 단계인 '려'는 구체적인 감정이 생긴 뒤에 어떻게 살 것인가를 선택하는 문제이다. 사람의 사고 작용에 해당하는 셈이다. 네 번째 단계인 '위'는 선택이 끝난 후 실행해 나가는 의지적인 실천이다.'라고 했으므로 갑이 회사에 나가 일을 하겠다고 선택하는 과정은 '려'의 단계에 해당한다고 볼 수 있다.

오답 피하기 ▶

②, ③ '세 번째 단계인 '려'는 구체적인 감정이 생긴 뒤에 어떻게 살 것인가를 선택하는 문제이다. 사람의 사고 작용에 해당하는 셈이다.'라고 했으므로 '려'의 단계에 해당한다고 볼 수 있다.

④ ''성'은 사람의 가장 기본적인 부분으로서, 삶의 자연스러운 본질이자 날 때부터 가지고 있는 본성이다. 두 번째 단계인 '정'은 밖에 있는 사물들과 만나서 생기게 되는 감정이다. 좋다, 나쁘다, 기쁘다, 노엽다, 슬프다, 즐겁다 하는 것들이 여기에 해당

한다.'라고 했으므로 '괴로워하는' 마음은 '정'의 단계에 해당한다
고 볼 수 있다.
⑤ '첫 단계인 '성'은 사람의 가장 기본적인 부분으로서, 삶의 자
연스러운 본질이자 날 때부터 가지고 있는 본성이다.'라고 했으
므로 '휴일을 맞아 쉬고 싶어 하는' 마음은 '성'의 단계에 해당한
다고 볼 수 있다.

03 세부 정보 추론

🔁 순자는 인간의 본성은 악하다고 보았기 때문에 '요순'도 본성은 악하
지만 본성대로 살지 않고 의지적 실천을 통해 악한 결과를 변화시켰기
때문에 훌륭한 사람이 되었다고 생각했다. 하지만 맹자는 인간의 본성은
착하다고 주장했고, '요순'은 그 착한 본성으로 인해 훌륭한 사람이 되었
다고 생각했다.
맹자는 모든 인간의 본성이 착하다고 하고, 순자는 모든 사람의
본성이 악하다고 했다. 가장 훌륭한 사람의 표본이었던 요순의
본성과 가장 악한 사람의 표본이었던 걸 임금이나 도척의 본성
도 같다고 본 것이다. 그러므로 순자는 도덕성이 본성 자체에서
나오는 것이 아니라 현실에서 이루어지는 부차적인 노력의 결과
라고 설명하고 있다. 이를 통해 요순에 대한 맹자와 순자의 견해
차이를 추론할 수 있다.

[04~06] 사회적 자본의 개념과 특성

해제 이 글은 '사회적 자본'의 개념을 소개하고, 사회적 자본에
대한 연구 결과를 제시한 후, 사회적 자본이 지닌 상충적인 특성에
대한 문제점과 이에 대한 앞으로의 논의 과제를 제시한 글이다. 사
회적 자본은 사람들 사이에 협력을 가능하게 하는 무형의 자본으
로서 사회적 자본을 잘 갖춘 나라들의 경제 발전이 더 용이하다고
본다. 로버트 퍼트넘은 연구를 통해 사회적 자본이 풍부하면 네트
워크가 개인과 집단에게 긍정적인 영향을 준다고 보았다. 독일 사
회 경제 연구소에서는 누리 소통망 활동이 높은 지역에서 구성원
들의 사회적 자본이 높다는 것을 밝혀냈다. 하지만 누리 소통망의
사용은 새로운 집단과의 연계를 늘리지는 못한다는 점과 외부인에
대한 신뢰도는 더 떨어뜨린다는 점도 밝혀냈다. 이러한 특성은 누
리 소통망을 통한 사회적 자본의 확산이 사회 전체적으로 긍정적
인지에 대한 논의를 필요로 한다고 볼 수 있다.
주제 '사회적 자본'이 사회 전체에 미치는 영향
구성
1문단: 사회적 자본의 개념과 경제 발전과의 연관성
2문단: 사회적 자본에 대한 로버트 퍼트넘의 연구 내용
3문단: 사회적 자본에 대한 독일 사회 경제 연구소의 연구 내용

4문단: 사회적 자본이 사회 전체에 미치는 영향력에 대한 논의의
필요성

4 중심 화제 파악 🔁 ③

누리 소통망 사용이 증가하게 된 이유에 대한 내용은 나타나지
않는다.

오답 피하기 ▶
① 1문단의 '사회적 자본이란 사람들 사이에 협력을 가능하게 하
는 공유된 제도, 규범, 네트워크, 신뢰 등과 같은 무형의 자본을
뜻한다.'를 통해 해결할 수 있다.
② 2문단의 '사회적 자본을 연구하는 사람들이 누리 소통망에 주
목하게 된 데에는 『나 홀로 볼링』이라는 저서를 통해 사회적 자
본이란 개념을 세상에 널리 알린 로버트 퍼트넘이 기여한 바가
크다.'를 통해 해결할 수 있다.
④ 1문단의 '1990년대 후반에 접어들면서 사회적 자본이 사회 거
래 비용을 절감시켜 물적·인적 자원의 생산성을 높인다는 점이
밝혀지면서 경제학에서도 사회적 자본에 많은 관심을 갖게 되었
다.'를 통해 해결할 수 있다.
⑤ 3문단의 '이 연구팀의 결과는 누리 소통망의 사용이 매우 동
질적인 집단에서 나타나는 결속적 사회적 자본은 강화시키지만,
이질적 집단 간에서 나타나는 교량적 사회적 자본은 더 떨어뜨
린다는 내용이었다.'를 통해 해결할 수 있다.

05 구체적 상황에 적용하기 🔁 ⑤

3문단에서 '누리 소통망의 사용이 이미 알고 있던 집단에서의 내
부 결속을 강화하는 측면이 크지만, 새로운 집단과의 연계를 늘
리지는 못한다.'라고 하며 '집단 외부인에 대한 신뢰도는 더 떨어
뜨린다.'라고 했으며, '교량적 사회적 자본은 이보다 조금 먼 이
질적인 동료나 조직 외 구성원들과 맺는 개념'이라고 했으므로
다른 그룹을 응원하는 팬들 간의 교량적 사회적 자본이 약화되
고 있다고 볼 수 있다.

오답 피하기 ▶
① 결속적 사회적 자본은 '가족이나 친구, 이웃 등 이미 동질적인
성향을 가진 구성원들 속에서 형성되는 개념'이라고 했으므로
'○○ 그룹' 팬들 간의 결속적 사회적 자본이 새롭게 형성되는 것
은 아니다.
② 교량적 사회적 자본은 '이질적인 동료나 조직 외 구성원들과
맺는 개념'이므로 '△△ 그룹' 팬들 간에 교량적 사회적 자본이 강
화되는 것은 아니다.

③ 결속적 사회적 자본은 '동질적인 성향을 가진 구성원들 속에서 형성되는 개념'이므로 '○○ 그룹' 팬과 '△△ 그룹' 팬 간에는 이루어질 수 없다.

④ 연결적 사회적 자본은 '집단과 집단, 혹은 공공 기관과 같은 조직과 맺는 개념'이라고 했는데 〈보기〉에서 '△△ 그룹' 팬과 매니저 사이에 연결적 사회적 자본이 새롭게 형성되는 내용은 나타나지 않는다.

06 세부 정보 추론

🄰 사회적 자본이 풍부할수록 개인과 집단 간의 협력 활동이 강화되어 높은 생산성을 올릴 수 있고, 일의 능률을 증가시킬 수 있어 사회 구성원들의 이익이 향상될 뿐만 아니라 사람들이 기회주의적 처신과 부정행위를 할 동기도 줄어들게 하므로 사회적 자본을 늘리도록 해야 한다.

2문단에서 퍼트넘은 사회적 자본이 줄어든 사회는 많은 문제가 생길 수밖에 없는 반면, 사람들의 사회적 참여를 늘려 사회적 자본이 살아나게 되면 공동체가 살아나고 공공의 선이 실현될 수 있다고 보았다. 따라서 사회적 자본이 풍부하면 네트워크가 개인과 집단에게 높은 생산성, 능률, 상호 이익 등을 가져다줄 뿐 아니라, 사람들이 기회주의적 처신을 하거나 부정행위를 할 동기도 줄어들게 된다고 본 것이다.

[07~09] 인공 광합성

해제 이 글은 식물의 광합성 과정을 소개하고, 이러한 원리를 적용한 인공 광합성의 과정과 장단점 및 앞으로의 과제에 대해 설명하고 있다. 광합성은 빛 에너지를 다음 반응에도 쓸 수 있는 화학 에너지로 만드는 명반응, 명반응의 결과인 화학 에너지로 공기 중의 이산화 탄소를 포도당과 같은 유기 물질로 만드는 암반응 두 단계로 이루어진다. 인공 광합성은 광촉매 등을 이용하여 명반응을 일으키고 명반응에서 만든 태양 에너지를 유기 물질로 변화시키는 방법이다. 인공 광합성의 명반응은 식물의 엽록체보다 효율이 좋지만, 암반응에서 유기 물질로 만드는 효율은 매우 낮다. 식물의 원리를 정확히 파악해 인공적으로 광합성을 할 수 있는 방법을 찾는다면 식물이 여러 종류의 빛을 받아들일 수 있는 능력을 광촉매와 연결시켜 좀 더 쉽게 포도당을 만들어 낼 수도 있을 것이다.

주제 인공 광합성의 원리와 앞으로의 과제

구성
1문단: 지구의 탄소 순환에 매우 중요한 역할을 하는 광합성
2문단: 광합성의 명반응과 암반응
3문단: 명반응과 암반응의 효율 비교
4문단: 자연 광합성과 인공 광합성의 효율 비교
5문단: 광합성과 관련한 앞으로의 과제

07 세부 정보 파악   🄰 ②

2문단에서 '나뭇잎의 색깔을 결정하는 엽록소는 빛의 빨간색과 파란색의 파장을 흡수하고 녹색은 반사하기 때문에 잎의 색깔을 녹색으로 보이게 한다.'라고 설명하고 있다.

오답 피하기 ▶

① 1문단의 '공기 중의 이산화 탄소는 식물의 광합성에 의해 다시 나무의 섬유소나 감자의 녹말, 즉 포도당으로 전환된다. 이산화 탄소의 탄소가 녹말의 탄소로 순환된 것이다. 바꿔 말하면 낮은 에너지의 이산화 탄소가 높은 에너지의 녹말로 저장된 것이다.'에서 확인할 수 있다.

③ 4문단의 '태양 빛을 잘 잡을 수 있는 방법을 개발하는 것이 중요하다. 식물이 태양열을 이용해 감자를 만드는 효율을 두 배로 높일 수만 있다면 우리는 현재 생산하고 있는 식량의 두 배를 만들 수 있고, 그 감자로 알코올인 에탄올을 두 배로 만들어 에너지로 활용하면 된다.'에서 확인할 수 있다.

④ 4문단의 '암반응, 즉 잡은 태양 에너지를 유기 물질로 변화시키는 단계의 효율이 매우 낮아 현재 기술로는 자연 광합성 효율의 1/100에도 미치지 못하고 있는 것으로 밝혀졌다. 그래서 연구자들은 현재 0.1% 효율에서 수년 사이에 3%로 올리는 데 그 목표를 두고 있다.'에서 확인할 수 있다.

⑤ 5문단의 '식물들이 여러 종류의 빛을 받아들일 수 있는 능력을 광촉매와 연결시켜 좀 더 쉽게 포도당을 만들어 낼 수도 있을 것이다.'에서 확인할 수 있다.

08 구체적 상황에 적용하기   🄰 ③

2문단에서 '암반응은 빛에서 만들어진 에너지, 즉 명반응의 결과인 화학 에너지 같은 고에너지 물질로 공기 중의 이산화 탄소를 포도당과 같은 유기 물질로 만든다.'라고 했으므로 ④ 단계에서는 산소와 수소가 아니라 이산화 탄소를 이용하는 것이다.

오답 피하기 ▶

① 2문단의 '명반응은 빛이 관여하는 반응으로 빛 에너지를 다음 반응에도 쓸 수 있는 화학 에너지로 만든다.', '나뭇잎은 이 두 가지 광선을 흡수하고 이 광선이 가진 빛 에너지를 이용해 물을 산소와 수소로 분해하고, 이 과정에서 에너지가 충만한 화학 에너지를 만드는 것이다.'와 3문단의 '광합성 작용에서는 엽록소가 태양 전지의 광촉매와 같은 물질 역할을 하는데, 엽록소가 광촉매와 같은 물질보다 효율이 낮은 이유는 여러 가지가 있다. 잎의 모든 표면에서 태양 빛을 잡으면 잎은 더워서 죽어 버리게 되므로 자기한테 필요한 태양 에너지만 잡는다.'라는 내용을 바탕으로

정답과 해설

로 이끌어 낼 수 있다.

② 2문단의 '암반응은 빛에서 만들어진 에너지, 즉 명반응의 결과인 화학 에너지 같은 고에너지 물질로 공기 중의 이산화 탄소를 포도당과 같은 유기 물질로 만든다.'라는 내용을 바탕으로 이끌어 낼 수 있다.

④ 4문단의 '인공 광합성은 자연 광합성에 비해 효율이 떨어진다. 명반응, 즉 에너지를 잡는 효율에서는 광촉매를 이용한 부분이 엽록소보다는 좀 더 많은 태양 에너지를 잡을 수 있지만, 암반응, 즉 잡은 태양 에너지를 유기 물질로 변화시키는 단계의 효율이 매우 낮아 현재 기술로는 자연 광합성 효율의 1/100에도 미치지 못하고 있는 것으로 밝혀졌다.'라는 내용을 바탕으로 이끌어 낼 수 있다.

⑤ 2문단의 '명반응은 빛이 관여하는 반응으로 빛 에너지를 다음 반응에도 쓸 수 있는 화학 에너지로 만든다. 암반응은 빛에서 만들어진 에너지, 즉 명반응의 결과인 화학 에너지 같은 고에너지 물질로 공기 중의 이산화 탄소를 포도당과 같은 유기 물질로 만든다.'라는 내용을 바탕으로 이끌어 낼 수 있다.

09 세부 내용 추론

답 1. 잎의 모든 표면에서 태양 빛을 잡으면 잎은 더워서 죽어 버리게 되므로 자기한테 필요한 태양 에너지만 잡기 때문이다.

2. 잎은 자신이 잡은 에너지를 다른 형태의 에너지인 화학 물질로 전달시켜야 하는데, 한 형태에서 다른 형태로 에너지가 바뀌면서 에너지 전달 효율이 떨어지기 때문이다.

3문단의 '잎의 모든 표면에서 태양 빛을 잡으면 잎은 더워서 죽어 버리게 되므로 자기한테 필요한 태양 에너지만 잡는다. 또한 잎은 자신이 잡은 에너지를 다른 형태의 에너지인 화학 물질로 전달시켜야 하는데, 한 형태에서 다른 형태로 에너지가 바뀌면서 에너지 전달 효율이 떨어진다.'라는 내용을 바탕으로 추론할 수 있다.

[10~12] 돈의 주조를 청함

해제 이 글은 왕족으로서 승려가 된 의천이 왕에게 돈을 주조하자고 청하는 글이다. 글쓴이는 돈 주조의 필요성으로 돈이 지니는 네 가지 이점을 거론하고 있다. 첫째 이점은 돈이 운반하기 쉽다는 것이다. 둘째 이점은 교활한 무리나 이익을 탐하는 무리들이 쌀에 모래흙을 섞거나 무게를 속여 백성들을 더욱 고통에 빠지게 하는데, 돈을 사용하면 이러한 속임수를 막을 수 있다는 것이다. 셋째 이점은 국가에서 쌀로 봉급을 줄 경우, 창고에 저장하는 양이 적고,

쌀이 부족한 관공서에서는 다른 지방에서 쌀을 가져오기를 기다리는 불편함이 있는데, 봉급의 반을 돈으로 지급하면 이러한 어려움을 해소할 수 있다는 것이다. 넷째 이점은 쌀을 창고에 오래 보관하면 썩는 손실이 있고, 불이 나면 한꺼번에 재가 되는 위험이 있지만, 돈은 저장하기 용이하다는 것이다.

주제 돈 주조의 필요성

구성
1문단: 돈에 담긴 네 가지 뜻
2문단: 돈은 운반하기 쉬움.
3문단: 돈은 속임수를 쓸 수 없게 함.
4문단: 돈은 청렴하고 결백한 관리를 우대할 수 있게 함.
5문단: 돈은 저장하기 쉬움.

10 세부 정보 파악　　　**답** ⑤

5문단에서 '국가의 창고에는 주옥이나 귀패, 금, 은이나 서상 같은 보물을 제외하고 그 외에 저축하는 것은 쌀과 포목뿐입니다.'라고 했으므로 귀금속도 함께 보관했음을 알 수 있다.

오답 피하기

① 2문단의 '무릇 쌀을 화폐로 사용한다면 멀고 가까운 곳을 따라 교역할 때에 운반하기가 어려우므로 실제의 사용은 수량의 가벼운 것이지만 헛되이 소모하는 쪽은 천균처럼 무거운 점이 있습니다.'에서 확인할 수 있다.

② 2문단의 '곧 수백 리 밖으로부터 쌀을 운반할 때에 말 한 마리에 겨우 두 섬밖에 실을 수 없을뿐더러'와 '가난한 백성들이 소나 말이 없으면 직접 등에 지고 가다가 추위와 더위에 병들어 길에 쓰러지는 그 고통과 불편을 이루 다 말할 수 없습니다.'에서 확인할 수 있다.

③, ④ 4문단의 '국가에서 녹을 고르는 제도에도 쌀을 봉급으로 주면 창고의 저축은 1년분밖에 보관해 두지 못합니다. 그래서 관공서의 양반에서는 받기를 청하지만 오직 다른 지방에서 가져오기를 기다려야 합니다.'에서 확인할 수 있다.

11 세부 정보 추론　　　**답** ③

돈을 통해 농사로 인한 백성의 이익을 증가시킨다는 내용은 나타나지 않는다.

오답 피하기

① 1문단의 '첫째는 돈(錢)의 바탕은 둥글고 구멍은 모났다는 점을 들 수 있습니다. 둥근 것은 하늘을 본떴고 모난 것은 땅을 본뜬 것으로 이른바 덮고 실으며 돌고 돌기를 끊어짐이 없다는 것입니다.'와 〈보기〉의 '방의 위인이 밖은 둥글고 안은 모나며'에서

확인할 수 있다.

② 2문단의 '이런 점에서 지금 돈을 써서 사람이 지거나 말에 싣는 고통을 면해 주어야 할 것입니다.' 5문단의 '지금 만일 돈을 사용한다면 특별히 저장하는 데도 견고하여 걱정이 없을 뿐 아니라 백성들에게 나누어 주기에도 매우 편리합니다.'에서 돈의 보관과 사용의 편리함을 부각하고 있음을 확인할 수 있지만, 〈보기〉에는 이와 관련된 내용이 없다.

④ 〈보기〉의 '때에 따라 그에 맞게 변하기를 잘하여 한나라에서 벼슬하여 홍로경이 되었다. 그때에 오나라 왕 비가 교만하고 주제넘어 권세를 부렸는데, 방이 그에게 붙어 많은 이익을 얻었다.'에서 돈이 권세와 관련을 맺고 있음을 확인할 수 있지만, 이 글에는 이와 관련된 내용이 없다.

⑤ 〈보기〉의 '더구나 뇌물과 청탁이 낭자하고 버젓이 행해지니, 무릇 짊어지고 타게 되면 도둑이 된다고 한 것은 옛날의 분명한 경계이니, 청컨대 그를 면직하여 욕심 많고 더러운 자를 징계하옵소서.'에서 돈으로 인해 뇌물과 청탁이 많이 일어난다고 여김을 확인할 수 있지만, 이 글에는 이와 관련된 내용이 없다.

12 핵심 정보 파악

🔑 나라의 관리들에게 봉급의 반을 돈으로 지불하도록 한다. 그렇게 하면 쌀의 부족함과 흉년을 대비할 수 있어 권력과 재벌의 날뜀을 억누르고 청렴하고 결백한 이를 우대할 수 있다.

4문단의 '이에 과감히 원법을 시행하되 봉급의 반을 표준하여 돈을 지불하면 독촉을 줄일뿐더러 흉년을 대비하여 권력과 재벌의 날뜀을 억누르고 청렴하고 결백한 이를 우대할 수 있습니다.'를 바탕으로 추론할 수 있다.

[13~15] 군주의 자세와 성품

해제 이 글은 군주가 지녀야 할 성품이 무엇인지를 주장하는 글이다. 군주는 백성들에게 사랑받기보다는 두려움의 대상이 되어야 한다. 인간은 은혜를 모르고, 변덕스럽고, 위선적이며 기만에 능하기 때문에 언제든지 군주로부터 등을 돌릴 수 있다. 또한 인간은 두려움을 갖게 하는 사람보다 사랑받고자 하는 사람을 해치는 일에 덜 주저한다. 그러므로 군주는 두려움의 대상이 되도록 하고, 한편으로는 시민 내지 그들의 소유물에 손대지 않음으로써 미움의 대상이 되지 않아야 한다. 또한 군주는 한니발처럼 비인간적인 잔인함으로 군대를 통솔해야 한다. 스키피오처럼 자비심을 갖는다면 군대는 반란을 일으킬 것이다.

주제 군주가 지녀야 할 성품

구성

1문단: 두려움의 대상이 되는 것과 사랑받는 것 사이의 논쟁
2문단: 상황에 따라 변하는 인간의 본성
3문단: 인간의 소유욕에 대한 본성
4문단: 군대를 통솔할 때 지녀야 할 군주의 자세
5문단: 논쟁에 대한 결론

13 핵심 정보 파악 📖 ②

3문단에서 '군주가 사랑받지는 못하게 된다 해도 미움은 피할 수 있도록 자신을 두려움의 대상이 되도록 만들어야 한다.'라고 했는데, 이는 군주가 갖추어야 할 자질을 말한 것이지 인간의 본성에 대해 언급한 내용은 아니다.

오답 피하기 ▶

① 3문단의 '인간이란 아버지의 죽음은 쉽게 잊어도 아버지로부터 물려받을 유산을 빼앗기는 일은 좀처럼 잊지 못하는 존재이기 때문이다.'에서 확인할 수 있다.

③ 2문단의 '인간이란 은혜를 모르고, 변덕스럽고, 위선적이면서 기만에 능하고, 위험은 감수하려 하지 않으면서 이익에는 밝다.'에서 확인할 수 있다.

④ 2문단의 '당신이 그들을 잘 대접해 줄 동안 그들은 모두 당신 편이다. 즉 그들은 목숨을 바치더라도 군주를 믿고 나서야 할 상황과 멀리 떨어져 있을 때에는 자신들의 피와 재물·생명·자식을 바치려는 듯이 달려든다. 그러나 정작 필요할 때 그들은 등을 돌린다.'에서 확인할 수 있다.

⑤ 3문단의 '인간이란 두려움을 갖게 하는 사람보다 사랑받고자 하는 사람을 해치는 일에 덜 주저한다.'에서 확인할 수 있다.

14 세부 정보 추론 📖 ④

〈보기〉에서 '강력한 힘을 지닌 군주가 나타나 이탈리아 반도의 분열을 종식시키고 통일 왕국을 건설하기를 바랐다.'라고 했고, 5문단에서 '군주를 두려워하는 것은 군주의 뜻에 따른 것이기에, 현명한 군주라면 자신의 행동을 다른 사람의 의지가 아닌 자신의 의지에 기초해 결정해야 한다.'라고 했으므로 강력한 힘을 지닌 군주가 갖추어야 할 자질에 대해 알리고자 한 것임을 알 수 있다.

15 정보 간의 관계 파악

🔑 군주가 군대에서 다수의 병사를 제대로 통솔하기 위해서는 자비심보다는 비인간적인 잔인함이 필요하다.

4문단의 '군주가 자신의 군대와 함께 있으면서 다수의 병사들을 통솔해야 하는 경우라면 잔인하다는 명성에 신경 쓰지 않는 것이 전적으로 필요하다. 군대란 그런 명성 없이는 단결된 상태를 유지하지 못할뿐더러 어떠한 군사 작전도 감행하지 못하기 때문이다. 한니발의 경탄할 만한 행동에는 다음과 같은 사실도 포함된다.'와 '스키피오는 당대는 물론 그 이후 우리가 알고 있는 모든 기록 속에서도 가장 탁월한 인물로 평가받았지만, 에스파냐에서 그의 군대는 그에게 반란을 일으켰다. 이는 자신의 병사들에게 적절한 군사 기율을 넘어 방종을 허용했던 스키피오의 과도한 자비심 때문에 일어난 일이었다.'를 바탕으로 이끌어 낼 수 있다.

[16~18] 인터넷 매체의 정보 내용물의 특징

해제 이 글은 인터넷을 기반으로 하는 각종 서비스들이 지닌 특성을 제시하고 이러한 매체의 사용이 광범위해지면서 발생하는 몇 가지 쟁점을 알리는 글이다. 과거의 대중 매체는 생산자와 소비자가 뚜렷이 구분되었지만, 인터넷을 기반으로 하는 각종 서비스들은 '상호 작용성'을 특징으로 하면서 생산자와 소비자 간에 경계가 모호해졌다. 일반인들이 매체 정보 내용물을 직접 생산하거나, 기존 정보 내용물을 재가공하여 게재하기도 하고, 각종 정보 내용물에 댓글을 작성하거나 온라인 토론이나 대화에 참여하기도 한다. 이처럼 정보 내용물 생산과 유통이 광범위해지면서 정보의 수준이 하향 평준화되어 '낚시성' 기사, '광고성' 기사 등의 폐해를 일으키고 있다. 이처럼 저급한 정보 내용물을 가려내고, 그로부터 나쁜 영향을 받지 않으려면 이용자 개개인이 분별력을 갖추어야 한다.

주제 인터넷을 기반으로 한 각종 정보 내용물의 폐해와 유의점

구성
1문단: 과거 대중 매체와 인터넷 기반 매체의 특징 비교
2문단: 일반인들이 매체 정보 내용물 생산 및 유통에 참여하는 방법
3문단: 광범위한 매체 정보 내용물 생산 및 유통으로 발생한 쟁점
4문단: 광범위한 매체 정보 내용물 생산 및 유통으로 인한 폐해
5문단: 폐해로부터 영향을 받지 않기 위해 유의할 점

16 내용 전개 방식 파악   답 ②

인터넷 매체가 지닌 특징과 그에 대한 쟁점을 소개한 후 인터넷 매체를 이용할 때 유의해야 할 점을 제시하고 있다.

오답 피하기
① 인터넷 매체가 발전해 온 과정을 설명하는 내용은 없다.
③ 인터넷 매체의 종류별 장단점을 비교하여 우열을 가리고 있지 않다.
④ 인터넷 매체의 사용으로 인한 문제점을 극복하기 위해 '개개인이 분별력을 갖추어야 한다.'라는 내용만 언급할 뿐 문제점을 해결하기 위한 다양한 대안을 제안하고 있지 않다.
⑤ 인터넷 매체와 관련하여 기존의 관점을 반박하거나 창의적인 시각에서 새로운 관점을 도출하고 있지 않다.

17 구체적 상황에 적용하기   답 ④

2문단에서 '가장 적극적인 유형으로는 ~ 각종 정보 내용물에 댓글을 작성하거나 온라인 공간에서 매체 정보 내용물을 주제로 한 토론이나 대화에 참여하는 방법도 있다.'라고 설명하고 있다.

오답 피하기
① 〈보기〉에서 기사의 제목은 '민감성 아토피 습진 완치도 가능!'이지만, 기사의 내용은 '아직까지도 정확한 원인이 밝혀지지 않아 복합적인 요인으로 인한 면역계 질환으로 접근할 수밖에 없으며 명확한 치료법 또한 없는 것이 현실이다.'이므로 4문단에서 언급한 '클릭 유도를 위해 기사 내용과 일치하지 않는 자극적 제목을 붙이는 '낚시성' 기사'라고 볼 수 있다.
② 〈보기〉에서 기자는 특정 바디 케어 브랜드인 ◇◇◇가 피부 트러블의 진정을 돕는다고 소개하고 해당 업체 관계자의 말을 전달하고 있다. 이는 4문단에서 언급한 '특정 기업이나 정부 조직 등으로부터 대가를 받고 홍보하는 내용의 기사를 써 주는 '광고성' 기사'라고 볼 수 있다.
③ 2문단의 '이에 비해 좀 더 소극적이고 간접적인 방식으로는 특정 매체 정보 내용물을 공유하기, 정보 내용물 및 댓글에 '좋아요', '싫어요', '화나요'와 같은 공감 표시하기, 추천하기 등이 있다.'라는 내용을 통해 이끌어 낼 수 있다.
⑤ 3문단의 '전문적인 훈련을 받은 직업 언론인들과는 달리 취재나 보도 윤리에 대한 인식이 낮은 일반인들이 기본적인 사실 확인도 거치지 않은 채 그저 흥미롭다는 이유로 게시물을 작성하거나 퍼 나르는 일이 비일비재하다는 점이다.'라는 내용을 통해 이끌어 낼 수 있다.

18 세부 내용 추론

답 기존의 대중 매체는 정보 내용물을 불특정 다수에게 일방적으로 전달하며, 생산자와 수용자의 구분이 뚜렷하지만, 인터넷 매체는 정보 내용물의 전달이 상호 작용적이며 생산자와 소비자 간의 경계가 모호하다. 1문단에서 대중 매체가 중심이 되는 의사소통 환경에서는 정보 내용물을 생산하는 사람과 소비하는 사람이 뚜렷이 구분되는 데 반해 인터넷과 이를 기반으로 운용되는 각종 서비스들은 일방향성이 아닌 '상호 작용성'을 특징으로 하며, 그 안에서는 정보 내용물 생산자와 소비자 간 경계가 모호하다고 설명하고 있다.

Ⅳ. 독서의 태도

1 독서 계획 실천하기

내신 대비 평가 01

본문 124~125쪽

01 ①　　　02 ②　　　03 ④

나의 독서 편력기_ 장석주

해제 이 글은 지속적인 독서 활동을 이어 온 글쓴이가 자신이 생각하는 독서의 효용과 책과 친해지는 방법을 소개하여 독자들로 하여금 장기적인 독서 계획을 세우고 실천할 수 있도록 돕는 글이다. 글쓴이는 다양한 책들을 두루 찾아 읽은 경험을 바탕으로 책과 친해지는 방법 네 가지를 소개하고 있는데, 그것은 책에 몰입하기, 독서의 즐거움 찾기, 어떤 책을 읽을지 계획하기, 읽은 내용을 기억하는 데에 매달리지 않기 등이다.
주제 다양한 독서 경험을 통해 얻는 효용과 지속적 독서를 위한 방법
구성
1문단: 다양한 독서를 통한 전가통의 앎 추구
2문단: 반가통의 앎이 지배하는 사회
3문단: 전가통의 앎을 추구하는 즐거움
4문단: 지속적 독서를 위해 책과 친해지는 방법
5문단: 인류 문명의 발전을 추동해 온 독서

01 세부 내용 파악　　답 ①

글쓴이는 '생업에서 풀려나온 뒤' 다시 활력을 찾고 풍요로워진 독서 경험을 소개하고 있다. 따라서 한번 독서에서 멀어지면 돌이키기 어렵다는 것은 글쓴이의 견해라고 볼 수 없다.

오답 피하기 ▶

② 글쓴이는 책 읽기에서 즐거움을 찾지 못한다면 지속하기 어렵다고 하여 지속적 독서의 비결을 즐거움에서 찾고 있다.
③ 글쓴이는 희망 없는 내일과 궁핍이 의식을 옥죄는 가운데 독서를 통해 그 고통을 견뎌 냈음을 고백하고 있다.
④ 5문단에서 '더 많은 책을 읽고 싶다는 욕망은 인간이라는 종의 생명 원리에 비추어 보자면 불가피한 욕망이다.'라고 주장하고 있다.
⑤ 글쓴이는 '생업에서 풀려나온 뒤로 나의 독서 편력은 다시 활

력을 찾았다고 했다. 따라서 글쓴이에게 독서는 현실적인 이익과 무관한 것임을 파악할 수 있다. 또한 독서를 '생명 원리에 비추어 보자면 불가피한 욕망'이라고 하여 독서가 그 자체로 인간에게 필수적인 일이라고 생각하고 있음을 드러낸다.

02 생략된 정보 추론　　답 ②

책들을 꼼꼼하게 고르고 사려면 어떤 책을 읽을 것인지 사전에 계획하는 것이 필요하다. 이에 책을 고르는 과정에서 이미 책 읽기가 시작된다고 한 것이다. 따라서 책을 읽는 목적을 정한 후에 이에 맞는 책들을 골라야 한다.

오답 피하기 ▶

①, ③ 다른 사람으로부터 추천받은 책의 목록에 따라 읽어 나가는 것, 어떤 책을 읽을지 고민하지 않는 것은 모두 책을 꼼꼼하게 고르는 과정을 생략한 것과 같다. 따라서 '책을 고르는 과정에서 이미 책 읽기가 시작된다.'라는 말과 무관하다.
④ 글쓴이는 읽은 책의 내용을 다 기억하려고 애쓰지 말 것을 제안한다. 이는 기억에 대한 압박감에서 벗어나 독서를 즐길 수 있어야 한다는 생각이 반영된 것이다. 따라서 책을 읽으면서 얻은 정보를 기록해 두는 것은 글쓴이의 생각과 무관하다.
⑤ 글쓴이는 읽은 책의 내용을 모두 기억하려고 하면 책과 친해지기 어렵다고 생각한다. 그러나 이것이 기억하기 위해 애쓰지 않아도 되는 책을 읽으라는 뜻은 아니다.

03 정보 간의 관계 파악　　답 ④

보통 사람들에게 ㉠은 삶의 기초 소양이 되는 앎을 제공한다. 이는 적당히 아는 것, 사는 데 크게 불편하지 않을 정도의 앎을 의미한다.

오답 피하기 ▶

① 반가통의 사회에서는 지적으로 나태해도 살아남을 수 있다고 소개하고 있다.
② 반가통은 사물의 이치를 어렴풋하게 이해하는 것이며, 글쓴이가 전가통의 세계를 꿈꾼 것으로 보아 반가통은 전가통과 달리 글쓴이에게 만족감을 주지 못한다고 추측할 수 있다.
③ 반가통의 사회는 대충 알고 모르는 것은 관습이나 관행으로 지탱한다고 설명하고 있다. 관습이나 관행을 통한 앎은 책을 통하지 않고서도 얻을 수 있다.
⑤ 반가통의 사회는 관습이나 관행으로 지탱되는 사회이다. 그러나 전가통은 사람이 깨치고 알아야 할 이치와 앎을 제 것으로 만드는 것이다.

내신 대비 평가 02
본문 126~127쪽

| 04 ① | 05 ④ | 06 해설 참조 |

어떤 책부터 읽으면 좋을까요?_ 정혜윤

해제 이 글은 글쓴이가 자신만의 책 목록을 갖게 된 과정을 서술하고 있다. 글쓴이는 관심 있는 주제별로 책 읽기, 책 속의 책 따라가기, 현실에서 궁금한 것을 책에서 찾아보기의 세 가지 방법으로 책 목록을 작성하여 독서를 실천한다. 이를 설명하기 위해 글쓴이는 관심 있어 하는 주제인 여행과 관련된 책, 글쓴이가 좋아하는 오에 겐자부로의 『개인적인 체험』과 관계되는 책, 천안함 사고로 갖게 된 천국에 대한 궁금증을 바탕으로 읽게 된 책 등을 소개한다.

주제 독서 계획을 세우고 실천하는 구체적 방법으로서 책 목록 작성법

구성
1문단: 관심 있는 주제를 따라 읽은 책 소개
2문단: 책을 통해 얻게 된 새로운 통찰
3문단: 책 속의 책을 따라 읽은 책 소개
4문단: 궁금증을 해결하기 위해 읽은 책 소개

04 세부 내용 파악
답 ①

글쓴이는 책 목록을 작성하는 세 가지 방법을 소개하고 있다. 따라서 이 글은 책 목록을 어떻게 작성하는가의 물음에 대한 답이 될 수 있다.

오답 피하기
② 목록을 작성하는 목적은 드러나 있지 않다.
③ 실천 가능한 분량인가에 대해서는 드러나 있지 않다.
④ 독서 계획을 세웠을 때 얻을 수 있는 효과는 드러나 있지 않다.
⑤ 다양한 분야의 책을 읽기 위한 노력은 드러나 있지 않다.

05 세부 내용 추론
답 ④

글쓴이가 『허클베리 핀의 모험』을 읽은 것은 자신이 좋아하는 책인 『개인적인 체험』의 작가인 오에 겐자부로가 『허클베리 핀의 모험』을 좋아한 사실을 알고, 그 작품이 『개인적인 체험』에 영향을 미친 작품이라고 생각하였기 때문이다. 『개인적인 체험』을 읽고 의문이 생겨 『허클베리 핀의 모험』에서 그 답을 얻고자 한다는 내용은 드러나 있지 않다.

오답 피하기
① 글쓴이는 자신의 관심사에 따라 책 목록을 선택하는 방법을 제시하고 그 예시로 여행과 관련된 책들을 소개하고 있다.
② 글쓴이는 책 속의 책을 따라가며 읽는 방법을 소개하며 그 예시로 자신이 좋아하는 책인 『개인적인 체험』과 관련된 책들을 소개하고 있다.
③, ⑤ 글쓴이는 세상에 대한 관심에 따라 책을 읽는 방법을 소개하며 그 예시로 천안함 사고에서 갖게 된 천국에 대한 궁금증을 『신곡』을 읽으면서 해결해 보고자 했던 경험을 소개하고 있다.

06 세부 내용 추론

답 ㉮: 보이지 않는 신비한 이야기가 있다는 뜻이다. ㉯: 흥미진진하고 다양한 이야기들로 채워진 여행기를 뜻한다. ㉰: 여행지의 도시와 사람들에 대한 흥미진진하고 다양한 이야기들이 숨겨져 있다.

크로노스는 그리스 신화 속 주요 신들의 아버지이자 신탁을 두려워하여 자식들을 삼켰다가 뱉어 낸 존재이다. 이는 비유적인 표현이므로 앞뒤 내용을 통해 그 의미를 추론해 볼 수 있다. ㉠ 앞에 제시된 '보이는 것이 다가 아니었습니다.'를 통해 글쓴이가 관심을 갖는 것은 겉으로 드러나 보이지 않지만 존재하는 것임과, ㉠ 뒤의 '천일야화풍의 여행기'를 통해 흥미진진하고 다양한 이야기에 대한 글쓴이의 관심이 ㉠과 관련된 것임을 짐작할 수 있다.

2 독서 경험 나누기

내신 대비 평가 01
본문 130~131쪽

| 01 ② | 02 ⑤ | 03 해설 참조 |

그 책이 나를 흔들어 놓았어_ 최재천

해제 이 글은 글쓴이가 자신의 삶에 영향을 준 독서 경험을 소개하고 있다. 글쓴이는 『이기적 유전자』를 읽고 난 뒤 다양한 삶의 의문들이 단번에 해소되는 듯한 황홀감을 느꼈다. 그러나 곧 자신

은 유전자에 의해 지배받는 무력한 존재일 뿐이라는 것에 좌절감을 느끼게 되었다. 이후 이 책과 관련되는 주제를 다루는 책들을 더 읽어 보고, 이 책의 주제로 토론하며 점차 인간의 유한함과 자유 의지에 대해 생각해 보게 되었으며 이를 통해 삶에 대한 자신만의 가치관을 정립하게 되었다고 밝히고 있다.

주제 『이기적 유전자』를 읽고 난 이후 삶의 변화

구성
1문단: 『이기적 유전자』의 내용과 자신에게 미친 영향
2문단: 『이기적 유전자』를 읽고 느낀 황홀감
3문단: 『이기적 유전자』를 읽고 느낀 좌절감
4문단: 『이기적 유전자』를 재해석하기 위한 노력
5문단: 『이기적 유전자』를 통해 얻은 깨달음

01 세부 내용 추론 답 ②

글쓴이는 책을 읽고 난 뒤 자신의 삶의 태도가 변화되었다고 서술하였다. 따라서 이 글에서는 독서를 통해 삶의 방식과 세계관을 정립하는 모습을 확인할 수 있다.

오답 피하기 ▶
① 글쓴이가 『이기적 유전자』를 읽고 새로운 작품을 창작하였다는 내용은 없다.
③ 『이기적 유전자』를 통해 글쓴이가 얻은 깨달음은 제시되어 있으나 다양한 간접 경험을 했다는 내용은 없다.
④ 『이기적 유전자』를 통해 글쓴이가 자신의 과거를 반성하는 내용은 없다.
⑤ 『이기적 유전자』를 다양한 목적으로 읽었다는 내용은 없다.

02 정보 간의 관계 파악 답 ⑤

〈보기〉에서 인간이 자연 과학의 법칙에 지배를 받기만 한다면 사랑의 호르몬이 끝나는 순간 이별을 해야 맞다. 〈보기〉는 인간이 사랑이라는 감정을 느끼는 원인은 호르몬만이 아님을 지적하고 있다.

오답 피하기 ▶
① ㉠에 따르면 살아 숨 쉬는 생명체는 모두 유전자의 지시대로 움직이는 기계일 뿐이다. 따라서 이 세상 모든 것에 대한 답을 유전자에서 찾는다. 2문단에서 글쓴이는 ㉠을 통해 그전에 가졌던 삶의 의문에 대한 답이 명쾌하게 설명되었다고 서술하였다.
② ㉠은 유전자라는 자연 과학의 관점에서 인간을 바라본다. 따라서 자연 과학의 법칙을 인간에까지 확장시켰다고 볼 수 있다.
③ 관찰과 실험을 통해 인간의 행동을 파악하는 것은 ㉠의 관점에 가깝다. 〈보기〉는 ㉠에 반대하는 입장이다. 또한 실제로 사람

들을 상대로 관찰하거나 실험한 결과를 제시하고 있지도 않다.
④ 〈보기〉는 호르몬으로 사랑을 설명할 수 없다는 내용을 담고 있으므로 인간의 자유 의지와 자연 과학 법칙이 서로 상충되는 관계에 있음을 드러낸다.

03 세부 내용 추론

답 ㉮: 여러 가지 삶의 의문에 대한 명쾌한 답을 얻은 기분이었다. ㉯: 자신의 노력은 의미 없다는 생각에 낙망하게 되었다. ㉰: 인간만이 유전자에 대항할 수 있는 존재임을 알고 인간을 새롭게 보았다.

글쓴이가 『이기적 유전자』를 읽고 난 뒤에 어떤 반응을 보이는지 정리해 봄으로써 책을 통한 깊이 있는 사유에 대해 배울 수 있다. 시간의 흐름에 따라 글쓴이의 생각은 점차 변화하였으며 그 결과 현재 자신의 세계관을 정립하게 되었음이 드러난다.

내신 대비 평가 02 본문 132~133쪽

| 04 ③ | 05 ⑤ | 06 해설 참조 |

나를 지켜보는 이, 그 한 사람이 살아가는 의미가 된다_ 조성기

해제 이 글은 빅터 프랭클의 『죽음의 수용소에서』와 연관된 독서 경험이 담긴 글이다. 글쓴이는 과거 극한의 고통스러운 경험을 한 적이 있는데 이때 이 책이 주는 힘으로 시련을 견뎌 낼 수 있었다. 이 책에서 프랭클은 아우슈비츠 수용소의 경험을 통해 인간은 환경과 조건에 굴복당하는 존재가 아님을 주장하였다. 그는 고통스러운 인생이지만 인간은 그 속에서 '의미'를 찾으려는 '의지'를 갖는다고 주장했다. 극한의 상황에서도 주어지는 인생의 의미는 타인과 자신의 삶에 대한 '책임'과 직결되며, 어떠한 태도로 살 것인가 하는 '자유'를 통해 어떠한 상황에서도 인간으로서의 존엄성을 지키고자 하는 의지를 완성시킬 수 있다고 보았다.

주제 『죽음의 수용소에서』를 통해 얻은 힘

구성
1문단: 『죽음의 수용소에서』를 통해 얻은 힘
2문단: 빅터 프랭클의 주장과 그 배경
3문단: 고통을 이겨 내는 힘으로서 '의미에의 의지'
4문단: 타인과 인생에 대한 책임으로서의 '의미'
5문단: 인간의 존엄성을 지키고자 하는 '자유'와 '의지'

04 세부 내용 추론 답 ③

〈보기〉의 해독은 단순히 문자 기호를 인식하는 행위이다. '품위를 잃고 비굴해지려고 할 적마다 그 책의 구절이 나를 책망하고 깨우쳐 주었다.'에서 글쓴이가 단순히 책의 내용을 암송한 것이 아님을 알 수 있다. 자신의 상황이 적극적으로 동원되어 책을 이해하는 모습이므로 해독이 아닌 독해로 볼 수 있다.

오답 피하기 ▶

① 〈보기〉는 '독해'의 과정에 독자의 경험이 적극적으로 동원됨을 설명하고 있다. 글쓴이는 책을 읽을 당시 자신의 상황과 책의 내용을 연결하여 능동적으로 의미를 구성한 결과 책에 공감하고 감격할 수 있었다.

② 〈보기〉에서 '독서'를 통해 삶의 문제를 해결할 수 있다고 하였다. 글쓴이는 책이 주는 힘으로 어려운 상황을 견뎌 낼 수 있었다고 고백하고 있다.

④ 〈보기〉의 '독해'는 독자가 글의 의미를 구성해 가는 행위이다. 따라서 글쓴이가 '인생의 의미는 책임과 직결되는 셈'이라고 재진술한 것은 프랭클의 말을 독해한 것이라 할 수 있다.

⑤ 〈보기〉에서 '독서'가 글의 의미를 찾아 가는 문제 해결 과정이라고 하였다. 글쓴이는 프랭클의 '의미에의 의지'를 책임, 자유와 연결하여 설명하고 있다. 즉 아무것도 기대할 것이 없는 극한의 상황에서도 주어진 인생에 책임감을 갖고 고귀한 것을 선택해야 한다는 것이다. 따라서 이 과정은 글의 의미를 찾아 가는 문제 해결 과정으로 볼 수 있다.

05 세부 정보 파악 답 ⑤

'의미에의 의지'는 의미를 찾기 어려운 부정적 상황에서도 의미를 찾으려는 의지로써, 고통을 이겨 내는 힘이 된다. 이는 뒤에 이어지는 내용인 '의미에의 의지를 발동하여 의미를 찾고 인생을 견디어 내었다.'를 통해 확인할 수 있다.

오답 피하기 ▶

① 바로 앞에서 '어떤 상황 속에서도 의미를 찾으려는 의지'라고 설명하고 있다.

② 의미를 찾기 위해 지속적으로 노력해야 한다는 내용은 확인하기 어렵다.

③ '의미에의 의지'는 부정적 상황을 이겨 내는 힘이 되므로 부정적 상황을 회피하기 위한 것으로 보기 어렵다.

④ '의미에의 의지'는 인간이 자신이 경험하는 고통과 슬픔에 의미를 부여하는 것으로, 그 의미가 동일하다는 내용은 이 글에서 확인하기 어렵다.

06 생략된 정보 추론

답 ㉮: 시련과 고통 속에서도 끝까지 인간의 품위를 지킨다. ㉯: 인간은 환경과 조건에 굴복당하는 존재가 아니다.

빅터 프랭클이 말한 '선의의 인간'에 대한 설명은 2문단에 나타난다. 프랭클은 아우슈비츠 수용소의 극한 상황에서도 자기보다 동료들을 우선 챙기고 불의에 굴복하지 않는 모습을 보이는 사람들을 '선의의 인간'이라고 표현하였다. 그는 이 수용소 체험을 통해 인간이 환경과 조건에 굴복당하는 존재가 아님을 확신하게 되었다.

단원 평가 본문 134~137쪽

01 ④ 02 ⑤ 03 ⑤ 04 ⑤ 05 ③
06 ④

[01~03] 고전을 읽어야 하는 이유

해제 이 글은 고전의 가치와 고전 교육의 필요성에 대한 글쓴이의 주장을 담고 있다. 글쓴이는 고전이 그저 과거의 고리타분한 이야기가 아니며, 아무리 시대가 바뀌어도 변하지 않는 인간의 근본적 조건과 그에 대한 인간의 반응이 고전 속에 담겨 있다고 주장한다. 따라서 이러한 고전을 다음 세대에 교육하는 것은 '우리'가 누구인지 알려 주는 것이며, 과거의 잘못을 되풀이하지 않도록 막아 주는 것이다. 글쓴이는 인간 경험의 근본적 조건을 생각하게 하는 책, 역사 앞에 서 있는 우리의 책임을 끊임없이 환기시키는 책을 고전으로 보고 이러한 책들을 읽어 볼 것을 권유하고 있다.

주제 고전의 가치와 고전 교육이 필요한 이유

구성
1문단: 고전 교육이 필요한 이유
2문단: 고전 교육에 대한 세간의 의구심
3문단: 고전의 현재적 의미와 가치
4문단: 고전이 될 수 있는 책의 특징

01 핵심 정보 파악 답 ④

고전이 역사에 대한 책임을 환기시킨다는 것은 고전을 읽음으로써 사회적·역사적 존재로서 개인을 인식하고 올바른 삶의 방향을 정립할 수 있다는 것이다. 이는 책의 내용이 어렵다는 것과는 별개이다.

오답 피하기 ▶

① 글쓴이는 고전의 필요성을 강조하고 있다. 이때 고전은 '고전(古典)'이다.

② 작가는 고전이 오늘날 사람들의 삶에 꼭 필요하다고 주장한다. 이는 '고전(古典)'의 현재적 가치를 의미한다.

③ 어떤 책을 고전으로 삼아야 할 것이냐고 묻는 바탕에는 고전(古典)이 선택된 것이며 불변하는 것이 아니라는 전제가 숨어 있다.

⑤ 고전 읽기의 의미에 의문을 제기하는 것은 고전을 단순히 예로부터 전하여 내려오는 이야기인 '고전(古傳)'과 같은 것으로 이해했기 때문이다.

02 반응의 적절성 평가 답 ⑤

4문단에서 글쓴이는 독자들에게 역사적 책임감을 환기시키는 책을 고전으로 삼아야 한다고 주장하고 있다.

오답 피하기 ▶

① 4문단에서 인간을 불행하게 한 수많은 역사적 사건들이 인간에 의해 자행되었으며, 따라서 이를 되풀이하지 않으려는 책임을 느끼는 것이 중요한 문제임을 지적하고 있다. 조선 시대의 신분 제도 역시 이러한 예로 이해할 수 있다.

② 글쓴이는 고전이 환기하는 역사에 대한 책임이란 과거의 사건에 책임지라는 말이 아니라고 설명하고 있다.

③ 3문단에서 '인간 경험의 근본적 조건'을 시공을 초월한 인간 존재의 한계와 연결하여 설명하고 있다.

④ 3문단에서 기술 환경이나 사회 관계가 완전히 달라진 오늘날에도 고전을 읽어야 하는 이유를 제시하고 있다. 따라서 시대가 변화하였다는 것으로는 고전을 읽어야 하는 이유를 설명할 수 없다.

03 세부 내용 추론 답 ⑤

고전이 오늘날에도 여전히 의미를 갖는 이유는 인간의 근본적 조건, 유한함은 변하지 않기 때문이다.

오답 피하기 ▶

① 과거 사람들의 삶에 답답함을 느끼는 내용은 찾을 수 없다.

② 과거와 달라진 현재의 모습은 고전의 시의성에 문제를 제기하는 사람들이 근거로 삼는 내용이다.

③ 시대가 변화함에 따라 고전에 대한 반응이 달라졌다는 것은 고전의 시의성에 문제를 제기하는 사람들이 근거로 삼는 내용이다.

④ 고전을 통해 영원한 것이 없는 인생에 무상감을 느낀다는 내용은 찾을 수 없다.

[04~06] 학문의 가치와 방법

해제 이 글은 학문의 가치와 특성을 살핀 후, 학문의 방법과 이를 통한 인격 형성에 대해 설명하고 있다. 글쓴이는 실생활과 거리가 멀었던 기존의 학문을 비판하면서 학문은 어떠해야 하는가에 대한 답을 찾고 있다. 특히 관찰과 경험을 통해 추려진 학문을 사람들이 이용할 수 있어야 함을 주장하여 학문의 유용성을 강조한다. 이러한 학문의 방법으로 제시된 독서는 목적에 따라 여러 가지 방법으로 이루어지며 이를 통해 인격을 형성해 갈 수 있다고 주장한다.

주제 학문이 갖는 가치와 학문의 방법

구성

(가) 학문이 인간에게 주는 유용함
(나) 학문의 의미와 가치
(다) 학문의 방법으로서 독서
(라) 학문을 통한 인격 형성

04 세부 내용 파악 답 ⑤

(다)에서 올바른 독서는 무게를 재고 고려하기 위한 것이어야 하며 책에 따라 독서의 방법이 달라짐을 제시하고 있다.

오답 피하기 ▶

① (라)에서 독서, 담화, 기록이 갖는 효용이 제시되고 있다.

② (라)에서 학문이 마음속의 장애나 방해를 제거하여 인격을 형성하게 만든다고 주장하고 있다.

③ (가)는 학문이 인간에게 주는 효용을 제시하고 있다. 학문을 발전시키는 인간의 특성을 설명하는 내용은 없다.

④ (나)에서 천성, 경험, 기술 등과 관련지어 학문의 의미를 설명하고 있다. 천성, 경험, 기술 등이 학문보다 중시되는 상황이나 이를 비판하는 내용은 없다.

05 구체적 상황에 적용하기 　　　답 ③

ⓒ에서 천성을 천연의 식물에 비유한 것은 천성 그 자체로는 의미를 드러내기 어렵고 학문에 의해 가지치기가 되어야 하는 대상임을 설명하기 위함이다. 또한 〈보기〉에서 베이컨이 중시한 것은 '외적 자연'이므로, 이는 '천성'과 거리가 멀다.

오답 피하기 ▶

① 〈보기〉에 따르면 베이컨은 기존의 학문을 비판하였다. ㉠에서 비판되는 학문의 특성은 기존의 학문과 관련지어 이해할 수 있다.
② 〈보기〉에서 베이컨은 경험주의의 아버지로 불리는 인물이라고 했다. ㉡에서 학문을 완전하게 만드는 경험에 대해 강조한 것은 베이컨의 이러한 면모를 드러낸다.
④ 〈보기〉에서 베이컨은 실질적으로 도움이 될 수 있는 학문과 기술의 진보를 주장하였다. ㉣의 학문을 이용할 수 있어야 한다는 말에서 베이컨의 생각을 확인할 수 있다.
⑤ 〈보기〉에서 베이컨은 학문적 방법론으로 개별적 사실을 중시하는 귀납법을 주장하고, 실험의 중요성을 강조하였다. ㉤에서 학문을 관찰에 의해 얻어지는 예지라고 설명하는 데에서 개별적 사실로부터 확장된 명제를 이끌어 내는 귀납법에 대한 베이컨의 관심을 엿볼 수 있다.

06 반응의 적절성 평가 　　　답 ④

(다)에서 어떤 책은 '타인에 의해 발췌된 내용만을 읽어도 좋다.'라고 하였으므로, 어떠한 상황에서도 전부 읽기를 하는 것이 중요하다고 주장한 것은 아니다.

오답 피하기 ▶

① 독서가 '무게를 재고 고려하기 위한 것'이라고 하여 독서를 특별한 목적을 지향하는 행위로 인식하고 있다.
② 책 중에는 음미해야 할 책과 이해하기 위한 책, 씹어서 소화해야 할 책이 있는데, 이에 따라 책을 읽는 방법이 달라져야 한다고 주장하고 있다.

③ 발췌하여 읽어도 되는 중요하지 않은 책이 아니라면 발췌하여 걸러진 책은 증류한 물과 같이 아무런 맛도 없는 것이 되어 버린다고 하였으므로 발췌 읽기가 책의 진가를 알기 어렵게 만든다고 볼 수 있다.
⑤ 남에 의해 발췌된 내용만을 읽어도 되는 책은 그 내용이 비교적 중요하지 않거나 고상하지 않은 책이라고 주장하고 있다.

01 ④	02 ②	03 ③	04 ④	05 ④
06 ④	07 ②	08 ③	09 ①	10 ⑤
11 ④	12 ③	13 ⑤	14 ②	15 ①

[01~06] 독점 시장과 정부 정책

해제 이 글은 독점에 의한 사회적 손실을 줄이기 위한 정부의 여러 정책을 경제학적인 원리를 바탕으로 설명한 글이다. 독점 시장에서는 생산량 감소와 가격 인상에 따른 사회적 손실이 발생하게 된다. 따라서 정부는 사후적 독점 규제 정책으로 '한계 비용 가격 설정'과 '평균 비용 가격 설정' 등을 사용하게 된다. 한편 사전적 독점 규제 정책도 사용하는데, 합병 규제와 경쟁 촉진 정책 등이 있다.

주제 독점으로 인한 사회적 손실을 줄이기 위한 정책

구성
1문단: 독점 시장의 개념과 독점 형성 요소
2문단: 독점으로 인해 발생하는 후생 손실의 원리
3문단: 후생 손실의 발생 예
4문단: 정부의 가격 규제 정책
5문단: 정부의 사전적 독점 규제 정책

01 세부 정보 파악 답 ④

이 글에서는 독점으로 인해 사회의 후생 손실이 생길 수 있음을 설명하고, 이를 해결하기 위한 여러 가지 정책을 경제학적인 원리를 활용하여 설명하고 있다.

오답 피하기
① 독점으로 인한 후생 손실을 줄이기 위한 여러 정책을 소개하였으나, 이 정책의 효과를 실증적으로 검토하지는 않았다.
② 독점으로 인해 후생 손실이 발생하는 원리를 분석함으로써 독점 시장의 단점을 밝히고 있으나, 독점 시장의 장점에 대해서는 분석하지 않았다.
③ 독점으로 인해 발생하는 후생 손실에 대해서는 설명하였으나, 이것이 사회의 각 분야에 미치는 영향을 분석하지는 않았다.
⑤ 독점 시장에서 가격이 결정되는 원리는 설명하고 있으나, 후생 손실에 대응하는 다양한 시장의 반응은 나타나 있지 않다.

02 세부 정보 파악 답 ②

전매권, 특허권, 희귀 자원의 독점 사용권 등과 같은 진입 장벽은 독점을 형성하는 중요한 요소가 된다고 하였다. 따라서 시장

의 진입 장벽은 독점 기업의 독점을 강화하는 역할을 한다고 볼 수 있다.

오답 피하기
① 독점 시장에서는 공급 곡선이라는 개념이 존재하지 않기 때문에 독점 기업이 임의로 생산량을 결정하여 가격 설정의 주체가 될 수 있다. 따라서 독점 기업의 생산량이 시장의 수요 곡선에 의해 결정된다는 설명은 적절하지 않다.
③ 독점 기업이 가격을 조절할 수는 있으나 시장의 수요를 마음대로 조절할 수 있는 것은 아니다.
④ 대체 재화가 등장하면 독점 기업의 독점 지위가 상실되어 독점 시장이 경쟁 시장으로 바뀌게 되므로 독점 기업의 가격 경쟁력이 그대로 유지될 수는 없다.
⑤ 독점 시장에서의 가격은 독점 기업이 결정할 수 있으므로, 독점 시장에서 형성된 가격이라는 개념 자체가 존재하지 않는다.

03 정보 간의 관계 파악 답 ③

규모의 경제가 나타날 때, ㉠에 비해 ㉡이 기업의 손실을 줄여 줄 수는 있으나, ㉡도 독점을 규제하기 위한 정책의 하나이므로 기업의 이윤을 극대화하는 것은 아니며 규모의 경제를 확대할 수도 없다.

오답 피하기
① ㉠은 독점 기업이 제품의 가격을 하락시키도록 유도하여 소비자 잉여를 증대시키는 효과가 있다.
② ㉠에 의해 제품의 가격이 하락하면 결국 독점 기업은 생산량을 증가시켜 기업의 손실을 줄이게 된다.
④ 규모의 경제가 존재하는 독점 기업의 가격을 한계 비용 곡선과 일치되도록 규제하면 기업의 손실은 상대적으로 커질 수밖에 없게 된다. 따라서 한계 비용보다 더 높은 가격을 받을 수 있는 평균 비용을 이용한 가격 규제가 규모의 경제를 갖는 독점 기업에는 더 유리하다.
⑤ ㉠과 ㉡은 모두 정부가 독점으로 인한 사회적 후생 손실을 줄이기 위해 사용하고 있는 가격 규제 정책이다.

04 구체적 사례에 적용하기 답 ④

이 글의 〈그림 1〉을 참고할 때, 독점 기업이 제품의 생산량을 감소하면 가격이 상승하게 된다. 이로 인해 소비자 잉여가 감소하게 되는데, 매년 생산량이 더 큰 폭으로 감소하므로 소비자 잉여 역시 매년 더 큰 폭으로 감소하게 된다.

오답 피하기 ▶

① 생산량이 감소하면 제품의 가격이 오르게 되므로 수요는 감소하게 된다.

② 가격이 상승하면 소비도 감소하게 되므로 소비자의 지출 총액은 일정하다. 또한 생산량이 감소하고 가격이 오르면 소비자 잉여와 생산자 잉여가 모두 감소하여 결국 사회적 후생도 감소하게 된다.

③ 가격 상승으로 인해 생긴 소비자의 후생 손실은 기업의 후생 손실을 상쇄하는 역할을 한다. 따라서 소비자의 후생 손실이 생산자의 후생 손실로 전가되는 것은 아니다.

⑤ 낮은 가격은 독점 기업을 유지시키는 중요한 요인 중의 하나이다. 따라서 가격이 상승하면 독점 기업의 독점적 지위는 오히려 약화되고 경쟁 기업의 시장 진입을 돕는 결과를 얻을 수 있다.

05 세부 내용 추론 답 ④

사전적 독점 규제 정책은 정부가 독점을 사전에 막기 위해 사용하는 정책으로, 합병 규제와 경쟁 촉진 정책 등이 있다. 그런데 가격 상한을 설정하는 것은 가격 규제 정책으로 사후적 독점 규제 정책이다.

오답 피하기 ▶

① 외국의 기업이라도 시장에서 균등한 경쟁의 기회를 가질 수 있도록 하는 것은 경쟁 촉진 정책의 하나인 기회 균등의 확대 정책에 해당한다.

② 특허의 존속 기간을 현행 20년에서 15년으로 단축하는 것은 경쟁 촉진 정책의 하나인 산업에 대한 진입 장벽의 제거 정책에 해당한다.

③ 원가 이하로 가격을 책정하는 행위를 금지하는 것은 경쟁 촉진 정책의 하나인 산업에 대한 진입 장벽의 제거 정책에 해당한다.

⑤ 동일 산업 내 대기업들 간의 합병을 제한하는 것은 합병 규제 정책에 해당한다.

06 어휘의 문맥적 의미 파악 답 ④

'유발'은 '어떤 일이 원인이 되어 다른 일이 일어남.'의 뜻으로, 여기서는 경쟁이 일어나도록 한다는 뜻으로 사용되었다. 따라서 '만들어서'는 이 문맥에 어울리지 않는다.

오답 피하기 ▶

① '임의'는 '자기 의사대로 처리하는 일.'의 뜻으로 사용되었으므로, '마음대로'로 바꾸어 쓸 수 있다.

② '방지'는 '어떤 일이나 현상이 일어나지 못하게 막음.'의 뜻으로 사용되었으므로, '막아 내기'로 바꾸어 쓸 수 있다.

③ '견인'은 '끌어당김.'의 뜻으로 사용되었으므로, '이끌'로 바꾸어 쓸 수 있다.

⑤ '도모'는 '어떤 일을 이루려고 수단과 방법을 꾀함.'의 뜻으로 사용되었으므로, '꾀하는'으로 바꾸어 쓸 수 있다.

[07~11] 과학적 탐구 방법과 추리적 특성

해제 이 글은 과학 방법론들의 주된 과제가 되어 온 과학적 탐구 방법의 단계와 추리적 특성에 대해 설명한 글이다. 과학적 탐구 방법에는 크게 두 가지 입장이 있다. 우선 과학적 지식을 '사실에서 도출된 지식의 체계'라고 보는 '귀납주의'는 과학적 가설을 관찰과 실험을 통해 수집한 자료로부터 형성된다고 보는 관점이다. 이 주장에 따르면 관찰과 기록 과정에 경험적 자료에 선행하는 인식론적인 요소들이 개입되면 안 된다. 그러나 그러한 요구는 실제로 불가능하기 때문에 이 방법은 많은 방법적 어려움에 부딪히게 된다. 이와 같은 문제점을 해결하기 위해 과학적 탐구에 대한 또 다른 유력한 방법론이 제시되었는데, 그것이 가설 연역적 방법이다. 하지만 반증을 통해 잘못된 이론을 걸러 내기도 쉽지 않기 때문에 이 방법도 완전한 방법이라고 보기는 어렵다.

주제 과학적 탐구의 두 가지 방법과 추리적 특성

구성

1문단: 과학 방법론의 주요 과제인 과학적 탐구의 방법
2문단: 관찰과 실험을 통해 과학적 가설이 형성된다고 본 귀납주의
3문단: 귀납주의자들이 관찰과 기록 과정에서 중요하게 생각한 점
4문단: 귀납주의의 과학적 탐구가 지닌 한계
5문단: 귀납주의의 한계를 극복하기 위해 등장한 가설 연역적 방법
6문단: 가설에 대한 경험적 검사를 통해 확보되는 과학적 객관성
7문단: 가설 연역적 방법이 지닌 한계

07 핵심 화제 파악 답 ②

이 글은 과학적 탐구 방법으로 대비되고 있는 두 이론인 '귀납주의'와 '가설 연역적 방법'의 장단점을 분석하여 소개하고 있다.

오답 피하기 ▶

① 가설이 지닌 문제점은 언급되었으나 이것의 다양한 사례는 제시되지 않았다.

③ 서로 대립하는 과학적 탐구 방법이 소개되었으나 두 방법에 대한 절충적 대안은 제시되지 않았다.

④ 현상에 대한 심층적 분석에서 도출한 보편적 이론을 제시하고 있지는 않다.
⑤ 과학적 탐구 방법에 주안점을 둔 과학 방법론의 분류 기준에 대해서는 언급하지 않았다.

08 핵심 정보 파악 탭 ③

귀납주의자들은 관찰과 기록 과정에 경험적 자료에 선행하는 선입견과 같은 인식론적인 요소들이 개입되면 자연이 제공하는 자료를 있는 그대로 보기 어렵다고 생각했다. 따라서 지식의 객관성은 주관성이 배제된 관찰과 실험을 통해서 보장된다고 보았다고 할 수 있다.

오답 피하기 ▶

① 귀납주의에서는 가능한 모든 자료를 다 관찰하라라고 했으므로 관찰 자료의 선별 방법에 따라 가설의 운명이 결정된다는 것은 적절하지 않다.
② 귀납주의자들은 이론에 앞서 관찰을 먼저 수행한다.
④ 관찰 과정의 정확성을 높이기 위해 관찰자의 주관적인 인식은 배제한다.
⑤ 법칙과 이론의 유도를 위해 가설에 앞서 관찰을 먼저 한다.

09 구체적 사례에 적용하기 탭 ①

㉮는 아인슈타인이 관측을 통해 자신이 세운 가설이 잘못되었음을 확인한 사례에 해당한다. 아인슈타인은 자신의 반증된 가설을 구하려는 의도가 전혀 없었으므로, 이것이 '임시변통 가설'과 관련되어 있다고 보기 어렵다.

오답 피하기 ▶

② ㉯는 아인슈타인이 관측 결과를 바탕으로 새로 세운 가설에 해당한다.
③ ㉰는 아인슈타인의 가설을 입증할 '경험적 시험'으로 볼 수 있다.
④ ㉱는 그동안 막강한 지위를 차지해 온 뉴턴의 이론이 아인슈타인의 반증을 통해 위기에 처했음을 보여 주는 것이다.
⑤ ㉲는 아인슈타인의 가설이 실제 관측의 검증을 거쳐 객관성을 갖게 되었음을 보여 준다.

10 세부 정보 추론 탭 ⑤

관찰자의 과거 경험과 지식이 관찰 과정에 영향을 줄 수는 있지만, 그렇다고 관찰자의 과거 경험과 지식이 모든 관찰 과정과 독립적이지 않은 것은 아니다. 따라서 이것을 ㉠의 이유로 보는 것은 적절하지 않다.

오답 피하기 ▶

① 귀납주의는 선입견이 배제된 관찰을 강조하였으나 이것은 가능하지 않다.
② 귀납주의는 관련 사실을 모두 관찰할 것을 요구하고 있으나 이것은 불가능한 일이다.
③ 관찰할 사실의 관련성 여부를 객관적으로 판단하는 것도 쉬운 일이 아니다.
④ 귀납주의는 이론을 전제하지 않은 관찰을 강조하였으나 이론을 전제하지 않고 의미 있는 관찰을 하는 것은 매우 어려운 일이다.

11 세부 정보 추론 탭 ④

포퍼는 과학의 발전을 위해서는 누구나 자유롭게 가설을 제안하고 비판할 수 있어야 한다는 점을 강조하면서, 이런 사회를 '열린 사회'라고 불렀다. 따라서 '새로운 가설의 자유로운 개진'이 열린 사회에서 가장 중요하게 여겨질 것이라고 볼 수 있다.

오답 피하기 ▶

① 법칙 수용의 범위가 축소되면 새로운 가설의 수용이 어려워진다.
② 기성 이론의 권위가 존중된다면 새로운 가설을 수용하기가 어려워질 것이다.
③ 상반된 이론의 공격을 차단하는 사회에서는 새로운 가설이 자유롭게 펼쳐지기 어렵다.
⑤ 반증을 위한 획일적인 기준이 적용되면 다양한 의견이 수용되기 어려워진다.

[12~15] 미메시스

해제 이 글은 고대부터 현대에 이르기까지 서구 예술론의 중심이 되어 온 미메시스에 대한 다양한 견해와 발전 양상을 소개한 글이다. 흔히 '모방'으로 번역되고 있는 '미메시스'는 원래 디오니소스 제전을 위한 의식에 기원을 두고 있다. 이러한 미메시스의 의미가 외적인 실재를 재현하는 의미로 변하기 시작한 것은 기원전 5세기 무렵이었다. 소크라테스는 미메시스를 사물의 외관에 대한 복제로 규정하고 회화나 조각에 적용하였다. 한편 플라톤과 아리스토텔레스는 미메시스를 각각 철학과 예술론의 중심 개념으로 삼았다. 플라톤은 미메시스가 현실이 아니라 이데아를 모방하는 것이라고 보았다. 한편, 아리스토텔레스는 미메시스가 사람이 사는 현실 세계, 특히 인간의 심성과 행위의 보편적 양상을 있을 법한 법칙에 따라 제시하는 것이라고 보았다. 이렇게 미메시스에 대한 개념은 삶의 본질적 특성과 우주의 실재를 모방하는 것이라는 입장과 인간 생활의 표면적 현상을 사실적으로 보여 주는 것이라는 입장을 포괄하면서 발전해 왔다. 플라톤의 모방론을 이어받은 전자의 입장은 현대 추상 미술로 이어졌고, 아리스토텔레스의 모방론을 이어받은 후자의 입장은 19세기 리얼리즘에 대한 논의로 이행되었다.

주제 미메시스의 기원과 발전 양상

구성
1문단: 미메시스의 개념과 기원
2문단: 이데아를 모방하는 것으로 본 플라톤의 미메시스
3문단: 현실 세계의 모방을 강조한 아리스토텔레스의 미메시스
4문단: 두 갈래의 길로 발전해 온 미메시스

12 중심 화제 파악　　답 ③

미메시스에 대한 다양한 논의가 이 글에서 이루어지고 있으나 미메시스에 대한 비판적 견해는 나타나 있지 않다.

오답 피하기 ▶

① 미메시스라는 용어는 디오니소스 제전을 위한 의식에 기원을 두고 있음을 1문단에서 언급하였다.
② 미메시스는 일반적으로 '모방'이라고 번역되어 사용되었지만, 재현, 묘사, 표현 등 포괄적인 의미를 담고 있음을 1문단에서 설명하였다.
④ 미메시스는 삶의 본질적 특성과 우주의 실재를 모방하는 것이라는 입장과, 인간 생활의 표면적 현상을 사실적으로 보여 주는 것이라는 두 개의 대비된 입장이 있음을 4문단에서 설명하였다.
⑤ 미메시스에 대한 논의의 발전 과정을 2~4문단에서 설명하였다.

13 세부 정보 파악　　답 ⑤

본질의 구현을 위해 외적 유사성을 거부한 재현 방식은 현대 추상 미술로 이어졌고, 외적인 유사성을 창조적으로 잘 성취했을 때의 재현 방식을 옹호하는 입장은 다양한 논의를 거쳐 19세기의 리얼리즘에 대한 논의로 이행되었다고 했다.

오답 피하기 ▶

① 제식과 관련되었던 미메시스의 의미가 외적인 실재를 재현하는 의미로 변하기 시작한 것은 기원전 5세기 무렵이라고 하였다.
② 플라톤과 아리스토텔레스 이래 서구 예술론의 중심이 되는 생각은 예술이 현실의 미메시스라는 명제였다고 하였다.
③ 플라톤은 미메시스를 이데아와 현실의 관계를 규정하는 철학적 원리로 보고 미메시스를 이데아를 모방하는 것이라고 보았다.
④ 외적인 것은 단지 껍데기에 불과하고 실재란 감각할 수 없는 세계에 존재한다고 본 플라톤에서 유래하여 관념이나 정신성을 중요하게 여기는 태도는 현대 추상 미술로 이어졌다.

14 세부 내용 추론　　답 ②

아리스토텔레스는 미메시스가 인간의 현실적인 삶과 관계가 없는 관념적 세계를 모방하는 것이 아니라, 사람이 사는 현실 세계, 특히 인간의 심성과 행위의 보편적 양상을 있을 법한 법칙에 따라 제시하는 것이라고 보았다. 그러면서 대상의 본질이 잘 드러나도록 현실을 구조적으로 다시 엮어서 드러내는 창조적 모방론을 주장하였다.

오답 피하기 ▶

① 아름다움을 넘어서는 진실한 실재를 향한 모방은 플라톤의 관점에 가깝다.
③ 변화하는 세계 속에 지속성을 부여하는 관념의 모방은 플라톤에서 유래한 관점이다.

15 정보 간의 관계 파악　　답 ①

㉠은 외적인 것은 단지 껍데기에 불과하고 실재란 감각할 수 없는 세계에 존재한다고 본 플라톤에서 유래하여 관념이나 정신성을 중요하게 여기는 태도와 관련이 있다. 이러한 태도는 결과적인 생산물보다 그것을 생성하는 원리에 더 큰 관심을 가진 것으로, 로마인들이 생각한 '소산적 자연'과 가깝다고 볼 수 있다.

② '나투라'의 개념 속에는 '능산적 자연'과 '소산적 자연'이 모두 포함되므로, ⓒ이 '나투라'의 개념 형성에 배타적으로 작용했다고는 볼 수 없다.

③ ㉠은 가시적 자연의 모방보다는 자연물의 생성 원리이자 자연물을 산출해 내는 힘을 더 중시한 관점이다.

④ ㉠보다 ⓒ이 더 우위를 차지해 왔다고 보기 어렵다.

⑤ ㉠은 '능산적 자연'의 사실적인 표현 방법보다 '소산적 자연'과 더 관련이 깊다.

수능 연습 2회　　　　　　　　　본문 152~165쪽

01 ②	02 ④	03 ①	04 ④	05 ②
06 ④	07 ①	08 ④	09 ②	10 ①
11 ④	12 ②	13 ②	14 ②	15 ④

[01~06] 현대 미술 시장의 이해

해제 이 글은 전근대 사회에서의 미술 활동과 근대 사회에서의 미술 활동의 특성을 비교한 후, 현대 미술 시장에서 미술품의 가격에 영향을 미치는 요인을 소개하고, 미술품의 수요·공급 원리를 일반 재화와 비교하여 설명한 글이다. 전근대 사회에서 미술가는 예술가로서 인정받지 못하고 신분이 높은 귀족들의 후원을 받는 장인에 불과했지만, 근대 사회에 이르러서는 미술 활동의 기반이 시장 제도로 변화하면서 미술가의 개성과 독창성이 부각되기 시작했다. 현대 미술 시장에서 미술품은 예술적 가치와 상품으로서의 경제적 가치의 영향을 받아 가격이 형성되고 있으며, 미술품의 수요 곡선은 일반 재화와 유사하게 오른쪽 아래로 그려진다. 하지만 미술품은 일반 재화와 달리 하나하나가 이질적이며 유일무이한 성격을 지니므로 미술품의 공급 곡선은 일반 재화와 다르게 수직이 된다.

주제 전근대와 근대 미술의 특징과 현대 미술 시장에서 미술품의 수요·공급 곡선의 특성

구성

1문단: 전근대 사회의 미술 활동의 특성
2문단: 근대 사회에서 시장 제도로 변화된 미술 활동의 특징
3문단: 근대 사회의 시장 제도와 미술가의 개성과 독창성
4문단: 현대 미술 시장에서 미술품의 예술적 가치와 경제적 가치
5문단: 미술품의 가격 결정 요소
6문단: 미술품의 가격 탄력성
7문단: 미술품의 공급 곡선의 특징

01 세부 정보 파악　　　　　　　답 ②

3문단에서 '경쟁에서 승리하기 위해 근대 미술가는 자신이 다른 여느 미술가들과 다르다는 것을 내세웠고 남이 모방할 수 없는 개성과 독창성은 경쟁에서 가장 중요한 무기였다. 그렇지만 시장 제도하에서 항상 가장 뛰어난 미술가가 수요자들에게 선택되는 것은 아니었다.', '그때그때 미술 시장 유행을 좇아 작품을 제작하는 미술가는 많은 소득을 올렸지만'이라고 했으므로 적절하지 않다.

① 2문단의 '근대 미술 수요자는 특정 후원자가 아니라 불특정 다수로 구성된 시장 소비자들로 변했고'에서 확인할 수 있다.

③ 4문단의 '경제적 가치와 예술적 가치의 괴리 현상은 대중 시장에서 더 크게 발생하고'에서 확인할 수 있다.

④ 1문단의 '미술가의 인격적 가치는 그가 만든 미술품의 가치보다 낮게 평가되었다.'에서 확인할 수 있다.

⑤ 5문단의 '일반적으로 재화의 가격이 오르면 수요는 줄어들고, 가격이 내리면 수요가 늘어나는 것처럼 미술품의 경우도 가격과 수요는 반대로 움직인다.'에서 확인할 수 있다.

02 구체적 상황에 적용하기　　답 ④

1문단에서 '신화·종교·역사 같은 주제에 관심이 많았던 당시 후원자들은'이라고 했고, 2문단에서 '근대 미술 수요자는 특정 후원자가 아니라 불특정 다수로 구성된 시장 소비자들로 변했고, 주로 중산층이었던 시장 소비자들은 대체로 초월적 주제에 관심이 없고 잘 이해하지 못했으며 대신 일상생활 주변의 현실에 흥미를 가졌다.'라고 했으므로 적절하지 않다.

오답 피하기 ▶

① 1문단의 '궁정과 교회의 귀족들인 미술 수요자에 비해 미술가는 사회적 지위가 훨씬 낮았고'라는 내용을 바탕으로 이끌어 낼 수 있다.

② 1문단의 '신화·종교·역사 같은 주제에 관심이 많았던 당시 후원자들은 작품의 내용과 형식을 구체적으로 지시하며 영향력을 행사했다.'라는 내용을 바탕으로 이끌어 낼 수 있다.

③ 1문단의 '후원 제도에서 미술가는 후원자의 경제적 지원을 받는 대신, 그가 제작한 미술품은 모두 후원자의 소유가 되었다.'라는 내용을 바탕으로 이끌어 낼 수 있다.

⑤ 1문단의 '전근대 미술가는 예술가라기보다는 기능공 혹은 기술자로서 장인의 지위에 있었고 사회적으로 천대를 받았다.'와 2문단의 '근대 미술가는 길드 같은 전근대적 공동체 조직의 구속을 받지 않는 자유로운 개인이었고, 전통적 미술 규범보다 자신의 주관에 따라 작품을 제작하며 작품에 개성과 독창성을 부여하기 위해 노력했다.'라는 내용을 바탕으로 이끌어 낼 수 있다.

03 세부 내용 추론　　답 ①

6문단에서 '가격이 변동할 때 수요량이 변동하는 정도를 나타낸 것을 가격 탄력성이라고 하는데, 가격 탄력성은 가격이 몇 퍼센트 변할 때 수요가 몇 퍼센트 변했는지 그 정도를 측정하는 것이다.'라고 했으므로 이를 적용하면 가격이 500만 원에서 1,000만 원으로 오르면 가격은 500만 원 오르고(100% 상승) 수요는 6명에서 4명으로 줄어들어(약 33% 감소) '33%÷100%'가 되므로 가

격 탄력성은 '0.33'이 된다.

오답 피하기 ▶

② 50%÷100%=0.5

③ 50%÷25%=2

④ 50%÷50%=1

⑤ 100%÷50%=2

04 세부 정보 파악　　답 ④

7문단에서 '미술품은 하나하나가 이질적이며 유일무이한 성격을 지니므로 가격이 오른다고 똑같은 작품을 여러 개 생산해 팔지는 못한다.'라고 했으므로 개별 공급 곡선은 한 작품에 대해 가격이 수직으로 형성될 수밖에 없다.

오답 피하기 ▶

① 미술품은 시간이 지날수록 가격이 오를 수도 있고, 내려갈 수도 있으므로 이유의 전제가 적절하지 않다. 설령 시간이 지날수록 가격이 올라 투자재의 성격을 지닌다 하더라도 공급 곡선의 그래프가 수직으로 형성되는 것과는 관련이 없다.

② 7문단에서 '네 작품 각각의 공급 곡선을 개별 공급 곡선이라고 하고, 네 작품으로 구성된 시장 전체의 공급 곡선을 시장 공급 곡선이라고 한다.', '그리고 개별 공급 곡선을 수평으로 합친 시장 공급 곡선은 다른 일반 재화와 마찬가지로 오른쪽 위로 올라가는 모습을 띠는데'라고 했으므로 적절하지 않다.

③ 7문단에서 '일반 재화는 개별 재화들이 동질적이므로 시장 공급 곡선과 시장 수요 곡선이 일치하는 지점에서 시장 가격이 형성되어 똑같이 거래되지만, 미술품은 개별 작품들이 각각 다른 가격으로 거래된다는 점에서 차이가 있다.'라고 했으므로 적절하지 않다.

⑤ 이는 유보 가격에 대한 설명이므로 적절하지 않다.

05 다른 상황에 적용하기　　답 ②

(나)의 S에서 작품 3의 가격은 1,800만 원이고, S₂에서 작품 3의 가격은 2,000만 원이다. (가)에서 1,800만 원 이상의 작품을 구입할 의사가 있는 사람은 2,500만 원 1명, 2,000만 원 1명으로 모두 2명이고, 작품 3의 가격이 2,000만 원으로 올라도 구입할 의사가 있는 사람은 그 2명뿐이므로 지불 의사가 있는 사람의 수에는 변화가 없다.

오답 피하기 ▶

① (나)의 S에서 작품 2의 유보 가격은 1,500만 원이고, 작품 4

의 유보 가격은 2,500만 원이므로 두 작품의 유보 가격의 차이는 1,000만 원이다. 작품 1의 유보 가격이 800만 원이므로 작품 2와 작품 4의 유보 가격의 차이가 작품 1의 유보 가격보다 크다는 것을 확인할 수 있다.

③ (나)에서 S가 S_1로 변하면 작품 4의 가격이 2,500만 원에서 2,000만 원으로 내려간 상황이 된다. (가)에서 2,000만 원 이상의 작품에 대해 지불 의사가 있는 사람은 2명이므로 2,500만 원에 대해 지불 의사가 있는 사람이 1명인 것보다 두 배로 늘게 됨을 확인할 수 있다.

④ (나)의 작품 2의 유보 가격은 1,500만 원이므로 (가)에서 작품 2에 대해 지불 의사가 있는 사람은 2,000만 원 1명, 2,500만 원 1명으로 총 2명이다. (나)의 작품 1의 유보 가격은 800만 원이므로 (가)에서 작품 1에 대해 지불 의사가 있는 사람은 1,000만 원 2명, 2,000만 원 1명, 2,500만 원 1명으로 총 4명이다. 그러므로 두 작품에 대해 지불 의사가 있는 사람의 수는 두 배 차이가 남을 확인할 수 있다.

⑤ (나)의 S에서 작품 4의 유보 가격이 2,500만 원으로 가장 비싸므로 (가)에서 2,500만 원 이상을 지불할 의사가 있는 사람은 1명이다. 반면에 (가)에서 500만 원까지 지불 의사가 있는 사람은 2명인데, 이 사람들은 (나)의 S에서 가장 저렴한 작품 1의 유보 가격보다도 더 적은 금액을 지불할 의사가 있는 것이므로 (나)의 S에서 네 작품 모두에 대해 지불 의사가 없다고 볼 수 있다. 그러므로 (나)의 S에서 네 작품 모두에 대해 지불 의사가 있는 사람은 (나)의 네 작품 모두에 대해 지불 의사가 없는 사람보다 두 배 적음을 확인할 수 있다.

06 어휘의 문맥적 의미 파악　　　　　립 ④

'다른 사람이나 대상이 가하는 행동, 심리적인 작용 따위를 당하거나 입다.'의 의미이므로 적절하다.

오답 피하기 ▶

① '점수나 학위 따위를 따다.'의 의미이므로 적절하지 않다.
② '빛, 볕, 열이나 바람 따위의 기운이 닿다.'의 의미이므로 적절하지 않다.
③ '다른 사람이 주거나 보내오는 물건 따위를 가지다.'의 의미이므로 적절하지 않다.
⑤ '사람을 맞아들이다.'의 의미이므로 적절하지 않다.

07 내용 전개 방식 파악　　　　　립 ①

전문가의 견해를 인용하는 부분은 나타나지 않는다.

오답 피하기 ▶

② 2문단에서 효소를 조개껍질 목걸이에 비유하여 설명하고 있다.
③ 2문단의 '이렇게 해서 5개를 다 채우면 무려 $20 \times 20 \times 20 \times 20 \times 20 = 3,200,000$개라는 엄청난 숫자가 된다. 그러므로 간단하다고 생각했던 효소는 실은 100개 정도의 아미노산으로 이루어져 있어서'에서 확인할 수 있다.
④ 4문단의 '그렇다면 37℃라는 비교적 높은 온도에서 일을 하는 대부분의 보통 효소가 어떻게 4℃ 물에서도 작용하는 저온 효소로 3차 구조가 변할 수 있을까? 그 답은 생각보다 단순하다. 진화의 원리를 이용하는 것이다.'와 5문단의 '그렇다면 수억 년에 걸친 이 진화의 원리를 좀 더 빨리 진행시킬 수는 없는 걸까? 그럴 수 있다면 장기간에 걸쳐 진화한 것을 단 며칠 만에 실험실에서 진화시키는 것은 물론 원하는 기능을 가진 최적의 미생물을

금방 만들어 낼 수 있을 것이다. 이것이 바로 진화 유도 기술이다.'에서 확인할 수 있다.

⑤ 6문단에서 4단계로 나누어 단계별로 설명하고 있다.

08 다른 상황에 적용하기 답 ④

6문단에서 '세 번째, 그중에서 제일 효능이 좋은 미생물을 고른다. 즉 진화에서 살아남는 것과 같은 원리를 적용하는 것이다. 네 번째, 이 미생물의 효소 유전자를 다시 한 번 변이시키는 과정을 반복한다. 한 번만 돌연변이를 시켜서는 원하는 것을 쉽게 얻을 수 없다. 그러므로 한 번 변이시킨 것 중에서 가장 좋은 것을 골라 또다시 돌연변이를 일으켜 계속 반복해서 고르다 보면 결국 가장 좋은 것을 고를 수 있다.'라고 했으므로 첫 번째 돌연변이 미생물을 골라 동물 세포에서 진화하도록 하는 것은 적절하지 않다.

오답 피하기 ▶

① 5문단의 '해당 유전자의 어떤 부위를 변화시켜야 하는지 미리 결정해야 한다.'라는 내용을 바탕으로 이끌어 낼 수 있다.
② 6문단의 'PCR 기술로 특정 유전자의 염기들을 무작위로 변화시켜 여러 종류의 돌연변이를 많이 만들어 낼 수도 있다.', 'PCR 기술로 변경된 효소가 들어간 미생물을 여러 종류로 키워서 이 효소들이 제대로 저온에서 작용하는지를 알아본다.'라는 내용을 바탕으로 이끌어 낼 수 있다.
③ 6문단의 '낮은 온도에서 녹말을 분해할 수 있는지 실험을 통해 성공한 미생물을 고르면 된다.', '그중에서 제일 효능이 좋은 미생물을 고른다. 즉 진화에서 살아남는 것과 같은 원리를 적용하는 것이다.'라는 내용을 바탕으로 이끌어 낼 수 있다.
⑤ 7문단의 '실제로 이 진화 모방 기술은 미생물에서 쉽게 생산할 수 있는 효소 등을 대상으로 이루어지고 있다. 이러한 원리를 동물에게 적용하면 지구 온난화로 멸종 단계에 처해 있는 북극곰을 적도에서도 살아남을 수 있게 변화시키는 것도 연구해 볼 수 있을 것이다.'라는 내용을 바탕으로 이끌어 낼 수 있다.

09 구체적 상황에 적용하기 답 ②

4문단에서 '모든 생물체는 유전자가 복제되면서 자라는데 이때 유전자가 2배로 늘어나게 된다. 이 과정에서 유전자에 변화가 생기는데, 대부분의 돌연변이는 스스로 고쳐지지만 일부는 그대로 자식에게 유전되어 그 성질이 변한다.'라고 했고, 6문단에서 'PCR 기술로 유전자의 특정 부분을 원하는 유전자로 바꿀 수 있으며 유전자의 순서도 하나씩 바꿀 수 있다.'라고 했으므로 DNA

복제를 일으키는 이유는 유전자에 변화를 주어 돌연변이를 일으키기 위해서이다.

오답 피하기 ▶

① 6문단의 'PCR은 하나의 DNA 덩어리가 두 개로 복제되는 메커니즘을 이용하여 원하는 DNA를 많이 복제하는 기술이다.'라는 내용을 바탕으로 이끌어 낼 수 있다.
③ 6문단의 '어디서부터 복제를 시작할지를 결정하는 시발체를 넣어 DNA 한 가닥과 시발체가 붙게 한다. 여기에 DNA가 복제될 때 높은 온도에서도 작용하는 DNA 중합 효소를 넣으면 시발체로부터 DNA 조각이 붙기 시작해 이중 나선 DNA가 만들어진다.'라는 내용을 바탕으로 이끌어 낼 수 있다.
④ 4문단에서 '보통 효소'는 '37℃'에서 일을 한다고 했는데, 6문단에서는 '이중 나선으로 결합된 DNA에 90℃ 정도의 열을' 가한 '높은 온도에서도 작용하는 DNA 중합 효소'를 넣는다고 했으므로 이를 통해 90℃라는 높은 온도에서 작용할 수 있는 진화된 효소임을 추론할 수 있다.
⑤ 6문단의 '이중 나선으로 결합된 DNA에 90℃ 정도의 열을 가해 한 줄씩 풀어 준 뒤'라는 내용을 바탕으로 이끌어 낼 수 있다.

10 중심 화제 파악 답 ①

2문단에서 '세포는 효소의 집합체라고 할 수 있다.'라고 했으므로 적절하지 않다.

오답 피하기 ▶

② 2문단의 '효소는 유전 정보가 있는 유전자에서 만들어지므로'에서 확인할 수 있다.
③ 4문단의 '37℃라는 비교적 높은 온도에서 일을 하는 대부분의 보통 효소'에서 확인할 수 있다.
④ 2문단의 '효소는 실은 100개 정도의 아미노산으로 이루어져 있어서'에서 확인할 수 있다.
⑤ 1문단의 '밥을 씹으면 침 속의 아밀레이스가 밥 속에 들어 있는 녹말을 소화하기 쉽도록 작은 크기의 당으로 분해한다.'에서 확인할 수 있다.

11 어휘 선택의 적절성 판단 답 ④

'서로 맞닿다.'의 의미이므로 적절하다.

오답 피하기 ▶

① '서로 얼굴을 마주 보고 대하다.'의 의미이므로 적절하지 않다.
② '목적한 곳이나 수준에 다다르다.'의 의미이므로 적절하지 않다.

③ '어떠한 현상을 일으키거나 영향을 미치다.'의 의미이므로 적절하지 않다.
⑤ '한데 대어 붙다. 또는 한데 대어 붙이다.'의 의미이므로 적절하지 않다.

[12~15] 정약용의 '인' 사상

해제 이 글은 인·의·예·지를 인간의 본성으로 본 맹자와 다른 입장을 보인 정약용의 견해를 소개하는 글이다. 맹자는 인·의·예·지를 선한 마음의 형이상학적 본질로 보았지만, 정약용은 인·의·예·지를 '사덕'이라고 표현하면서, 사덕은 마음속에 내재하고 있는 것이 아니라 실천을 한 뒤에 사후적으로 이름을 붙일 수 있는 덕목으로 보았다. 또한 정약용은 사람과 사람의 관계를 중요하게 여겼으며, 선과 악이라는 가치 관념은 사람과 사람이라는 인격적인 관계에서만 발생한다고 보았다. 이를 바탕으로 정약용은 남을 배려하고 존중하면서 생각하고 실천하는 자기 성찰의 의미를 지닌 '서'를 제시하였다.

주제 정약용이 바라본 '인'의 의미와 인을 이루는 실제적인 방법으로서의 '서'에 대한 소개

구성
1문단: '인·의·예·지'를 인간의 본성 측면에서 파악한 성리학의 관점
2문단: '인·의·예·지'의 실천적 측면을 강조한 정약용의 관점
3문단: 인격적인 관계의 보편성에 주목한 정약용의 '인'의 관점
4문단: '인'을 이루는 실제적인 방법으로 제시한 '서'
5문단: 자기 성찰과 인륜의 실천을 강조한 정약용

12 반응의 적절성 평가　　　　　　答 ②

2문단에서 '성리학에서는 내면의 본성도 인·의·예·지라 말하고 그것의 실천 역시 인·의·예·지라 부른다. 하지만 전자가 후자의 본질이며 후자는 전자가 드러난 실천적 양태에 불과하다. 이러한 경우에 실천은 부수적인 위상을 차지하고 그것의 실천 주체 역시 본질이 실현되는 매개자에 불과하다.'라고 했기 때문에 맹자의 입장에서 영희와 철수는 인을 실천한 매개자가 되는 것이므로 적절하지 않다.

오답 피하기 ▶

① 1문단의 '맹자가 말한 사단 곧 측은해하는 마음, 부끄러워하며 미워하는 마음, 남에게 사양하려는 마음, 옳고 그름을 가리는 마음은 각각 인·의·예·지라는 본성이 드러난 단서가 된다.'와 2문단의 '누구라도 어린애가 우물에 빠지려는 사태에 직면하면 자

동으로 측은해하는 마음이 생긴다. 하지만 측은해하는 마음의 발동에는 자신의 노력이나 의지가 전혀 들어 있지 않다. 그러한 마음이 발동한다고 해서 그 마음의 주인이 윤리적이라고 할 수는 없다. 그러므로 직접 달려가 구해 주는 실천, 곧 행사가 있은 다음에 그 사람에게 '인'이란 덕목을 허용할 수 있다.'라는 내용을 바탕으로 이끌어 낼 수 있다.

③ 1문단의 '맹자가 말한 사단 곧 측은해하는 마음, 부끄러워하며 미워하는 마음, 남에게 사양하려는 마음, 옳고 그름을 가리는 마음은 각각 인·의·예·지라는 본성이 드러난 단서가 된다.'라는 내용을 바탕으로 이끌어 낼 수 있다.

④ 1문단의 '우리가 불쌍한 사람을 보고 측은해하는 마음은 바로 인이 사랑의 이치로서 감정에 표현된 경우다. 이런 맥락에서는 만일 사랑의 이치라는 인의 본질이 없다면 측은해하는 마음이 있을 수 없다. 인이 마음의 본질, 곧 본성이 되는 성리학에서 측은해하는 마음은 본성인 인이 밖으로 드러나는 단서가 된다.'라는 내용을 바탕으로 이끌어 낼 수 있다.

⑤ 2문단의 '측은해하는 마음의 발동에는 자신의 노력이나 의지가 전혀 들어 있지 않다.'라는 내용을 바탕으로 이끌어 낼 수 있다.

13 세부 정보 추론　　　　　　答 ②

'남에게 받기 원하지 않는 바를 미루어서 자신이 남에게 그런 행위를 저지르지 않는 자기 수양이다'라고 했기 때문에 이를 적극적인 표현으로 바꾸면 자신이 받고 싶은 것을 남에게 베풀라는 말로 요약할 수 있다.

14 세부 정보 파악　　　　　　答 ②

2문단의 '정약용은 인·의·예·지를 본성이 아니라 '사덕(四德)'이라고 표현한다. 사덕은 마음속에 선험적인 이치로서 내재하고 있는 것이 아니라 우리가 실천을 한 뒤에 사후적으로 이름을 붙일 수 있는 덕목이라는 뜻이다.'에서 확인할 수 있다.

오답 피하기 ▶

① 2문단에서 '정약용은 인·의·예·지를 본성이 아니라 '사덕(四德)'이라고 표현한다. 사덕은 마음속에 선험적인 이치로서 내재하고 있는 것이 아니라 우리가 실천을 한 뒤에 사후적으로 이름을 붙일 수 있는 덕목'이라고 했기 때문에 정약용은 내면의 본성 자체를 인정하지 않았다고 볼 수 있으므로 적절하지 않다.

③ 2문단에서 '측은해하는 마음의 발동에는 자신의 노력이나 의지가 전혀 들어 있지 않다. 그러한 마음이 발동한다고 해서 그 마음의 주인이 윤리적이라고 할 수는 없다.'라고 했다. 이를 바탕

정답과 해설

으로 추론하면 덕이라는 것은 마음에서 비롯된 것이 아니라는 의미이므로 '마음의 주인이 늘 윤리적이지는 않기 때문에 '마음에는 본래 덕이 없다'고 주장하는 것은 아님을 알 수 있다.
④ 2문단에서 '정약용은 인·의·예·지를 본성이 아니라 '사덕(四德)'이라고 표현한다.'라고 했기 때문에 '인·의·예·지'는 덕을 실천하는 방법이 아니라 덕 그 자체라고 할 수 있으므로 적절하지 않다.
⑤ 인이 개별적이면서 포괄적이라는 것은 정약용이 주장하는 인의 특성에 대한 설명이므로 덕이 선천적인 것이 아니라는 주장의 이유라고 볼 수는 없다.

15 핵심 정보 파악   답 ④

4문단에서 '이런 인을 이루는 실제적인 방법으로 정약용은 서(恕)를 제시한다.'라고 하고, 5문단에서 '서는 하늘의 명령인 도심이 이기게 하여 교제에 적합한 선을 실천하도록 만든다.'라고 했으므로 적절하지 않다.

오답 피하기 ▶

① 3문단의 '두 사람 사이에서 자신의 본분을 실천하는 인은 모든 개별적인 덕목을 포괄할 수 있다. 예를 들어 아버지에게 효도를 하면, 그것은 효도라는 개별적인 덕목이면서 동시에 아버지와 자식 사이에서 본분을 다한 인이 된다. 이러한 방식으로 확장하면 사람과 사람 사이의 모든 덕이 인으로 수렴될 수 있다.'라는 내용을 바탕으로 이끌어 낼 수 있다.
② 3문단의 '선과 악이라는 가치 관념은 순전히 사람과 사람이라는 인격적인 관계에서만 발생한다. 가령 돌이나 나무와의 관계에서 선과 악의 문제가 직접적으로 발생하지는 않는다.'라는 내용을 바탕으로 이끌어 낼 수 있다.
③ 3문단의 '모든 행동과 언어에 형벌과 금지를 두도록 만든 예법, 『시경』과 『서경』 등의 유교 경전에 들어 있는 수많은 말들, 구체적인 상황에 따라 정해진 수많은 예절 등은 모두 교제에서 선을 행하려는 목적으로 환원된다.'라는 내용을 바탕으로 이끌어 낼 수 있다.
⑤ 5문단의 '하늘을 섬기는 길은 인륜을 벗어나지 않기 때문에, 두 사람의 교제에서 선을 실천하는 일은 사람을 섬기면서 동시에 하늘을 섬기는 길이다. 하늘을 섬기는 경외의 자세로 사람을 섬기는 인륜의 실천이 제시된 셈이다.'라는 내용을 바탕으로 이끌어 낼 수 있다.

수능 연습 3회   본문 166~177쪽

01 ④	02 ④	03 ④	04 ①	05 ④
06 ④	07 ④	08 ⑤	09 ④	10 ④
11 ⑤	12 ③	13 ④	14 ③	15 ③

[01~05] 생태계 군집의 종간 상호 작용

해제 이 글은 종간 상호 작용의 개념과 대표적인 종간 상호 작용의 하나인 경쟁에 대해 체계적으로 설명하고 있는 글이다. 생태계 내에서 서로 다른 개체군들은 생존을 위해 서로 상호 작용을 하는데 이를 군집이라고 한다. 군집 내 종간 상호 작용의 가장 대표적인 양상은 경쟁이다. 생태적 지위가 동일한 두 종은 공존하지 못하고 한 종이 사라지기까지 경쟁하게 되는데 이를 경쟁적 배제라고 한다. 그러나 생태적 지위를 변화시켜 경쟁을 피하고 공존할 수 있도록 진화하기도 한다. 이를 자원 분할이라 한다. 자원 분할은 실현된 지위를 변화시키는 것으로 다른 자원을 이용하거나 자원을 서로 다른 시간대에 이용하는 방식으로 이루어진다. 또한 실제로 경쟁하지 않음에도 불구하고 두 종이 경쟁하는 것처럼 보이는 외관적 경쟁도 있다. 외관적 경쟁은 피식자인 두 종 사이에 실제로는 경쟁이 없으나 둘 중 번식력이 좋은 피식자 종으로 인해 포식자가 늘어나고 늘어난 포식자에 의해 번식력이 약한 피식자 종이 절멸되는 상황을 말한다.

주제 생태적 지위와 관련한 종간 상호 작용의 양상

구성
1문단: 군집과 종간 상호 작용의 개념
2문단: 경쟁과 경쟁적 배제의 개념
3문단: 경쟁적 배제의 원리
4문단: 공존의 조건
5문단: 자원 분할의 개념과 특징
6문단: 외관적 경쟁의 개념과 특징

01 세부 정보, 핵심 정보 파악   답 ④

1문단에 의하면 군집은 서로 다른 개체군이 직접적·간접적으로 상호 작용하는 것을 의미한다.

오답 피하기 ▶

① 1문단에 의하면 생태계 내에서 각 개체군은 다른 개체군의 생존을 돕기도 하지만 한정된 자원을 두고 경쟁을 벌이기도 한다. 따라서 상호 보완적 관계만으로 설명하기 어렵다.
② 1문단에 의하면 생물의 삶에서 핵심적인 상관관계는 군집 내에서 다른 종들과의 상호 작용이다.
③ 1문단에 의하면 물이나 햇빛의 양 역시 생존을 위해 개체군끼리 경쟁해야 하는 자원에 해당된다.

⑤ 1문단에 의하면 생태계 내에서 각 개체군은 상호 작용을 하는데 이는 생존을 위한 것일 뿐 공존을 위한 것이라 보기 어렵다.

02 구체적 상황에 적용하기 답 ④

〈보기〉에서 혼합 배양 시 짚신벌레 A의 개체 수가 단독 배양 시보다 커졌음이 그래프에서 확인되므로 양쪽이 모두 불리해진 양상을 보이는 것은 아니다.

오답 피하기 ▶
① 혼합 배양할 때 짚신벌레 B의 개체 수가 멸종하므로 짚신벌레 A와 B는 경쟁 관계로 볼 수 있다. 2문단에서 경쟁을 대표적인 종간 상호 작용의 하나라고 제시하고 있다.
② 짚신벌레 A와 B는 혼합 배양하자 한 종이 멸종하는 경쟁적 배제의 관계에 있다.
③ 2문단에서 '한 종은 그 자원을 보다 효율적으로 사용하여 다른 종보다 더 빨리 생식을 하게 되고, 결과적으로 불리한 경쟁자를 그 지역에서 사라지게 할 것이다.'라고 하였으므로, 짚신벌레 A가 효율적으로 자원을 사용하여 더 빨리 생식하게 되고, 그 결과 경쟁자인 짚신벌레 B를 사라지게 하였다고 볼 수 있다.
⑤ 4문단에서 생물의 공존은 생태적 지위가 다름을 전제로 한다고 했으므로 경쟁적 배제 관계인 A와 B는 생태적 지위가 중복되어 공존하지 못하는 것임을 추론할 수 있다.

03 다른 상황에 적용하기 답 ④

〈보기〉의 개체군 (가)의 기본적 지위가 (나)의 기본적 지위보다 작다. 실현된 지위는 기본적 지위의 일부이므로 개체군 (가)의 실현된 지위는 개체군 (나)의 기본적 지위보다 클 수 없다.

오답 피하기 ▶
① 개체군 (가)와 (나)의 생태적 지위에 차이가 있기 때문에 공존이 가능하다.
② 개체군 (나)는 (가)에 비해 서식지가 넓고 먹이 양은 일정 수준 이상이 되어야 한다. 따라서 먹이 양에 대한 선택 범위는 (가)가 더 넓다.
③ 생태적 지위를 통해서는 (가)와 (나) 중 어느 쪽이 더 경쟁에 유리한지 파악하기 어렵다.
⑤ 개체군 (가)와 (나)의 경쟁 범위가 커진다는 것은 생태적 지위가 중복되는 부분이 커진다는 의미이므로 상호 작용이 활발해진다.

04 세부 내용 추론 답 ①

자원 분할은 생태적 지위가 비슷한 종들이 경쟁을 회피하는 방법이다. 따라서 경쟁적 배제의 원인이라 볼 수 없다.

오답 피하기 ▶
② 5문단에 따르면 자연 선택에 의한 진화로 나타난다.
③ 5문단에 따르면 자원 분할을 통해 생태학적으로 지위가 비슷한 종들이 차이를 갖게 되어 한 군집 내에 공존할 수 있게 된다.
④ 5문단에 따르면 생태적 지위가 분화하는 것을 의미한다.
⑤ 5문단에 따르면 다른 시간대에 비슷한 자원을 이용하게 되는 것이 포함된다.

05 세부 내용 추론 답 ④

6문단에 따르면 ㉡은 피식자의 개체 수가 늘어남에 따라 함께 늘어난 포식자가 피식자 중 한 종에게 부정적 영향을 끼치는 것을 의미한다. 포식자 C의 개체 수는 피식자 B가 줄어들면 함께 줄어야 정상이지만 ㉡의 상황에서는 피식자 A가 포식자 C의 개체 수를 지탱해 주므로 B가 멸종할 때까지 C의 개체 수는 영향을 받지 않는다.

오답 피하기 ▶
① 먹이 경쟁을 하지 않으므로 두 종의 생태적 지위는 서로 다르다.
② 생태적 지위가 다른 상황에서 A의 개체 수가 늘어나는 것은 B와 무관하다.
③ 6문단에서 피식자의 개체 수가 늘어나면 포식자도 덩달아 늘어난다고 했으므로 포식자 C는 피식자인 A의 개체 수 늘어남에 따라 덩달아 늘어난 것으로 볼 수 있다.
⑤ 6문단에서 피식자의 수가 늘면 포식자도 덩달아 늘어나는데 이는 동일한 피식자에게 피식당하는 다른 종에 부정적인 영향을 준다고 하였으므로 A의 개체 수가 늘어난 것은 B가 멸종하는 간접적인 이유가 된다.

[06~11] 이미지와 상징

해제 이 글은 현대에 와서 새롭게 재조명되는 상징 체계에 대해 설명한 글이다. 이미지는 보이는 의미뿐 아니라 보이지 않는 의미, 즉 상징과 은유를 포함함으로써 인간의 내면적 기억과 생각, 무의식의 세계에 이르는 무한한 영역을 드러낸다. 이미지는 실재하는 도상으로서의 의미와 비실재하는 상상계의 상징으로서의 의미를 가지게 되며, 삶과 죽음을 초월하고자 하는 인간의 상상은 신화와 연결된다. 이러한 상징 체계는 언어와 이성으로 포착할 수 없는 인간의 모습을 드러내어 본래 그대로의 인간을 이해하는 데 도움을 준다. 상징 체계는 그것을 탄생시킨 집단의 문화와 역사를 반영하고 있으므로 이를 통해 파악한 고대인들의 인식과 사고를 바탕으로 아직 밝혀지지 않은 문화적 원형과 가치관 등을 미루어 짐작할 수 있다. 동시에 인류 문화라는 거대한 흐름 속에서 시간과 공간을 뛰어넘어 상징 체계가 반복되는 양상이 나타나기도 한다.

주제 인문주의의 대상으로서 이미지, 상징, 신화

구성
1문단: 이미지와 상징에 대한 인식의 변화
2문단: 이미지가 전달하는 의미
3문단: 이미지의 개념과 상징, 신화와의 관계
4문단: 이미지, 상징, 신화에 반영된 문화
5문단: 이미지, 상징, 신화가 드러내는 인류 문화

06 중심 화제 파악 　　답 ④

이 글은 이미지와 상징, 신화가 가지는 의미를 고찰하고 있는 글이다. 이들은 언어나 이성이 담지 못하는 본래 그대로의 인간이 지닌 내면적 주제를 드러낸다는 점에서 현대에 와서 각광을 받고 있다.

오답 피하기

① 인식의 도구로써 상징과 신화의 한계를 설명하는 내용은 없다.
② 3문단에 따르면 이미지와 상징은 서로 연결된다. 이들의 차이점을 설명하는 내용은 드러나지 않는다.
③ 3문단에 따르면 상상력과 상징, 신화는 이미지로부터 시작되는데 이미지는 실재하는 세계와 관련되므로 이로부터 파생된 상상이나 상징, 신화 역시 현실과 무관한 것으로 보기 어렵다.
⑤ 사유 체계의 변화로 인해 이미지와 상징, 신화에 대한 인식의 변화가 일어난 것이므로 발생 배경을 표제로 삼기 어려우며, 원시적 사고에 대한 오해를 설명하는 내용은 없다.

07 세부 정보, 핵심 정보 파악 　　답 ④

6문단에 따르면 이미지와 상징은 고유문화를 바탕으로 생성되지만 인류라는 거대한 차원에서 볼 때 유사성을 지닌다.

오답 피하기

① 1문단에서 과거 합리주의, 과학주의, 경험주의가 팽배했던 시절에는 원시적인 것으로서 이미지와 상징의 위상이 추락해 있었음을 알 수 있다.
② 4문단에서 이미지와 상징, 신화에는 인간에 대한 인식이 반영되어 있으므로 이를 연구하는 것은 단순한 고증학적 작업이 아닌 새로운 인문주의나 인류학을 언급할 수 있는 자리에까지 올라올 수 있음을 주장하는 입장을 제시하고 있다.
③ 3문단에서 이미지와 상징, 신화는 상상을 기반으로 서로 연결되는 관계에 있음이 드러나고, 2문단에서 이미지는 '보이는 의미'뿐 아니라 인간의 본원적인 감정이나 정서와 같은 추상적이고 내면적인 것까지 포함한다고 하였다.
⑤ 5문단에서 과거 인류가 남긴 이미지나 신화의 흔적을 통해 그들의 문화적 인식과 사고를 찾아볼 수 있고, 이를 통해 아직 밝혀지지 않은 당대의 문화적 원형과 사회적 가치관 및 도덕적 양심도 미루어 짐작할 수 있다고 하였다.

08 세부 내용 추론 　　답 ⑤

[A]에 따르면 시간과 공간을 초월하여 재발견되는 이미지와 상징, 신화들을 연결하여 거대한 문화 퍼즐을 완성할 수도 있다. 따라서 (가), (나)와 같이 그 의미가 드러나지 않은 이미지와 상징은 유사한 다른 퍼즐 조각들과 관련지어 봄으로써 이해의 실마리를 얻을 수 있다.

오답 피하기

① (가)와 (나)가 자연환경과 갖는 관계는 알 수 없다.
② (가)와 (나)가 어떤 의미를 갖는지 밝혀지지 않았다고 하여 의미가 없는 것은 아니다.
③ (가)와 (나)가 사회적 환경과 역사적 상황을 드러내고 있지 않다.
④ (가)와 (나)의 이미지가 인간과 무관한 형태라고 해서 인간에 대한 관심과 관련되지 않는 것은 아니다.

09 구체적 상황에 적용하기 　　답 ④

〈보기〉에서 신화의 전승자들은 신화의 내용을 신성하다고 믿으며 구체적인 증거물을 찾으려고 하지 않는다. 이는 이성적 태도

와는 대치되는 것으로, 4문단에서 신화는 인간의 언어와 이성에 선행하는 것으로 설명된다.

오답 피하기 ▶

① 〈보기〉에서 신화에 반영된 고대인의 사유나 표상을 이해하는 것은 4문단에서 설명하는 바와 같이 본래 그대로의 인간을 이해하는 데 도움을 준다.

② 〈보기〉에서 제시된 신화의 발생 배경이 4문단에서 설명하는 바와 같이 신화가 어떠한 필요성에 의해 만들어진 것임을 드러낸다.

③ 〈보기〉에 제시된 신화의 발생 배경인 추상적 사고의 발달은 3문단에서 설명하는 바와 같이 인간이 삶과 죽음의 한계를 초월하는 장면을 상상하는 것과 관련된다.

⑤ 〈보기〉에서 신화의 전승 범위인 해당 씨족이나 민족, 국가 등은 5문단에서 설명하는 바와 같이 자연환경과 사회 환경 등을 공유하며 고유문화를 지닌 구성원들과 관련된다.

10 다른 상황에 적용하기 ▤ ④

4문단에서 이미지에 대한 연구는 단순한 고증학적 작업 이상의 의미를 가짐을 설명하였다. 고증학적 대상이 되기 위해 시대적 가치와 내용을 담아내어야 한다는 내용은 없다.

오답 피하기 ▶

① 3문단에서 이미지는 대상과 유사한 속성을 가진다고 설명하고 있다.

② 2문단에서 이미지는 감정이나 정서와 같은 추상적이고 내면적인 의미를 갖는다고 설명하였다.

③ 2, 3문단에서 이미지 속에 내재된 상징적 의미로 '보이지 않는 의미'를 설명하였다. 웃는 얼굴로부터 상상을 통해 행복이라는 상징적 의미를 구성한 것이다.

⑤ 2문단에서 이미지가 인간의 본원적인 감정이나 정서와 관련됨을 설명하였다. 본원적, 본래적인 의미를 갖기 때문에 시대와 공간을 초월하여 의미를 가질 수 있는 것이다.

11 어휘의 사전적 의미 파악 ▤ ⑤

㉠의 '위상'은 어떤 사물이 다른 사물과의 관계 속에서 가지는 위치나 상태를 의미한다.

오답 피하기 ▶

① 권력이나 기세의 힘을 의미하는 단어는 '세력'이다.

② 자기 몫으로 가진 사물이나 공간을 의미하는 단어는 '차지'이다.

③ 사회적으로 담당하고 있는 지위나 역할을 의미하는 단어는 '위치'이다.

④ 사물이나 현상이 놓여 있는 모양이나 형편을 의미하는 단어는 '상태'이다.

[12~15] 필립스 곡선과 경제 정책

해제 이 글은 필립스 곡선의 효용과 그것이 설득력이 없음을 주장하는 경제학자들의 의견에 대해 설명한 글이다. 필립스 곡선은 물가 상승률과 실업률이 서로 반비례 관계에 있음을 드러내는 곡선이다. 물가가 오르면 기업은 산출량을 늘리게 되므로 실업률은 낮아진다는 것이다. 정부는 총수요를 늘리거나 줄이는 통화 정책을 펼치기 전 필립스 곡선을 사용하여 향후 정책이 가져올 상황을 예측한다. 그러나 프리드먼과 몇몇 경제학자들은 장기적으로 물가 상승률과 실업률은 반비례 관계에 있지 않음을 주장한다. 우선 산출량을 결정하는 것은 장기적으로 보았을 때 물가가 아니라 그 경제가 보유한 노동, 자본, 생산 기술 등이다. 따라서 물가와 산출량은 무관하다. 산출량은 곧 실업률과 연결되므로 물가와 실업률도 무관해진다. 다음으로 노동, 자본, 생산 기술 등에 변동이 생겨 총공급 곡선이 왼쪽으로 이동하게 되면 산출량이 줄어들고 가격이 오르게 된다. 이 경우 총수요가 늘어나면 산출량과 가격이 함께 오르게 되고, 총수요가 줄어들면 가격과 함께 산출량도 줄어들게 되므로 물가 상승률과 실업률은 비례하게 된다.

주제 물가 상승률과 실업률에 대한 상반된 주장

구성

1문단: 필립스 곡선의 개념
2문단: 필립스 곡선의 의미
3문단: 필립스 곡선에 대한 문제 제기
4문단: 필립스 곡선이 설득력을 잃는 경우 ① – 장기 총공급 곡선
5문단: 필립스 곡선이 설득력을 잃는 경우 ② – 스태그플레이션

12 세부 정보 파악 ▤ ③

2문단에 따르면 필립스 곡선은 통화 정책 담당자들이 정책을 결정하는 데 중요한 자료가 된다. 이는 필립스 곡선 위의 점들이 물가 상승률과 실업률의 여러 가지 조합을 보여 주기 때문이다. 따라서 통화 정책 담당자들이 필립스 곡선을 신뢰하지 않았다는 말은 적절하지 않다.

① 1문단에 따르면 필립스는 19세기 중반부터 20세기 중반까지의 영국 통계 자료를 통해 실업률과 물가 상승률의 관계를 밝혔다.

② 2문단에 따르면 기업의 산출량이 많아지면 고용량이 늘어나므로 실업률은 낮아진다. 따라서 기업의 산출량과 실업률은 반비례 관계에 있다.

④ 5문단에 따르면 스태그플레이션은 실업률과 물가가 함께 높아지는 상황이다.

⑤ 3문단에서 프리드먼은 단기간을 제외하고는 필립스 곡선상의 물가 상승률과 실업률의 관계가 들어 맞지 않음을 주장했다고 하였다.

13 구체적 상황에 적용하기 답 ④

(나)는 총공급 곡선이 왼쪽으로 이동하여 물가가 상승한 상황이다. 그런데 이 상황에서 만약 총수요를 확대하게 된다면, 즉 총수요 곡선이 오른쪽으로 이동하게 된다면 물가는 더욱 상승하게 될 것이다.

① (가)는 총수요 곡선이 오른쪽으로 이동하여 산출량과 물가가 함께 높아지고 있다.

② 정부가 화폐 공급을 증가시키면 총수요 곡선이 오른쪽으로 이동하게 되므로 (가)는 그에 따른 물가 변화와 산출량의 관계를 보여 준다.

③ (나)는 총공급 곡선이 왼쪽으로 이동하여 산출량이 줄어들고 가격이 높아지는 상황을 드러낸다. 총공급 곡선은 생산·판매에 직접적인 영향을 미치는 사건이 일어난 경우에 이동하게 된다.

⑤ (가)는 물가와 산출량이 함께 오르고 있으므로 물가와 실업률이 반비례하는 필립스 곡선으로 설명할 수 있으나, (나)는 물가가 올라도 산출량이 낮아지는 상황으로 물가와 실업률이 비례하게 되므로 필립스 곡선으로 설명하기 어렵다.

14 세부 내용 추론 답 ③

재화와 서비스의 산출량을 결정하는 것은 물가가 아니라 그 경제가 보유한 노동과 자본의 양, 그리고 노동과 자본을 재화와 서비스로 변환하는 생산 기술이다. 따라서 물가와 산출량은 무관해지고, 산출량은 고용량과 비례하므로 실업률과도 무관해지게 된다.

① 4문단에 따르면 총공급 곡선과 관계가 있다.

② 정부의 통화 정책은 총수요 곡선의 이동을 가져온다. 따라서 총공급 곡선과 관련된 문제를 해결할 수 없다.

④ 4문단에 따르면 물가가 오르면 화폐의 가치는 떨어지게 된다. 그러나 이것은 장기적으로 산출량에 영향을 주지 않는다.

⑤ 4문단에 따르면 노동과 자본의 양, 생산 기술 등은 장기적으로 재화와 서비스의 산출량을 결정하는 요인이 된다. 따라서 실업률과 무관하지 않다.

15 어휘의 문맥적 의미 파악 답 ③

ⓒ의 '받다'는 '다른 사람이나 대상이 가하는 행동, 심리적 작용 따위를 당하거나 입다.'의 의미가 있다.

① ⓐ의 '끌다'는 '남의 관심 등을 쏠리게 하다.'라는 의미가 있으나, 선택지는 '시간이나 일을 늦추거나 미루다.'의 의미가 있다.

② ⓑ의 '밝히다'는 '드러나지 않은 사실들을 드러내 알리다.'의 의미가 있으나, 선택지는 '빛을 내는 물건에 불을 켜다.'의 의미가 있다.

④ ⓓ의 '나타내다'는 '어떤 일의 결과나 징후를 겉으로 드러내다.'의 의미가 있으나, 선택지는 '심리를 얼굴, 몸, 행동 등으로 드러내다.'의 의미가 있다.

⑤ ⓔ의 '미치다'는 '영향이나 작용 따위가 대상에 가하여지다.'의 의미가 있으나, 선택지는 '공간적 거리나 수준 따위가 일정한 선에 닿다.'의 의미가 있다.

[01~06] 네트워크 이론의 효용성

해제 이 글은 교통 문제라는 사례를 통해 네트워크 이론의 효용성을 설명하고 있다. 인간들이 사는 세상은 복잡계 네트워크라고 할 수 있기 때문에 네트워크 이론을 활용하면 우리가 접하고 있는 다양한 문제를 해결할 수 있는데 그중의 하나가 교통 문제이다. 네트워크 이론을 활용하면 가장 효율적인 통행 시스템이나 도로망을 구축할 수 있다.

주제 네트워크 이론의 효용성

구성
1문단: 교통 문제 해결책으로서의 네트워크 이론
2문단: 네트워크의 개념과 네트워크 이론의 적용 대상
3문단: 네트워크의 종류와 복잡계 네트워크
4문단: 복잡계 네트워크의 형성 원인과 유지 이유
5문단: 네트워크 이론을 활용한 가장 효율적인 대안의 모색
6문단: 네트워크 이론을 활용한 행정의 비효율성 방지

01 내용 전개 방식 파악
답 ②

이 글은 교통 문제의 효율적 해결이라는 사례를 네트워크 이론에 적용하여 설명하고 있는데, 그 이유는 우리가 접한 여러 문제를 해결하는 데 네트워크 이론이 유용하다는 점을 보여 주기 위해서이다.

오답 피하기 ▶
① 네트워크 이론을 수정할 방안을 제시한 적이 없다.
③ 사례가 두 개 제시되었지만 두 사례의 공통점과 차이점을 비교하지는 않았다.
④ 이 글에서 제시한 사례들은 모두 네트워크 이론과 관련된 것이며, 또한 이들을 통해 네트워크 이론의 성립 가능성을 점검하지도 않았다.
⑤ 이 글에서 제시한 두 사례 모두 네트워크 이론에 맞는 사례이기 때문에, 이를 통해 네트워크 이론의 한계를 지적하고 있다는 진술은 적절하지 않다.

02 다른 상황에 적용하기
답 ③

세상은 복잡계 네트워크이기 때문에 연결선이 집중된 노드, 즉 허브가 있기 마련이다. 만약 이 허브에 시제품이 전달된다면 제품에 대한 홍보 효과는 매우 커지겠지만 문제는 누가 허브인지 모른다는 것이다. 그런데 허브가 연결선이 많다는 것을 뒤집어 생각해 보면 어느 노드건 허브에 연결될 확률이 높다는 의미이다. 따라서 지나가는 사람이 허브가 아니더라도 그 사람은 허브로 연결될 확률이 높은 것이다. 따라서 지나가는 사람에게 시제품 하나는 갖고 다른 하나는 친구에게 주라고 한다면, 그 시제품은 허브에게 갈 확률이 높아지는 것이다.

오답 피하기 ▶
① 시제품을 주는 개수와 상관없이 처음에 시제품을 받은 사람이 허브에 해당될 확률은 동일하다.
② 허브를 거쳐야 홍보 효과가 커지는 것이다.
④ 허브를 활용하는 것은 기존의 홍보 전략이 아니라 새로운 홍보 전략이며, 제품에 대한 인상을 깊이 각인시키는 것도 이 글과 관련이 없다.
⑤ 시제품 중 하나는 갖고 하나만 전달하는 것이기 때문에, 시제품 두 개를 마련하여 허브에 전달하려고 한다는 진술은 적절하지 않다.

03 세부 정보 파악
답 ③

3문단의 '고속 도로 같은 네트워크는 각 노드에 연결된 연결선의 개수가 균일한 상태를 지칭하고'에 제시된 것처럼, 고속 도로 같은 네트워크는 각 노드에 연결된 연결선이 균일하다. 반면에 '항공망 같은 네트워크는 노드별로 연결된 연결선이 균일하지 않은 상태를 지칭한다.'에 제시된 것처럼, 항공망 같은 네트워크는 노드에 연결된 연결선이 균일하지 않다.

오답 피하기 ▶
① 4문단의 '세상이 복잡계 네트워크로 형성되는 이유는 빈익빈 부익부 법칙 때문이라고 할 수 있다.'에서 확인할 수 있다.
② 4문단의 '복잡계 네트워크가 계속 유지되는 이유는 자원 이용의 효율성과 안정성 때문이다.'에서 확인할 수 있다.
④ 4문단의 '고속 도로 같은 네트워크에서는 중간에 하나의 노드라도 망가지면 목적지까지 갈 수 없다.'에서 확인할 수 있다.
⑤ 2문단의 '네트워크 이론의 관점에서 본다면 모든 자연 현상이나 사회 현상이 하나의 네트워크를 형성하고 있는 것이다.'에서 확인할 수 있다.

04 구체적 상황에 적용하기
답 ④

[가]에 의하면 다리가 놓이기 전의 〈보기〉의 도로망은, 절대적

정답과 해설

최적화의 값도 개인당 15분이고 상대적 최적화의 값도 개인당 15분이 가장 이상적이다. 그런데 다리가 놓이면 큰길로 가던 사람들이 지름길로 옮기게 될 것이다. 그러면 출근길 개인당 20분이 걸릴 것이다. 다시 말해 절대적 최적화의 값은 변함없이 개인당 15분이지만 상대적 최적화의 값은 개인당 20분이 되는 것이다.

오답 피하기 ▶

① 중간에 다리가 놓이면 사람들은 큰길보다는 지름길을 선호하게 되어 결국 10명 모두 지름길로 가게 되어 한 사람당 출근 시간이 20분씩 걸리게 될 것이다.
② 다리를 건설하기 전에는 PoA가 1(150분/150분)이지만, 건설 후에는 200분/150분이 되어 PoA가 전보다 커질 것이다.
③ 개인적인 입장에서는 지름길로 가는 것을 더 선호할 것이다.
⑤ 다리가 놓이기 전에는 사회 전체에서 보는 이상적인 출근 방법과 개인이 선호하는 출근 방법이 동일했지만, 다리가 놓이면 개인이 지름길로만 출근하려 할 것이다.

05 생략된 정보 추리   답 ⑤

절대적 최적화는 가장 효율적인 값으로 수학적으로 가장 작은 값이다. 그런데 상대적 최적화는 효율성과 관계없이 개인이 선호하는 값이다. 즉 상대적 최적화는 효율적이지 않기 때문에 일반적으로 절대적 최적화의 값보다 클 수밖에 없다. 그러므로 절대적 최적화로 상대적 최적화를 나누면 일반적으로 1보다 큰 값이 나올 수밖에 없는 것이다.

오답 피하기 ▶

① 사회 전체가 수학적 효율성을 강조한다는 것이 ㉠의 이유가 되지 못한다.
② 개인적 선호와 사회적 선호 중에서 어느 것을 더 중시하느냐는 ㉠의 이유가 되지 못한다.
③ 일반적으로 사회의 효율성과 개인의 효율성이 동일하지 않기 때문에 1이 되지 않는 것이다.
④ 일반적으로 상대적 최적화는 비효율적이기 때문에 절대적 최적화의 값보다 크다.

06 어휘의 사전적 의미 파악   답 ②

'지칭'의 사전적 의미는 '어떤 대상을 가리켜 이르는 일. 또는 그런 이름'이다. 참고로 '어떤 것에 특정한 자격을 줌'이라는 사전적 의미를 가진 어휘는 '지정'이다.

[07~11] 원자 모형의 변천

해제 이 글은 원자 모형이 어떤 과정을 통해 현대적 원자 모형에 이르게 되었는지를 설명하고 있다. 톰슨은 원자 내부에 구름처럼 퍼져 있는 양전하 속에 음전하를 띤 전자들이 박혀 있다는 '건포도빵 모형'을 주장하였다. 하지만 이 원자 모형으로는 설명하지 못하는 현상이 발견되자 러더퍼드는 '태양계 모형'을 주장한다. 하지만 이 원자 모형 역시 설명하지 못하는 현상이 발견되고, 이에 보어는 '에너지 양자화 가설'이라는 모형을 제시한다. 이 역시 문제점이 발견되면서 현대적 원자 모형에 이르게 된다.

주제 원자 모형의 변천 과정

구성
1문단: 계속 수정되는 원자 모형
2문단: 톰슨의 원자 모형
3문단: 톰슨의 원자 모형으로 설명되지 않는 현상
4문단: 러더퍼드의 원자 모형
5문단: 러더퍼드의 원자 모형으로 설명되지 않는 현상
6문단: 보어의 원자 모형

07 세부 정보 파악   답 ⑤

5문단의 '행성들이 계속해서 태양의 주위를 돌 수 있는 이유는 태양이 행성을 끌어당기는 인력과 행성이 밖으로 빠져나가려는 원심력이 균형을 이루어 에너지가 손실되지 않기 때문이다.'에 제시된 것처럼, 태양계가 유지되는 것은 전하를 띤 물질이 전자기파를 계속해서 방출해서가 아니라 인력과 원심력이 균형을 이루기 때문이다.

오답 피하기 ▶

① 2문단의 '원자핵을 구성하는 기본 입자인 양성자와 중성자는 핵력에 의해 강하게 속박되어 있어 실험적으로 측정하기 쉽지 않다. 그래서 음전하를 띤 전자가 톰슨에 의해 가장 먼저 발견되었다.'에서 확인할 수 있다.
② 5문단의 '전자가 계속 전자기파를 방출하여 에너지를 잃게 되면'에서 확인할 수 있다.
③ 1문단의 '돌턴은 물질은 더 이상 쪼갤 수 없는 입자들이 모여 이루어져 있다는 근대 원자설을 주장하였다.'에서 확인할 수 있다.
④ 3문단의 '알파선은 전자보다 8000배나 더 무거우므로 톰슨의 원자 모형에 의하면 알파선은 전자와 충돌하더라도 거의 휘어지지 않아야 한다.'에서 확인할 수 있다.

08 다른 상황에 적용하기 　　답 ④

마지막 문단의 '물론 보어의 원자 모형 역시 문제점이 발견되어 수정되기는 했지만 현대적 원자 모형에 상당한 영향을 주었다.'에 제시된 것처럼, 보어의 원자 모형은 패러다임의 지위를 유지하지 못하고 현대적 원자 모형에 패러다임의 지위를 넘겨주었다는 것을 알 수 있다.

▶ 오답 피하기

① 많은 사람들의 지지를 받았다는 것은 패러다임이 되었다는 의미이다.
② 금으로 된 얇은 막에 충돌한 알파선이 큰 각도로 휘어진 것은 톰슨 원자 모형으로 설명되지 않는 이상 현상이다.
③ '태양계 모형'으로는 원자가 오랫동안 안정된 상태를 유지하는 이유를 설명하지 못한다.
⑤ 질량이 큰 원자핵이 전자들을 잡아당겨 공전시킨다는 '태양계 모형'은 톰슨의 원자 모형을 대체하는 새로운 패러다임이다.

09 구체적 상황에 적용하기 　　답 ③

전자는 다른 궤도로 전이될 때 에너지를 흡수하거나 방출한다. 전자가 에너지 준위가 높아 들뜬 상태가 되면 불안정하므로 에너지 준위가 낮은 궤도로 이동하면서 에너지를 방출하는데, 그 에너지가 바로 빛의 형태로 방출되는 것이다. 그런데 〈보기〉의 그래프에 의하면 ⨆가 ⨁보다 에너지 준위가 낮으므로 ⨆가 ⨁로 전이하면 에너지, 즉 빛을 방출하는 것이 아니라 에너지를 흡수하게 될 것이다.

▶ 오답 피하기

① '전자는 원자 내부에서 무질서하게 운동하는 것이 아니라 특정한 에너지 준위를 갖는 원형 궤도를 따라 핵 주위를 돈다는 것이다.'에서 확인할 수 있다.
② 전자가 에너지 준위가 낮은 상태에서 높은 상태로 전이되면 들뜬 상태가 된다.
④ ⨆와 ⨁의 에너지 준위 차이가 ⨁와 ⑳의 에너지 준위 차이보다 작기 때문에 긴 파장의 빛이 방출될 것이다.
⑤ 에너지 준위가 가장 낮은 것이 가장 안정적인 상태이다.

10 세부 내용 추론 　　답 ②

원자는 전기적으로 중성이기 때문에 전자가 음전하라면 어디엔가는 양전하가 있어야 한다. 그런데 당시에는 양전하를 띤 원자

핵이 발견되지 않았기 때문에, 톰슨은 양전하가 원자 내부에 퍼져 있다고 가정한 것이다.

▶ 오답 피하기

① 알파선 실험은 ㉠ 이후의 사건이다.
③ 양전하와 관련된 내용이 나와야 하는데 중성자는 이와 관련이 없다.
④ 원자핵의 개념은 ㉠ 이후에 나왔다.
⑤ ㉠은 원자가 전기적으로 중성이라는 전제하에서 나온 가정이다.

11 어휘의 문맥적 의미 파악 　　답 ③

ⓐ는 이러이러한 결론, 즉 판단, 결정, 결말을 지었다는 의미이다. ③에서도 마찬가지로 판단, 결정을 하거나 결말을 지었다는 의미로 사용되었다.

▶ 오답 피하기

① '어둠, 안개 따위가 짙어지거나 덮여 오다.'라는 의미로 사용되었다.
② '값이나 수치, 온도, 성적 따위가 이전보다 떨어지거나 낮아지다. 또는 그렇게 하다.'라는 의미로 사용되었다.
④ '컴퓨터 통신망이나 인터넷 신문에 올린 파일이나 글, 기사 따위를 삭제하다.'라는 의미로 사용되었다.
⑤ '명령이나 지시 따위를 선포하거나 알려 주다. 또는 그렇게 하다.'라는 의미로 사용되었다.

[12～15] 가치를 바라보는 관점

해제 이 글은 가치의 존재에 대한 다양한 관점을 소개하고 있다. 가치 객관주의는 가치란 주관적이거나 인위적인 것이 아니라 인식 주체의 외부에 실재한다고 보는 관점이고, 가치 주관주의는 가치란 실재하는 것이 아니라 단지 인식 주체에 의해 만들어졌다고 보는 관점이다. 한편 하르트만은 대상 자체에 영원불변의 가치가 있지만 이 가치에 대한 느낌과 인식은 인식 주체에 의해 영향을 받을 수 있다고 하여 가치 객관주의와 가치 주관주의를 절충하고 있다.

주제 가치를 바라보는 다양한 관점

구성
1문단: 가치를 바라보는 두 가지 관점
2문단: 가치가 인식 주체의 외부에 실재한다는 가치 객관주의
3문단: 가치가 인식 주체에 의해 만들어진 것이라는 가치 주관주의
4문단: 가치 주관주의와 가치 객관주의를 절충한 하르트만

정답과 해설

12 세부 정보 파악   답 ⑤

3문단의 '스피노자 역시 어떤 것이 선이어서 욕구하는 것이 아니라 거꾸로 어떤 것을 욕구하므로 그것이 선이 된다고 주장한다.'에 제시된 것처럼, 스피노자에 의하면 선악이라는 가치는 인간 이전에 존재하는 것이 아니라 인간이 욕구했을 때 비로소 선이 되는 것이다.

오답 피하기 ▶

① 2문단의 '셸러도 가치는 인식 주체의 외부에 있는 사물 속에 실재적으로 내재하는 성질이라고 본다.'에서 확인할 수 있다.
② 2문단의 '플라톤은 우리가 알든 모르든 간에 영원불변하는 가치들이 존재하며 그것들은 이데아의 세계 속에 들어 있다고 보았다.'에서 확인할 수 있다.
③ 3문단의 '홉스에 의하면 인간은 욕구하는 대상을 선으로 간주하고 혐오하는 대상을 악으로 간주한다.'에서 확인할 수 있다.
④ 2문단의 '무어에 따르면 장님이 아니라면 황색을 지각할 수 있듯이 건전한 상식을 가진 자라면 가치를 지각할 수 있다.'에서 확인할 수 있다.

13 정보 간의 관계 파악   답 ⑤

가치 객관주의와 가치 주관주의는 모두 가치라는 개념 자체는 인정하고 있다. 다만 가치 객관주의와 가치 주관주의는 가치의 실재 여부에 대해 견해를 달리하고 있다. 다시 말해 가치 객관주의는 가치가 사물에 실재한다는 입장이고, 가치 주관주의는 가치가 실재하지는 않는다는 입장이다.

오답 피하기 ▶

① 가치 객관주의는 가치가 사물에 실재하고 있기 때문에 인식 주체인 사람과 관계없이 동일하다고 보고 있다.
② 가치 객관주의는 가치 판단의 절대적 기준이 존재한다는 가치 절대주의적 입장과 연결된다.
③ 가치 객관주의를 주장한 무어에 의하면 건전한 상식을 가진 인간은 가치를 지각할 수 있다고 하였다.
④ 가치 주관주의는 가치가 실재하지 않는다는 입장이다.

14 다른 상황에 적용하기   답 ②

〈보기〉는 '화'와 '복'이 서로 연결되어 있으며, 바른 것과 바르지 않은 것의 구분이 없다는 내용이다. 이 글에서 노자가 가치 주관주의적 입장을 취하고 있음을 볼 때, 결국 노자는 '화'와 '복'이라는 가치가 결국 그 자체에 내재한 것이 아니라 인식 주체인 인간에 좌우된다고 보았음을 알 수 있다.

오답 피하기 ▶

① 노자는 어떤 것이 더 가치 있는 것이라고 주장하지 않았다.
③ 노자는 인간의 행위가 아니라, 인간의 인식에 의해 '화'와 '복'이 좌우된다고 보았다.
④ 가치는 '화'와 '복'의 조화와는 관련이 없다.
⑤ 노자의 말은 '화'와 '복'에 대한 인식을 바꾸자는 것이 아니라, 모든 가치는 인간이 인식하기 나름이라고 보았다.

15 구체적 상황에 적용하기   답 ④

4문단의 '하르트만에 따르면 가치의 존재 그 자체는 플라톤의 이데아처럼 영원불변한 것이다.'에 제시된 것처럼, 하르트만은 가치 그 자체는 변하지 않는다고 보았다.

오답 피하기 ▶

① 하르트만은 가치 자체는 불변이라고 보았다.
② 하르트만에 의하면 가치는 인식 주체인 인간의 미적 감각과 취향 등에 따라 얼마든지 다를 수 있다.
③ 하르트만은 가치에 대한 느낌이 개인에 따라 가변적이라고 보았다.
⑤ 하르트만에 의하면 사물의 가치 그 자체는 플라톤의 이데아처럼 영원불변하게 존재한다.

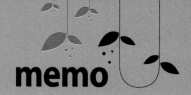

memo

○ --

○ --

○ --

○ --

○ --

○ --

○ --

○ --

○ --

○ --

○ --

○ --

○ --

○ --

○ --

memo

○ --

○ --

○ --

○ --

○ --

○ --

○ --

○ --

○ --

○ --

○ --

○ --

○ --

○ --

○ --

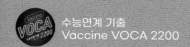

수능연계 기출
Vaccine VOCA 2200

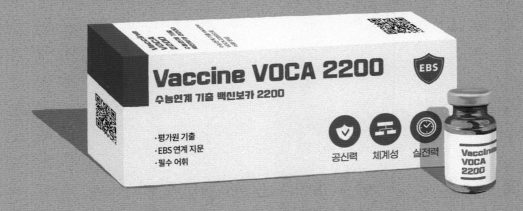

Vaccine VOCA 2200

수능연계 기출 백신보카 2200

·평가원 기출
·EBS 연계 지문
·필수 어휘

공신력　체계성　실전력

○ 수능 영단어장의 끝판왕!
　10개년 수능 빈출 어휘 + 7개년 연계교재 핵심 어휘

○ 수능 적중 어휘 자동암기 3종 세트 제공
　휴대용 포켓 단어장 / 표제어 & 예문 MP3 파일 / 수능형 어휘 문항 실전 테스트

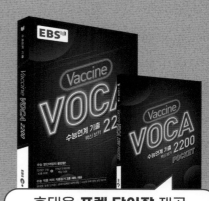

휴대용 **포켓 단어장** 제공

내신에서 수능으로

수능의 시작, 감부터 잡자!

국어, 영어, 수학I, 수학II, 확률과 통계, 미적분

내신에서 수능으로 연결되는 포인트를 잡는 학습 전략

내신형 문항
내신 유형의 문항으로
익히는 개념과 해결법

**동일한
소재·유형**

수능형 문항
수능 유형의 문항을
통해 익숙해지는 수능

고1~2, 내신 중점

구분	고교 입문	>	기초	>	기본	>	특화	+	단기
국어	고등예비과정	내 등급은?	윤혜정의 개념의 나비효과 입문 편 + 워크북 / 어휘가 독해다! 수능 국어 어휘		기본서 올림포스 ----- 올림포스 전국연합학력평가 기출문제집 / 유형서 올림포스 유형편		**국어 특화** 국어 독해의 원리 / 국어 문법의 원리		단기 특강
영어			정승익의 수능 개념 잡는 대박구문 / 주혜연의 해석공식 논리 구조편				**영어 특화** Grammar POWER / Listening POWER / Reading POWER / Voca POWER		
							영어 특화 고급영어독해		
수학			**기초** 50일 수학 + 기출 워크북 / 매쓰 디렉터의 고1 수학 개념 끝장내기				**고급** 올림포스 고난도		
							수학 특화 수학의 왕도		
한국사 사회			50일 과학		기본서 개념완성 ----- 개념완성 문항편		고등학생을 위한 多담은 한국사 연표		
과학							**인공지능** 수학과 함께하는 고교 AI 입문 / 수학과 함께하는 AI 기초		

과목	시리즈명	특징	난이도	권장 학년
전 과목	고등예비과정	예비 고등학생을 위한 과목별 단기 완성		예비 고1
	내 등급은?	고1 첫 학력평가 + 반 배치고사 대비 모의고사		예비 고1
국/영/수	올림포스	내신과 수능 대비 EBS 대표 국어·수학·영어 기본서		고1~2
	올림포스 전국연합학력평가 기출문제집	전국연합학력평가 문제 + 개념 기본서		고1~2
	단기 특강	단기간에 끝내는 유형별 문항 연습		고1~2
한/사/과	개념완성&개념완성 문항편	개념 한 권 + 문항 한 권으로 끝내는 한국사·탐구 기본서		고1~2
국어	윤혜정의 개념의 나비효과 입문 편 + 워크북	윤혜정 선생님과 함께 시작하는 국어 공부의 첫걸음		예비 고1~고2
	어휘가 독해다! 수능 국어 어휘	학평·모평·수능 출제 필수 어휘 학습		예비 고1~고2
	국어 독해의 원리	내신과 수능 대비 문학·독서(비문학) 특화서		고1~2
	국어 문법의 원리	필수 개념과 필수 문항의 언어(문법) 특화서		고1~2
영어	정승익의 수능 개념 잡는 대박구문	정승익 선생님과 CODE로 이해하는 영어 구문		예비 고1~고2
	주혜연의 해석공식 논리 구조편	주혜연 선생님과 함께하는 유형별 지문 독해		예비 고1~고2
	Grammar POWER	구문 분석 트리로 이해하는 영어 문법 특화서		고1~2
	Reading POWER	수준과 학습 목적에 따라 선택하는 영어 독해 특화서		고1~2
	Listening POWER	유형 연습과 모의고사·수행평가 대비 올인원 듣기 특화서		고1~2
	Voca POWER	영어 교육과정 필수 어휘와 어원별 어휘 학습		고1~2
	고급영어독해	영어 독해력을 높이는 영미 문학/비문학 읽기		고2~3
수학	50일 수학 + 기출 워크북	50일 만에 완성하는 초·중·고 수학의 맥		예비 고1~고2
	매쓰 디렉터의 고1 수학 개념 끝장내기	스타강사 강의, 손글씨 풀이와 함께 고1 수학 개념 정복		예비 고1~고1
	올림포스 유형편	유형별 반복 학습을 통해 실력 잡는 수학 유형서		고1~2
	올림포스 고난도	1등급을 위한 고난도 유형 집중 연습		고1~2
	수학의 왕도	직관적 개념 설명과 세분화된 문항 수록 수학 특화서		고1~2
한국사	고등학생을 위한 多담은 한국사 연표	연표로 흐름을 잡는 한국사 학습		예비 고1~고2
과학	50일 과학	50일 만에 통합과학의 핵심 개념 완벽 이해		예비 고1~고1
기타	수학과 함께하는 고교 AI 입문/AI 기초	파이선 프로그래밍, AI 알고리즘에 필요한 수학 개념 학습		예비 고1~고2